新媒体理论与实务系列教材

新媒体概论

石磊 ◎ 著

中国传媒大学出版社
·北京·

目　录 Contents

前　言　/1

第一章　新媒体的概念与特征

第一节　新媒体的概念　/2

一、新媒体定义　/2

二、新媒体构成要素　/4

第二节　新媒体发展迅猛　/5

一、新媒体快速发展　/5

二、新媒体发展的原因　/8

第三节　新媒体与传统媒体的融合　/10

一、新媒体对传统媒体的继承发展　/10

二、传统媒体借助数字技术转变为新媒体　/11

第四节　新媒体的特征　/13

一、有关新媒体特征的种种说法　/13

二、新媒体的主要特征　/15

第二章　新媒体的类型

第一节　互联网新媒体　/20
一、互联网成为“第四媒体”　/20
二、博客、播客、维客　/22
三、网络电视　/29
四、网络广播　/31
五、网络报刊　/32
第二节　手机新媒体　/35
一、手机成为“第五媒体”　/35
二、手机报　/36
三、手机电视　/38
第三节　电视新媒体　/41
一、数字电视　/41
二、IPTV　/43
三、移动电视与户外新媒体　/45

第三章　新媒体的技术推动

第一节　媒介发展与技术推动　/50
一、媒介发展简史　/50
二、媒介发展的技术推动　/57
第二节　媒介即讯息　/64
一、几种媒介理论　/64
二、麦克卢汉的媒介理论　/66
三、技术对媒介的正面影响　/68
四、技术对媒介的负面影响　/71
第三节　数字化生存　/75
一、传媒化生存　/75
二、摩尔定律、梅特卡夫定律、科斯定律　/81
三、数字技术发展　/85
四、Web3.0 与 3G　/87

第四章　新媒体的影响

第一节　新媒体改变媒介生态　/92
一、新媒体打破传统媒体霸权　/92
二、发行量、收听收视率变化　/94
三、经营收入变化　/97
四、受众结构变化　/102
五、阅读习惯变化　/107
六、报纸“消亡论”“寒冬论”与“春天论”　/110
七、传统媒体与新媒体共生共荣　/119
第二节　公共领域与公民新闻　/123
一、新媒体对公共领域的重构　/123
二、公民新闻对传媒接近权的实现　/129
第三节　数字鸿沟与数字机遇　/137
一、什么是数字鸿沟　/137
二、数字鸿沟产生的原因　/139
三、化数字鸿沟为数字机遇　/141

第五章　新媒体产业

第一节　传媒产业　/146
一、西方的传媒产业　/146
二、中国的传媒产业　/147
第二节　我国新媒体产业的发展　/150
一、新媒体产业快速发展　/150
二、新媒体主流地位逐渐确立　/154
三、新媒体的发展前景　/155
第三节　新媒体的商业模式　/157
一、传统媒体与新媒体商业模式的差异　/157
二、建立在长尾理论与微内容生产上的新媒体经济模式　/160
三、新媒体的主要赢利模式　/165

第六章　媒介融合

第一节　媒介功能从分散走向融合　/176
一、不同媒介功能的三项实验　/176
二、从单一媒介到混合媒介　/178
三、从跨媒体到媒介融合　/180
第二节　媒介融合的概念与类型　/183
一、媒介融合具有多维视角　/183
二、媒介融合的五种类型与模式　/184
三、媒介融合引起传媒变革　/185
第三节　媒介融合的条件　/187
一、技术条件　/187
二、社会需求　/188
三、产业政策　/189
第四节　媒介融合的特征　/191
一、技术化与全能化　/191
二、集约生产与全民写作　/192
三、内容融合与渠道融合　/197

第七章　传统媒体的数字化转型

第一节　报业的数字化转型　/202
一、数字报业是报业的战略转型　/202
二、数字报业实现路径　/217
三、数字报业战略与实验计划　/224
第二节　广电的数字化转型　/233
一、新媒体与传统广电的差异　/233
二、广电布局新媒体　/239
三、广电与电信的融合　/244
四、数字电视　/247

第八章 新媒体的失范与管理

第一节 很黄很暴力 /256

一、人肉搜索 /256

二、艳照门 /261

三、恶搞 /263

四、网络暴力 /264

第二节 谁在统治网民 /266

一、百度事件 /266

二、垃圾短信 /268

三、病毒经济 /269

四、网络推手 /271

第三节 知识产权,谁动了我的奶酪 /273

一、传统媒体维护知识产权 /273

二、新媒体空间中的著作权 /275

第四节 新媒体的管理 /278

一、国外新媒体的管理 /278

二、我国新媒体的管理 /281

参考文献 /284

前　言

针对中国传媒业在未来3至5年内，新媒体人才缺口达60万这一堪忧之现状，四川大学锦城学院新媒体研究所组织有关学者专家对此问题进行了高度关注，并率开展了新媒体研究教科书的撰写。

十多年前，尼葛洛庞帝就敏锐感觉到当今时代是一个数字化生存的时代。1995年，他出版了被称为信息社会"圣经"的专著《数字化生存》一书，为我们描绘了建立在高新科技之上的数字化时代正在向我们疾驶而来，信息技术的发展将变革人类的学习方式、工作方式、娱乐方式，改变人们的生存方式，带来了我们生存世界的扩展。

数字化生存建立在数字技术迅猛发展的基础上。技术的发展同人类社会的发展一样，呈现出加速度。人类从语言的形成到文字的出现用了近10万年时间，从文字传播跨入印刷传播花了约4000年，从印刷传播迈入电讯传播用了1200年左右，从电讯传播进入互动传播只有100多年，从电子媒介到如今的网络传播时代，才有几十年时间。有人对不同媒体从出现到达5000万受众的时间做了对比：收音机38年，电视13年，有线电视10年，国际互联网5年。现代传播媒介的发展呈现出间隔越来越短，其容量和集合程度却越来越高的趋势。

数字技术的发展催生了新媒体(New media)。新媒体概念是1967年由美国哥伦比亚广播电视网(CBS)技术研究所所长戈尔德马克(P. Goldmark)率先提出的。新媒体是相对于传统媒体而言的，是报刊、广播、电视等传统媒体以后发展起来的新的媒体形态，是利用数字技术、网络技术，通过互联网、无线通信网、卫星等渠道以及电脑、手机、数字电视机等终端，向用户提供信息和娱乐服务的传播形态。严格地说，新媒体应该称为数字化新媒体。

有专家将传统媒体定义为工业化时代的产物——报纸、广播和电视，而互联网和手机则代表信息时代的新媒体。有学者认为，所谓新媒体，是指一切区别于传统媒体而言的具有多种传播形式与内容形态的不断更新、不断涌现的新型媒体。这种新型媒体与传统媒体相比较，是在技术、运营、产品、服务等商业模式上有相当创新的媒体平台和机构。它们借助于全球性的新技术革命，以互联网、移动通信等数字传播技术为驱动，主要包括互联网络媒体、手机媒体、数字电视、移动电视和户外新媒体等。

数字技术和新媒体的迅猛发展，对政治、经济、社会、文化和传媒生态产生了深刻的影响，新媒体研究因而成为新闻传播学研究的热点问题。然而，尽管目前国内对新媒体的研究不少，关于新媒体的专著也有一些，但这些研究一般是从某一方面对新媒体进行研究，缺乏系统性，尤其是还没有一本适用于新闻传播学本专科生新媒体教学的教材，而本书希望在这方面填补国内的空白。

与国内其他的新媒体专著相比，本书具有教材的显著特征，具有学科的系统性、严谨性。在注重学术创新的同时，注重理论的普适性。全书共分八章。第一章是新媒体的概念和特征，第二章是常见的新媒体类型，第三章是新媒体的技术推动，第四章是新媒体的影响，第五章是新媒体产业，第六章是媒介融合，第七章是传统媒体的数字化转型，第八章是新媒体的失范和管理。作为教材，本书注重理论联系实际，力求做到深入浅出，还有一本新媒体运作的案例与本书进行配套。

本书是“新媒体理论与实务系列教材”中的第一本，不仅适用于新闻传播学专业本专科生的新媒体教材，还可以作为新闻传播学专业的教学科研和从业人士的学习参考专著。

“新媒体理论与实务系列教材”是一套系统研究新媒体的丛书。该丛书分为总论、分论和专论三大部分。总论包括本书《新媒体概论》和新媒体运作案例。分论是分专题对新媒体的某一方面进行系统的论述。专论是新媒体最新研究成果的论文集。

这套丛书是由四川大学锦城学院新媒体研究所，组织有关学者专家编写而成的，并率先作为学院新闻传媒专业的教科书，我们期望它能站在学科的前沿，并据此培养出以适应当今传媒业向新媒体转型后，能够从新的传播形态下呈现信息的专业传媒设计、制作与创意人才。

邹广严
四川大学锦城学院院长、教授

第一章

新媒体的概念与特征

内容提要：新媒体是相对于传统媒体而言的，是报刊、广播、电视等传统媒体以后发展起来的新的媒体形态，是利用数字技术、网络技术、移动技术，通过互联网、无线通信网、有线网络、卫星等渠道以及电脑、手机、数字电视机等终端，向用户提供信息和娱乐服务的传播形态和媒体形态。与传统媒体相比，新媒体发展迅猛，正在成为主流媒体。新媒体与传统媒体不是取代与被取代的关系，而是相互融合的关系，新媒体是对传统媒体的继承发展，传统媒体可以借助数字技术转变为新媒体。新媒体的特征具有交互性与即时性、海量性与共享性、多媒体与超文本、个性化与社群化。

第一节 新媒体的概念

一、新媒体定义

新媒体(New media)概念是1967年由美国哥伦比亚广播电视网(CBS)技术研究所所长戈尔德马克(P. Goldmark)率先提出的。新媒体是相对于传统媒体而言的,是报刊、广播、电视等传统媒体以后发展起来的新的媒体形态,是利用数字技术、网络技术、移动技术,通过互联网、无线通信网、卫星等渠道以及电脑、手机、数字电视机等终端,向用户提供信息和娱乐服务的传播形态和媒体形态。严格地说,新媒体应该称为数字化新媒体。

对什么是新媒体,人们的理解并不一致。清华大学的熊澄宇教授认为,新媒体是一个相对的概念,"新"相对"旧"而言。从媒体发生和发展的过程当中,我们可以看到新媒体是伴随着媒体发生和发展在不断变化的。广播相对报纸是新媒体,电视相对广播是新媒体,网络相对电视是新媒体。今天我们所说的新媒体通常是指在计算机信息处理技术基础之上出现和影响的媒体形态。"在今天网络基础上又有延伸,无线移动的问题,还有出现其他新的媒体形态,跟计算机相关的。这都可以说是新媒体"。这里有两个概念,一个是出现,是指以前没有出现的;一个是影响,所谓影响就是受计算机信息技术影响而产生变化的,这两种媒体形态是我们现在说的新媒体。当然新媒体并不是终结在数字媒体和网络媒体这样一个平台上的。科学技术在发展,媒体形态也在发展,我们今天恐怕是需要去关注在数字媒体之后的新媒体形态。①

新媒体与传统媒体的区别,不在于出现时间的先后,而在于传播方式和内容形态的不同。互联网络的盛行,使网络媒介成为继报纸、广播、电视媒体之后

① 张铮:《中国新媒体研究的现状与趋势》,http://www.tsinghua.edu.cn/docsn/cbx/cft/xinxi/xinxi-shuxun14.html

的第四大传播媒体。在一段时期内，网络媒介成了新媒体的代名词。联合国新闻委员会 1998 年 5 月举行的年会正式提出把互联网看做继报纸、广播、电视之后出现的"第四媒体"。但是，随着时代的发展和科技的变迁，具有越来越多传播方式和内容形态的媒体形式不断涌现，如数字电视、车载电视、楼宇电梯广告、手机短信、手机电视等。特别是手机越来越成为一个移动的数字终端平台，在 20 世纪末开始被定义为"第五媒体"。为此，有学者认为，所谓新媒体，是指一切区别于传统媒体而言的具有多种传播形式与内容形态的不断更新、不断涌现的新型媒体。

这种新型媒体与传统媒体相比较，是在技术、运营、产品、服务等商业模式上有相当创新的媒体平台和机构。它们借助于全球性的新技术革命，以互联网、移动通信等数字传播技术为驱动，主要包括互联网站（如新浪网）、手机媒体（如空中传媒）、数字电视（如 SiTV）、机航媒体（如美航传媒）、户外液晶（如分众传媒）、移动电视（如北广传媒）、电子报刊（如 Xplus）等。有专家将传统媒体定义为工业化时代的产物——报纸、广播和电视，而互联网和手机则代表信息时代的新媒体。

也有专家提出："只有媒体构成的基本要素有别于传统媒体，才能称得上是新媒体。否则，最多也就是在原来的基础上的变形或改进提高。""目前的新媒体应该定义为在电信网络基础上出现的媒体形态——包括使用有线和无线通道的方式"。有学者把新媒体定义为"互动式数字化复合媒体"。①

还有学者把新媒体区分为广义和狭义的。一般来讲，广义层面上的"新媒体"以是否采用数字技术为标准划分；狭义层面上的"新媒体"则以 IP 协议为划分标准，强调与网络媒体融合、具有交互功能。可见，新媒体具有数字化、交互性的特点。②

有学者对新媒体的定义进行了归纳，大致可分为"传承论""相对论""凡数字论""互联论""媒体定义回归论""规模论""多维论"与"一言难尽论"。传承论认为，新媒体是基于传统媒体发展起来的新的媒介形式；相对论认为，新媒体是一个相对的概念，相对于传统媒体"新"的就是新媒体，新媒体往往兼具多种媒体的特征与特长；凡数字论认为，凡是基于数字技术在传媒领域运用而产生的

---

① 转引自胡颖、周忱：《传统媒体与新媒体依存度分析》，《新闻传播》2007 年第 5 期，第 4 页。

② 高红波：《2005～2007 年中国传媒经济研究（一）新媒体经济研究综述》，http://www.ccmedu.com/bbs14－71042.html

新媒体形态即新媒体；互联论认为，新媒体是在互联基础上实现多对多或点对点传播，具有与用户互动等交互功能的媒体形式；媒体定义回归论认为，因为媒体应该是泛指从事大众传播的机构，所以新媒体应该定义为新的大众传播机构；规模论认为，当新的传播形态达到大众传播的规模，即新媒体；多维论与一言难尽论认为，新媒体定义有广义上的、狭义上的，应该多角度、多层面综合定义……一言难尽，目前很难给新媒体下确切的定义，需要系统研究。①

二、新媒体构成要素

不管人们如何定义新媒体，有一点是确定的，那就是相对于旧的媒介形态，新媒介形态是不断变化和延展的，在现阶段其核心是数字式信息符号传播技术的实现。一般而言，新媒体的概念包含以下要素：

1. 新媒体建立在数字技术和网络技术的基础上。新媒体主要是以计算机信息处理技术为基础，以互联网、卫星网络、移动通讯等作为运作平台的媒体形态，它包括使用有线与无线通道的传送方式，比如互联网、手机媒体、移动电视、电子报纸等。如果说传统媒体是工业社会的产物，那么新媒体就是信息社会的产物。

2. 新媒体在信息的呈现方式上是多媒体。新媒体的信息往往以声音、文字、图形、影像等复合形式呈现，具有很高的科技含量，可以进行跨媒体、跨时空的信息传播，还具有传统媒体无法比拟的互动性等特征。

3. 新媒体具有全天候和全覆盖的特征。受众接收新媒体信息，大多不受时间、地点场所的制约，受众可以随时通过新媒体在电子信息覆盖的地方接收地球上任何一个角落的信息。

4. 新媒体在技术、运营、产品、服务等商业模式上具有创新性。新媒体不仅是技术平台，也是媒体机构。与传统媒体相比，变化的不仅仅是新媒体技术的运用，更有商业模式的创新。

5. 新媒体的边界不断变化呈现出媒介融合的趋势。新媒体种类很多，包括次第出现的网络媒体、有线数字媒体、无线数字媒体、卫星数字媒体、无线移动媒体等。其典型特征是在数字化基础上各种媒介形态的融合和创新，如手机电视、网络电视等，通常具有互动性。新媒体的边界处在不断变化的过程中，很多称谓相互重叠，包括网络媒体：门户网站、论坛、博客、网络游戏；数字媒体：数字

① 杨继红：《谁是新媒体》，清华大学出版社 2008 年版，第 15～21 页。

广播、数字电视、宽带电视、互动电视、视频点播(VOD)、网络电视(IPTV);无线移动媒体:手机短信、手机电视、手机在线游戏等。新媒体与传统媒体不是截然分开的,传统媒体可以借助新的数字技术转变成新媒体,比如传统的报纸、广播、电视可以升级为数字报纸、数字广播和数字电视。

第二节 新媒体发展迅猛

一、新媒体快速发展

新媒体虽然目前仍相对弱小,但发展速度惊人。作为一种全新的现代化传播方式,新媒体只用了短短不到10年就接近了报纸、广播和电视用数十年、上百年才拥有的受众群。

2006年,一个叫胡戈的青年,从电影《无极》中截取一些画面,通过重新组合配音,完成了一部极具民间色彩和大众参与性的网络短剧《一个馒头引发的血案》。这个在小小陋室中诞生的短剧,短短两三个月间几乎传遍了全中国的每一个角落,胡戈也被媒体命名为“2006网络第一红人”。这个网络视频短片的“核裂变”效应,让人亲眼目睹了新兴媒体的巨大威力。胡戈在短剧里穿插的“满神牌”啫哩水、“逃命牌”跑步鞋广告,也成为大家津津乐道的谈资。紧接着,媒体报道了陈凯歌要告胡戈“侵权”的新闻,支持与反对的声音在网络上纷纷扬扬,许多名人都参与其中。2月15日,连国家版权局版权司司长王自强都不得不站出来“就‘馒头血案’发表看法”。甚至在全国“两会”上,“馒头”事件也成了代表们的一个话题。而“馒头”短剧走红之后,《帝国时代》之漫画版《无极》、《无极》之Flash《大腕》版、《吉祥三宝》之馒头版等跟风之作也纷纷出炉。苏州有间创意公司甚至抓住大好商机,迅速将“胡戈”注册为馒头商标。2月24日下午,在苏州十全街的一家茶馆里,第一笼“胡戈”馒头正式出锅。该创意公司还一次性注册了包括“胡戈”馒头、“胡戈”花卷、“胡戈”咖啡饮料等在内的30个类别。从一个默默无闻的普通人到名满天下的网络红人,胡戈走完这一步所用的时间还不到100天。毫无疑问,“无极”VS“馒头”的闹剧已经成为我国新兴媒体发展史上的一件标志性事件,新兴媒体的“无极时代”已经到来。事实上,以网络、手机为载体的新兴媒体早已崭露头角。在此前的2005《超级女声》大赛中,“短信明星"李宇春靠着190万条短信投票迅速扭转乾坤、力压群芳，让人们领略了新兴媒体的巨大威力；同样是被新兴媒体捧红的"超女"张靓颖，出道不久就被炒出绯闻。绯闻经过网络、短信的传播一发不可收拾，令当事人百口莫辩。翻手为云，覆手为雨，新兴媒体之颠倒众生，由此可见一斑。清华大学李希光认为，新媒体的出现，将严重威胁到原有主流传播渠道的权威地位。①

中国传媒研究中心发布的《中国新媒体产业现状及发展趋势》显示，2006年中国新媒体产业市场总值达到1140亿元，占中国传媒产业总值的近1/3。新媒体主要由移动媒体和网络媒体组成。2006年，中国移动媒体总收入达到888亿元，包括手机电视、手机广播、手机短信、手机游戏、移动电视等，同比增长41.3%；网络媒体总收入为252亿元，包括网络游戏、网络广告、网络视频、博客、各种下载业务等，其中网络游戏和网络广告收入增长较快，同比分别增长62.0%和48.2%。②

统计数据显示，中国电视、互联网、手机用户、网民数量已经是全球第一，广告收入增长迅猛，媒体产品是增长最快的消费品，但人均广告支出只有美国的2%至3%，前景看好。中国新媒体用户大多小于30岁，其中1/4具有大学本科以上学历。新媒体上市公司是传统媒体的2至3倍。2007年中国网络广告市场规模已经超过100亿元人民币，年度增幅更是达到75%。中国网络广告市场展示出令人期待的高速增长势头。在中国的GDP增长中新媒体贡献了1/30至1/40，未来发展前景广阔。未来的3至5年，是中国新媒体迅猛发展的时期。21世纪是媒体的世纪，中国在其中会扮演重要的角色，并将由媒体大国发展成媒体强国，而新媒体是媒体发展的主要动力。③

《中国传媒产业发展报告(2007～2008)》中显示，新媒体的迅速成长使中国传媒产业结构发生了很大变化，2007年新媒体增长的势头在传媒产业中的比重增加至28.07%，而传统媒体下降至71.93%。

2008年7月24日，中国互联网络信息中心(CNNIC)发布了《第22次中国互联网络发展状况统计报告》。报告显示，截至2008年6月底，我国网民数量达到了2.53亿，首次大幅度超过美国，网民规模跃居世界第一位。

---

① 吴俊:《新媒体"无极时代"！如何确立"风向标"?》，http://news.xinhuanet.com/focus/2006－03/26/content_4334142.htm

② 张舵:《2006年中国新媒体产业规模超1000亿元》，http://www.bj.xinhuanet.com/bjpd_sdzx/2007－03/28/content_9631939.htm

③ 柳静彦、朱莹:《业内人士称中国新媒体发展前景广阔》，http://www.ce.cn/cysc/cmcb/cuanmei/200806/12/t20080612_15804819.shtml

中国网民中接入宽带比例为84.7%，宽带网民数已达到2.14亿人，宽带网民规模世界第一。同时，CNNIC宣布截至7月22日，我国cn域名注册量也以1218.8万个超过德国“.de”域名，成为全球第一大国家顶级域名。这三项重大突破令世界瞩目，互联网大国规模初显。报告也表明，我国互联网发展日趋成熟，网络媒体、网络商务等互联网深层次应用比例大幅提升。

快速崛起的互联网大国，年增9100万网民。CNNIC报告显示，中国网民规模继续呈现持续高速发展的趋势。与2007年同期相比，中国网民人数增加了9100万人，是历年来网民增长最多的一年，同比增长达到56.2%。仅2008年上半年，中国网民数量净增量就达4300万人。统计表明，中国网站数量持续增长，共有191.9万个，年增长率为46.3%；其中cn下的网站数为136.9万，占总网站数71.3%，表明国内绝大多数网站都已使用cn域名。由此带来的域名需求以及奥运官网应用beijing2008.cn等事件的示范作用，推动cn国家域名在2008年初突破千万注册量之后，再次实现跨越，以1218.8万的注册量傲视全球国家顶级域名。我国在网络规模上的突破，成为我国综合国力不断增强的一个重要注解。

互联网主流媒体地位凸显，网络新闻用户超2亿。报告显示，网络新闻使用率达81.5%，用户规模达到2.06亿人，网络新闻阅读率比2007年12月增加了8.8个百分点，在网络应用中排名跃升至第二位，一改此前数字娱乐应用在前十大网络应用中占据绝对优势的局面。互联网已经成为新闻传播领域中影响巨大的、最具发展潜力的主流媒体。

互联网深层次应用规模提速，网络购物使用率为25%。CNNIC报告显示，人们的网上行为也开始与实际生活靠近，网络购物、网上银行等实用性应用走俏。数据显示，我国网络购物使用率为25%，用户人数达到6329万人，半年内用户量增加了1688万人，其中最为普及的城市是上海，使用率达到45.2%。网上支付和网上银行则极大地推动了网络购物的发展，网民对二者的使用率分别达到22.5%和23.4%，尤其是网上支付，半年用户增量达到2379万人，半年增长率达到71.7%。受2007年中国股市火暴的影响，网上炒股/基金使用率为16.9%，尽管目前使用率在下降，但总体用户量仍然略涨了466万。

手机上网成为网络应用的一个重要发展方向，势必加快互联网的大众化。当前28.9%的中国网民在过去半年曾经使用手机上过网，手机网民规模达到7305万人。

手机是一种数字媒介终端，可以随身携带。手机产业发展速度迅猛，目前全国手机年产量3亿部，全世界年产量8亿部，中国手机用户4.61亿，世界手机用户超过12亿。据信息产业部统计，在2000～2005年的6年中，中国手机短信增长了300倍：2000年发送总数为10亿多条，2005年为3046亿条。另据新华社报道，2006年从除夕到大年初七这8天中，中国超过3.7亿人的手机用户发送了126亿条短信。2007年春节假期全国手机短信发送量有140亿条。而且，在使用手机上网的网民中，18～24岁的网民所占比例最高，为41.7%；其次是25～30岁的网民，所占比例为24.6%；再次是18岁以下的网民，所占比例为16.9%。

随着3G时代的渐行渐近，人们还将能够通过手机上网和看电视，伴随数据传输量的快速增大，手机的内容和形式将会更加灵活多样，直至完全实现个性化、互动化、全局化。

二、新媒体发展的原因

新媒体的发展离不开两个基础条件：一是技术发展程度，二是产业发展资本。前者要求技术必须能够支撑人们对内容的需求；由于新媒体产业赢利模式的成熟还有待时日培育，后者就显得更为重要，没有强大的资金支持，新媒体的发展便是纸上谈兵。[①] 另外，党政对新媒体的重视和支持也是新媒体发展的重要原因。

1. 技术与市场发育。2005年，中国移动手机用户已经达到近4亿人。用户的增多，移动通信技术的发展，使以往单纯的语音通信业务不能满足市场的需求，手机增值业务逐渐繁荣起来。随着3G时代的到来，手机增值业务经历了从简单的文本到音响的发展，现在则开始向手机影像功能迈进。JAVA、BREW平台的搭建使手机超越了通信工具的定义，一个全新媒体平台逐步清晰起来，而新媒体传播内容的海量需求时代也将随之到来。手机与网络平台的完美结合，已经创造了一个个超值回报的神话。仅仅短信一项，2006年春节短信达70亿条，短信写手收入达万元，成为炙手可热的新职业。网易的短信收入每月已达1500万元。当3G手机价格降至3000元以下时，用户将达1亿多人。与此同时，宽带网用户不断地增长，互为补充，共同突破技术瓶颈，从而打开一个新媒体产业市场。有人认为，无线互联网将是一个十倍于互联网的产业。事实上，日本、韩国、美国的手机媒体市场在某些方面已形成相对成熟的商业模式。手机电视将是手机话音业务、文本业务之后最值得关注的3G业务。随着平台技术的突破，手机短片业务的市场规模将会迅速扩大。手机作为产品消费平台

① 白传之：《新媒体发展模式初探》，《现代视听》2007年第6期，第19页。

和付费平台，是未来一段时间信息和娱乐消费的个人终端，与网络平台进行对接成为完善的商业运营系统。目前，手机媒体模式发展已较为成熟，3G开通后呈现的将是巨大的内容市场空白。

2. 资本市场准备。据业内人士估算，当前，国际资本有约有60亿美金在中国寻找合适的切口进入与媒体有关的产业。在某些领域，如广告市场、节目制作市场已有外部资金进入，但由于传统媒体的增值乏力，加上政府监管比较严格，还远没有达到资金可以自由进入的境地。事实上，在世界上许多国家，都会对本国的媒体产业施以政策壁垒。这便使得传统媒体已不能让投资方产生更多的投资兴趣。近几年，国家政策的开放与实际的大力推动，新媒体领域吸引了更多的目光和资金，如IPTV、数字电视、新媒体等，由于资本追逐利益的本性使然，探索新媒体赢利的模式成为引导新媒体健康快速发展的关键所在。

3. 党政重视支持。2007年1月23日，中共中央政治局新年伊始第一次集体学习，就是关于世界网络技术发展和中国网络文化建设与管理的；4月23日，中央政治局召开会议，研究的还是有关互联网的问题。在这两个重要场合，胡锦涛都对网络的建设和管理发表重要讲话，认为互联网的建设和管理关乎全局。

中国共产党始终重视网络阵地的建设。在2003年12月5日至7日召开的全国宣传思想工作会议上，胡锦涛同样指出："要高度重视和切实加强互联网新闻宣传工作，努力掌握网上舆论引导的主动权，使互联网站成为传播先进文化的重要阵地。"

2008，是新媒体发展过程中极其重要的一年，胡锦涛总书记和网民交流开创历史先河，他强调："必须加强主流媒体建设和新兴媒体建设"；百年奥运首次独立采用新媒体转播报道，将无与伦比的北京奥运会展现给世界；"5·12"汶川地震，抗震救灾新媒体作出积极贡献；红心中国爱国热潮影响世界[①]，这些大事与首届新媒体节构成了2008新媒体的5件大事，新媒体产业的发展将走向一个新的阶段。

2006年，国家先后公布了国家"十一五"经济社会发展规划、科学技术发展规划、文化发展规划纲要，在这三个重要的国家规划中，都把数字出版技术，数字化的出版、印刷、复制和发展新媒体列入科技创新的重点。例如在《国家"十

① 西方媒体对"西藏事件"恶意歪曲，奥运圣火在国外传递遭受"藏独"分子干扰，这些激起了中国人民强烈的严正抗议，网络新媒体率先发起了红心中国的爱国行动，数百万网友加上了红心和五星红旗，一颗颗炽热的红心连成一片，展现出全球华人的凝聚力和炽热的爱国心。

一五”时期文化发展纲要》中就明确地指出：“大力发展以数字化内容、数字化生产和网络化传播为主要特征的新兴文化产业，加快发展民族动漫产业，大幅提高国产动漫产品的数量和质量，积极发展网络文化产业，鼓励扶持民族原创的健康向上的互联网文化产品的创作和研发，拓展民族网络文化发展的空间。”《纲要》还强调“大力推进以数字技术和互联网技术为核心的文化生产和传播的新兴行业，加快传统发行业向现代发行业的转换，积极发展电子书、手机报刊、网络出版物等新业态，发展手机网站，手机报刊，AP电视，数字电视，网络广播、电视、电影等新兴的传播载体”。纲要还提出，“鼓励自主研发、数字内容、数字传播、数字服务终端的产品和装备，开发数据处理、存储、传输、下载、适用互动等数字出版的增值业务，扩大数字出版的产业群体”。这些都表明国家已经把数字化的出版和传播当成出版业现代化的关键之一，列为“十一五”期间攻坚战。[①]

第三节　新媒体与传统媒体的融合

一、新媒体对传统媒体的继承发展

新媒体的强大生命力来源于其传播上的无限化、需求上的个性化和时间上的即时性、沟通上的互动性，也正是基于这些信息时代的新特征，新媒体才会在传统媒体的基础上有所继承和发展。

传统媒体虽然存在一些传播劣势，但其仍然是一段时间的主流而难以取代，因此新媒体的发展必须建立在对传统媒体的继承基础上，毕竟内容优势短时间内不可动摇，而受众对传统媒体信息质量的信任也是电视、广播、报纸能长期受大众青睐的根本原因。对于一种媒体而言，只有大众化才能主流化，大多数人能接受的媒体才能被称为社会的主要媒体。

在延续传统媒体生命力的同时，新媒体的特征也在开始对传统媒体有所渗透，适当对网络和手机特点的借鉴和移植有利于电视、广播和报纸更好地在信息时代生存和发展。比如新媒体的互动性，电视和广播均可以通过插播热线或制作专题来实现，即使互动性最差的报纸也有许多提高的途径。比如现在各大

① 柳斌杰：《看新媒体现状与趋势》，http://www.jyb.cn/cm/cmyj/cmll/t20061219_55766_2.htm

晚报均将读者有奖提供线索的热线新闻作为社会栏目的一个重要组成部分，此外还引入一些读者直接参与的评论栏目并以之与网络进行竞争。又比如谈话类栏目的出现也是报业的一种大胆尝试，通过其较之新媒体更高的信息公信力和权威性，弥补其信息传播时效性差和互动不够深入的弱点。

然而，传统媒体对新媒体的借鉴并不仅限于此，更为重要的是，传统媒体和新媒体可以融合发展。一些新的媒介形式也由此诞生，如电视与网络结合即出现网络电视，手机与电视结合即出现了手机电视。信息时代的互联网已经成为有效提高传统媒体到达率的重要载体。据 Nielsen/NetRating 2006 年 6 月统计，互联网对电视广告到达率的提升作用在电视的非热点时段达到 20%以上，而互联网对报纸广告到达率的提升作用则普遍达到了 30%以上。在全新的商业模式下，手机电视可能带来较单一媒体更优越的流量和赢利增长。2006 年 9 月 6 日，北京人民广播电台开通 DAB 广播式手机电视业务，除转播 12 套北京人民广播电台节目外，还首播中央台综合频道及北京卫视综合频道的电视节目，用户可以免费使用。三者的融合包含了电视内容丰富、手机携带方便和广播覆盖面广，可移动接收的多种优点，有利于扬长避短。新兴媒体与传统媒体的融合，更直接与更有力的表现方式则为直接合并或合作。最早的联合来自于 1998 年 NBC 以 2600 万美元对 Snap Online 的并购，随后迪斯尼收购 Infoseek 43%的股权，1999 年 1 月新闻集团与雅虎签订合作协议，2000 年 1 月美国在线合并时代华纳，2005 年新闻集团以 5.8 亿美元收购全球博客老大 MySpace。

总之，传统媒体与新媒体的融合发展是媒体发展的一大方向，传统媒体在内容生产、品牌传播中有独特优势，新媒体凭借技术和渠道优势也占据强者地位，在新的竞合环境下，两者是一种相互依存、相互借鉴、共同发展的互补关系。①

二、传统媒体借助数字技术转变为新媒体

许多传统媒体借助新的数字化技术实现了从传统媒体向新媒体的转变。以电视为例，传统的电视是模拟电视，随着数字技术的发展，模拟电视正在向数字电视转变，人类进入数字电视时代的步伐正在加快。据美国战略分析市场调研公司预测，全球数字电视机的销售量到 2010 年将超过 1.81 亿台，其中北美地区占 65%，亚太地区占 19%，欧洲地区占 14%。2010 年全球数字电视的销

① 赵文君：《新媒体与传统媒体的变迁趋势》，《科学新闻》2007 年第 10 期，第 13 页。

售收入将超过390亿美元，北美地区大约将占整个销售收入的2/3，亚太地区新兴市场的份额为19%，欧洲的市场份额为14%。据预计，2005年至2015年，我国数字电视市场规模将由600亿元扩张至5000亿元，2010年数字电视接收机市场将达到2050万台，其中蕴藏的市场商机更高达1万亿元。

在芬兰、瑞典，电视传输已经全部转为数字方式。2007年9月1日，芬兰全国5个模拟电视频道全部关闭，转为数字电视频道，7个新的数字电视频道也开始播放节目。这意味着芬兰成为全球首个全面进入数字电视时代的国家。2007年10月15日，瑞典最后两个省份同时完成了地面电视传输从模拟方式到数字方式的过渡，成为继芬兰之后全球第二个全面进入数字电视时代的国家。影响全面推行数字电视的主要因素一是技术标准，另一个是用户接受度。目前，技术标准问题已基本得到解决。至于用户接受度，则取决于推广数字电视的方式。在这方面，世界大多数国家都非常重视发挥政府的作用，而不仅仅把它视为一种商业行为。

借助新媒体技术，传统的印刷媒体也在进行着蜕变：在信息的生产和处理方式上由模拟流程转向数字流程，媒体呈现方式由物理媒体转向数字媒体，存储方式由仓库存储转向高密数字存储，传输方式由交通传输转向数字网络传输。在工艺上，柔性彩色显示器、金属薄膜卷轴式柔性显示器等，以电子纸形式随时随地可以显示各类文字图像，方便读者阅读，也逐渐改变着人们的阅读习惯。数字化技术对传统媒体的革命在于从根本上改变信息的传播形态，也就是改变近代几百年报纸的行为模式和流程规则。周而复始滚动，随身携带看、听、写，双向互动，受众既是读者也是作者，影响力更强，信息量更大，发展速度更快。

2006年中国数字出版业收入超过200亿元，其中网络广告49亿元，互联网期刊5亿元，电子图书1.5亿元，网络游戏65亿元，手机信息收入80亿元。《中国传媒产业发展报告(2007～2008)》显示，目前，从事手机出版活动的网站已达上千家，内容涉及手机文学、手机书刊、手机游戏、手机动漫等，已经覆盖了传统出版的所有形式，而且在技术和市场的推动下，新的出版形式仍在不断形成。

国家新闻出版总署署长柳斌杰认为，新媒体对传统新闻出版业来说是机遇也是一种挑战，因此全行业都要解放思想、把握潮流，积极应用新媒体和新技术，而不是像现在那样，满足于传统业态，而把新媒体的发展权让位于IT行业、通讯公司，这就会使出版业边缘化。① 传统媒体在过去是强大的，在信息时代也

---

① 柳斌杰：《看新媒体现状与趋势》，http://www.jyb.cn/cm/cmyj/cmll/t20061219_55766_2.htm

同样可以通过将自己的触角延伸到网络空间使自己更为强大，通过网络传播进一步提高自己在传统领域的内容优势。

重视技术投入，硬件建设要跟上。整个新闻出版行业都要把新媒体的研发作为基本建设，积极投入和参与国家发展新媒体的重大项目，发挥国家主渠道的作用。行业本身也要发挥主导作用，充分利用数字技术和互联网技术改造传统的出版业。传统媒体发展新媒体有自己的优势，一是传统的出版业是国家新闻出版的阵地，信息的拥有量是新型的公司所不具备的。二是出版业长期培养出了一批优秀的文化人才，在文化创新和政治把关方面都有优势。所以传统出版业应该争取主动参与技术研发，主动进行体制改革，用新技术改造传统的出版业，用新技术装备推动运行体制变革，从而使新闻出版业能够更加适应新技术革命的要求。

加强适应新媒体需要的内容产业建设。内容是新闻出版业的灵魂，没有好的内容就没有好的新媒体。以软件和游戏为例，新的创意决定其能否发展壮大，但是，现在这方面的创意却游离于传统出版业，几个比较大的创意公司都集中在上海张江开发区。从选题的策划到内容的管理，出版业都是很被动的。没有内容也就没有意义，新媒体更需要内容支持，目前整个新媒体产业的繁荣其实都是建立在传统媒体的内容生产之上的。因此传统媒体在认识上要有所提高，重视新媒体的特点和内容的需求，在内容生产上，要注重先进性，在传播上，注重使用新技术，实现传统媒体向新媒体的过渡。

第四节　新媒体的特征

一、有关新媒体特征的种种说法

较之于传统媒体，新媒体有它自己的特点。有学者认为："相对于旧媒体，新媒体的第一个特点是它的消解力量——消解传统媒体（电视、广播、报纸、通信）之间的边界，消解国家与国家之间、社群之间、产业之间边界，消解信息发送者与接收者之间的边界等。"新媒体可以与受众真正建立联系，具有交互性和跨时空的特点。同时，新媒体给媒体行业带来了许多新的理念和模式，如节目专业化越来越强，卖方市场转向买方市场等。还有学者认为："新媒体与传统媒体最大的区别，在于传播状态的改变——由一点对多点变为多点对多点。”“从传播学的角度来分析，新媒体传播有四个特点——每个人都可以进行大众传播；‘信息’与‘意义’无关（所有的文本、声音和影像都只是 0 和 1 的组合）；受众的主动性大大增强；大众传播的‘小众化’”。有研究者从另一个角度提出：“新媒体近乎于零费用信息发布，对受众多为免费，这对传统媒体的新闻产品制作成本造成挑战。”以“‘伦敦爆炸案’为例，市民威廉·达顿拍摄了手机照片，在朋友的博客上以近乎于图片直播的方式‘报道’了灾难现场状况。这些照片很快进入各大电视网的新闻头条。在这次‘报道’中，手机、博客、互联网以及‘播客’密切配合，将‘第一时间、第一现场’权力牢牢抓在手中，新的媒体形式与媒体工具的结合，显示出了巨大威力”。①

还有学者将新媒体的特点概括为传播优势弥补内容劣势、分众定制和互动及时。传统媒体的信息内容具有一定质量优势，但普遍采用静态的平面线性传播方式，并不能满足受众日益扩张的立体动态需求。而新媒体虽然从一开始就处于相对内容稀缺的劣势，但由于互联网、手机使用者所特有的自我繁殖与扩散能力，在相当程度上弥补了内容的不足，甚至在某种程度上创造了具有巨大竞争力的内容传播优势。传统意义的媒体信仰“内容为王、资源为后”，但现在和未来更多的是“传播为王”。在网络和移动通信时代，知识的产生固然重要，但信息能否及时、有效、方便、快速的传播在更大程度上决定了信息的绩效和长期生命力。比如印度洋海啸，关于灾害的报道必不可少，但其准确迅速的传播开来才能真正挽救大多数人的生命。分众定制，即指新媒体可以按受众兴趣或信息需求提供个性化服务。传统报纸、广播、电视的信息扩散方式一般是统一制作节目然后面对所有人群发放或播出。进入信息大爆炸的时代，信息获取方的需求方式发生了改变，人们普遍希望收到的信息就是自己需要的，而这可以通过对人群进行受众细分，采取信息定制服务的方式实现。互动和及时是提高媒体用户黏着度和忠诚度的可靠途径，目前传统媒体已经逐步提高了沟通与时效性，如报纸的加印特刊、广播的访谈栏目和电视台滚动播出的即时新闻，但受制于传统媒体技术和采编播方式的约束，新媒体仍然可以在互动和及时两个层面上大幅领先于传统媒体，比如网络、手机新闻可以全天候 24 小时发布；网络和手机聊天室可以深度参与，互动交流。②

① 参见李小翠、唐俊：《新媒体：在关注和热议中前行》，《新闻记者》2006 年第 3 期，第 6 页。

② 赵文君：《新媒体与传统媒体的变迁趋势》，《科学新闻》2007 年第 10 期，第 13 页。

有学者认为新媒体的传播方式具有四个特征:(1)迎合人们休闲娱乐时间碎片化的需求。由于工作与生活节奏的加快,人们的休闲时间呈现出碎片化倾向,新媒体正是迎合了这种需求而生的。(2)满足随时随地地互动性表达、娱乐与信息需要。以互联网为标志的第三代媒体在传播的诉求方面走向个性表达与交流阶段。对于网络电视和手机电视而言,消费者同时也是生产者。(3)人们使用新媒体的目的性与选择的主动性更强。(4)媒体使用与内容选择更具个性化,导致市场细分更加充分。①

二、新媒体的主要特征

概括起来,新媒体有以下特点:

1. 交互性与即时性

传统媒体传播是"点对面"的单向线性传播,而网络传播是交互式传播。尽管传统媒体有时也有一些互动的活动,但互动不像新媒体一样是一种常态,不如新媒体互动得便捷。传统媒体与受众的互动主要是通过热线电话、来访、来信等,而有了新媒体,普通市民通过互联网发表自己的见解更为便捷、成本更低廉,草根话语权获得前所未有的尊重。网络的交互性体现在很多方面,比如QQ聊天、BBS留言板,又如因特网的新闻标题常常在新闻标题的末尾用"评""网友签名"等显著字眼标出,网民点击一下,可以在立即弹出的页面上针对此条新闻或标题发表言论。某些重要的新闻事件,网民还可以实时地在线提问和交流。传统媒体虽然也可以开办"热线"等栏目,但互动性有限。网络的互动性是网络上信息发布的低门槛和信息传播方式灵活性所带来的直接结果。

互动性不仅仅体现在传—受双方交流的增强,还体现在整个信息形成过程的改变。在一个真正的互动的环境中,信息不再是依赖于某一方发出,而是在双方的交流过程中形成的。也可以这样说,网络上不再有信息传播控制者,而只存在信息传播参与者。在传统媒体的传播理念中,传者和受者是严格区分的,而网络媒体的受众除了可以在极大的范围内选择自己需要的信息外,还可以参与信息的传播。克林顿绯闻案、大韩航空公司飞机在上海坠毁的消息,都是网民首先发布的。网络媒体最大的吸引力就是受众的主导性、自主性得到了空前的增强,以至于有人认为网络媒体中没有受众,只有网众,因为受众总是意

① 白传之:《新媒体发展模式初探》,《现代视听》2007年第6期,第19页。

味着被动。同时,网络的互动性不只是网站与网民的互动,网民之间的互动也是互动中的一个重要部分。

传统媒体具有出版和播出周期,而网络等新媒体是即时传播。报纸使用纸质媒介传递信息,传递速度受制于交通手段和发行环节,新闻信息的更新是按天计算的。网络传播的载体是光纤通讯线路,光纤传递数字信号的速度为每秒30万公里,瞬间可达世界上任何地方,新闻信息的更新是按照秒来计算的,随身携带的移动通讯设施可以让编读随时随地"面对面"地交流。传统媒体需要制作周期,有截稿时间的限制,而网络新闻传播则不受此限,新闻稿件可以随到随发,24小时不间断发稿,受众可以在第一时间知道所发生的一切。在网络媒体上,我们往往看不到头版头条新闻在哪儿,新闻内容总在不断滚动更新,网络可以进行事件现场直播,特别是对突发事件,网络比报纸编辑的时间更短暂,更迅速,公众在网络上可以即时看到事件每分钟的发展情况。

2. 海量性与共享性

互联网将全世界的计算机和计算机网络连接起来,从而形成了一个巨大无比的数据库,网上的信息可以说无所不包,互联网的信息量在理论上可以做到无限量。而传统媒体的容量有限,报纸有版面限制,广播和电视有播出时限。

数字化传媒改变了以往媒体信息受控严格的局面,使信息的传播流通更为自由,改变了以往众多媒体地域性传播的特点,使传播的范围扩大至全球,任何人在任何地点、任何时间都可以与其他任何人进行任何形态信息的沟通交流。网络媒体的内容空间宽广无际,报纸的传播范围局限在发行范围,网络传播的新闻信息可以全球共享。网络媒体空间上的开放性导致了网络传播地域上的全球覆盖。时间与空间上的开放性导致了信息的海量存储,可以横向容纳世界各地的信息。世界上任一时间、任一地点发生的任一事件都有可能成为网络的信息被广泛传播。网络的普及为世界各个角落的机构和个人获取信息、输出信息提供了前所未有的便利。

互联网使人类"地球村"的梦想变成了现实。人们可以通过网络等新媒体得到国际国内的消息,不受地域限制,在世界任何一个角落,只要具备上网条件就可以得到信息,因而网络传播使受众具有"全球化"的特征,世界上任何地方发生的任何事情,任何国家的任何用户的观点,只要上了网,就可以在瞬间传遍全球,只要这一信息具有足够的吸引力,就可以引起全世界的关注。这一特征有利于地方性媒体和全国性媒体的公平竞争,以互联网为代表的新媒体改变了传统媒体产品区域性的特点，有助于改变中国在国际传媒界声音微弱的现象。

3. 多媒体与超文本

报纸通过纸质媒介利用文字和图片传递新闻，广播以声音发送信息，电视借助声画播放节目。网络媒体则兼容了文字、图表(片)、声音、动画、影像等多种传播手段保存信息、表现信息、发送信息。由于运用了综合处理文字、图形、声音和图像的多媒体技术，网络媒体将传统媒体的长处集于一身，对于用户来说，信息最终以何种媒体形式出现，是文字、图片、声音还是图像，完全由用户根据信息的内容、自己的爱好以及接收条件自行决定。网络传播的多媒体特点最大限度地实现了各种传播形式的"兼容并包"，丰富了新闻传播的手段。受众也有了众多的自由选择，他们可以根据自己的喜欢选择有字无声、有声有像、图文并茂等多种形式，各种感官得以充分调动。

与传统媒体报纸对信息的处理是传统的文本形式不同，网络媒体是多媒体展示，是以结点(Node)为单位的超文本呈现。报纸对信息的处理是以线性形式进行组织的传统文本，而网络传播是建构在超文本、超链接之上的全新传播模式，它不是以字符，而是以结点为单位组织各种信息的。一个结点是一个"信息块"，结点内的信息可以是文本、图像、图形、动画、声音或其组合。信息在组织上采用网状结构，结点间通过关系链加以链接，从而构成表达特定内容的信息网络。它对信息的存储可以按照交叉联想的方式，从一处迅速跳到另一处，打破了原文本系统只能按顺序、线性存取的限制，它有良好的编辑功能，可以进行多窗口编辑，使得网络编辑可以方便地容纳更多元素。

4. 个性化与社群化

传统媒体是大众化覆盖，网络媒体可以做到个性化服务。从总体上说，传统媒体是一种大众传播，即使是做分众市场的传统媒体，在这个分众市场中也是在进行大众化的传播。真正实现个性化服务的是网络传播。在网络传播中，受众可以利用各种检索工具在各类数据库中"各取所需"；受众还可以自由地选择信息接收的时间、地点以及媒介的表现形式；与此同时，作为网络传播另一端的传者也可用一种"信息推送技术"，根据用户的需求为他推送信息的专门化服务。网民和受众不再需要按线性的播出流程被动地接收由编辑安排好的节目内容，而可以在无限广阔的节目信息空间中，根据自己的爱好和需求检索、选择和传播节目。网络传播不仅具有综合性、主动性、参与性、渗透性和操作性的特点，而且具有灵活性、开放性和交互性的特点。博客、播客的出现是个性化的最好体现，只要拥有一台能上网的电脑，博客就能实现想写就写的愿望。博客几乎可以以任何形式抒写任何内容和信息，当然要在政策和法律许可的前提下。数字化传媒改变了以往受众收听收看广播电视必须同步性的特点，而实现了异步性，即受众在任意选定的时间进行收听收看，如有兴趣有必要可以反复收听收看。

网络上的人们大多是“群居”的，各种各样的社区、BBS和自由论坛、俱乐部充斥在虚拟空间的各个角落。这些社群往往形成一些很牢固的人际互动网络，粉丝团、动力人群、IT人士等各种网络社群相当活跃。Ebay总裁惠特曼在一次接受访谈时曾谈到未来互联网几个关键的发展趋势：电子商务、信息搜索以及社会关系互联。其中的社会关系互联也即我们所谈到的社群化，Ebay正是凭借其虚拟社区倡导者的身份，在电子商务领域独树一帜，获取巨大成功的。惠特曼曾说，恰恰是一种多元化的用户方式和兴趣成就了Ebay的成功，而不是简单的一个卖家或一个买家使得Ebay成功。看来，Ebay从创立伊始就深谙互联网传播之道。如今，越来越多的报纸都在思考如何利用好这种社群化的传播渠道来做好新闻报道和经营工作。都市报的社区新闻部一版都加入了许多不同的网络社群。四川日报报业集团旗下的《天府早报》推出了“第@日”社区版，在这个版里，开设了“今天我来当Q主编”专栏。这些Q主编来自不同的网络群团，通过让这些Q主编参与报社的编辑，从而吸引不同的网络群团关注早报，收到了很好的宣传和品牌推广效果。

以网络为代表的新媒体正在改变着我们生存的世界，改变着人们的生活方式、思维习惯和精神面貌。网络传播培养了人们的平等价值观念，淡化人们的地位和身份意识；网络传播是一种注重个性创新和个性文化的传播，它拒斥千人一面，崇尚文化多元，网络传播营造出人们通过自由交往解决问题的能力，从而减少了那些不必要的中间环节；网络传播创造出人类历史上从未有过的新型的跨地域的“虚拟社区文化”，使人类文化的交流真正突破了时空的边界；网络传播还虚拟现实，强调创新，方便快捷，意义深远。然而，网络也为各种消极文化的滋生提供了温床。①

诚然，数字化传媒在产生积极作用的同时，也会产生负面作用和新的问题，这些问题包括假新闻及不良信息泛滥、公民的隐私权更易遭到侵犯、著作权保护面临困难等，这些都需要认真对待甚至有待国际社会的合作。

---

① 参见庄晓东主编：《文化传播：历史、理论与现实》，人民出版社2004年版，第28～29页。

第二章

新媒体的类型

内容提要：新媒体的类型很多，基本类型可以分为互联网新媒体、手机新媒体、数字电视新媒体。互联网新媒体是建立在互联网上的各种新媒体形式，包括各种网站，博客、播客、维客，网络电视、网络广播、网络报刊等。手机新媒体是以手机为接收终端的媒体形式，包括手机短信、手机报、手机电视等。电视新媒体是建立在数字电视基础上的新媒体，包括数字电视、IPTV、移动电视与户外新媒体等。除此之外，还有其他一些形式的新媒体，比如 MP3、MP4 等移动新媒体，还有的学者把掌上数字游戏机等也看做新媒体。不过，这些新媒体要成为新闻媒体还尚待时日。

第一节　互联网新媒体

一、互联网成为“第四媒体”

互联网是一个由不同类型和规模的、独立运行和管理的计算机网络组成的世界范围的巨大计算机网络——全球性计算机网络。组成互联网的计算机网络包括小规模的局域网(LAN)、城市规模的区域网(MAN)以及大规模的广域网(WAN)等。互联网将两台计算机或者是两台以上的计算机终端、客户端、服务端通过计算机信息技术的手段互相联系起来,人们可以与远在千里之外的朋友相互发送邮件、共同完成一项工作、共同娱乐。

1995 年 10 月 24 日,“联合网络委员会”(FNC: The Federal Networking Council)通过了一项关于“互联网定义”的决议——

> 联合网络委员会认为,下述语言反映了对“互联网”这个词的定义。
>
> “互联网”指的是全球性的信息系统:
>
> (1)通过全球唯一的网络逻辑地址在网络媒介基础之上逻辑地连接在一起。这个地址是建立在“互联网协议”(IP)或今后其他协议基础之上的。
>
> (2)可以通过“传输控制协议”和“互联网协议”(TCP/IP),或者今后其他接替的协议或与“互联网协议”(IP)兼容的协议来进行通信。
>
> (3)以让公共用户或者私人用户享受现代计算机信息技术带来的高水平、全方位的服务。这种服务是建立在上述通信及相关的基础设施之上的。

这是从技术的角度来定义互联网的,从这一定义中我们可以看出:互联网是全球性的,互联网上的每一台主机都需要有“地址”,这些主机必须按照共同的规则(协议)连接在一起。

互联网始于1969年，是在美国国防部研究计划署制定的协定下将美国西南部的大学加利福尼亚大学洛杉矶分校、史坦福大学研究学院、加利福尼亚大学和犹他州大学的四台主要的计算机连接起来的。从一种狭义的、小范围的、局部群体内的媒介，互联网如今已经变成了一种广义的、宽泛的、公开的、对大多数人有效的媒介，全球性成了一个"平坦世界"的信息资源共享平台。互联网不仅为人们提供了各种各样的简单快捷的通信与信息检索手段，更为重要的是为人们提供了巨大的信息资源和服务资源。

华中科技大学钟瑛将我国互联网的发展划分为四个阶段：第一阶段，1995年1月以前，是互联网萌芽到初步成形阶段；第二阶段，1995年初至2000年中旬，是互联网发展的第一次高峰；第三阶段，2000年中旬至2003年底，是互联网发展的低谷；第四阶段，2003年底至今，是互联网发展的第二次发展高峰。其次，她认为，我国互联网发展十多年的历程，积累了丰富的经验与教训，从最初刻意地模仿美国模式，到发现中国特色的网络运营模式，其所显示的主要特色与竞争趋势可以从四个方面来进行分析：商业门户网站的市场竞争更趋激烈，垂直网站在特色定位上抢占阵地，电信运营商进行业务多方位拓展，媒体网站在回归与开拓中努力转型。①

2006年9月23日，中国工程院宣布，我国已经率先在全球建成第一个纯IPv6网(下一代互联网)，该网络目前已经连接了中国电信、中国联通、中国网通、中国移动和中国铁通等国内主要网络运营商。IPv6主干网的传输速度达每秒2.5G至10G，是各国现有第一代互联网速的100多倍。

互联网如今已成为最主要的新媒体。1998年5月，联合国新闻委员会把互联网正式列为继报纸、广播、电视之后出现的"第四媒体"。2006年网络新闻作品正式进入中国新闻奖的评选范畴，对于网络媒体而言，这不仅仅是一种奖励，更是对经历十多年发展的网络媒体"主流"身份的认可。它表明网络媒体在新闻事业的地位和作用得到了充分肯定，也是对新闻事业的促进和发展。人民网的评论《我们怎样表达爱国热情》、新华网的网络专题《网民感动总理　总理感动网民——总理记者招待会网上答问》，集聚了新闻性、重要性、互动性和网络特色等多项突出优点，形式多样，为中国新闻增添了活力。

---

① 参见钟瑛：《我国互联网发展状态以及竞争格局》，http://blog.sina.com.cn/s/blog_59a5885b0100acpr.html

中国社会科学院新闻与传播研究所的闵大洪将中国网络媒体的发展分为如下几个阶段——(1)1995年至1998年,网络媒体步入中国传播领域。这一时期的最主要特征是:报纸、杂志、广播电台、电视台纷纷上网,以电子版、网络版为基本形态,这是中国网络媒体的初级阶段。(2)1998年底至1999年,商业门户网站涉足网络新闻传播领域。这一时期的最主要的特征是:基于互联网发展带来的新变化——门户网站的出现,特别是门户网站涉足网络新闻传播,对国内以往的新闻和信息传播格局给予巨大的冲击,奠定了门户网站在网络新闻传播领域中的领先地位。(3)2000年至2001年,党所领导的网络媒体体系形成这一时期的最主要特征是:在党中央的部署下,主流新闻媒体网站迅速增加实力,形成综合性新闻网站形态,同时从中央到地方各级重点新闻网站陆续建立,形成了党所领导的网络媒体体系,建构起中国互联网新闻传播的基本格局,网络新闻传播法规建设及相应的管理机构的设立亦同时起步。(4)2002年以后,网络媒体成为中国重要的传媒形态。这一时期的最主要特征是:不少新的传播形态开始出现(如博客)、新闻网站队伍进一步壮大、门户网站开始赢利、宽带网络和无线移动网络开始普及、网上民意表达空前活跃……就规模和影响而言,网络媒体已在中国传播格局中占有极其重要的地位,其自身也由不成熟的媒体走向成熟的媒体。①

二、博客、播客、维客

博客、播客、维客被称为Web2.0时代的三剑客。

1. 博客

"博客"一词是从英文单词Blog翻译而来的。Blog是Weblog的简称,而Weblog则是由Web和Log两个英文单词组合而成的。Weblog就是在网络上发布和阅读的流水记录,通常称为"网络日志",简称为"网志"。Blogger即是撰写Blog的人,Blogger在很多时候也被翻译成为"博客"一词,而撰写Blog这种行为,有时候也被翻译成"博客"。因而,中文"博客"一词,既可作为名词,分别指代两种意思Blog(网志)和Blogger(撰写网志的人),也可作为动词,意思为撰写网志这种行为,只是在不同的场合分别表示不同的意思罢了。

---

① 张铮:《中国新媒体研究的现状与趋势》,http://www.tsinghua.edu.cn/docsn/cbx/cft/xinxi/xinxi—shuxun14.html

一个Blog就是一个网页，通常由简短且经常更新的帖子构成，这些帖子一般是按照年份和日期倒序排列的。Blog的内容和目的有很大的不同，从对其他网站的超级链接和评论，有关公司、个人、构想的新闻到日记、照片、诗歌、散文，甚至科幻小说的发表或张贴都有。它可以是纯粹个人的想法和心得，包括你对时事新闻、国家大事的个人看法，或者你对一日三餐、服饰打扮的精心料理等，也可以是在基于某一主题的情况下或是在某一共同领域内由一群人集体创作的内容。

简言之，Blog就是以网络作为载体，简易、迅速、便捷地发布自己的心得，即时、有效、轻松地与他人进行交流，再集丰富多彩的个性化展示于一体的综合性平台。

1994年，美国人贾斯廷·霍尔用HTML语言手动编码网页“Justin Hall's Link”（www. link. net），世界上最早的博客日志诞生。2000年博客开始进入中国，并迅速发展，但都业绩平平。直到2004年“木子美事件”，才让中国民众了解到了博客，并开始运用博客。2005年，国内各门户网站，如新浪、搜狐，原不看好博客业务，也加入博客阵营，中国互联网开始进入博客的春秋战国时代。2005年，全球博客数量突破1亿，中国博客的数量在2005年呈井喷之势，达到1600万。短短十余年的发展历史，博客从无到有，从默默无闻到成为一种流行符号、一种时尚的生活方式。

木子美出生于20世纪70年代末，网络作家，以“下半身写作”而成名。2003年6月19日起，木子美开始在网上公开自己的性爱日记，当时访问量并不大。至8月某日，木子美在博客中记录了她与广州某著名摇滚乐手的“一夜情”故事，由此“一炮而红”，迅速形成“木子美现象”。事发后，木子美曾迫于压力关闭日记一段时间，但重新开放后，访问量开始急剧飙升。

博客实现了多重的传播效果，横跨人内传播、人际传播和大众传播三种类型，因而并不完全等同于“网络日记”。网络日记是带有很明显的私人性质的，而博客则是私人性和公共性的有效结合，它不仅仅是纯粹个人思想的表达和日常琐事的记录，它所提供的内容可以用来进行交流和为他人提供帮助，是可以包容整个互联网的，具有共享精神和价值。

2006年,“向文波博客门事件”[①]引发了博客公领域与私领域的大讨论。作为企业老总该不该在自己的博客上透露企业的信息?博客是“公地”还是“私地”?凤凰卫视某副总去厦门大学被阻门外后,在自己的博客上披露此事遭到网友攻击,更将这一讨论引向深入。博客的“公领域”与“私领域”的边界以两种形式存在:一、人们意识中的边界,二、现实中的边界。博客在人们意识中到底是属公还是属私的领域呢?而现实情境中,它的社会规定性又赋予它何种的“公、私”分别呢?由于博客事件时常发生,2006年我国首个博客研究机构“博客研究组”成立,这标志着博客研究纳入常规与走入正轨。博客研究组设立在中国互联网协会政策与资源工作委员会下,秘书处设在CNNIC。其成员包括人民网、千龙网、新浪、搜狐、网易、和讯、天涯、博客中国、MSN、天极、星空、博客天下等12家博客服务商及互联网专家。[②]

2. 播客

2005年的“博客大潮”并不能掩盖Web2.0时代的另一种重要传媒形态——播客在中国的闪亮登场和迅速发展。自2004年底播客概念进入中国迄今,各类播客网站、播客频道纷纷开通,大批播客节目广泛传播,个性的播客队伍日益壮大。著名的维基百科全书(Wikipedia)中的一篇文章更是把“播客现象”称作是“2006年中国内地网上的新焦点”。

播客,即Podcasting,这一概念最早出现在2004年2月12日英国《卫报》的一篇题为《听觉革命:在线广播遍地开花》的文章中。2004年8月13日,iPod的发明者美国人亚当·科利开通了世界第一个播客网站——“每日源代码”(www.dailysourcecode.com),亚当·科利也因此被称为“播客之父”。

Podcasting一词原是苹果电脑的“iPod”与“广播”(Broadcast)的合成,指的是一种在互联网上发布音频文件并允许用户订阅Feed来自动接收新文件的方法,或用此方法来制作的音频节目。Podcast代表了便携式多媒体播放器和数

① 2006年6月6日开始,三一集团执行总裁向文波在其博客上连续发表20来篇文章,从行业及国家经济安全、民族工业品牌的保护与自主创新等角度“炮轰”徐工改制,并两次“举牌”表示愿以比凯雷高出1/3的价格收购徐工。沉默十天之后,“徐工员工”注册了以“响云霄”为名的博客,开始正面迎战。在众多媒体和网民的推波助澜下,一场关于徐工改制的“全民大讨论”开始了。双方讨论的主要问题有:徐工是否属国家战略产业;凯雷获得徐工机械85%的股权,是否会影响到国家的产业安全和经济安全;如何保护和培养中国拥有全球竞争优势的产业,做大做强民族企业,将中国建成一个创新型国家;徐工放弃31.98亿报价的摩根大通而选择报价要低的凯雷,是徐工出于综合考虑还是被贱卖;如何从产权交易层面建立规范的国有资产交易程序,确保国家利益不受损害等。

② 栾轶玫:《2006年中国传媒十大创新报告之新媒体篇》,《今传媒》2007年第1期,第5页。

字广播技术的结合。Pod 除了指所有多媒体播放器外，更可以作为两种含义的缩写：Personal Option Digital（个人数字化选择权），或 Personal On Demand（个人点播）。每个播客都可以是生产者，也是发布者，可以直接面向消费者。互联网就是发布平台。

实际上，"播客"一词所对应的英文有三个，即 Podcast、Podcastor 和 Podcasting，我们所说的播客实际上也有多个含义，Podcast 指与传统广播不同的 iPod 广播，Podcastor 则指使用这一传播方式的人，而 Podcasting 指的是这一个性化的传播方式，即指这一传播形态。除了"播客"外，与 Podcasting 对应的中文名字还有"爱波""广波""波刻""网播""聚播""随身播""自由播"等中文译名，这些名字一方面有音译的因素，另一方面也形象表现出播客这种传播形态的特点。[①]

对于什么是播客，戴维·舒舍尔（Dave Shusher）提出其必须具备的三个条件：(1)必须是独立的、可下载的媒体文件，(2)文件的发布格式为 RSS2.0 Enclosure Feed，(3)接收端能自动接收、下载并能将文件转移到便携式播放器等其他地方。基于以上三点，维基百科对播客作出了定义：播客（Podcast）是一种向互联网发布文件的方法，允许用户使用 RSS 订阅并且自动接收文件。[②]

播客 2004 年 10 月在美国开始流行，并遭遇两次"井喷"，首先，由丹·吉尔墨（Dan Gillmor）、亚当·科利（Adam Curry）、戴维·温纳（Dave Winer）、托德·迈芬（Tod Muffin）等重量级博客率先发力摇旗鼓噪，之后媒体迅速跟进，有关 Podcast 的报道和评论呈爆炸式增长，播客在美国、英国、加拿大、澳大利亚等国家蔓延开来。第二次井喷是在 2005 年的 6 月 28 日，苹果公司推出了 Itune4.9，用户下载达 100 多万次，导致播客网站的访问量暴增，甚至服务器瘫痪，美国的著名播客 Dawn and Drew Show 的网站就出现了三天无法正常访问的情况。

作为一种新型的传播媒介，播客为个人提供了表达渠道，催生了一大批"个人明星"，著名的播客有：亚当·科利的"每日源代码"，在众多业余播客中，科利的专业水准显得难能可贵，他的创新尤令人称道，目前科利已有 5 万多听众；戴维·温纳的"清晨咖啡笔记"；The Dawn and Drew Show，Dawn Miceli 和 Drew Domkus 夫妻俩的 30 分钟脱口秀。美国有个著名的播客节目，叫《IT 谈话》（*IT*

---

① 刘瑞生：《播客：Wcb2.0 时代的典型传媒形态——国内播客现状研究》，《中国传媒科技》2006 年第 5 期，第 29 页。

② 朱文宁：《博客赢利模式探析》，《湖南大众传媒职业技术学院学报》2006 年第 3 期，第 86 页。

Conversations)，这是一个科技类型的“播客”，这个节目拥有三位开发者，八位音频工程师，十六名编辑，内容分为九个系列，内容非常专业和权威。这个播客被《商业周刊》评选为播客之首，得票率高达 52.7%。

不仅如此，播客也为公司和媒体提供了新的传播途径，传统传媒巨头 ABC、NBC、ESPN、迪斯尼加入了播客的行列，陆续在其网站上推出了免费的“播客”服务。在加拿大，加拿大广播公司的 CBC Radio One 至少有一个叫做 Quirks and Quarks 的常规节目在用 Podcasting 传播。在教育领域，美国佛罗里达大学、杜克大学、亚利桑那大学开始向学生提供教师的授课 Podcast。Podomatic 近来新开发了一个 PodMail 系统，教授们利用它可以很方便地把讲课内容像发邮件一样直接发到学生们的 MP3 播放器中。这只是一个开始，可以想见，一旦技术的障碍排除，教育领域的 Podcasting 之火也将燎原，它甚至可能彻底改变现在的大学教育模式，大学将把 Podcasting 用于教学(非免费收听)，用 iPod 上课将习以为常。

美国互联网调查公司 The Pew Internet and American Life Project 在其调查报告中称，美国已有 600 万人收听过播客节目，个人节目供应超过 5000 档，并且一直在快速增长。市场调查机构 Forrester 预计，在五年的时间内，数码音频、视频市场的用户将从 450 万激增至 2001 万，其中，Podcast 的用户预计届时将达 1200 万之众。The Diffusion Group 对播客做了一个相当乐观的预测：到 2010 年，将有 5600 万美国人收听播客。①

自 2004 年底 2005 年初迄今，国内出现了一批播客站点，土豆网、播客中国、播客天下等网站先后推出播客服务，反波、有一说二、聆听雨婷等播客已经具有相当的知名度，一批富有个性的音视频节目在互联网上广泛传播。播客在互联网上产生的影响甚至波及传统媒体，上海东方广播电台推出了《波歌播客秀》节目，北京文艺台推出了《播客风暴》节目，“播客”概念一时间沸沸扬扬。2006 年 2 月底，中央人民广播电台的网络电台和互动社区——银河台网站(www. radio. cn)全新改版上线，并加入了大量播客自制元素。

播客的出现不是偶然的，它是多项技术(包括 RSS、Enclosures、MP3、BitTorrent和 iPod)在特定的时空下发生的一次共振，是厚积薄发的结果。经过一年的发展，视频技术也被引入播客之中，颠覆了大多数人认为播客只是音频的看法，NerdTv 已把电视节目放到网上，实现了可点播、可下载。随着 3G 时代

① 朱文宁：《博客赢利模式探析》，《湖南大众传媒职业技术学院学报》2006 年第 3 期，第 87 页。

的来临，视频节目(Video Podcast)将成为播客的主要赢利点，而且在不久的将来，还将延伸到其他领域，播客的外延会不断扩大。

在实际发展中，Podcasting 逐渐成为一种互联网上的传播形态。人们只需要一个麦克风、一个摄像头、一台连接因特网的电脑和一个操作简单的编辑软件，就可以在播客网站或播客频道申请自己的播客空间，发布音视频节目，并且能够通过 RSS 订制自己需要的节目，使用电脑、手机、PDA、MP3、MP4 等多种终端收听收看。当前传媒形态之间出现了明显的交叉和融合的趋势，从广义的角度看，一些博客网站中的音频博客和视频博客也属于播客，播客与网络电台、网络电视也有相当的融合。

3. 维客

维客的原名为 Wiki(也译为维基)，据说 WikiWiki 一词来源于夏威夷语的"Wee kee Wee kee"，原意为"快点快点"。它其实是一种新技术，一种超文本系统。这种超文本系统支持面向社群的协作式写作，同时也包括一组支持这种写作的辅助工具。也就是说，这是多人协作的写作工具。而参与创作的人，也被称为维客。

从写作角度上来看，维客是一种多人协作的写作工具，支持面向社群的协作式写作，为协作式写作提供必要帮助。进行维客写作的每一个人既是阅读者，同时又是书写者；每个人都可在 Web 的基础上，对共同主题的维客文本进行创建、扩展、探讨，或浏览、更改别人写的文本等，而且创建、更改、发布的代价远比 HTML 文本小。

从技术角度看，Wiki 是一种超文本系统，是任何人都可以编辑网页的社会性软件。Wiki 包含一套能简易创造、改变 HTML 网页的系统，再加上一套记录以及编目所有改变的系统，以提供还原改变的功能。利用 Wiki 系统构建的网站称为 Wiki 网站，或称为维基主页；"客"隐含人的意思，所以使用 Wiki 的用户称之为维客(Wikier)。

从使用者角度看，Wiki 是一种多人协作的写作工具系统，属于一种人类知识的网络管理系统。Wiki 站点可以有多人(甚至任何访问者)维护，每个人都可以发表自己的意见，或者对共同的主题进行扩展或者探讨。

在维客页面上，每个人都可浏览、创建、更改文本，系统可以对不同版本内容进行有效控制管理，所有的修改记录都保存下来，不但可事后查验，也能追踪、回复至本来面目。这也就意味着每个人都可以方便地对共同的主题进行写作、修改、扩展或者探讨。同一维客网站的写作者自然构成了一个社群，维客系统为这个社群提供简单的交流工具。

Wiki 技术在新闻领域的运用，产生 Wiki 新闻，具有国际性、快速编辑、公开、中立、志愿和自由的特点，是一种群体协作创作，具有理想主义色彩的参与式新闻。Wiki 新闻的出现，使公众有了更多的选择权和知情权，是对传统新闻观念的一种突破，而 Wiki 新闻并没有能力替代新闻记者和传统媒体，传统媒体的把关功能和社会影响仍然是巨大的。维客独特的优势还将成为网络教育，特别是网络学习的强有力的手段；同时，维客作为 Internet 时代重要的文化现象以及其内在的维客精神，也必将对网络教育的学习方式乃至教育理念产生重要影响。

维客的概念始于 1995 年，当时在 PUCC（Purdue University Computing Center）工作的沃德・坎宁安（Ward Cunningham）建立了一个叫波特兰模式知识库（Portland Pattern Repository）的工具，其目的是方便社群的交流，他也因此提出了 Wiki 这一概念。从 1996 年至 2000 年间，波特兰模式知识库得到不断的发展，维客的概念也得到丰富和传播，网上又出现了许多类似的网站和软件系统，其中最有名的就是维基百科（Wikipedia）。维基百科是一个国际性的百科全书协作计划，与传统百科全书不同的地方，它力图通过大众的参与，创作一个包含人类所有知识领域的百科全书。它还是一部内容开放的百科全书，允许任何第三方不受限制地复制、修改及再发布材料的任何部分或全部。

博客、播客和维客的即时性、自主性、开放性和互动性为人们提供了一定程度的话语自由，这种自由颠覆了“把关人”的概念，以其全新的传播方式和传播理念，颠覆着前网络时代的社会形构以及群体景观，满足了人们自我表达、张扬个性的需求，同时还加强了媒介汇流与互动。一些学者怀着一种乌托邦式的热情和狂想，强调博客、播客和维客作为一种“自媒体”，对传统媒体“一统天下”信息传播格局的颠覆以及重塑人类信息传播新场景的展望：如公民记者的出现、信息本身形态的多元化裂变、受众与传播者之间角色的模糊化、公民话语权的空前拥有等。博客对于话语平台的构建、受众向传播者的主体转型、言论自由的最大实现无疑意义重大。但是，在网络话语空间不断民主化的进程中实际上存在着若干悖论：话语空间日益开放的背后是受众面的日益窄化，技术支持越来越平民化的同时也存在着实际操作的精英化倾向，在话语场域的公共性之外是实际话语倾向的私人性。博客、播客、维客世界里的自由同时也带了很多负面的东西，需要网民有自律的意识。

三、网络电视

网络电视即 WebTV，是指采用 IP 协议、通过互联网、以计算机为终端的视频传播业务。网络电视与下文将要谈到的 IP 电视本质上的区别是，前者运行在开放性的互联网上，后者运行在可管理的 IP 网上。

网络电视是一种承载在互联网上的新媒体业务，自 2005 年初以来，一场视频风暴席卷了整个互联网产业。在美国，YouTube 成立一年就达到每天 2000 万独立访问者，提供超过 7000 万的视频和超过 6 万的用户上传。在中国，一批像 UUSEE 这样的新兴企业进入在线视频这个领域，同时，传统的互联网企业已经开始介入 WebTV 业务，例如各门户网站/社区。网络视频迅猛发展的原因在于，网民的上网习惯和需求跨越了平面图文的体验，网络环境的改善及视频手段的深度应用对网络视频的发展提供了坚实基础，也为整个产业的内外发展开辟出极大空间。P2P 和技术的成熟降低了规模传输的成本，使大规模视频传播成为可能。流媒体技术使在线视频收看变得方便快捷。网络电视与传统电视相比，具有跨地域传播和互动性的特点。WebTV 鼓励用户制作并分享内容，并且可以投票和评论其他人的作品，这样就极大地丰富了 WebTV 的内容来源。

各种在线音视频技术快速发展，加上赢利模式的出现，网络电视业务已渐渐趋于成熟，并逐步向产业化迈进。整体上看，开办网络电视的主体有商业公司和传统媒体两大类。传统广电媒体在开办网络电视方面具有内容资源优势，但体制机制不够灵活；商业公司拥有灵活的体制机制，但缺少内容资源。

在广电系统，央视国际的网络电视目前处于领先地位。2006 年 4 月，中央电视台宣布成立网络传播中心和央视国际网络有限公司，并对“央视国际”(CCTV. com)进行全面改版。至 2006 年 12 月，中央电视台 12 套节目实现了网上同步视频直播，近 400 个电视栏目的主要内容提供了网上点播；网站还创办了英语、西班牙语、法语和面向台湾地区的频道，向全球推送央视外宣节目和对台节目。央视国际开创的台网联动、建立网络联盟、开辟电视明星播客等手法，为电视媒体发展网络广播电视开辟了一条新思路。其中“网络视频联盟”在 2007 年春节晚会、“两会”报道、“十七大”报道活动中发挥了重要作用。除央视国际外，地方电视台在开办网络电视方面也取得了新的进展。截至 2007 年 12 月，除青海电视台外，内地 30 个省级电视台网站开设了音视频频道或栏目，25

家网站提供网络电视直播业务。办得比较好的有上海文广的“东方宽频”、湖南广电集团的“金鹰网”、广东电视台网站、海南广播电视台的“视听海南”、四川广电集团的“神韵在线”、辽宁电视台的“七星电视网”、山西广电总台的“山西视听网”等。“东方宽频”已基本做到收支平衡。

商业网络电视开始进入运营期。在经历前两年的“跑马圈地”之后，商业视频网站开始真正考虑如何才能实现赢利。目前，在商业视频网站上开辟页面广告和视频嵌入广告的情况已经比较普遍。商业机构开办的视频网站中，新浪宽频、悠视网、PPLive、土豆网、优酷网等网站十分活跃，均积累了大量的人气。2007年，最值得业内关注的是，海外知名风险投资机构再次对中国视频网站掀起投资狂潮。2007年初，悠视网得到2350万美元的第二轮投资；此后，爆米花网站获得上千万美元投资；3月，PPStream网站第二轮千万美元的融资完成；4月，土豆网获得1900万美元的第三轮投资；6月，我乐网完成上千万美元的首轮融资，8月再次获得不低于2000万美元的投资；11月，优酷网完成第三轮共计2500万美元的风险投资。仅以上六家网站吸引的风险投资就超过1亿美元。

我国网络电视虽然取得一定进展，形成了一定规模，但整体上还处于无序发展阶段，还不具备可持续发展能力。传统媒体开办视频网站和商业机构开办视频网站都存在一些问题。传统广电媒体发展网络电视的主要问题体现在：一是领导重视不够、动力不足。全国大多数电台、电视台的领导认为网络广播电视暂时还不能带来效益，不愿投入。二是体制机制不顺。绝大多数广播电视网站沿用母体的事业体制，缺乏市场应变能力和竞争能力；新媒体和传统媒体之间合作困难。三是政策准入受限。广播电视网站普遍不能获得广告经营、无线增值等业务的经营资质，只可以开展宣传业务，业务功能单一。因此，传统广电媒体开办的网站多数缺乏活力。商业视频网站存在的主要问题则是：无照经营现象严重，违规内容大量存在，资本构成十分复杂，造成市场秩序混乱，给政府管理和网络电视的合法经营带来严峻挑战。

在各种视听新媒体业务中，网络电视是相对比较成熟的业务，虽然还面临一些困难，但假以时日即可进入良性发展期。从赢利模式看，广告将成为网络电视的主要赢利模式，包括贴片广告、网页广告和嵌入式/个性定制式视频广告等；通过包月收费、点播内容付费也可获取部分收益。从市场结构看，主流媒体网站和少数强大的商业网站将主导市场格局。一方面，只有这些网站能够维持一个庞大的资金需求；另一方面，这些网站的公信力相对较强，能够凝聚大量的用户、广告商等，而大量的视频网站都将自行淘汰。①

四、网络广播

网络广播是指采用 IP 协议、通过互联网、以计算机为终端的音频传播业务。业界已经习惯于将提供网络广播业务的音频网站叫做网络电台。网络电台（或称网络广播）指在网上提供音频服务的广播业务提供商，向听众提供包括在线收听、下载以及播客上传与 RSS 聚合等多样服务的一种新型广播形态。网络广播由于占用带宽资源少、开办门槛较低，近年来发展很快。

与传统广播的网络版不同，网络广播有自己原创的节目及独有的互动方式，RSS 及播客技术的应用使得其发展天空间空前扩大。目前中国国内的网络电台主要分为三种类型，一为政府网络电台、二为商业网络电台、三为个人网络电台。国内有代表性的个人网络电台主要有“萤火虫网络电台”“天网网络电台”。个人网络电台主要着重于个人对于社会公共事务的参与，它的繁荣一方面得益于科技发展带来的广播技术门槛降低，一方面它是社会宽容与民间思想活跃的产物。商业网络电台大多依托于其强大的商业网站，是由原有商业网站的音频服务发展而来的，后来独立出来成为现在的商业网络电台，比如 21CN 网络电台、QQ 网络电台与猫扑电台、新浪电台等。网络电台的发展正是这三类电台平衡与合作的结果，它的未来发展有两种模式：一为“兼容”模式，主要是指政府网络电台能够起到容纳与联合个人网络电台的作用，从而实现了“精英平台”与“大众平台”的完美融合。二为“联合”模式，主要是指政府网络电台与商业网络电台的联合策略，从而实现“公共服务”与“商业服务”的有机结合。②

网络广播的开办主体分为传统媒体和商业公司两大类。中央人民广播电台主办的“中国广播网”是目前国内最大的音频网站。其网站音频数据总量超过 2TB，内容包括中央人民广播电台 9 套节目的网上直播、270 多个重点栏目的在线点播。由该网开办的主要为青少年服务的“银河网络电台”已成为国内最有影响的网络电台之一。截至 2006 年 11 月，银河网络电台的日均浏览量达到 1841600 人次，同时在线独立 IP 达到 19190 个，常规互动人群达到 1900 人。中

① 董年初、熊艳红：《2007 年我国视听新媒体发展概述》，《2008 年中国文化产业发展报告》，社科文献出版社 2008 年版，第 3 页。

② 栾轶玫：《2006 年中国传媒十大创新报告之新媒体篇》，《今传媒》2007 年第 1 期，第 6 页。

国国际广播电台主办的"国际在线"已在线播出43种语言的广播节目，同时开播了9种语言的环球网络电台。在地方电台中，目前除西藏、甘肃外，全国有29个省级广播电台、总台开办了网络广播业务，共有167套广播频率实现了网上直播。全国有123个地市级广播电台开办了广播网站，已有158套广播频率实现网上直播。另外，北京广播网与北京团市委合作开办了纯公益性的"青檬网络电台"，以首都高校在校大学生为目标受众群体，目前在高校学生中已经形成一定的影响。由北京"听盟"与团中央合作开办的"中国青少年广播网"已整合100多所高校网络电台的上传节目内容。在商业音频网站中，有少数较为活跃、基于即时聊天工具和论坛的音频网站竞争力较强，如猫扑电台、QQ网络电台等。

网络广播存在的主要问题第一是缺乏赢利模式。广告是互联网的主要赢利模式，但网络广播还没有插播广告的成功案例；对于互联网的另一大赢利模式——手机短信互动，有调查显示，用户在收听网络广播时，一般不太愿意发送短信参与某个节目。第二是受终端制约。调查显示，近年来收听广播的人数在逐年减少，特别是青少年群体，而且用户更习惯于在移动时收听广播，而网络广播必须通过电脑固定终端接收，因此在很大程度上限制了用户的发展。第三是商业网站的节目资源缺乏。虽然网络电台的进入门槛较低，但商业网站普遍缺乏制作广播节目的专业人才，很难生产出大家喜闻乐见的节目；由于网络电台很少能带来直接的经济效益，商业网站在购买广播节目时，也非常慎重。

从发展趋势看，传统广播媒体开办的音频网站将继续占据主导地位。因为传统广播媒体拥有丰富的节目资源，而且拥有专门的广播节目制作队伍，公信力强。特别是随着媒体体制、机制改革的不断深入，网络广播传播理念和节目形态的不断创新，传统广播与网络广播通过联动来提升双方的价值将变得越来越普遍，传统广播媒体在运营网络广播方面的优势将更加明显。①

五、网络报刊

网络报刊，即通过互联网发行和传播的报刊，将多媒体技术、网络技术和通信技术应用到报刊出版、发行、利用的全过程。网络报刊有网络报纸和网络杂志。

---

① 董年初、熊艳红：《2007年我国视听新媒体发展概述》，《2008年中国文化产业发展报告》，社科文献出版社2008年版，第3页。

在因特网上建立网站发布网络版报纸的实践起始于 1994 年，1994 年底，共有 78 家报纸发行了网络版。至 1997 年，网络报纸已发展到 1900 多家。1998 年 10 月初，《美国新闻评论》杂志网站公布的数据表明，全世界的网络报纸报纸已增长至 4295 家，1998 年底增至 4925 家，而如今网络报纸的发展更是突飞猛进。

网络报纸的发展大致有以下几个阶段：(1)电子版阶段，即网上所有内容都是纸质报纸的翻版。(2)超链接阶段，即通过网面上具有特定颜色的超链接，使读者随时通过链接从这一网站跳到另一网站，以寻求所需信息。同时，在各网络报纸的网站上还开辟 BBS、邮件列表等服务，供受众在网上发布信息。(3)多媒体阶段，即多媒体互动报纸。

在我国，1993 年 12 月 6 日，《杭州日报・下午版》通过杭州市的联机服务网络进行传输，揭开了我国报纸网络化的序幕。1995 年 1 月，由国家教委主办的《神州学人》通过互联网发行它的《神州学人周刊》电子版，成为我国第一家走上互联网的媒体。从 1995 年至 1999 年下半年，是报纸的网络版(或称电子版)阶段，这一时期是直接把报纸内容按版面或是类别搬到网上，供网民浏览。2000 年以后，报纸网络版逐渐从 Web1.0 向 Web2.0 发展，出现了以新闻为主的综合性网站，网站逐渐成为报业的数字化整合平台。以网站为平台的有声报、多媒体互动数字报也开始出现。2006 年 2 月 20 日，《浙江日报》在浙江在线上推出了不同于以往简单的 PDF 版的全国首家数字报纸；8 月 1 日，宁波日报报业集团推出了中国第一份多媒体互动数字报《播报 2.0》。报纸的移动化也在不断发展，2004 年 7 月，《中国妇女报》率先开通手机报。2006 年 4 月，《解放日报》推出我国第一张基于电子阅读器的电子报纸。2008 年 2 月，天津日报报业集团《城市快报》与津报网联手打造了《城市社区电子报》。2008 年 3 月全国“两会”期间，新华网推出《两会网报》。与其他的网络报纸不同的是，《两会网报》没有纸报纸作为母报。如今，报业的数字化已全面展开，正向纵深发展。

按报纸上网模式(即电子报纸对应其印刷版报纸的关系)可以将网络报纸划分可分为 4 种：

(1)在因特网上建立一个独立的网站，将纸质报刊的内容原封不动搬上网络，不提供其他的新闻和信息服务。最具代表性的是以前美国《纽约时报》的网络版，目前《纽约时报》的网络版不仅免费提供印刷版的所有内容，而且还提供特别的科技和新媒体专栏的内容。

(2)在因特网上建立一独立的网站，上网报纸在提供原有内容的同时，根据报刊的侧重点提供相应的新闻、信息和其他一些服务。此类模式非常强调自己的特色，在提供报纸网络版的内容时，也不是原样照搬，而是经过二次筛选、编辑，挑选精品文章上网，典型的例子如美国的《华尔街日报》，我国的《广州日报》《中国青年报》《科技日报》等。

(3)在因特网上建立一个独立的网站，报纸印刷版的内容在该网站中只是一个小小的组成部分，所占空间比例不高，更多的是提供包罗万象的信息服务，目标在于建成综合性的信息平台，如美国的《华盛顿邮报》，我国的《人民日报》《电脑报》《华声报》和我国台湾地区的《中时电子报》等。

(4)多家报纸联合建立大型的新闻网站，如美国的"新世纪网络"(New Century Network)，它由美国九大传媒集团与其下属报纸、200 多家出版社在 1997 年 6 月建立，各报内容相对独立。它曾经是美国最大的网上报纸的枢纽站。再如我国的"中国体育信息网""四川省新闻信息中心""福建新闻中心"等都属于这种模式。

网络杂志又称电子杂志、互动杂志，通常指的是完全以计算机技术、电子通讯技术和网络技术为依托而编辑、出版和发行的杂志，以 Flash 为主要载体独立于网站存在。电子杂志兼具平面与互联网的特点，融入了图像、文字、声音、视频、游戏等相互动态结合来呈现给读者，此外，还有超链接、即时互动等网络元素。电子杂志延展性强，未来可移植到 PDA、OBILE、MP4、PSP 及 TV(数字电视、机顶盒)等多种个人终端进行阅读。

目前，电子杂志的主体是"杂志的电子版"，也就是已发行印刷版的杂志，因为看好电子版面和电子发行手段的优势，又补充发行的电子版。其电子版和印刷版的主要内容基本相同，只是版面和发行的手段有异。发行了"杂志的电子版"的杂志，其印刷版往往已有相当大而稳定的读者群。发行电子版是一个适应时代技术发展的尝试。"杂志的电子版"，往往被界定为印刷版的附加物。但是由于杂志已有的基础及实力以及出版商相对丰富的出版发行经验，这类"杂志的电子版"现在大有后来居上的趋势。国内引进的美国《科学》杂志电子版，就是这种模式的一个很好的范例。就概念而言，"电子杂志"和"杂志的电子版"之间的差异往往为人所忽略。当人们提到"电子杂志"(E-journal)时，指的往往就是所谓的"杂志的电子版"(Magazine Online)。

第二节　手机新媒体

一、手机成为"第五媒体"

手机极大地改变了人们的沟通和信息传播方式，不仅仅是一种通信工具，而且已成为继报纸、广播、电视、网络之后的"第五媒体"，同时在一定程度上与报刊、网络、广播电视等媒介相互渗透。手机媒体是借助手机进行信息传播的媒体。手机媒体的主要优势在于高度的便携性、互动性、网络化及用户的海量性。据工业和信息化部(MIIT)公布的数据显示，截至 2008 年 11 月，中国手机用户已经达到 6.8834 亿，占全国人口的 47.3%。同时还在以每月 1.01%和每年 17.51%的速度增长，目前中国已经无可非议地成为全球最大移动通信市场，中国手机用户已经超过全欧洲国家手机用户的总和。

移动通信与互联网技术的快速融合，推动手机快速成为新媒体。随着通讯技术(例如 3G)、计算机技术的发展与普及，手机就是具有通讯功能的迷你型电脑，而且手机媒体是网络媒体的延伸。

最先出现的移动通信网络是第一代移动通信系统(1G)，即模拟通信系统。此时，手机唯一的使命是打电话。由于终端成本和话费高昂，手机在当时普及率很低，还远谈不上是一种大众媒体。GSM 网络的出现改变了这一状况，开启了第二代移动通信系统(2G)的时代。从 1G 到 2G 在技术上是从模拟信号到数字信号的革命性变革。虽然这一技术解决的核心问题仍然是语音，但 GSM 网络为移动低速数据通信提供了可能，短信(SMS)应运而生。随着话费的大幅降低，移动电话得到广泛普及，并开始取代固定电话成为人们最常用的通信方式。在 2G 的发展过程中，还出现了一个被称作 2.5 代的阶段，这就是 GPRS 技术的时代。在 GPRS 技术中，语音传送和语音业务方式维持不变，但手机在语音信道之外有了专用的数据信道，使手机在数据通信速率上获得较大幅度的提高。最新到来的网络发展阶段是第三代移动通信系统(3G)。与 GPRS 技术不同，采用 3G 技术的手机有了专用的高速数据信道，数据通信速率就像从一级公路变为高速公路一样进一步大幅提升，可以满足多媒体信息的迅速传输，手机终端也得以成为"个人多媒体终端"。

短信的出现使手机有了第一媒体（报纸）的功能；彩信的出现使手机更全面地接近第一媒体，并有了第二媒体（广播）的功能；手机电视的出现将使手机有了影响力更大的第三媒体（电视）的功能；WAP 和宽带网络使手机有了第四媒体（互联网）的功能。在这些功能逐渐完备的基础上，手机的“媒体”地位也逐渐得以体现，已经开始通过手机报、手机博客、手机播客、手机视频、手机网站等形式展开了大范围的商用。特别是在重大突发事件和气象灾害预警等方面，有关部门选择的第一信息发布方式已经越来越多地使用手机。手机成为承载信息的载体这一点，已越来越成为不争的事实。①

目前国内的移动新闻用户按接收方式分为如下三类：一是短信新闻用户，主要挂靠在主流媒体（如中央电视台新闻频道、凤凰卫视中文台等）和几大门户网站的短信新闻业务下，以短信包月订阅为主要方式，通过发送短信的方式订购一定内容和数量的短信，通过定时或随时接收 SP 的短信来获得新闻。二是 WAP 网用户，即通过手机登录 WAP 新闻网站以获取新闻。三是无线移动数据接入用户，主要是通过无线上网卡或手机直接接入互联网登录新闻网站。后两类用户性质基本相同，从传输方式上均可认为是无线数据传输用户，区别仅在于前者数据传输速率较低，登录网站数量受限，受终端功能限制，接收的新闻一般为纯文字信息、图片和动画，后者和普通互联网用户基本相同，也可算是网络新闻用户的一种。

二、手机报

手机报是依托于机媒介，由报纸、移动通信商和网络运营商联手搭建的信息传播平台，用户可通过手机浏览到当天发生的新闻，因而手机报被誉为“拇指媒体”和“影子媒体”。它的实质是电信增值业务与传统媒体相结合的产物。具体来说，手机报是将传统媒体的新闻内容通过无线技术平台发送到手机上，从而在手机上开发发送短信新闻、彩图、动漫和 WAP（上网浏览）等功能。手机报已经成为传统报业继创办网络版、兴办网站之后，跻身电子媒体的又一举措，是报业开发新媒体的一种特殊方式。截至 2007 年 11 月底，全国手机报已有 300 多种。

在操作模式上，手机报有两种模式。一种是彩信手机报模式。这种模式类似于传统纸媒，就是报纸通过电信运营商将新闻以彩信的方式发送到手机终端

① 林振辉：《手机媒体化对媒体影响力格局的影响》，《中国记者》2007 年第 6 期，第 45 页。

上，用户可以离线观看。另一种是 WAP 网站浏览模式。这种模式是手机报订阅用户通过访问手机报的 WAP 网站，在线浏览信息，类似于上网浏览的方式。

在赢利模式上有三种。一是对彩信订制用户收取包月订阅费，一般为5～25元/月，初期大多采取“免费体验”进行推销。《浙江手机报》在创办不到3个月后实现赢利，已拥有用户 5 万(订阅费用 5 元/月)，年收入可达 300 万元。二是对 WAP 网站浏览用户按时间计费，最低价一般为 40 分钟(600K)收费 5 元。三是沿用传统媒体的赢利方式，通过吸引用户来获取广告投放。《杭州手机报》与杭州大厦百货公司联手每天推出一个“杭州大厦版”，提供商品打折信息，对象为杭州大厦的 6 万名会员，附在新闻版之后发送。试用一个月内，由杭州大厦支付 30 万元，以后根据传播效果提升价格。国美、苏宁等电器销售公司也是此种运作模式的潜在客户。①

2004 年 7 月，《中国妇女报》推出了全国第一家手机报——《中国妇女报·彩信版》，随后不少中央和地方报社也相继开通。在 WAP 网站方面，人民网于 2005 年“两会”期间，开通无线新闻网站。此前早在 2000 年 6 月 19 日，人民网(当时尚为《人民日报》网络版)日文版、英文版 i-mode 手机网站在日本正式开通，实现了《人民日报》无线上网，这是国内第一家实现手机上网的网站，而且是使用外文进入国外市场。2005 年 12 月 16 日，人民网、新华网、千龙网联合创办了“掌上天下”手机网站，成为重点新闻网站在移动通信领域中的旗舰。在利用手机发送新闻方面，一些网站有不少创新之举，如《中国日报》(*China Daily*)网站对重大事件、突发事件进行图文连续发送，达到直播的效果。

2005 年，报业经营出现疲软状态，为增大与新媒体抗衡的竞争砝码，弥补报纸的不足，各报业集团纷纷抢滩，创办手机报出现一个高峰。2006 年春，手机报又雨后春笋般破土而出。2007 年手机报发行获得重大进展，浙江日报、广州日报等报社手机报的付费用户突破 15 万，开始给报社带来经济收益。天津日报报业集团旗下的《每日新报》、《今晚报》推出了自己的手机报，并发展为全网手机报，全国的中国移动用户不论身在何地都能订制。从运营商来看，中国移动 2007 年年初时手机《新闻早晚报》用户只有 200 万，到 4 月初时已经达到 994 万，高于任何一种纸质媒体的用户数。全国性的手机报已经有 20 多种。2008 年手机报继续发展。2 月 26 日，由中国日报社和中国移动通信集团公司共同打造的我国第一份中英文双语手机报——《手机报－*China Daily*》正式开通。这

① 罗建华：《报业的两个新增长点：手机报纸和免费报纸》，《中国报业》2006 年第 6 期，第 15 页。

份手机报通过无线传输方式，将中英文双语资讯以彩信的方式送达用户手机。

三、手机电视

手机电视，指以手机等便携式手持终端为设备，传播视听内容的一项技术或应用。手机电视具有电视媒体的直观性、广播媒体的便携性、报纸媒体的滞留性以及网络媒体的交互性。

目前，手机电视业务的实现方式主要有两种：第一种是通信方式，利用移动通信技术、通过无线通信网（如3G、GPRS、CDMA1X等）向手机点对点提供多媒体服务，如美国的Sprint、我国的中国移动和中国联通公司已经利用这种方式推出了手机电视业务，这种手机电视互动性强，属于"一对一"传播，手机是唯一的接收终端，传播过程要占用较多的频率资源，所以，承载的人数受限、资费高。随着3G手机时代的到来，资费将大大降低。据国外媒体报道称，In-Stat的分析师米歇尔·亚伯拉罕（Michelle Abraham）估计，3G手机电视服务市场到2012年将发展成一个50亿美元的大市场。

第二种是广播方式，即移动多媒体广播，利用数字广播电视技术，通过地面或卫星广播电视覆盖网（如地面的T－DMB、DVB－H、Media Flo，卫星的S－DMB等）向手机、PDA、MP3、MP4、数码相机、笔记本电脑以及在车船上的小型接收终端点对面提供广播电视节目，其特点是"一对多"传播，传输带宽大、图像质量高、覆盖面广、经济实用、接收终端广泛，手机只是诸多接收终端中的一种。

在美国，早在2003年，美国Sprint公司就推出手机电视服务，它在2.5G网络上提供服务，带宽为40～45kbps。有数十万人在使用手机观看直播新闻、体育节目和其他短片。现在，Cingular、Sprint、Verizon等各大公司均开通了手机电视服务，可以在手机上收看包括NBC、ABC、ESPN等各大传媒机构提供的手机电视频道。有高达1000万用户在使用此项业务。

在欧洲，欧盟委员会于2007年将诺基亚DVB－H的标准，作为全欧洲手机电视的统一标准。从此各大公司争相启动基于DVB－H模式的手机电视业务，并形成比较成熟的行业规范。在欧洲各国，平均每月缴纳10欧元的费用，就可以在手机上随时随地地收看和收听电视节目。

在韩国，SKT公司发射了一颗专用卫星，推出了世界上首个针对手机以及移动终端设备的S－DMB（卫星数字多媒体广播）业务。

在日本，日本电子情报技术产业协会(JEITA)公布2008年1月日本国内手机出货报告，该月2G手机出货量首次为零，显示日本手机厂商2008年起可能不再生产2G手机，该制式在日本将步入夕阳。手机电视在日本已经完全普及。除此之外，新加坡、澳大利亚等国家也先后开办了手机电视业务，手机电视在世界范围内掀起一股投资浪潮。

在国内，随着2005年3月上海文广新闻集团获得第一张手机电视运营牌照，手机电视作为一种新型视听媒介开始进入人们的视野。截至2006年1月，国内手机用户已达3.8亿，可以预期，在手机完成由2.5G向3G的转换、带宽问题得到根本解决以后，手机电视必将会有一个“迸发式”的高速增长。

按国际电联的定义，手机电视是IP电视的一种，是运行在可管理的无线IP网上、以手机为接收终端的多媒体业务。在国内，手机电视是由电信部门率先提出的概念，由广电部门与移动通信部门合作开展的新媒体业务。同时，手机电视同样属于媒体类业务，按规定，经营手机电视也需要获得国家广电总局颁发的《信息网络传播视听节目许可证》。目前，国家广电总局已为上海电视台、中央电视台、中国国际广播电台和中央人民广播电台等颁发全国性牌照，为云南电视台、北京电视台等颁发地方性牌照。

早在2004年6月，上海移动与上海文广新闻传媒集团(SMG)旗下的东方龙就开展了手机电视的密切合作与业务探索。截至2006年12月31日，东方龙共推出手机电视和电台直播业务16路，手机电视轮播频道18路，点播下载栏目61个，累计付费订户达到20多万户。2007年7月，东方龙通过中国移动、中国联通网络开播全球首个专为手机电视打造的专业频道，命名为“第五媒体”，全天滚动播报时事、财经、娱乐、音乐、科技、体育、文化、时尚、美食、旅游等短视频信息；同时将上海地区手机电视业务资费由原先的10元/月调整为2元/月，并于9月2日起正式重新计费。2007年8月30日，上海联通与东方龙联合推出的CDMA网络手机电视开始商用，节目主要包括东方卫视、第一财经等直播频道及影视、音乐、时尚类点播节目。央视国际的手机电视则后来居上。2006年12月，央视国际联手两大运营商共同启动央视手机电视业务，移动和联通的用户分别通过“移动梦网”和“视讯新干线”进入央视手机电视专区，可选择直播、点播、下载以及订制推送等方式观看央视综合、经济、新闻、音乐等同步播出的8套节目以及音乐节目、体育赛事、实时路况信息和衣食住行等视频内容。中国国际广播电台的手机电视业务奋起直追。2007年4月6日，中国国际广播电台联手中国联通，正式推出了次日CRI手机广播电视业务。中国联通CD-

MA1X手机用户可以在境内收听、收看国际台手机广播电视节目。2007年8月30日，中国国际广播电台在中国移动的流媒体平台上正式开通了手机电视业务。CRI手机电视除了把自有优秀电视节目上传到手机电视外，还整合了各地方优秀电视台栏目、优秀网络视频及知名内容提供商的内容资源。北京电视台也在积极介入手机电视业务。在2007年获得手机电视牌照后，北京电视台积极与电信运营商合作，着力建设自有品牌的手机流媒体集成运营平台“京视新视界”。除计划整合北京台自有版权节目内容资源外，还将面向市场集成有价值的手机视频内容以及研发有针对性的、专门的手机电视内容，力争在最短时间内将“京视新视界”打造成为国内知名的手机电视集成运营品牌。除此之外，各地运营商也看到了手机电视发展的巨大市场前景，纷纷通过WAP渠道推出流媒体视频服务，如山东移动与山东广播电视局联手开通的“广视无限”，江苏移动开通的“江苏视界”，安徽移动与新华社安徽分社联合开通的《安徽移动新华手机报》也包括了手机流媒体服务的内容。①

手机电视的第二种模式移动多媒体广播，是指通过卫星或地面无线广播的方式，供7寸以下小屏幕、小尺寸、移动便携的手持类终端（如手机、PDA、MP3/MP4播放器、数码相机以及笔记本电脑等接收设备），随时随地接收广播电视节目和多种信息服务的一种业务。与基于移动通信网的手机电视相比，移动多媒体广播具有频率资源限制小、收看质量高、收视费用低甚至免费等特点，因而得到国际社会的广泛关注。目前国际上已经形成DMB－T、DMB－S、DVB－H、Media Flo等多个移动多媒体广播标准体系，韩国从2004年开始，相继开通了卫星和地面移动多媒体广播。我国也正式启动了移动多媒体广播业务。

我国移动多媒体广播试验采取的是广电系统自行开发的具有自主知识产权的CMMB标准。根据广电总局规划，我国移动多媒体广播的网络将利用大功率S波段卫星和地面无线相结合的方式进行覆盖，利用移动通信网络构建回传通道。业务方面，将提供20余套广播、电视节目和数据业务，并采用广播式、双向式、预付费式相结合的授权方式以及分级式用户管理、计费体系进行业务管理。运营方面，将按照现代企业制度和现代产权制度的要求，组建广电系统上下联合、系统内外联合、中央与地方结合的运营主体，走集约化、规模化、产业化的发展道路。目前，我国移动多媒体广播的设备研发及组网试验均进展良好。

① 董年初、熊艳红：《2007年我国视听新媒体发展概述》，《2008年中国文化产业发展报告》，社科文献出版社2008年版，第3页。

2006年9月7日，北京DAB移动多媒体广播业务正式启动，目前DAB能同时转播12套北京人民广播电台的现有节目，今后还将陆续转播中央人民广播电台和中国国际广播电台的节目。2006年9月10日由中国主要电信运营商和信息产品制造商发起的“移动多媒体技术联盟”在北京成立。该联盟预测说，在政策、商业模式、第三代移动通信技术、北京奥运会等因素的推动下，2008年中国手机电视的市场规模将达60.5亿元人民币。正是冲着这个吸引人的数字，移动与广电展开了速度之争。

2007年6月，北京地区移动多媒体广播开路测试获得成功，10月青岛电视塔播出CMMB信号，随后上海CMMB网络调试成功。目前，CMMB已在全国37个城市实验播出。

第三节　电视新媒体

一、数字电视

数字电视(Digital TV，DTV)指节目信号的摄取、记录、处理、传播、接收和显示均采用数字技术的电视系统，包括了节目采集、节目制作、节目传播到用户端接收的全过程。数字信号的传播速率是每秒19.39兆字节，如此大的数据流的传递保证了数字电视的高清晰度，克服了模拟电视的先天不足，同时还由于数字电视可以允许几种制式信号的同时存在，每个数字频道下又可分为几个子频道，从而既可以用一个大数据流——每秒19.39兆字节，也可将其分为几个分流，例如4个，每个的速度就是每秒4.85兆字节，这样虽然图像的清晰度要大打折扣，却可大大增加信息的种类，满足不同的需求。例如在转播一场体育比赛时，观众需要高清晰度的图像，电视台就应采用每秒19.39兆字节的传播；而在进行新闻广播时，观众注意的是新闻内容而不是播音员的形象，所以没必要采用那么高的清晰度，这时只需每秒3兆字节的速度就可以了，剩下16.39兆字节可用来传输别的内容。

数字电视的含义并不是指我们一般人家中的电视机，而是指电视信号的处理、传输、发射和接收过程中使用数字信号的电视系统或电视设备。其具体传输过程是：由电视台送出的图像及声音信号，经数字压缩和数字调制后，形成数字电视信号,经过卫星、地面无线广播或有线电缆等方式传送,由数字电视接收后,通过数字解调和数字视音频解码处理还原出原来的图像及伴音。因为全过程均采用数字技术处理,因此,信号损失小,接收效果好。

数字电视可以按以下几种方式分类——

(1)按信号传输方式分类:可以分为地面无线传输(地面数字电视 DVB—T)、卫星传输(卫星数字电视 DVB—S)、有线传输(有线数字电视 DVB—C)三类。目前在我国推行的电视数字化主要是有线数字电视化。

(2)按产品类型分类:可以分为数字电视数字电视显示器、数字电视机顶盒、一体化数字电视接收机。

(3)按清晰度分类:可以分为低清晰度数字电视(图像水平清晰度大于 250 线)、标准清晰度数字电视(图像水平清晰度大于 500 线)、高清晰度数字电视(图像水平清晰度大于 800 线,即 HDTV)。VCD 的图像格式属于低清晰度数字电视(LDTV)水平,DVD 的图像格式属于标准清晰度数字电视(SDTV)水平。

(4)按显示屏幕幅型分类:可以分为 4:3 幅型比和 16:9 幅型比两种类型。

(5)按扫描线数(显示格式)分类:可以分为 HDTV 扫描线数(大于 1000 线)和 SDTV 扫描线数(600～800 线)等。

随着美国、欧洲、日本、韩国和中国陆续开播数字电视和强制规定模拟电视终结时间表,数字电视市场正在快速崛起,为了抓住这一千载难逢的发展机遇,中国主要的数字电视开发商和制造商都在全力设计个性化的高性能数字电视产品,他们的主要努力方向大概可归结为以下几类:支持多种数字电视标准,大屏幕、高清化,互联网 DTV、DTV+PVR、支持更丰富的互联接口。

与目前普遍使用的模拟电视相比,数字电视不仅可以让观众接收到更高质量的电视信号,还可以使观众由被动收看转为主动点播,不再受到节目播出时间的限制。数字电视大大增加了可传送的节目容量,可从原来模拟电视的几十套增加到几百套。随着有线数字电视的推广,中国目前的几亿台电视机将成为一个集公共传播、信息服务、文化娱乐、交流互动于一体的多媒体信息终端,而相关的文化产业、高技术产业、电子产品制造业、软件业等信息产业和民族工业的发展,会形成上万亿元的产值,同时为社会提供大量就业机会。因此,在目前模拟电视资源渐趋饱和的情况下,电视数字化对于电子厂商、广播电视从业者来说无疑是一个难得的机遇。数据显示,2007 年底,中国有线数字电视电视用户数量达到 2796 万户,有线电视数字化程度达到 24%,2008 年第一季度,中国有线数字电视用户数量达到 3195.18 万户，有线电视数字化程度达到 31.96%。

尽管数字电视被众多企业看做是巨大的商机，但是其在中国的推广却不顺利，数字电视用户增长十分缓慢。目前，青岛、佛山、杭州、大连等试点城市已经形成了较为成功的有线电视数字化整体转换模式，数字电视用户初具规模。在这些地方，普通家庭的电视机正在成为集广播电视、信息服务、文化娱乐、交流互动于一体的多媒体家庭信息终端，受到广大人民群众的普遍欢迎。在此基础上，国家广电总局在 2005 年发布《关于推进城市有线电视数字化整体转换的若干意见》，并对开始实施整体转换的试点城市在投融资、跨地区经营以及开展多样化服务等方面给予适当优惠政策，以加快推进有线电视数字化的发展进程。国家广电总局决定 2008 年之前实现数字电视的整体平移。①

二、IPTV

IPTV 全称是 Internet Protocol Television，中文名称是互联网协议电视，也叫交互式网络电视。按照国际电联的定义，IPTV 是指通过可控、可管理、安全传送并具有质量保证(QoS)的无线或有线 IP 网络，提供包含视频、音频(包括语音)、文本、图形和数据等业务在内的多媒体业务；其中，接收终端包括电视机、掌上电脑(PDA)、手机、移动电视及其他类似终端。现阶段我国的 IPTV 特指通过可控制、可管理、具有质量保证(QoS)的有线 IP 网，提供基于电视终端的多媒体业务。

IPTV 利用宽带网，以家用电视机(或计算机)作为主要终端设备，集互联网、多媒体、通信等多种技术于一体，是通过互联网络协议(IP)向家庭用户提供包括数字电视在内的多种交互式数字媒体服务的崭新技术。该技术囊括了互联网、电视网、电信网的功能和优势，再加上其数字化的传输模式，使得其能够穿越时空、跨越媒体、跨越不同的终端，以更为人性化和交互式的服务向用户提供海量的数字化信息，可配置多种多媒体服务功能，包括数字电视节目、可视 IP 电话、DVD/VCD 播放、互联网浏览、电子邮件以及多种在线信息咨询、娱乐、教育及商务功能。

IPTV 是现行媒介组织结构中电视产业、计算机互联网产业和电信产业三方优势的集成，这种集成的优势就是 IPTV 核心竞争力所在。IPTV 的播出终

① 曾凡斌：《IPTV 与数字电视》，《声屏世界》2005 年第 10 期，第 5 页。

端主要有三种：一是PC，二是电视，三是以手机为主流的个人移动终端。IPTV内容主要有直播类和非直播类两大类：直播类，即实时广播的节目；非直播类，即点播节目。对应的网络电视结构一个是通过集中的中央源往外播，一个是内容存在一个服务器里大家去取。而由于IPTV的超强的点播功能，IPTV被称为观众的个人“专属电视台”。IPTV的产业链大体上可以分为节目制作及整合（内容）、接入服务（电信运营）和软硬件设备等三个层次。

IPTV是集合了电视传输影视节目的传统优势和网络交互传播优势的新型电视媒体，它的发展给电视传播方式带来了革新。互动性是IPTV的重要特征之一，IPTV用户不再是被动的信息接收者，可以根据需要有选择地收视节目内容。IPTV颠覆了电视观众的“受众”定位与电视传媒的“传者”定位，使传播者与接收者之间的位置不再是固定的或先在规定的，而是不断在互相共享的、移动的。

20世纪90年代中期，美国在线就开始了IPTV的尝试，加拿大传统电信公司曼尼托巴电信和萨斯喀萨温电信开通网络电视业务，法国电信在2003年底开始IPTV服务。根据来自Informa Telecoms and Media的一项研究显示，在2007年IPTV用户总数增长了117%，从2006年年底的571万达到1234万。到目前为止，世界上最大的IPTV用户区域仍是欧洲地区，其IPTV用户数在2007年超过690万，占全球总数的57%。绝大多数在法国的用户依附于法国电信以及其他可供选择的运营商们，包括Free、Neuf以及意大利电信的Alice，运营商们通过在宽带上捆绑免费业务来吸引500多万IPTV用户。[①]

我国运营IP电视业务需获得广电总局颁发的《信息网络传播视听业务许可证》。目前广电总局已为上海电视台、中央电视台、广东南方广播影视传媒集团等颁发全国性IP电视运营牌照，为浙江广电集团颁发地方性牌照，同时还批准IP电视业务可在黑河、牡丹江、大连、沈阳、盘锦、西安、福州、台州、厦门、汉中等城市落地。中国电信、网通通过IP网络与组织部门合作开展的党员教育服务也被称为IP电视业务，但尚未取得《信息网络传播视听业务许可证》，该项业务以提供党员教育信息为主。

我国正在运行的IP电视存在三种模式：一是上海模式，即由上海文广百视通与网通、电信部门合作的模式；二是杭州模式，即由杭州华数公司（股份制公司）在五类线和HFC两张网上同时开展IP交互式业务和数字广播式业务的模

---

① 《2007年IPTV用户增长117%达到1234万》，http://www.cnii.com.cn/20080308/ca454448.htm

式；三是河南的党员教育网模式。其中上海模式、杭州模式运行情况较好。上海模式于2005年5月在哈尔滨正式启动，当年发展用户5万多户，2006年发展10万多户。2006年9月，百视通联手上海电信，开始在上海15个区局全面推广IP电视，当年发展用户6万多户。截至2007年底，百视通的IP电视用户总量已达到50万户，比2006年的16万户增长2倍多；其中哈尔滨用户达到15万户，上海本地达到25万户，在其他各地实验的用户共计约10万户。杭州模式2006年发展用户15万户，2007年超过20万户。河南党员教育网的IP电视目前约有10多万用户。①

三、移动电视与户外新媒体

移动电视以数字技术为支撑，通过无线数字信号发射、地面数字接收的方式播放和接收电视节目。它最大的特点是在处于移动状态、时速120公里以下的交通工具上，保持电视信号的稳定和清晰，使观众可以在移动状态中轻而易举地收看电视节目。

移动电视首先应用是在新加坡，全国建设了8个数字电视发射站，于2001年2月开始在1500辆公交车上安装移动电视设备，为150万人次的乘客提供移动电视服务。高新技术市场研究公司In－Stat/MDR在一份报告中指出，全球移动电视市场将在2004年至2005年迎来一个高速成长的时期。2006年，将有大批支持移动电视的终端问世。2009年，移动电视服务将创造每年54亿美元的价值。

我国内地已有上海、北京、广州、武汉、长春、南京等十多个城市开始在公交车上播放移动电视。上海文广集团在我国率先开展移动电视业务，已完成4000多辆公交车上的显示屏的安装；北京北广传媒移动电视公司2008年4月试播移动电视节目，年底公交车的电视安装数量计划达到4000辆；湖北省将成立专门的数字移动电视台，在武汉推出以公交车辆为主要载体的移动电视及其相关服务。数据显示，2008年中国移动电视行业的广告收入近13亿元，比上一年增长105％。一份关于奥运期间大众传媒接触的研究报告显示，有24.9％的中国城市居民在奥运期间通过公共交通移动电视观看奥运赛事；在北京通过公共交通移动电视观看奥运赛事的人数仅次于传统的户内电视，成为大众关注的第二大媒体。

---

① 董年初、熊艳红：《2007年我国视听新媒体发展概述》，《2008年中国文化产业发展报告》，社科文献出版社2008年版；http://www.china.com.cn/culture/zhuanti/08whcy/node－7044288.htm

对于公交移动电视来说，“强迫收视”是其最大的特点。公交移动电视的强制性传播使得受众身在公交车上，没有选择电视频道的余地。不过，传播内容的强制性有利于拓展“无聊经济”的巨大利润空间，移动电视正是抓住了受众在乘车、等候电梯等短暂的无聊空间进行强制性传播，使得消费者在别无选择时被它俘获，这对于某些预设好的内容（比如广告）来说，传播效果更佳。

户外新媒体是指安放在人们一般能直观看到的地方的数字电视等新媒体，是有别于传统的户外媒体形式（广告牌、灯箱、车体等）的新型户外媒体，比如公交、航空、地铁、轻轨，同时也包括这些交通工具相应的辅助场所如航空港、地铁（轻轨）站、公交站内所衍生的渠道媒体——LED彩色显示屏、视频等。其内容主要是广告。有人将移动电视也看做户外新媒体。

在大城市，户外传统媒体正在逐步被户外视频、户外LED等新形态所取代。数据显示，户外广告的增长主要是来自户外视频、户外LED。公交移动电视2007年较2006年增长超过200%，户外LED增速也很惊人，达到148%。在美国户外广告市场中，户外视频、LED占据了绝大份额，而且从各种形态的广告收入增长来看，户外视频广告的增长速度已经超过网络的增速。

分众传媒、航美传媒和华视传媒是三家在纳斯达克上市的中国户外新媒体经营商。2003年，分众传媒首创中国户外视频广告联播网络，2005年7月分众传媒成功登陆美国纳斯达克，成为海外上市的中国纯广告传媒第一股，并以1.72亿美元的募资额创造了当时的IPO纪录。2006年1月，分众传媒合并中国楼宇视频媒体第二大运营商聚众传媒（Target Media）。目前，分众传媒旗下拥有商业楼宇视频媒体、卖场终端视频媒体、公寓电梯平面媒体（框架媒介）、户外大型LED彩屏媒体、手机无线广告媒体、互联网广告平台（好耶广告网络）、分众直效商务DM媒体及数据库营销渠道等多个媒体网络。2008年12月22日，新浪公司和分众传媒集团宣布双方达成协议，新浪将合并分众旗下的户外数字广告业务。根据协议，新浪将增发4700万普通股用于购买分众传媒旗下的分众楼宇电视、框架广告以及卖场广告等业务相关的资产。分众传媒将保留其互联网广告业务、影院广告业务以及传统户外广告牌业务。新浪网相关人士确认，此次新浪将以约10亿美元收购分众传媒的部分股权。

航美传媒是专业经营机场及机载电视系统的传媒机构，打造了覆盖北京、上海、广州等全国52家主要机场和国航、东航、南航等9家航空公司机载电视系统的“中国航空数字媒体网”。2007年11月，航美传媒成功登陆美国纳斯达克，成为中国第一家在纳斯达克上市的航空数字媒体网运营商。

华视传媒户外数字电视广告联播网以采用数字移动电视技术、支持移动接收的户外数字电视为载体，结合户外受众的视频需求，提供即时的新闻、资讯、信息、娱乐、体育等丰富精彩的电视节目，实现全国范围的广告联播，首期以户外受众最集中的公交车、地铁和轻轨为终端平台。2007 年 12 月，华视传媒在纳斯达克成功上市。

除了分众、航美和华视传媒，户外新媒体大大小小有三四十家融有风险投资，涉及公交移动电视、户外 LED、医院媒体、酒店渠道媒体、列车媒体等。易观国际首席分析师符星华认为，包括楼宇、卖场、公交、航空以及 LCD 大屏在内的五大市场的发展仍将推动户外新媒体整体规模的快速发展。其整体规模将在 2007 年 41.8 亿元的基础上发展到 2008 年的 71.3 亿元，2009 年的 97 亿元，2010 年的 120 亿元以及 2011 年的 141 亿元。

第三章
新媒体的技术推动

内容提要：传媒发展与技术进步密不可分。麦克卢汉提出了“媒介即讯息”的理论，认为建立在传播技术上的传播媒介的变革，本身就会给人类社会带来某种讯息，引起社会的某种变革。该理论将人们对技术、对传媒发展影响的认识提高到一个前所未有的高度。从唯物史观看，科学技术是第一生产力，媒介工具和技术作为生产力的重要组成部分，无疑具有推动社会前进和变革的巨大力量。新媒体的产生与发展同样如此。数字技术、网络技术、移动通信技术等新技术是新媒体发展的技术动因。摩尔定律、梅特卡夫定律、科斯定律等从不同的侧面揭示了技术对新媒体发展的推动作用。不过，技术对媒体的影响也引起了人们的一些担忧，出现了一些对技术决定论的批判理论。

第一节　媒介发展与技术推动

一、媒介发展简史

人类从远古时期的结绳记事到今天的鼠标轻点，一封电子邮件瞬间从边远的乡村到达遥远的繁华都市，人类的发展史其实也是一部传播媒介（Media）发展的历史。从原始媒介、语言（口语）媒介、文字媒介、印刷媒介到电子媒介，再到网络媒介，认识人类媒介的发展过程，也就是认识人类社会发展过程本身。“从辩证唯物论和历史唯物论的观点来看，人类传播的发展过程，不外乎是一部人类在生产劳动和社会实践中不断扩展自身的传播能力、不断发现和创造新的传播媒介、不断使社会信息传播系统走向发达和完善的历史”。[①]

在人类历史上极其漫长的时期内，人类社会的信息传播是凭借一系列原始而简单的媒介进行的。大约在200万年前，地球上出现了会制造工具的猿人。人们面对极其艰苦的自然环境，活动范围有限，随着劳动强度的增加和人脑容量的增人，人类通过一些有限的声音和体语符号，如嗥叫、咕哝、尖叫、面部表情、手势信号等以及烟火、图画、雕刻和实物等媒介手段来进行沟通和交流。

然而，正如恩格斯在《劳动从猿到人转变过程中的作用》中指出的那样，劳动的发展必然促使社会成员更紧密地相互结合起来，因为它使互相帮助和共同协作的场合增多了，并且使每个人都清楚地意识到这种共同协作的好处。一句话，这些正在形成中的人，已经到了彼此间有些什么非说不可的地步了。“非说不可”的需要，使人类大约在40000至50000年前发明了口头语言，人类进入口头传播时期。

口语最初只是一种将身影与周围事物或环境联系起来的简单符号，通过人类的社会实践逐渐提高了抽象能力，发展成了能够表达复杂含义的声音符号系

① 郭庆光：《传播学教程》，中国人民大学出版社1999年版，第21页。

统，具有系统性和抽象性的特征，具有把声音同它们所指的对象分离的特征。口头语言这一媒介自然要比手势、声音等原始媒介有效得多。它提高了人类认识世界和改造世界的能力，并促进了人类思维能力的发达，大大加速了人类社会进化和发展的进程。直到今天，口语仍然是人类最基本、最常用和最灵活的传播手段。但是，口语传播的特征在于共时性，是一种典型的"在场"的面对面的交流与传播，不能脱离发出声音的人而独立存在，只能用于面对面的交流等近距离的信息传递，同时具有转瞬即逝、不便于保存和记录的特点，要传承人类的文化，只能通过一代代人的记忆和口语。我们今天依然能够欣赏到从古代流传下来的一些令人神往的口传文化。

文字的发明使传播从时间的久远和空间的广阔上实现了对口语传播的超越。大约5000年前，文字产生了，这是人类传播史上的一个里程碑。文字在原始图画、记号的基础上发展而来。文字媒介使图像抽象化并使语词符号保存时间较长而不像声音转瞬即逝，从而跨越了时间和空间的限制，扩大了人类交流和社会活动的空间，使人类文化的传承有了可靠的资料和文献依据，具有规范、便携和长期保存等优点。更为重要的是，以文字为核心的人类第一套体外化信息系统的形成和扩展，大大促进了经济、政治和文化的交流与融合，使社会结构发生了重大变革，大规模的社会管理和控制成为可能。

文字总是和记录文字的工具和材料紧密相连的。文字出现以后，人类经历了漫长的手抄传播阶段。石头、木块、竹简等都曾被用做记载文字的材料。为了使文字媒介便于传播，人类进行了艰苦的探索。大约在4000多年前，埃及人首先发明了莎纸，以植物的汁为墨水，以植物的杆为笔，传播媒介开始变得轻便。中国人蔡伦在汉代发明了造纸术，并首先在上流社会使用。在文字发明后相当长的时期内，人类尚不能把机械技术和文字及书写材料结合起来，不能在传播过程中利用机械媒介，当时人类只能用手抄形式作为信息交流的主要方式。15世纪在意大利威尼斯等西方城市，出现了报道商业、政治消息的手抄新闻报，而中国在宋代出现了传递朝政动态的官报《邸报》，刚开始的时候，同样是手抄的。手抄传播效率低、规模小、成本高。

伴随着印刷术的发明，印刷媒介的出现是人类传播史上的又一次重大事件。中国是印刷术的发源地。印刷术起源于殷商时期的印章和公元200年的拓印术。大约在隋末唐初(618～647)，中国人发明了雕版印刷术。世界上现存的第一本印刷品是中国唐朝(866)印刷的佛典《金刚经》。到了宋代，毕昇又发明了胶泥活字印刷，此后中国又发明了木活字印刷。中国的印刷技术渐渐地传向亚洲其他国家及西方。中国古代印刷术的发明，标志着人类开始掌握文字信息的复制技术，并有了批量生产意识。

15世纪中叶，西方出现了一位印刷大师，他就是谷登堡。谷登堡印刷术和印刷机的发明使文字信息的机械化生产和大量复制成为现实。1450年，他采用铅、锡、锑合金制成活字版，完善了金属活字印刷术，为现代金属活字印刷术奠定了基础。他还发明了世界上第一台手摇金属活字印刷机，将机械技术运用于印刷过程中，一次可以印刷多份同样内容的书面材料，技术复制的时代初见端倪。1456年，他使用手摇印刷机一下子印刷了200本《圣经》，标志着现代机械印刷的开始。此后，如同星火燎原，现代印刷术迅速在欧洲得到推广，哥伦布在从事具有历史意义的航行前，西方大约已经印刷了2000多万册书籍。

印刷术的发明，使传媒开始由“贵族”转向大众，人类传播步入了一个崭新的大众传播时代。印刷品的大量出现，激发了人们的求知欲，从而推动教育的发展、文化的普及以及科学的启蒙和社会的进步，加速了欧洲封建社会的解体和资本主义的诞生。“书籍和报刊同18世纪欧洲启蒙运动是联系在一起的。报纸和政治小册子参与了17世纪和18世纪所有的政治运动和人民革命。正当人们越来越渴求知识的时候，教科书使得举办大规模的公共教育成为可能。正当人们对权力分配感到不满的时候，先是报纸，后来是电子媒介使普通平民有可能了解政治和参与政府”。①

印刷技术的进步迎来了近代报刊的诞生，机械印刷使手抄小报逐渐变成印刷日报。书籍和报刊的先后问世，开创了人类传播史上的新纪元，西方传播学界因此常把1456年称为大众传播开始的年代，施拉姆称之为“庆祝大众传播开始的日子”。

然而，许多学者并不赞同这一观点，认为真正意义上的大众传播的诞生是近四百年以后的事情，确切地说，近代大众传播的起点，应该是以19世纪30年代大众报刊的出现为标志。最早的大众报刊是在美国首先出现的“便士报”——《纽约太阳报》《纽约先驱报》和《纽约论坛报》。这些报纸卖一个便士，因而被称为廉价报纸，更为重要的是这些报纸的内容开始市民化。廉价报纸发展迅速，很快在西方其他国家中普及。与此前出现的书籍和政党报纸不同的是，这些便士报开创了大众报纸的时代。它内容上以新闻、信息和社会新闻报道和娱乐为主，贴近大众生活；读者不限定于特定的阶层或群体，而是面向“分

① 〔美〕W. 施拉姆等：《传播学概论》，新华出版社1984年版，第18页。

散的、异质的、不定量多数的一般大众”；广告收入成为报纸经营的主要财源；发行量大，一般是几万乃至几十万份。总之，报纸从精英社会开始走向市民社会，完成了由“观点纸”向“新闻纸”的转变，由政党经费运营向市场化运营和企业化经营的转变，报纸成为“以报道新闻、传播知识、提供娱乐”为宗旨的信息产业，真正意义上的大众传播媒介出现了。此外，书籍、杂志、广告事业等均随着社会的发展而迅速发展，大众传播在人们的生产生活中产生了日益重大的影响。

电子技术的出现和发展，人类进入了电子媒介时代。电子媒介将我们带入了一个奇妙的世界，人类进入了一个异彩纷呈的传播时代。电子技术的发展是一个复杂的过程，让我们首先记住一些标志性的事件：1833 年，美国人莫尔斯发明了第一台实用电报机。1844 年，美国第一条电报线路开通，莫尔斯从华盛顿向巴尔的摩发出了世界上第一封电报，电报内容是《圣经》中的一句话：“上帝，你究竟创造了什么。”依靠电子通讯技术的通讯社随之出现，在美国 1848 年纽约的六家报纸联合创办了“港口新闻联合社”。在英国，1850 年路透社创办开业。1858 年，当横跨大西洋的海底电缆宣告竣工时，接近于实时传播速度的远距离信息传递成为现实。1876 年，生于英国后移居加拿大和美国的发明家贝尔发明了电话机，人类的声音开始同步传送，“顺风耳”不再是神话传说。1877 年至 1879 年，美国发明家爱迪生发明了留声机，继文字的复制以后，声音的机械复制时代开始了。1895 年，意大利科学家马可尼和俄国电气工程师波波夫分别研制成功最早的不用导线传递电信号的无线电通讯装置，1901 年，马可尼实现了远距离无线电信号传递。1920 年，美国西屋电器公司在匹兹堡创立了世界上最早的无线电广播台——KDKA 广播电台，于当年 11 月 2 日开始播音。同无线电的发明一样，电视的发明也在紧锣密鼓地进行。1884 年德国工程师保罗·尼普科夫发明了一种光电机械扫描圆盘，1923 年美籍俄裔科学家兹沃里金发明了光电摄像管，代替笨重的光电机械扫描圆盘进行电子扫描。1936 年，英国广播公司（BBC）建立了世界上第一座电视台，于 11 月 2 日开始正式播送节目。

电子媒介的发展可以分为有线和无线两种。有线系统起源于莫尔斯发明的有线电报和贝尔等人研制的电话系统，后来发展到有线广播、有线电视和今天的计算机通信网络。1946 年，世界第一台由 18000 个电子管组成、重 30 吨、占地 150 平方米的电子计算机在美国英尔学院问世。如今计算机和互联网正在迅速改变着世界。无线电通讯是通过电波的发射和接收来进行的，其传输方式可分为地上波传送和卫星传输两种。1957 年，前苏联发射了第一颗人造地球卫星，标志着人类开始进入卫星传播时代。卫星通信技术以及卫星广播和卫星电视的发展和普及，大面积的跨国传播和全球传播成为可能。

电报、电话、广播、电视、录音、录像、计算机、卫星等电子媒介的出现和普及为人类传播带来了革命性的飞跃。电子媒介实现了时空两个领域的突破，使远距离的实时传播成为现实。它改变的不仅仅是空间距离和速度，从人类社会信息系统的发展的角度来看，电子媒介形成了人类体外化的声音和影像信息系统。过去，无论是声音还是影像，其本身都不具备复制性和记录性，以至于考古学家无法找到它们的“化石”。电子技术的出现改变了这一切，随着摄影、录音和录像技术的进步，人类不但实现了声音和影像信息的大量复制和大量传播，而且实现了历史保存。我们今天考察古代社会时，只能根据文字记录或考古发现进行想象和推测，而当千百年后的人们研究我们这个时代则可以直接聆听和观察我们的音容笑貌。体外化的声音和影像信息系统的形成，使人类文化知识经验的积累和文化传承的效率和质量产生了新的飞跃，人类文化的传承内容更加丰富，感觉更加直观，依据更加可靠。

不仅仅是声音和影像的体外化，计算机的诞生意味着人的大脑这一信息处理中枢也开始了体外化的过程。“电脑”开始执行人脑的部分功能，兼有信息处理、记忆和传输能力，其信息处理的速度快、精度高，记忆也比人脑更加可靠。

在所有的媒介中，报纸、广播、电视、电影、杂志、图书等大众传播媒介传播功能最为强大，被誉为“了不起的信息增殖者”，它们大量收集信息并大规模复制向社会公众传递信息。

报纸的信息容量所受的限制来自空间——篇幅，但报纸往往能以比较低廉的代价复制，一定程度上突破空间的限制。今天的报纸进入了“厚报时代”，还可以根据需要扩版，因此报纸的信息容量大，保存信息的力量强。读者在阅读报纸时选择的主动性大，或扫视标题，或浏览导语，或通读全文，可自己选择阅读哪一部分内容，保存哪部分内容。与广播和电视相比，报纸的时效性不如广播与电视强，形式缺乏图声并茂的电视新闻的动感，也不如以声传情的广播报道亲切、活泼，同时要求读者必须具有一定的文化程度。杂志以使用文字符号为主，新闻性不强，更趋于专业化、专门化，重视图文并茂，印刷技术和纸张的质量更为讲究。

广播是利用电波传声的，以每秒 300000 公里的速度传播信息，其神速自然令报刊望尘莫及。广播使用声音传播，收听广播基本上不受文化程度、地区等限制，受众面广，渗透性强。洗脸刷牙、清晨锻炼、上班乘车、洗涤衣服等过程中，人们都可以随意收听广播。广播是听觉媒介，可以充分运用丰富的语言和各种音响感染听众。立体声广播的发展，更是为人们欣赏音乐提供了方便的渠道。然而，广播内容稍纵即逝，保留性不如报刊，受众选择余地小。它单纯提供听觉形象，给受众留下的印象不如电视深刻。

电视是大众传播媒介的后起之秀，可以说是最接近人类感觉的一种传播媒介。它将图像、声音、文字同时传出，使受众如闻其声、如见其状，产生强烈的现场参与感和真实感。电视与广播一样，是以电波运载讯号的，传输速度十分快速。自从人造卫星参与传播，世界各地出现星罗棋布的卫星电视网以来，电视的时效性进一步加强，传播距离极大延伸，往往在新闻事件发生的瞬间，即使远隔重洋，观众也能通过卫星的转播从电视中耳闻目睹。不过，与广播一样，电视画面转瞬即逝，既不容选择，也不便查考。

报刊、广播、电视等传统媒体各有各的表现方式，印刷媒体通过文字和图片，广播通过声音传递信息，电视则通过画面和声音的有机结合而成为最受欢迎的传统媒体。然而在网络媒体中，这一切界限开始被打破。因特网被称为第四媒体，是继报刊、广播、电视之后发展起来的、与传统大众传播媒体并存的新的媒体。

因特网的出现，使人类进入了网络传播时期。1993 年，美国“信息高速公路”计划出台后，立即引起世界各国普遍的关注和跟进，在全球掀起了网络化浪潮。进入 20 世纪 90 年代中期，因特网的规模迅速扩张，成为全球最大、最流行的计算机信息网络。1995 年，邮电部宣布向用户提供所有因特网服务，中国的网络发展由封闭型的科研教育网络阶段进入到开放型的市场化网络阶段。1998 年 5 月，在联合国新闻委员会年会上，“第四媒体”的概念正式得到使用，联合国秘书长安南在会议上指出，在加强传统的文字和声像传播手段的同时，应利用最先进的第四媒体——因特网。从 1995 起，国内的报刊社、广播电台、电视台纷纷建起了自己的网站。美国“9·11”恐怖事件加速互联网成为主流媒体，这是互联网发展史上的一个分水岭。1998 年 1 月 17 日，一个名为“德拉吉报告”的新闻网站（www.drudgereport.com）于第一时间发布了美国总统克林顿与白宫见习生莱温斯基的性丑闻，由此一举成名。当各 BBS 已把这条丑闻炒得沸沸扬扬的时候，主流媒体仍然坚持沉默。

传统媒体的许多概念正在被第四媒体改写。由于运用了综合处理文字、图形、声音和图像的多媒体技术，网络媒体将传统媒体的长处集于一身，对于用户来说，信息最终以何种媒体形式出现，是文字、图片、声音还是图像，完全由用户根据信息的内容、自己的爱好以及接收条件自行决定。互联网的触角已经延伸到世界几乎每一个角落，信息在网上的流通已经不再受到时间和空间的限制。世界上任何地方发生的任何事情，任何国家的任何用户的观点，只要上了网，就可以在瞬间传遍全球，只要这一信息具有足够的吸引力，就可以引起全世界的关注。互联网将全世界的计算机和计算机网络连接起来，从而形成了一个巨大无比的数据库，网上的信息可以说无所不包，与传统媒体有限的信息量相比，网络媒体的优势显而易见。在传统媒体的传播理念中，传者和受者是严格区分的，而网络媒体的受众除了可以在极大的范围内选择自己需要的信息外，还可以参与信息的传播。克林顿绯闻案、大韩航空公司飞机在上海坠毁的消息等，都是网民首先发布的。一句话，网络媒体最大的吸引力就是受众的主导性、自主性得到了空前的增强，以至于有人认为网络媒体中没有受众，只有网众，因为受众总是意味着被动。

仅从渗透力和影响力等方面来说，互联网现在还不及传统的大众媒体——报刊、广播和电视，但其发展速度远远超过了传统媒体，而它在传播上的明显优势和巨大的发展潜力更加强了传统媒体的危机感。任何公司、组织、政府机构乃至个人只要不违反有关法律法规和相关规定，就可以设立网站或者发布自己想要发布的新闻，任何用户都可以直接接触到信息源，报刊、广播、电视在大众传播领域作为信息发布者的权威地位开始动摇。

不过，互联网也为传统媒体的发展运用网络发展自己，迎接挑战带来了机遇。互联网的开放性，使传统媒体在新闻的采集上可以接触到更多的新闻源；传统媒体在网络上可以突破时空限制，扩展报道内容和报道深度；在网上，传统媒体可以突破原先各自的媒体形式向多媒体发展。

媒介系统的发展经历了功能分化和多样化的过程。20 世纪 50 年代以后，分散的媒介系统在各自的领域得到了充分的发展，功能也越来越强。我们现在所处的时代不是一个单一的传媒时代，而是混合媒介时代。在这个时代，媒介的容量空前扩大。而且，90 年代以来一个最明显的变化，就是各种不同的媒介功能出现了融合的趋势。过去由分散的媒介系统所执行的不同功能，今后将会整合到互联网信息高速公路这一综合的信息传播系统中。可以说人类的社会信息系统已经超越了高度分化和多元化发展阶段，迎来了重新整合的时代。这是社会信息系统演化中的一大飞跃，同时也以围着这个系统规模更加巨大，结构更加复杂。

二、媒介发展的技术推动

在一次瑞士达沃斯世界经济论坛年会上，有人讲了一个故事：一个人骑着一匹快马在街上飞驰。马放开四蹄狂奔，骑马的人不得不紧紧勒住缰绳才不被掀于马下。“你去哪儿？”街上的人问他。“我不知道，问我的马吧。”这匹马就是科技。①

科技是一种创世的力量，它是人类为自己找到的上帝。人类从远古时期被自然所主宰到今天对自然超越的过程，每一步都凭借着技术的进步，技术提升了人类的各种功能。以轮子为例，它的出现取代了腿脚的功能，从轮船到火车再到汽车，人类通过轮子创造着道路。飞机的出现，可以看做道路的无形化，它把道路卷起来随身携带。电子技术的出现，轮子的形态再一次被改写，其速度是电子的速度。互联网的出现，把世界变成“地球村”，它改变的远远不只是道路的形态，还有人们的其他各种功能。“最初，人类设法征服自然规律，并且几乎取得了成功。最近一百年来，人类一直设法用一种技术规律来代替自然规律，这方面的工作已经在很好的开展之中”。②

任教于加州大学柏克莱分校的曼纽尔·卡斯特(Manuel Castells)，被英国《经济学家》杂志称为“虚拟世界第一位重要哲学家”，他倾心 14 年，著成《信息时代三部曲：经济、社会与文化》。美国《华尔街日报》对他的评价是：“亚当·斯密解释了资本主义怎样运行；卡尔·马克思解释了资本主义为何不能运行；现在，信息时代的社会与经济脉络由曼纽尔·卡斯特握于掌中。”卡斯特说：“科技发展之快已大大超出了我们个人、组织、文化与道德的控制能力。我们可以克隆生命。麻省理工学院的媒体试验室已造出一个布满传感器的建筑，这些传感器还可以相互沟通。诺基亚和爱立信的蓝牙技术使短波能在相距 10 米之间传播。我们已有了可以进行自我复制的机器人，尽管目前的机器人还很简单，但这已翻开了历史性的一页。”③

的确，技术一路高歌，引导人类建构一个完全独立的、与客观世界相脱离的世界。进入 20 世纪后，高度发达的现代科学技术，已经成为人类社会生活中一

---

① 参见《虚拟世界哲学家谈信息时代如何改变生活——曼纽尔·卡斯特访谈》，http://www.tsinghua.edu.cn/docsn/cbx/newmedia/academic/theory/zw/no11.htm

② 贝尔：《后工业社会的来临》，商务印书馆 1984 年版，第 56 页。

③ 同①。

种决定性的力量。它几乎在一夜之间改变了人类所面临的世界图景,改变了人们审视自然与社会的眼光,正如海德格尔所说的那样,科学技术已经成为现代人的历史命运。①

技术的渗透是全方位的,媒介的发展同样不能置身于技术化的浪潮之外。技术对媒介发展的影响,是20世纪的一大特征。马克思在19世纪就敏锐地意识到:"火药、指南针、印刷术——这是预告资产阶级社会到来的三大发明。火药把骑士阶层炸得粉碎,指南针打开了世界市场并建立了殖民地,而印刷术则变成新教的工具,总的来说变成科学复兴的手段,变成对精神发展创造必要前提的最强大的杠杆。"②

信息技术的进步始终是一种改变世界的具有革命性的力量。有了印刷术,才有报纸;有了无线电,才有广播;有了比特技术,才有互联网。新的媒介技术的出现,导致了媒介形态的扩展。以音乐为例,电视的出现有了MTV。MTV是电视和音乐的结合,音乐本来是听觉的艺术,但现在也成了视觉的艺术,它使我们在享受美妙音乐的同时享受着精美绝伦的电视画面。多轨录音技术的出现,使得乐队的录音大大简化,降低了制作成本的音乐可以流传更广。电子琴、电子合成技术、激光唱机、数字音乐为我们带来了全新的听觉享受。随身听、MP3更使音乐的欣赏变成一种随身行为,在汽车上、在走路时,总之在你愿意的任何时候都可以欣赏音乐,以至于一些年轻人把听随身听、MP3作为一种身份认同。1982年5月10日,是美国广播史上令人伤感也是高兴的日子。这一天,美国曾经最有影响力的摇滚音乐电台WABC电台的调幅音乐节目宣告结束,改成谈话节目。改变它命运的是调频音乐节目的崛起,调频音乐的技术含量高,听觉效果比调幅音乐好。

再以电影为例。先进的科学技术一如既往地与电影频频"亲和",总是以种种不断出新的科技手段营造奇观来为人类造梦。这个现象在美国电影中相当突出,其代表有科幻片。卢卡斯的《星球大战》讲述的是一个老套的"英雄救美"的故事,但高科技手段的运用,为它包装出了令人振奋的观赏效果:激光、电脑、机器人等为人们展示了一个神奇的宇宙世界。斯皮尔伯格的《侏罗纪公园》同样借助高科技的手段复活了早已灭绝的神奇恐龙。影片共制作大小恐龙1000多只,最大的高达20英尺。与其说是恐龙把我们带回了令人震撼的侏罗纪时

① 潘知常、林玮著:《大众传媒与大众文化》,上海人民出版社2002年版,第43~114页。
② 《马克思恩格斯全集》(第47卷),人民出版社1979年版,第427页。

代，不如说是科技让我们通过了时空隧道回到了过去，而那个久远的恐龙时代其实不过是科技制造的幻觉，没有人知道那个时代的真实景象。美国的科幻片往往强调高科技的视觉奇观，而故事本身却流于简单，因而也时常遭到批评。

这就是技术的魔力，与技术相适应的媒介形态和文化形式得以昌盛，不相适应的逐渐走向衰亡。京剧、川剧、黄梅戏等传统的剧种在“声色犬马”的大众文化面前日益衰落，其原因是多方面的，但是它们不适合现代传播技术也是一个不争的事实。美国的大片、日本的动画片、美女加帅哥的韩剧，尽管它们在精英人群看来可能是文化垃圾，但是它们带给人的视觉刺激恰恰发挥了技术的魔力。而技术对传统剧目的介入几乎无所作为，充其量不过是它们的简单录制，无法深度参与。当今的一些市场叫座的剧目，其实都是技术深度介入的结果，从灯光、音响到整个现场气氛无不体现着现代技术的力量。

网络小说、网络歌曲无不是技术的产物。很多小说是先在网上流行然后再出版，即使在网上流行也是过程性的，即作者不是将小说写完以后才发布在网上，而是一边写一边发布，读者在阅读故事的过程中就可以参与讨论。这样改变的不只是写作模式，阅读模式也同时被改变。很多小说即使是名著，在没有搬上屏幕之前问津者寥寥，而一旦被改编成电影或电视剧，情况就大不相同了。电视剧《围城》的问世，引起了小说《围城》的畅销。《水浒传》《西游记》《三国演义》《红楼梦》，中国的四大古典名著，很多人对它们的了解，恐怕主要是来自观看根据原著改编而成的电视剧。这四部电视连续剧曾经都十分火暴，这对于弘扬中国的传统文化应该说是十分有益的。当然，有人对此也提出批评，认为那些经典的作品是不能改编成电子作品的。比如诸葛亮，在小说和人们的观念中是多么的智慧，以至于成为神仙，然而我们在电视上看到的诸葛亮的形象与之相去甚远。这也难怪，一切神圣的东西都不能现肉身，这可能是一个真理。上帝之所以伟大，就是因为他永远是不现肉身的上帝。我们再看清宫戏的火暴，可以说很多老百姓对清代历史的认识恐怕绝大部分来自于清宫戏。清宫戏里的很多历史都不是历史事实，是被改写、戏说的，这引起了很多人的痛心疾首。这就是技术对文化的改写，它改写的目的是为了更适合技术的表现，为了赢得观众，背后是商业那只无形的手在操控。

美国社会学家托夫勒在他的《第三次浪潮》一书中，特别谈到技术的影响。第一次浪潮是农业革命时期，技术手段十分落后，没有收音机、电话和电视等传播媒体，传播的影响十分有限；第二次浪潮是工业革命时期，产生无线电、电话、电报等，尤其是报纸和广播的出现，非群体化的传播被群体化的传播所取代；第三次浪潮是信息革命，群体化的传播不但没有发展，反而被削弱了，例如，电视频道的增加，针对不同对象的刊物大量出现，造成多元特征。现在被大力发展的有线电视，使观众大为分散，更加促进了非群体化传播时代的出现，想用一种思想或一种文化影响受众的时代已经结束，正如托夫勒所指出的："文明越是多样，技术、能源和人民的变化越多，就越需要大量的信息。"①

没有文化的技术化就没有文化的进步，技术进步对文化的影响莫过于大众传媒的出现。大众传媒的出现是大众文化出现的技术原因，没有大众传媒就没有大众文化。技术不但要影响一般的文化，而且要制造自己的文化。托夫勒对大众传媒对文化的影响这样描述："在这些大规模的传播媒介工具中，从报纸到广播、电影、电视，我们再一次发现工厂基本原则在体现。所有这些传播媒介工具，打上完全相同印记的信息，传入千百万家庭去使用。大规模制造出来的标准化'事实'，标准化副本，大规模制造出来的产品通过几个集中的'思想工厂'加工，源源不断地流向千百万消费者，没有这种广大情报通信系统，工业文明不可以具有今天这样的规模，发挥如此有效的功能。"②

在现代传播科技作用下的媒介变革，正使得"文化发生的场所"起了翻天覆地的变化。在《资本主义文化矛盾》一书中，丹尼尔·贝尔指出："目前居'统治'地位的是视觉观念。声音和景象，尤其是后者组织了美学，统率了观众。在一个大众社会里，这几乎是不可避免的。……当代文化正在变成一种视觉文化，而不是一种印刷文化，这是千真万确的事实。"③

视觉形象(包括图像和活动影像)在媒介内容表达和受众吸引中起着越来越重要的作用，印刷媒体的"读图时代"已经来临，电视也已经取代报纸和广播成为社会的强势媒体，以电视为王的电子媒体"影像时代"已经到来。这表明形象已经取代文字成为媒介传播的强势符号，此即媒介文化的视觉转向。④ 在传统叙事影视的基础上，新的景观——影视提供了"声光秀"的"浸泡式"的视觉奇观，平面媒体也呈现出注重标题制作和图片运用的新特点。

视觉文化与生俱来的"看"的能力实现了对这类文化产品接收的平等权，有

---

① 转引自邵培仁、江潜：《大众传媒与知识经济时代的文化生活》，http://www.zjol.com.cn/gb/node2/node26108/node30205/node30244/node30245/userobject7ai2152.html

② 同上。

③ 转引自藏策：《"读图时代"与"图像霸权"》，http://www.chinaphotocenter.com/llypp/article/zangce/zangce—023.htm

④ 徐小立、秦志希：《媒介文化的"视觉转向"及其传播策略》，http://xuxiaoli.blogchina.com/xuxiaoli/1786878.html

利于文化的普及，克服了文字文化要靠后天学习的缺点。19世纪起，随着以黑格尔为代表的德国古典哲学的终结，理性主义开始衰退，以叔本华、尼采为代表的非理性主义思潮崛起并在20世纪渐占上风，形成所谓“非理性主义转向”。非理性主义思潮表现出重感性轻理性、重形象轻文字的倾向。海德格尔也曾用“世界图像时代”概括世界被变为图像的后现代现实，并且肯定图像就是世界，图像也是认识世界的方式。然而，在理性主义和视觉文化的批判者看来，视觉符号无法达成对世界的深层认知，视觉对应感性，文字对应理性，而文化的理性理所当然优于感性。

视觉文化时代的到来，催生了以影视符号传播为主的文化产业的发展。在西方形成了“媒介表意体制”，美国1996年、2001年、2002年先后三次通过法律刺激影视文化产业的发展。2000年底，美国由影视业直接创造的出口额就飙升至近200亿美元，雄居美国出口额的第二位。好莱坞已经处于世界电影产业的支配地位，是世界电影业的“首都”。

图像也不可能一统天下，正如《图像时代》一书断言：“新的信息时代并非一个单纯的视觉传播替代文字传播的时代，而是一个各种传播形式方方面面的力量重组”。[①] 因此，如何使传播行为由抽象“说教式”转向具象“生活化”，使形象与文字传播和谐互补是摆在我们面前的问题。

尼葛洛庞帝(Negroponte)在《数字化生存》中为我们描绘的建立在高新科技之上的数字化时代正在向我们急速驰来，信息的DNA“比特”(度量信息的单位)正在迅速取代原子而成为人类生活的基本交换物。信息高新科技在大众传播中的运用，传播文化领域正在发生深刻的变化。数字化技术是将诸如声音、图像、文字、色彩等可感的信号，通过二进制编码转换为由“0”和“1”组成的数字信号，即计算机语言可以处理的信号的技术。这种信号可以压缩、保存、传输、加工、复现，容易加密。它的这些特点改变了以往信息的存储和传输方式，电脑和互联网迅速崛起，世界经济体系正在变成依靠电脑联网支持的人类智慧互联的数字化经济体系。“信息高速公路”把全球联入共享信息的巨网，世界成为一个互联的整体，另一方面，个体的能动性、参与性极大提高。加拿大著名数字化经济家家唐·塔珀斯考特认为分子化的结构是新的数字经济体系的一个非常重要的特征。通过互联网连接的企业、个人和社会组织，都是与外界有畅通联

① 〔斯洛文尼亚〕阿莱斯·艾尔雅维茨著，胡菊兰、张云鹏译：《图像时代》，吉林人民出版社2003年版，第34～35页。

系的活跃的“分子”。尼葛洛庞帝指出：“计算不再只和计算机有关，它决定我们的生存。”[①]今天的世界，是媒介主宰的世界，是数字主宰的世界，是网络主宰的世界。

作为传播新技术的产物，电脑联网具有不容置疑的先进性。它的互动性（交互性）特征使长期以来具有传播方式单向、反馈环节薄弱等缺陷的大众传媒相形见绌。它那可用于不同类型的传播的兼容性，允许用户在任何自己方便的时候到网上按照自己意愿分享信息的灵活性、信息形式的多样性、信息容量庞大到几乎不受任何限制的程度等一系列特征，使传统的大众传媒在某些方面黯然失色。首先感受这种压力的，是报业。当年图文并茂、声光兼备的电视业兴起时，报业就曾面临严重的挑战。而今，电脑网络又具有电视所没有的一些长处。报业再次面临冲击。长期以来受到视听兼备的电视挑战的无线电广播，现在也面临来自网络这一具有一系列新的优势的、视听兼备的新媒介的冲击。就连曾长期以技术手段先进而笑傲传媒领域的电视，也无法对来自手段更先进的网络的挑战视而不见。电脑网络加入传媒行列，意味着电视不再拥有特殊地位。[②]

如今，网络不再仅仅是一种基于信息技术的文化形态，而成为人类生存的新的空间，即虚拟社会的出现。在这个社会中，生产力的核心要素的演化由实到虚，由硬到软，由有形到无形，由实物形态到虚拟形态转变。以物质、资本等有形稀缺资源获取财富的方式，被以信息知识为主的无形再生资源获取财富的方式所取代。[③]

与现实生活相比，网上虚拟生存不仅有虚拟人（Virtual Human）、虚拟社会（Virtual Society）、虚拟共同体（Virtual Community），而且有虚拟全球文化（Virtual Global Culture）。人们可以自由进入这个在“物理意义上或在功能意义上存在”的世界环境，获得酷似真实的体验。尼葛洛庞帝认为“Virtual Reality”是一种重复修饰，它既是虚拟的同时又是现实的。虚拟既以现实为基础，又对现实以再造和升华。在网络社会中，虽然一切都因数字化而具有“虚拟”的色彩，但它却为人们的工作与学习效率的提高、个人生活的丰富多彩等，提供了十分理想的现实环境和空间。人们能够把现实社会的实践活动自由地向网络社

① 〔美〕尼葛洛庞帝著，胡泳、范海燕译：《数字化生存》，海南出版社 1997 年版，第 15 页。

② 吴文虎：《传播学概论》，武汉大学出版社 2000 年版，第 330～356 页。

③ 《如何应对虚拟社会的到来?》，http://www.teamclub.net/MIS/list.asp? id=685

会虚拟环境延伸。虚拟现实能使人造事物像真实事物一样逼真，甚至比真实事物还要逼真。[①] 不过，“每一种文化（明）都有它自杀的办法”，虚拟社会的开放性导致网络安全缺乏保障，网络病毒、黑客行为、网络犯罪不断侵袭。虚拟社会的自由性容易诱发使用者的网络综合征，许多网民沉醉于虚拟社会的无限风光中不能自拔，养成对网络的过分依赖，严重影响了其生活质量，降低了学习和工作效率。[②]

有资料显示，虚拟社会塑造出一个庞大的虚拟经济，目前发达国家的虚拟资产已经超过其 GDP 的 2 至 3 倍，国际金融交易总额已经是国际贸易的 60 至 70 倍。以制造业为主的跨国公司不再是经济的主力机构。[③] 中国互联网络信息中心（CNNIC）的数据显示，到 2005 年 4 月底，我国上网用户已经突破 1 亿，达到 1.002 亿人。目前，中国网民数量仅次于美国居世界第二位。迄今大约有 1800 万的中国人在网上买过东西，目前国内旅游网上的年交易额已达到 40 亿至 50 亿元人民币，2004 年中国网络游戏年度产业市场总额为 55.3 亿元人民币，网游用户总人数超过 3500 万。[④]

在以往传统的大众传媒业基础上建立起来的大众传播理论，有些方面也难以再准确地概括传媒业的现状或发展趋势。这场深刻的变革，牵涉几个基本界限的模糊，即电子传媒与印刷传媒的模糊化，职业传播者与受众之间在信息把关方面的角色界限的模糊化以及点对面传播与点对点传播之间的界限的模糊化。[⑤]

面对互联网的挑战，印刷媒体除了扩版、改变报道方式以外，纷纷办起了自己的网站，出版网络版的报刊，电子传媒与印刷传媒的界限开始模糊。广播开办了网上广播，电视也不甘示弱，微软公司与美国全国广播公司联合建立微软—全国广播公司电视台，该有线频道在互联网络上建立了自己的网址。以往的人际传播和大众传播界限分明，同时大众传播基本上是信息由大众传媒流向受众的单向传播。在互联网时代，人类传播中出现了电子对话式的信息流通形式，在人际传播中，正越来越多地利用机器硬件；在大众传播中，媒介机构上网，

---

① 燕姣云、紫竹：《虚拟社会的现实意义》，紫金网 http://www.zijin.net/gb/content/2005－02/24/content_5829.htm

② 同上。

③ 《如何应对虚拟社会的到来？》，http://www.teamclub.net/MIS/list.asp? id=685

④ 殷新宇、张保淑、赵晓霞、王平：《生活就这样被网络改变》，http://www.sxrb.com/mag1/20050608/ca313006.htm

⑤ 吴文虎：《传播学概论》，武汉大学出版社 2000 年版，第 330～356 页。

处于输入端的受众，不同于往日传统大众传播中的“面”，而是对信息内容与信息符号形式组合有着很大选择权的无数个“点”，这里面包含了人际传播的成分。受众成员在某种程度上可以对信息进行筛选、组织，而且很方便地将这些信息进行重新发布。个人网页博客开始发布新闻，1998 年 1 月 17 日，麦特·德拉吉（Matt Drudge）通过其个人主页率先引爆克林顿的性丑闻事件，2003 年伊拉克战争中，透视战火的 Blog 日志再次让人们感受到了博客的力量。如此看来，在互联网时代，“把关人”除了职业传播者以外，受众有时也是把关者，传统的点对面传播在变成点对点的传播。

尽管媒介技术对媒介发展具有重大的推动作用，但技术不是唯一的条件。一个时代有一个时代的媒介，任何一种媒介都有特殊的生存与发展的土壤和条件。一方面，一种媒介的出现，绝非突然而至，是当时社会发展的产物，另一方面，一种媒介又可以作用于社会的方方面面而形成一种新的行为方式和社会社会形态，故而，媒介是社会内质和外貌的准确表达者。

第二节　媒介即讯息

一、几种媒介理论

媒介是传播学的核心概念之一，媒介是信息在空间上移动、在时间上保存的载体，是传者与受传者之间进行传通活动的桥梁。

事实上，媒介不仅是一个技术的概念，也是一个社会的概念。我们说语言、文字是媒介，电话、电脑、报纸、书籍、电视等是传播媒介，这是就传媒技术的层面而言的。同时，我们也把报社、出版社、电台、电视台称为传播媒介，这是指媒介作为一个社会的概念而言的。

因此，概括起来说，传播媒介大致有两种含义：第一，它指信息传递的载体、渠道、中介物、工具或技术手段；第二，它指从事信息的采集、加工制作和传播的社会组织，即传媒机构。个人与个人进行信息交流的中介物，比如电话，称为私人交流媒介；向社会公众进行公开、定期传播的工具，比如报刊，称为大众传播媒介（Mass media）。

美国传播学家哈特在对媒介进行历时性考察的时候，把历史上依次出现的媒介系统分为示现的、再现的、机器的三类媒介系统。人类首先使用的是示现的媒介系统，即人们面对面传递信息的媒介，主要指人类的口语，也包括表情、动作、眼神等非语言符号，它们是由人体的感官和器官本身来执行功能的媒介系统。随后，再现的媒介系统出现了，这包括绘画、文字、印刷和摄影等。在这一类系统中，对信息的生产和传播来说需要使用物质工具或机器，但对信息接收来说则不需要。再后来是机器媒介系统大显神威的时代——电信、电话、唱片、电影、广播、电视、计算机通信等。这些媒介，不但传播一方需要使用机器，接收一方也必须使用机器。

在哈特看来，这三类媒介是按照先后顺序依次累积出现的。从不依赖任何机器手段的"示现媒介"到部分依靠机器的"再现媒介"，再到完全依赖机器的"机器媒介"，这是一个人类传播的媒介手段日趋丰富的过程，也是人体的信息功能日益向外扩展，体外化信息系统逐渐获得相对独立性的过程。哈特的理论从机器使用的角度来认识媒介的发展，纷繁复杂的媒介系统变得清晰了，我们从中感受到了技术进步的创世力量。

与哈特不同的是，加拿大政治经济学家英尼斯从时空偏向的角度来考察媒介，提出了媒介的时空偏向理论。他认为，文明的兴起、衰落和传播媒介息息相关，一切文明都是靠对空间领域和时间跨度的控制而存在的，任何媒介都具有时间偏向或空间偏向。

英尼斯在他的《帝国与传播》《传播中的偏倚》等著作中，较为系统地论述了社会传播媒介与社会组织形态和人际结合方式的关系。任何媒介都有偏倚，它们分别以时间为重点或以空间为重点，由此规定社会流通知识的数量、性质以及社会的形态。

"偏向时间的媒介"易于长久保存却难于运输，比如刻在石头、黏土、龟甲、金属上的文字，金字塔、石雕等，对于时间有着耐久性，可以长久保存但却难以运输，有利于时间上的控制，因而在文化上是"偏倚时间"的。这样的社会，重习俗、重社区，社会稳定且秩序井然，等级分明，压抑个人主义以防变革。但是，它却可以使人们充分表达人类的各种丰富的感情。偏向时间的媒介盛行于传统社会，有助于形成权威，从而有利于形成等级森严的社会体制。

"偏向空间的媒介"却恰好相反，易于远距离传送但长久保存性差，在古代有烽火、狼烟、呼声、笛、鼓、手语、旗子，在现代有印刷、电话、广播、电视等媒介。"偏向空间"的媒介在本质上倾向于现在和未来，有利于扩张帝国，提高政治权威，形成中央集权但等级不强的社会体制。拥有广大版图的古代帝国之所以能实现中央集权式的政治统一,原因就在于空间媒介的扩张。偏向空间的媒介有助于远距离管理和广阔地域中的贸易,创造世俗制度,发展科学和技术性知识。这样的社会遍布信息交换系统和大众传播系统,效率高,但无法传播传统浓郁、丰富、伸缩自如的文化。现代的大众传播媒介都属于偏向空间的大众媒介。卫星、电脑和其他精密通讯设备,是全球性及时传播成为可能,现代科技为现代传播涂上了更为明显的"偏向空间"色彩。

"天涯若比邻",其实现代传播媒介改变的不仅是空间,而且是时间。今天发达而迅速的电脑网络以及卫星直播节目,正在迅速地改变我们的空间感和时间感。路透社的信息网络,可以在几分钟之内将某处发生的有关信息传遍全球。美国的CNN总是尽力在第一时间现场直播全球发生的重大新闻事件。

英尼斯在对媒介偏向时间和空间的分析时,注重媒介的控制功能的把握,他认为,控制传播媒介是行使社会和政治权力的一种手段,每种传播媒介都倾向于造成知识垄断,而新的传播媒介的出现可以打破旧的垄断权。

二、麦克卢汉的媒介理论

关于传播媒介的种种理论中,加拿大著名学者马歇尔·麦克卢汉关于"媒介即讯息"的惊世骇俗的理论,将人们对技术对传媒发展影响的认识提高到一个前所未有的高度。

如果说有谁对于传播媒介的研究曾引起了世界性的关注,这个人就是麦克卢汉。马歇尔·麦克卢汉是著名的加拿大传播学家,也是英尼斯的学生,曾获英国剑桥大学文学博士学位,后任多伦多大学文化技术中心主任。20世纪60年代后期,他是美国知识分子和学生崇拜的人物,其著作《古登堡的灿烂群星:印刷文人的诞生》使之获得了世界范围的好评。《传播工具新论——人的延伸》引起了广泛的重视,是他的代表作,被《生活》杂志称为"电子世纪的先知"。有人说他写的东西有75%是新的,而通常一本成功的书只有不超过10%的新东西。有人说他是"继牛顿、达尔文、弗洛伊德、爱因斯坦以来的思想家"。他还有意用一种不连贯的方法写作,隐晦、玄妙,果然也迷住众人,引人入胜,同时也引起纷纷的争论。

麦克卢汉提出的惊世骇论——"媒介即讯息",这一理论将媒介同人类文明发展史联系起来进行探讨。事实上,真正首先开拓这一研究领域的,正是英尼斯。麦克卢汉发展了他的观点,认为重要的是媒介本身,是新的传播媒介的出现，因为传播媒介中的变革，本身就会给人类社会带来某种讯息，引起社会的某种变革。在通常情况下，人们认为由于传播媒介所传递的有关信息对人类社会生活产生了重要影响，因此如何运用媒介传播信息至关重要。而麦克卢汉却认为，媒介本身就在“塑造和控制着人的组合和行为的尺度和形态”，至于媒介传递的信息并不重要。“因为媒介的‘内容’好比是一片滋味鲜美的肉，破门而入的窃贼用它来涣散看门狗的注意力。媒介的影响之所以非常强烈，恰恰是因为另一种媒介变成了它的‘内容’”。“所谓媒介即信息只不过是说：任何媒介（亦即人的任何延伸）对个人和社会产生的影响，都是由新尺度引起的；我们的任何一种延伸（或说任何一种新的技术）都要在我们的事务中引进一种新的尺度”。①

传播媒介装置在社会普及率达到30％～40％时，就意味着社会在整体上又形成了新的媒介偏倚，但是不会谁都跟着变。小孩对软件、光盘似乎就像呼吸空气一样自然，然而他们的父母倒有可能在新的媒介面前成为新的文盲，于是就可能产生更大的代沟。基辛格说：我们这一代是看书长大的，书本给我们以概念；我们的子女是看电视长大的，电视给人的是印象。所以两代人的文化观念和行为方式之不同，也就可想而知。那么电视的再下一代呢？也许我们可以补充说——他们是滑动鼠标在网络中长大的，那么，网络又给了他什么呢？

“媒介是人体的延伸”是麦克卢汉另一个让人震惊的观点。他借用了英尼斯关于媒介偏倚性的观点中的某些成分，又大加发挥，提出了一切传播媒介都是人类感官的延伸。印刷品是眼睛的延伸，收音机是耳朵的延伸，电视机是手耳的共同延伸，计算机则是中枢神经系统的延伸。“一切技术都是肉体和神经系统增加力量和速度的延伸”。②

与此相联系，他进一步提出“感觉的平衡”的概念：对于不同传播技术的使用会影响人类感觉的组织，影响人与人的关系，媒介的影响改变人类的感觉生活，进而和社会的发展有关。他把人类社会文明发展史分为三个主要时期：口头传播时期、文字印刷传播时期、电子传播时期。他提出，新的电子媒介延伸人们的中枢神经系统，整个世界成了“地球村”。

除此之外，麦克卢汉还将媒介分为“冷媒介”和“热媒介”。他划分的标准是依据媒介提供信息的清晰度或明确度以及信息接收者想象力的发挥程度、信息接收活动中的参与程度。“热媒介”意味着“高清晰度”，所提供的信息明确度

① 马歇尔·麦克卢汉：《人的延伸——媒介通论》，四川人民出版社1992年版，第33页。

② 同上。

高,能高清晰度地延伸人体的某一感觉器官,其传播对象在信息的接收过程中参与程度低,想象力发挥程度低。“冷媒介”意味着“低清晰度”,所提供的信息明确度低,其传播对象在信息的接收过程中需要发挥丰富的想象,参与程度高。

不过,麦克卢汉在热媒介与冷媒介的归类上显得力不从心。他笔下的“冷媒介”包括电视、电话、漫画、谈话等,“热媒介”包括电影、广播、照片、书籍、报刊等。以电影和电视为例,按照麦克卢汉的分析,电影清晰度高,信息量也大,因而参与程度应该相应的低。但实际上,我们看电影比看电视的心理卷入程度要高得多。如果按照清晰度和信息量标准,电影应归入热媒介,电视应归入冷媒界;如果按照参与程度,那么电影就应归入冷媒介,电视则应归入热媒介。又比如,《三国演义》作为图书是“冷”的,你得先认字,做许多文化的储备。而《三国演义》作为电视则要“热”得多。“热”未必热得好,电视催人早熟,多少是因为“热”的缘故。“冷”也有“冷”的迷人,因为它激发了个体生命的高度参与和想象。一个戴着墨镜的女子,必然会引起许多人非要把她看个清楚不可的兴趣。《红楼梦》从没有讲林黛玉具体如何漂亮,然而引起的想象使她的形象更完美。施拉姆为此也曾提出质疑:“为了把印刷的文字符号转化成现实的图像所需要的想象力,难道不比电视观众所需要的想象力更大些吗?”①

三、技术对媒介的正面影响

“媒介即讯息”这一惊世骇俗的理论,将人们对媒介的认识提高到一个前所未有的高度,也是人类在大众传媒时代对于媒介巨大作用的深刻认识。没有媒介,人类社会的一切信息传播行为和文化行为都无从谈起,从某种意义上说,是媒介决定了人类的传播方式和文化形态。麦克卢汉和英尼斯的理论启示我们将媒介置于人类文明发展史的大背景中去考察,探索其在传递的内容意义之外的意义——媒介的出现带给人类文化和文明的影响。从唯物史观看问题,科学技术是第一生产力,媒介工具和技术作为生产力的重要组成部分,无疑具有推动社会前进和变革的巨大力量。

在西方轰动一时的“麦克卢汉热”在 20 世纪 70 年代即已过去,但他媒介理论的影响并未就此烟消云散。美国传播学家梅罗维茨以情境论为视角考察媒介的社会影响力就深受他的影响。20 世纪 80 年代,梅罗维茨出版了《空间感的

---

① 威尔伯·施拉姆、威廉·波特:《传播学概论》,新华出版社 1984 年版,第 136 页。

失落：电子传播媒介对社会行为的影响》一书。其著作依据两个理论，一个是麦克卢汉和英尼斯的理论，另一个是美国社会学家戈夫曼的情境决定论。

戈夫曼的情境决定论将人们的社会生活同戏剧进行类比，认为人人都在不同的社会舞台上扮演大量不同角色，在每位或每群观众成员面前显示自己略有不同的"变体形式"。人们在特定的环境中的行为举止可分为两大类："在前台的行为"和"在后台的行为"，这两类行为是不同的。合适的在前台的行为代表担任某一社会角色的人按其所扮演角色的社会规范应有的行为。而在后台的行为则会放松自己，进行排练，制定进一步表演的策略，并就他们在前台的行为开玩笑。①

对于戈夫曼的理论，梅罗维茨称赞其为分析人们的社会角色及其规则提供了一种既有用又有趣的方法。但他没有就此止步，认为应把情境视为信息系统。由媒介造成的信息环境同人们表现自己行为时所处的自然环境同样重要，在确定情境界限中，应把接触信息的机会考虑进去并当做关键因素，并把媒介的运用所造成的信息环境放在重要位置来考虑。为了论证自己的观点，梅罗维茨借用了戈夫曼关于"在前台的行为"和"在后台的行为"的概念。他举例说，如果在一家餐馆厨房中，服务员们正在议论某些顾客的古怪行为并讨论如何获取大笔小费，这本来可以说是属于后台的行为。但是，由于他们忘记"关上"内部通讯联络系统，在餐厅就餐的顾客听到了这种"后台"谈话，这种谈论就不再是"后台"的行为，是不合适的。如果这种谈论是在关闭内部通讯联络系统的情况下进行的，那么整个情况就完全不一样了，尽管谈话者所处的自然场所并没有变化，但整个事情的情境却有了变化。而媒介在建构情境方面具有重要的作用。以电视为例，它把原来属于各个社会层面内部的场景推到了前台，从而整合了信息系统。电视节目是动态的画面，即使是经过严格的编审，也会将人物的表情暴露于屏幕，情感或情绪很难不被电视"泄漏"，人最隐秘的部分越来越多被无意地显现在电视屏幕上。因此，电视能够使得生活在各个层面的人体会到生活在其他层面的人的"感受"，客厅、厨房、卧室被整合进电视，人们对许多以前不能容忍的属于个人隐私的行为，开始变得宽容了。

每种独特的行为需要一种独特的情境。在梅罗维茨看来，对于每一社会情境来说，人们都需要一种明确的界限，因为人们需要始终如一地扮演自己的角色，不同情境的分离使不同行为的分离成为可能。当两种或两种以上的情境重

① 周庆山：《传播学概论》，北京大学出版社 2004 年版，第 131 页。

叠时，会混淆不同的社会角色，令人们感到困惑、不知所措。一位冷静、医术高超的医生发现一位需要动大手术的病人竟然是他的一位多年未见的亲属，这位医生兼有了亲属的身份，情境重叠了，这就可能影响他的职业冷静，于是他会提出由别人主刀。梅罗维茨还举出了黑人权利倡导者斯托克利·卡迈克尔在20世纪60年代的宣传活动。在不通过媒介的当面演讲中，有关黑人权利问题他可以分别给黑人受众群和白人受众群做不同的演讲。但面对电子媒体，他陷入了两难选择：使用适合于白人的还是黑人的修饰方式和主题。

电子传播媒介促成许多旧情境的合并。由于电子传播媒介代码的简单性，它们能将来自不同的经验世界的视听形象显示给许多不同的受众群，造成不同阶层的受众群对信息更大程度的分离，从而促成许多公众活动领域的合并。他由此得出结论说，由于电子传播媒介造成的社会情境形式的变化，人们的社会角色形式也在变化。谁被包括进某一情境，谁被排斥外，这是规定情境形式及与此适应的行为形式的界限之关键因素。根据这一观点，受众的类型、人数多少和特征实际上影响着传播方式。因此，在通过媒介进行的传播活动中，应根据受众群的分离和结合形式设计媒介讯息。在承认受众的重要性的同时，梅罗维茨的理论也未低估媒介的力量。受众成员并不能完全随心所欲地选择自己对媒介的使用方式。他们的选择，受到社会环境的制约，而媒介正是社会环境的一个重要部分。

虽然梅罗维茨的研究主要是基于电视广播一类的电子媒介，但是其理论成果对于今天基于数字技术的新媒体研究同样适用。通过新媒体的远程互联，身处不同环境的人被纳入了同一片虚拟空间。如果说以前是地理位置将人们团结起来的话，那么现在同在一间屋子并不意味着就有家的归属感和凝聚力，同一时间里在线互联互动的人反而会产生更多的默契与关爱。传统的空间场景丧失了稳定感、归属感和凝聚力，物质上空间的分隔与断裂被新媒体打破。由于新媒体造成的虚拟空间是交流者主动选择加入的，而且这一空间允许匿名，有更大的表达自由，交流者往往更容易把这里视为梅罗维茨所谓的“后台”，即一个更能够轻松表达，更能够坦诚交流的空间。在网络游戏里，来自不同地方、不同文化背景的玩家被纳入了同一个游戏场景，他们可能有着类似的成长背景，类似的游戏能力，从而消除跨文化的隔膜，形成心理上的亲近感。再如Flash数字动画，是年轻人们非常喜欢的一种表达和交流的方式。相对于传统的动画，Flash不仅制作相对容易，成本相对低廉，而且传播效果更好。Flash动画通常很少有配音和对白，画面也很简洁，主要通过动作、特殊声效来传达信息，偶尔有一些文字注解。Flash 动画通过互联网很容易扩散到世界各地，这样一种表达方式，又较好地克服了语言的差异，让跨地域、跨文化的接收者都可以较好地理解制作者的意图。①

法兰克福学派的代表人物本雅明对技术进步对媒介的影响同样持积极的态度，这是难能可贵的，因为法兰克福学派在总体上对科学技术持悲观态度。本雅明认为，技术的进步直接关系到艺术的进步，技术促进艺术直接参与阶级斗争，成为政治斗争工具的各种手段、媒介、形式、技巧，如对报纸、广播、摄影等大众媒介的利用，和布莱希特叙事剧中的间离技巧以及电影的蒙太奇手法等等。所以对于作为生产者的艺术家来说，技术的进步也就是他政治进步的基础。②

在本雅明看来，机械复制技术的进步就在于它对传统艺术的颠覆。传统艺术侧重于艺术品的膜拜价值，现代艺术侧重于艺术品的展示价值。他写于 1936 年的《机械复制时代的艺术作品》中说："世界历史上，机械复制第一次将艺术作品从它对艺术的寄生依赖中解放出来。更进而言之，被复制的艺术作品成为构思出来以供复制的艺术作品。比如说，一张摄影底片，可以冲印出无限数量的照片，要确定哪一张是'权威的'照片，已是毫无意义的事情。"③复制技术打破了作品的神圣性和神秘性，满足了现代人渴望贴近对象，通过占有对象复制品来占有对象本身的欲望。传统艺术的膜拜价值在现代复制技术面前开始崩溃。

在机械复制时代的艺术中，本雅明最为推崇的是电影这门新兴艺术。他认为电影展示了异样的世界和视觉无意识，不但在视觉，而且在听觉方面导致了对感官的深化，是人类艺术活动中的一次革命。电影展示的场面较绘画精确得多，而且可从多种视角来加以分析。他认为现代技术给艺术带来的进步，正像达·芬奇绘画中渗透了解剖学、透视学、数学、气象学和色彩学。④

四、技术对媒介的负面影响

科学技术是一把双刃剑。媒介技术对于文化的影响，有科学主义的乐观派和人本主义的悲观派。大众传播从人类信息传播的自然状态中分离出来，成为

---

① 熊澄宇、程绮瑾：《新媒体传播与跨文化交流》，http://academic.mediachina.net/article.php? id=1940

② 陆扬、王毅：《大众文化与传媒》，上海三联书店 2000 年版，第 59 页。

③ 本雅明：《机械复制时代的艺术作品》，《光照》，伦敦丰塔那出版社 1973 年版，第 226 页。

④ 同②，第 60 页。

独立于甚至在某种程度上凌驾于一般意义的人际交流与信息传播活动之上的社会意识形态的组成部分。“如此一来，大众传媒不再唯人类之命是从，而开始自我觉醒，并以自己的意志去面对世界，介入生活。结果，大众传媒对人的依赖性越来越少，而对人的独立性越来越大，并且日益开始按照自己的方式思考和行动，与此同时，人类对大众传媒的控制能力却从绝对转向了相对，从全面转向了局部，从随心所欲转向了力不从心，而且失去控制的可能性越来越大”。① 传媒技术成为“用以作出决定、用以说服和操纵别人的手段”。②

对于麦克卢汉等人强调技术对媒介的影响，有学者指出这些理论过分强调媒介的作用，无视内容的重要意义，把媒介描绘成导致社会发展的最大动力，从而走向技术决定论的极端。因此，对麦克卢汉的批评从来就没有停止过。麦克卢汉的技术自然主义强调的是媒介技术是人的生物性的延伸，而不是社会性的延伸。他没有看到媒介技术到来的负面影响。在他的理论中看不到从事着能动的社会实践的人，看不到人与人的社会关系。美国学者切特罗姆指出：“他的技术自然主义强调媒介是人的生物性延伸，而不是人的社会性延伸。虽然他想通过传播媒介来追踪人类文化的发展，他的历史学却难以置信地缺乏真正的人民。”③

与麦克卢汉理论相类似，梅罗维茨理论的缺陷在过于夸大媒介对社会环境和人们社会行为的影响，几乎将媒介描绘成引起社会变化的唯一原因，只字不提社会制度同媒介制度的联系，无视社会意图对媒介管理、媒介使用情况的影响。梅罗维茨理论往往把媒介本身的特点和媒介传递的内容混淆在一起，缺乏连贯性。

法兰克福学派对技术对媒介的负面影响进行了猛烈批判。马尔库赛认为，科学技术既是生产力也是意识形态，“在工业发达国家，科学技术不仅成了创造用来安抚和满足目前存在的潜力的主要生产力，而且成了脱离群众而使行政机关的暴行合法化的意识形态”。④ 哈贝马斯也认为，“技术统治论”是作为意识形态的科学技术在发达工业社会的具体体现，他专门写作了《作为“意识形态”的技术与科学》。他认为“技术统治者”的危害主要在于抹杀了工具行为与交往行

① 潘知常、林玮：《潘多拉的魔盒：大众传媒作为世界》，《新闻与传播研究》2001 年第 4 期，第 15 页。

② 威尔伯·施拉姆、维廉·波特：《传播学概论》，新华出版社 1984 年版，第 20 页。

③ 〔美〕D. J. 切特罗姆：《传播媒介与美国人的思想》，转引自郭庆光《传播学教程》，中国人民大学出版社 1999 年版，第 150 页。

④ Herbert Marcuse, *Negations: Essays in Critical Theory*, Boston, 1968, p. 223.

为的区别，其实质是想用控制自然的方法来控制社会，而这导致的必然是伤害人的交往行为，压抑人的本性。

技术作为意识形态，与其他的意识形态的特征在于它并不诉诸暴力，“一种舒舒服服、平平缓缓、合理而又民主的不自由在发达的工业文明中流行，这是技术进步的标志”。[①] 哈贝马斯对此认为，科学技术力量作为理性的产物，披上“合理”的外衣，掩饰着劳动和相互作用中的各种不合理和不合法的因素，使现代统治的合理性与合法性含糊起来，人们整体的生活实践在不知不觉中被工具性劳动取代了。[②] 霍克海默和阿多诺将目光对准科学技术对人的异化：“今天，技术上的合理性，就是统治上的合理性本身。它具有自身异化的社会的强制性质。”[③]

对传播工具与技术的作用和影响，一些学者着重考察传媒内容的影响，例如李普曼对“拟态环境”的分析、藤竹晓关于“拟态环境的环境化”以及鲍德里亚的“仿真、内爆、超真实”等。还有一些学者则主要考察传媒的形式或工具特性的影响。一种媒介的出现、使用和普及，会在很大程度上改变人的个性或人格，“媒介依存症”就是对这种不良影响的概括。媒介依存症包括过渡沉溺于媒介接触而不能自拔、价值和行为选择一切必须从媒介中寻找根据、满足于与媒介中的虚拟社会互动而回避现实的社会互动、孤独和自闭的社会性格等。

“电视人”和“容器人”是媒介依存症的表现。“电视人”是日本传播学者林雄二郎提出的概念。所谓“电视人”指的是伴随着电视的普及而诞生和成长的一代。他们在电视画面和音响的感官刺激环境中长大，是注重感觉的“感觉人”，表现在行为方式是“跟着感觉走”，这一点，与在印刷媒介环境中成长的他们的父辈重理性、重逻辑思维的行为方式形成鲜明的对比。同时，由于收看电视是在背靠沙发、面向荧屏的狭小的空间中进行的，这种封闭、缺乏现实社会互动的环境，使得他们中的大多数人养成了孤独、内向、以自我为中心的性格，社会责任感较弱。[④]

“容器人”概念是另一位日本学者中野牧提出来的。他认为，在大众传播特别是以电视为主的媒介环境中成长起来的现代日本人的内心世界类似于一种“罐状”的容器，这个容器是孤立的、封闭的；“容器人”为了摆脱孤独状态也希望

---

① 马尔库赛：《单向度的人》，上海译文出版社 1989 年版，第 3 页。

② 潘知常、林玮：《大众传媒与大众文化》，上海人民出版社 2002 年版，第 48 页。

③ 霍克海默、阿多诺：《启蒙辩证法》，重庆出版社 1990 年版，第 113 页。

④ 参见郭庆光：《传播学教程》，中国人民大学出版社 1999 年版，第 151～152 页。

与他人接触,但这种接触只是一种容器外壁的碰撞,不能深入到对方的内部,因为他们相互之间都不希望对方深入自己的内心世界,于是保持一定距离便成了人际关系的最佳选择。"容器人"注重自我意志的自由,对任何外部强制和权威都不采取认同的态度,但却很容易接受大众传媒的影响,他们的行为也像不断切换的电视画面一样,力图摆脱日常烦琐性的束缚,追求心理空间的移位、物理空间的跳跃,而现代社会中忽起忽落、变幻不定的各种流行和大众现象正是"容器人"心理和行为特征的具体写照。①

传播政治经济学派的代表人格雷厄姆·默多克主张抛弃一切技术决定论和媒体中心主义。在他看来传播史不是一部关于机器的历史,而是一部关于新生的媒体促成权力体系重构和社会关系重组的历史。要理解这个历史过程,我们就必须避免工具主义倾向。当然,传播技术产生于特殊的权力机构之中,并且受制于特定的意图和目的;然而,一旦投入运行,它们往往会引起和原来目的不相符合的,甚至相互矛盾的结果。因此,"我们最好将传播技术看做是一个不同阐释(Interpretation)和使用(Use)之间持续斗争的场所,而不是关于控制(Control)和自由(Freedom)的技术。处于这些斗争中心的,是公共领域和私人领域间不断变化的界限。跟踪记录这些变化,能为我们提供一个有效的出发点去探求传播在现代性构成中所扮演的角色"。②

近年来,随着电子传媒尤其是网络的发展,出现了"电子乌托邦"的思想。这种思想建立在对新媒介某些技术特性的期待基础上,认为新的传播媒介技术必然会把人类带入一个高度自由、民主和平等的自由王国。这种思想由来已久,在大众传媒产生的初期,库利就提出过"印刷意味着民主"。

事实上,单纯的技术上的可能性并不能必然保证理想的社会形态的出现,或者说,媒介技术或工具是中性的,它们本身并不必然导致某种"社会善"或"社会恶"。归根到底,媒介工具是人的创造物,重要的是人如何使用它,利用它来传播什么,达到什么样的社会目的。从这个角度而言,传播媒介的社会影响并不仅仅取决于媒介的技术或形式特性,而且取决于掌握和运作它的人和社会组织,取决于它们生产和传播的信息内容。③

---

① 参见沙莲香:《传播学——以人为主体的图像之谜》,中国人民大学出版社 1990 年版,第 10~12 页。

② 格雷厄姆·默多克著,赵斌译:《传播与现代性的构成》,《视界》(第 7 辑),http://academic.medimachina.net/article.php?id=718

③ 郭庆光:《传播学教程》,中国人民大学 1999 年版,第 155~156 页。

第三节 数字化生存

一、传媒化生存

1991 年 1 月 4 日，法国著名的思想家让·鲍德里亚在法国《解放报》撰文认为海湾战争不会发生，然而不久战争爆发了。战争结束后，他出版了文集《海湾战争不曾发生》。当记者问他是否愿意到战场上看一看时，他回答说："我靠虚像生活。"[①]在他看来，包括 CNN 在内的大众传媒发动了一场虚拟战争，战争所有的编排变化、战略战术运用都已经被电视记者和战略分析家预演了一遍。"海湾战争被复杂的技术手段'实现'了，在缺少事件的意义上，它根本没有发生"。[②] 我们看到的战争其实是传媒上的战争，传媒取消了意义和现实，提供的只是虚像。

如果我们再看一看 2003 年的伊拉克战争，就会发现鲍德里亚独具慧眼。对于这场战争，全球的受众同样是通过媒体认知的，尤其是电视对战争的直播，使得战争变成了一部影像，观众看到的是一个个类似于好莱坞大片的奇观场面：对巴格达空袭的直播画面看起来像一场盛大的焰火晚会，这是影片《独立日》高潮段落的再现；美国军车穿越沙漠的画面再现的是奥斯卡经典片《阿拉伯的劳伦斯》中的场景；对七对来自田纳西州的"上阵父子兵"的炒作明显是借用 HBO 拍摄的"二战"题材电视系列剧《兄弟连》的情节；而拯救失踪女兵林奇更是《拯救大兵瑞恩》的搬演；萨达姆在联军轰炸后现身巴格达街头的报道有抄袭好莱坞喜剧片《真假总统》的嫌疑；伊拉克电视台在鼓动巴格达居民奋起反抗时，竟然使用了美国奥斯卡获奖片《角斗士》中的音乐。[③]

1. 媒介环境

上帝创造了第一个世界，大众传媒创造了第二个世界。美国传播学者托尼·施瓦茨甚至将电视喻为"第二个上帝"。在传统的农业社会，村头的那棵大

① 刘大先：《我靠虚像生活》，《深圳商报》2003 年 12 月 13 日。

② 季桂保：《后现代境域中的鲍德里亚》，《后现代性与地理学的政治》，上海教育出版社 2001 年版，第 106 页。

③ 史安斌：《美国电视新闻的四个趋势》，http://www.woxie.com/article/list.asp?id=7870

树下就是信息的发布地，而随着工业社会和信息社会的到来，我们的交往半径和对世界的认知范围呈几何数增长，一种大型的传播手段应运而生。大众传媒把不在场的东西呈现给受众，打破了交流“在场的有限性”。既然面对的是一种“不在场”，人们只有借助媒介来了解信息和理解意义，面对面的直接经验被一种中介化或媒介化了的间接经验所取代。

如果说19世纪30年代现代传媒刚刚兴起时，大众传媒仅仅是观察和记录某一社会现象和社会事件，人们从报刊中获取的只是各类新闻信息和娱乐的话，那么在今天，由于高新技术的运用，互联网等新媒体的产生，大众传媒深度参与日常生活，我们已无法将大众传媒从社会生活中剥离开来，无法设想在大众传媒缺席的情况下有效组织社会生活。“可以毫不夸张地说，当今的社会就是媒体社会”，[①]我们的生存方式已经变成传媒化生存。

然而，大众传媒并不是人类的奴仆。“它提供给人们的现实不是我们所处的真正的现实，而是经过媒介营造的‘媒介现实’，它的权力就在于它有权对现实进行‘选择’‘过滤’‘加工’，然后再以自己所喜好的‘单项流通’的方式‘灌输’给广大受众”。[②] 现实环境因此变成了媒介环境，套用麦克卢汉所说的“媒介即信息”，我们可以说“媒介即环境”。“大众媒介在我们同世界本身之间竖起了一道不见实物只见虚影的隔离帷幕，即媒介环境”。[③] “议程设置”理论的创始人和追随者认为，传播媒介是环境再构成作业的机构。“由于大众传播媒介那复杂、多样的对客观世界的表述，它的所有表述本身就足以构成我们生存的新的环境，即非个人客观环境的、经过加工转述创造出来的媒介环境”。[④]

在媒介环境中，存在着三种不同的现实，“第一种是现实的客观现实，指我们生活在其中的现实世界。第二种现实是媒介现实，指媒介所呈现出的文件情景。第三种现实是受众现实，指受众通过媒介获得的对客观现实的认识。而且，从认识论的角度来看，媒介现实具有双重性：一方面，对于传播者而言，媒介现实是传播主体对客观现实的认识，它反映了传播者的主观现实；另一方面，对于受众而言，传播中经过符号化的媒介现实，大都是他们无法亲身感知的现实

① 蒋原伦：《媒体文化与消费时代》，中央编译出版社2004年版，第8页。
② 鲍海波：《新闻传播的文化批评》，中国社会科学出版社2002年版，第40～41页。
③ 李彬：《传播学引论》（增补版），新华出版社2003年版，第202～203页。
④ 胡正荣：《传播学总论》，北京广播学院出版社1997年版，第236～237页。

世界的他人经验，是相对于受众主体的客观现实”。①

构成媒介环境的主体主要有媒介事件和媒介人物。丹尼斯·戴扬和伊莱休·卡茨 1992 年在其专著《媒介事件——历史的现场直播》中，认为“媒介事件”是指一种特殊的电视事件，通过电视的现场直播，本来在一个较为狭小地方发生的事件，可以表现出对时空以及一国、数国乃至全世界的“征服”；而且这类事件一般是经过提前策划、宣布和广告宣传的，一定意义上，大众被“邀请”来参与一种仪式，一种“文化表演”。② 他们在书中列举了一些典型案例，如查尔斯王子和黛安娜王妃的婚礼、肯尼迪的葬礼、登月事件等一些重大事件，并结合文化人类学的一些研究观察了媒介事件的脚本、协商、表现、庆祝、萨满教以及播出效果等六个方面。事实上，媒介事件并不只是电视事件，只不过就总体而言，电视在营造媒介事件中发挥的作用尤为突出。

法国学者帕·尚帕涅在《生产舆论，新的政治游戏》一书说：“游行的成功与否并不在于参加人数多少，而是记者是否感兴趣。我们可以稍稍夸张地说，50 位机灵的游行者在电视上成功地露面 5 分钟，其政治效果不亚于一场 50 万人的大游行。”③库特·兰和格拉迪斯·兰对麦克阿瑟 1951 年从朝鲜战场回国欢迎活动的电视报道的研究，形象地说明了这一点。他们选派两班人马，一班观看电视报道，另一班分布在沿途迎候麦克阿瑟的人群中。结果显示，在现场欢迎麦克阿瑟的人要等较长时间，而麦克阿瑟的车队开来时又一晃而过，整个事件感觉平平。与此相反，观看电视报道的人感受却大不相同。电视摄像机架在麦克阿瑟后面的那辆车上，电视镜头时而朝向欢呼的人群，时而对着做微笑状的麦克阿瑟，给人以隆重热烈、胜利凯旋的印象。④

大众传媒还具有塑造社会活动家等媒介人物形象的功能。公众对于媒介人物形象的材料，基本上取之大众传媒营造的世界，人们所见所知的不过是经过传媒折射的现实人物的影像，甚至人们对现实人物本身并不感兴趣，感兴趣的仅仅是媒介上的人物。“社会活动家们要赢得舆论，就需要传媒根据公众的既定信念来‘包装’，因为公众习惯于有意无意地用影视媒体提供的理想化形象

---

① 张克旭、藏海群、韩纲、何婕：《从媒介现实到受众现实——从框架理论看电视报道我驻南使馆被炸事件》，《新闻与传播研究》1999 年第 2 期，第 2～3 页。

② 〔美〕丹尼尔·戴扬、伊莱休·卡茨：《媒介事件——历史的现场直播》，北京广播学院出版社 2000 年版，第 3 页。

③ 转引自〔法〕皮埃尔·布尔迪厄、〔美〕汉斯·哈克，桂裕芳译《自由交流》，三联书店 1996 年版，第 22 页。

④ 转引自李彬：《传播学引论》（增补版），新华出版社 2003 年版，第 204 页。

来衡量现实中的人物形象”。[①] 即使是使用文字语言，“作者使用语言的力量，诱导或甚至是逼迫着读者去进行想象，对脑子里原有的关于人的容貌情态的表象进行了不由自主的分解和综合，以按照作者的规定迅速形成一个新的表象”。[②]

2. 媒介环境的影像特征

捷克作家米兰·昆德拉用意象形态来描绘媒介环境的虚拟特征。他在其著作《不朽》中举了这样一个例子：老祖母生活在摩拉维亚村庄，她的一切意识都来源于生活经验，她知道过去十年中全村发生过多少起谋杀案。而另一位在办公室坐上八小时，然后回家看电视的人，当他听播音员说最近民意测验显示，他所处的国家是最安全的地方时，他会高兴地打开一瓶香槟。但他不知道，就在这一天，他居住的街上发生了三起盗窃案和两起谋杀案。意象形态的强大就在于它使现实成为一个无人光顾的大陆，而意象又显而易见地成为大众的“现实”。[③] 意象就是一种影像。

古希腊哲学家柏拉图在《国家篇》中提出了著名的“洞穴理论”，用来说明媒介环境的影像特征十分贴切，尽管柏拉图的本意并不在此。他将缺乏哲学思考的人比作是关在洞穴里的囚犯，由于他们被锁定在一个方向上，只能将目光投向洞穴深处的一堵矮墙，而矮墙上有他们背后的火光的各种投影，所以这些囚犯们不免把矮墙上的投影当成是这个世界的实在，而对于造成这些影子的东西却毫无观念。“他们所看见的只有他们自己和他们背后的东西的影子，这些都是由火光投射到墙上来的”。[④] 在传媒化社会中，囚犯就是受众，他们背后燃烧着的火相当于大众传媒。

政治评论家沃尔特·李普曼著对媒介环境的影像性有形象的阐释。他的开山之作《舆论学》第一章的标题就是“身外世界与脑海图景”。绝大多数人只能通过各种“新闻供给机构”去了解身外世界（实性世界），人的行为已不再是对客观环境及其变化的反应，而是对新闻机构提示的某种“拟态环境”的反应，产生脑海图景。“所谓‘拟态环境’，也就是我们所说的信息环境，它并不是现实环境的‘镜子’式的再现，而是传播媒介通过对象征性事件或信息进行选择和加工、重新加以结构化以后向人们提示的环境”。[⑤] 李普曼还提出与此相关的“刻

① 陈力丹：《试论大众传媒与舆论的互动》，http://www.cddc.net/shownews.asp?newsid=4832

② 金开诚：《文艺心理学论稿》，北京大学出版社 1982 年版，第 72 页。

③ 鲍海波：《新闻传播的文化批评》，中国社会科学出版社 2002 年版，第 39～40 页。

④ 转引自李彬：《传播学引论》（增补版），新华出版社 2003 年版，第 200 页。

⑤ 郭庆光：《传播学教程》，中国人民大学出版社 1999 年版，第 127 页。

板成见”的概念，大众传媒不仅是“拟态环境”的主要营造者，而且在形成、维护和改变一个社会的刻板成见方面拥有强大的影响力。

日本传播学者藤竹晓在李普曼观点的基础上提出了“拟态环境的环境化”问题。现实生活中的很多生活方式或价值观念，最初并不见得能被重视或普及，可一旦进入大众传播渠道，很快就会吸引人们的注意力，甚至会发展成为一种随处可见的流行现象。藤竹晓写道：“在这一巨大的信息环境里生活的人，却几乎不具备验证、确认这一信息环境的能力。……人只能依赖于信息环境及其赋予的定义而生存。在这样的现代环境的结构下，有时人就会被信息环境（虚拟环境）所欺骗。”①

鲍德里亚进一步提出了“仿真”“超真实”“内爆”的概念。“仿真”是“通过各种模型生产出一种复制品：一种以假乱真的东西”。② 他认为，仿真的发展经历了三个阶段：第一个阶段是仿造品的时代，介于文艺复兴和工业革命之间的时期。在这一时代，符号表示了阶层、级别和声望。第二个阶段是生产秩序，它伴随着资本主义，使客体无限的两重性成为可能。如同本雅明所说，在电影和摄影时代，谈论原版没有多少意义，因为这可以不断地被复制。第三个时期是当今的模拟时代，文化不再是复制真品，而是生产真品。真品是电视、电脑屏幕、虚拟现实和立体声耳机的效果所致。③ 仿真产生了一种普遍的“超真实”的幻境，一种比现实还现实、比美好还美好、比真实还真实的仿真模拟。超真实的形成过程也就是真实与非真实的内爆过程。鲍德里亚所说的“内爆”并不完全同于麦克卢汉所说的“内爆”，他将内爆描绘成“一种导致各种界限崩溃的社会‘熵’增加的过程，包括意义内爆在媒体之中，媒体和社会内爆在大众之中”。④在当今的仿真世界里，面对信息的无休止的狂轰滥炸，所有的事物都坍塌（折叠）进其他事物之中，所有事物均在内爆。鲍德里亚不仅描绘了政治与娱乐之间、资本与劳动之间以及俗文化与雅文化之间界限的内爆等，同时还宣称“整个社会都已内爆”。

---

① 〔日〕竹内郁郎编，张国良译：《大众传播社会学》，复旦大学出版社 1989 年版，第 213 页。

② 〔英〕约翰·斯道雷著，杨竹山、郭发勇等译：《文化理论与通俗文化导论》，南京大学出版社 2001 年版，第 256 页。

③ 参见〔英〕尼克·史蒂文森著，王文斌译：《认识媒介文化》，商务印书馆 2003 年版，第 251 页。

④ 转引自石义彬：《单向度超真实内爆——批判视野中的当代传播思想研究》，武汉大学出版社 2003 年版，第 266 页。

3. 传媒化生存的负面性

对于媒介环境的影像性，鲍德里亚似乎有些悲观。“影像不再能让人想象现实，因为它就是现实。影像也不再能让人幻想实在的东西，因为它就是其虚拟的实在”。[①] 并且，“在模拟的情景中，不仅世界消失了，连其存在与否这个问题也不能再提出”。[②] 由此，他感慨道：“识别这个世界是徒劳的。”[③]

更为可怕的是，在传媒铺天盖地的笼罩下，无处可逃的我们久而久之便习惯于传媒所提供的广阔而又闭塞的环境，沉溺于传媒所提供的信息所引发的喜怒哀乐中，自觉不自觉地漠视自己所拥有的思维与行为的自由，漠视自然而传统的人际交流，满足于传媒牵引下自我营造出的五彩缤纷而又子虚乌有的梦幻世界。不仅如此，人们往往不加选择地将传媒世界作为自己生存状态与生存目标的参照系统，将传媒所提供的信息作为调整与修正自己思维与行为以求生存发展的重要依据，并且注重将自己与传媒之间的融合程度作为衡量自身是否具有社会化特征的一项指标。[④] “我们很难想象，完全依赖媒介的生存，而将人们的生命战车完全纳入大众传媒策划与制造的轨道之中，自觉地放弃个性与创造力，放弃认识世界和改造世界的责任与权利，人类将陷入怎样的无奈和悲哀”。[⑤]

在大众传媒十分昌盛的时代，人们习惯于把媒介折射的现实当成现实本身，而对实际存在中的现实却默然不知。美国社会学家托马斯有一个社会学公式：“如果人将某种状态作为现实把握，那状态作为结果就是现实。”[⑥]这被称为托马斯公理。这种情形再进一步，就会产生美国社会学家默顿所说的“预言的自我实现”现象。[⑦] “这是指最初对情况的错误理解和报道，会造成公众的一种潜在心理和紧接着的行为，从而导致真的使这种情况成为现实”。[⑧]

以《长征——闻所未闻的故事》闻名的哈里森·索尔兹伯里对此体会深刻。他在《变革时代》一书中写道，有一次里根接受记者采访，当谈到美国的种族问题时他信口开河地说道：你们记得不记得就在‘珍珠港事件’后的一天，罗斯福

---

① 〔法〕让·鲍德里亚：《完美的罪行》，商务印书馆 2000 年版，第 8 页。
② 同上，第 9 页
③ 同上，第 19 页。
④ 参见鲍海波：《新闻传播的文化批评》，中国社会科学出版社 2002 年，第 40～41 页。
⑤ 张燕：《大众传播中异化现象的原因与防范》，《现代传播》2001 年第 6 期，第 41 页。
⑥ 〔日〕竹内郁郎编，张国良译：《大众传播社会学》，复旦大学出版社 1989 年版，第 213 页。
⑦ 谢立中：《西方社会学名著提要》，江西人民出版社 1998 年版，第 185 页。
⑧ 陈力丹：《试论大众传媒与舆论的互动》，http://www.cddc.net/shownews.asp?newsid=4832

总统一道命令就取消了美军中的种族隔离？面对记者的质疑，他解释说，当时珍珠港一艘军舰上有一个黑人厨师，当全舰官兵都被打光时，他抱起一架机枪打下来一架日本飞机。第二天罗斯福就下令取消美军中的种族隔离。记者这才明白："总统记得一点也不错，但那不是事实，而是一部电影里的情节。"还有一次，以色列总理拜见里根，里根对他讲了参与解放布痕瓦尔德集中营的往事。不过，以色列外交官告诉总理的那件往事纯属子虚乌有。第二次世界大战期间里根先生根本没有到过欧洲，所谓解放集中营乃是发生在电影里的事。其实，就连里根在电视演播间因一句对前苏联宣战的玩笑话而引起举世震惊的事情，也可以追溯到媒介环境的影像特征对他深层意识的作用。当时在他面对着电视演播间的话筒时，焉知他的脑海图景里不正闪现出电影《星球大战》中的镜头。怪不得索尔兹伯里发出了和鲍德里亚一样的感慨："什么是真的，什么是假的，哪里是实地，哪里是幻境。"①

二、摩尔定律、梅特卡夫定律、科斯定律

1. 摩尔定律

随着数字技术的发展，数字新媒体发展迅猛，传统媒体也在实施数字化转型，传媒化生存在一定程度上表现为数字化生存。像以往人类历史长河中具有革新意义的信息技术发明问世——造纸术、印刷术、无线电广播极大地推进人类文明一样，数字化浪潮将把我们带入人类文明的新世纪，使我们进入了数字化生存的新时代。

十多年前，尼葛洛庞帝敏锐感觉到当今时代是一个数字化生存的时代。1995年，尼葛洛庞帝出版了被称为信息社会"圣经"的专著《数字化生存》一书，为我们描绘了建立在高新科技之上的数字化时代正在向我们疾驶而来，信息的DNA比特(bit，binary digit的缩写，是度量信息的单位)正在迅速取代原子而成为人类生活中的基本交换物，信息高速公路的含义就是以光速在全球传输没有重量的比特。他认为，信息技术的发展将变革人类的学习方式、工作方式、娱乐方式，改变人们的生存方式，带来了我们生存世界的扩展。数字化生存是生存和活动于现实社会的人进行信息传播和交流的平台，不过，这个平台是借助于"数字化"构造的，虽是虚拟的，但却是真实的而非想象的，是一种"真实的"虚

---

① 转引自李彬：《传播学引论》(增补版)，新华出版社2003年版，第205～206页。

拟空间。“在浩瀚的宇宙中，数字化生存能使每个人变得更容易接近，让弱小孤寂者也能发出他们的心声”。按照他的观点，数字化的空间是一个虚拟的，依靠数字逻辑建立的，是不可触摸的，呈非物质形态的东西。如今，尼葛洛庞帝的“数字化生存”理论已经被社会一一验证，网络已经被广泛应用，深入人们生活的每一个角落。

1998年，时任美国副总统的戈尔在加利福尼亚科学中心做了“数字地球——认识我们这颗星球”的讲演，提出充分利用数字信息促进社会进步和发展。1998年，江泽民在接见中科院、工程院部分院士时也提到了“数字地球”这一概念。

数字化生存建立在数字技术迅猛发展的基础上。技术的发展同人来社会的发展一样，呈现出加速度。人类从语言的形成到文字的出现用了近100000年时间，从文字传播跨入印刷传播花了约4000年，从印刷传播迈入电讯传播用了1200年左右，从电讯传播进入互动传播只有100多年，从电子媒介到如今的网络传播时代，才有几十年时间。有人对不同媒体从出现到达5000万受众的时间做了对比：收音机38年，电视13年，有线电视10年，国际互联网5年。现代传播媒介的发展呈现出间隔越来越短，其容量和集合程度却越来越高的趋势。

摩尔定律描述了这一趋势，该定律为数字化生存提供了技术论证。1965年，英特尔公司创始人之一戈登·摩尔(Gordon Moore)在《电子学》(*Electronics*)上发表了一篇划时代的文章。在文中他提出了著名的“摩尔定律”，他发现，“微芯片上集成的晶体管数目每12个月翻一番”，后来被表述为“集成电路的集成度每18个月翻一番”，再后来，被人们改为“微处理器的性能每隔18个月提高一倍，而价格下降一半”。IT的发展史，一再验证了这个发现，于是人们更加尊重这个定律。

摩尔定律提出时，集成电路问世才6年。摩尔的实验室也只能将50只晶体管和电阻集成在一个芯片上。摩尔当时的预测听起来好像是科幻小说。此后也不断有技术专家认为芯片集成的速度“已经到顶”。但事实证明，摩尔的预言是准确的。尽管这一技术进步的周期已经从最初预测的12个月延长至如今的近18个月，但摩尔定律依然有效。目前最先进的集成电路已含有17亿个晶体管。摩尔定律提出40多年来，计算机从神秘不可近的庞然大物变成多数人都不可或缺的工具，信息技术由实验室进入无数个普通家庭，因特网将全世界联系起来，多媒体视听设备丰富着每个人的生活。

1971年英特尔公司推出了第一个微处理芯片4001，其功能大体上和世界上第一台电子计算机ENIAC相当。1946年当冯·诺伊曼等计算机专家研制成功第一台电子计算机ENIAC时，其总重量为30吨，占地面积相当于一个小的体育馆，平均每7分钟就有一个电子管失效。它的耗电量惊人，在它工作时，整个费城就灯光暗淡。此后，微处理芯片的发展就异常迅速，基本上遵从了摩尔定律。1977年生产的微处理器体积仅是ENIAC的1/30000，成本是它的1/10000，速度是它的20倍。英国科学家福莱斯特，在总结了微电子技术的这种惊人发展速度之后，在他所著的《高技术社会》中发出了感叹，他说，"如果汽车或飞机行业也像计算机行业这样发展，那么今天一辆劳斯莱斯汽车的成本将只有2.75美元，跑300万英里仅用一加仑汽油。而一架波音767飞机的价格只需500美元，用5加仑汽油在20分钟内便可环绕地球一周"。①

专家们预言，随着半导体晶体管的尺寸接近纳米级，不仅芯片发热等副作用逐渐显现，电子的运行也难以控制，半导体晶体管将不再可靠。摩尔定律肯定不会在下一个40年继续有效。不过，纳米材料、相变材料等新进展已经出现，有望应用到未来的芯片中。到那时，即使摩尔定律寿终正寝，信息技术前进的步伐也不会变慢。

摩尔定律并非数学、物理定律，而是对发展趋势的一种分析预测，因此，无论是它的文字表述还是定量计算，都应当容许有一定的宽裕度。从这个意义上看，摩尔的预言实在是相当准确而又难能可贵的，所以才会得到业界人士的公认，并产生巨大的反响。

与摩尔定律相关的是基辛格规则，这个规则是以处理器业界闻名的英特尔首席技术官帕特·基辛格的名字命名的。该规则认为：今后处理器的发展方向将是研究如何提高处理器效能，并使得计算机用户能够充分利用多任务处理、安全性、可靠性、可管理性和无线计算方面的优势，而使用多内核的处理器。多内核处理器不仅仅是通过提升处理器的频率来提升性能，更通过提升晶体管的性能来再次带动处理器性能的提高。摩尔定律是以追求处理性能为目标的，而基辛格规则则是追求处理器的效能。效能强调的是处理器的每单位功耗发挥的性能，即性能除以功耗。

2. 梅特卡夫定律

梅特卡夫定律(Metcalf's Law)常常与摩尔定律相提并论，如果说摩尔定律

① 参见李启虎：《数字信号处理的过去、现在和未来》，《今日电子》1998年第12期，第3页。

是信息科学的发展规律，那么梅特卡夫定律就是网络技术发展规律。

梅特卡夫定律是由3Com公司的创始人、计算机网络先驱罗伯特·梅特卡夫提出的。其内容是：网络的价值等于网络节点数的平方，网络的价值与联网的用户数的平方成正比。

梅特卡夫定律是一条关于网上资源的定律，该定律由新科技推广的速度决定。网络上联网的计算机越多，每台电脑的价值就越大。新技术只有在有许多人使用它时才会变得有价值。使用网络的人越多，这些产品才变得越有价值，因而越能吸引更多的人来使用，最终提高整个网络的总价值。一部电话没有任何价值，几部电话的价值也非常有限，成千上万部电话组成的通讯网络才把通讯技术的价值最大化了。当一项技术已建立必要的用户规模，它的价值将会呈爆炸性增长。一项技术多快才能达到必要的用户规模，这取决于用户进入网络的代价，代价越低，达到必要用户规模的速度也越快。有趣的是，一旦形成必要用户规模，新技术开发者在理论上可以提高对用户的价格，因为这项技术的应用价值比以前增加了。这条定律进而衍生为某项商业产品的价值随使用人数增加而增加的定律。

信息资源的奇特性不仅在于它可以被无损耗地消费，如一部古书从古至今都在“被消费”，但不可能“被消费掉”，而且信息的消费过程可能同时就是信息的生产过程，它所包含的知识或感受在消费者那里催生出更多的知识和感受，消费它的人越多，它所包含的资源总量就越大。互联网的威力不仅在于它能使信息的消费者数量增加到最大限度(全人类)，更在于它是一种传播与反馈同时进行的交互性媒介(这是它与报纸、收音机和电视最不一样的地方)。所以梅特卡夫断定，随着上网人数的增长，网上资源将呈几何级数增长。

梅特卡夫法则是基于每一个新上网的用户都因为别人的联网而获得了更多的信息交流机会，指出了网络具有极强的外部性和正反馈性：联网的用户越多，网络的价值越大，联网的需求也就越大。这样，我们可以看出梅特卡夫定律指出了从总体上看消费方面存在效用递增，即需求创造了新的需求。

3. 科斯定律

科斯定律揭示了交易费用对企业产生的影响。罗纳德·哈里·科斯(Ronald H. Coase)，1910年生于伦敦，1931年取得伦敦经济学院商学学士学位。1932年，科斯来到美国，研究产业的纵向一体化和横向一体化问题，目的是发现产业为什么以不同方式组织起来。通过对美国许多企业的调查，他形成了一个新的概念——交易费用，而且运用这个概念对企业为何存在及企业的规模应该有多大作出了解释。他的这一理论在50年后获得诺贝尔奖。

科斯认为交易费用是个极其重要的概念，可以说，他是产生企业的根本原因。企业组织是"价格机制的替代物"，企业的存在是为了节约交易费用，即用费用较低的企业内部交易替代费用较高的市场交易。企业在决定他们做生意的方式和生产什么的时候必须计算交易费用。如果做一笔交易的费用大于交易所带来的利益，那笔交易就不会发生或实现。企业的最优规模由企业内部交易的边际费用等于市场交易的边际费用的那一点决定。事实上，决定建立企业是否有利可图的正是这些费用和那些企业运行必将带来的费用的对比。为了确定企业规模，必须考虑市场成本和不同企业的组织成本，而后才能确定每一个企业生产多少种产品和每一种产品生产多少，也就是企业的规模有多大。

网络的出现正是从多方面降低了交易费用。当交易费用为零时，企业的性质和规模将发生根本的变化。即使在数字革命之前，科技在公司的演进过程中也扮演了核心的角色，通过大量采用先进科技成果，公司大大降低了运作成本，数字科技继续承担了这一任务。但有些不同的是，它在极大地降低了公司运作成本的同时也极大地降低了市场自身的成本。在摩尔定律和梅特卡夫定律共同作用下的新型市场已经形成。而在这个新型市场中交易费用是成指数比例下降的。①

三、数字技术发展

信号的数字化处理真正开始于20世纪60代初，但是奠定这一理论基础的却是1948年美国著名信息论专家香农的一篇论文《通讯的数学理论》，他第一次提出数字化信息的基本单位——比特（尼葛洛庞帝把比特喻作信息领域的DNA），并由此出发提出了一系列近代信息论基本思想。

从20世纪60年代开始，由于计算机技术的迅猛发展，特别是20世纪70年代以来微电子技术的惊人进步，使得信号的数字化处理以空前未有的速度向前推进。

数字信号处理的理论与技术已日趋成熟，数字信号处理的应用领域几乎涵盖了国民经济和国防建设的所有领域，包括雷达、航天、声呐、通讯、海洋高技

① IBM员工教程：《你也可以随需应变》，http://www.boraid.com/download/SoftView.asp? SoftID=40208

术、微电子、计算机、人工智能、消费电子等。

信号的数字化处理包括两个步骤，一个是信号在时间上的离散化，即采样；另一个是幅度上的离散化，即分层。数字化之后的信号，将全部变为01序列，这就使得信息的采集、存贮、传输、复制、加工异常方便。所以信号的数字化处理推动了各应用领域的发展，并成为这些领域的最重要的技术支撑。反过来，各应用部门对数字信号处理的新要求又促使信号处理理论与技术的发展，包括分层的压扩技术、采样和抽取技术、数字滤波理论、快速富利叶变换（FFT）、数字图像处理、模式识别、专家系统、宽带通讯网络、多媒体技术等。

20世纪60年代以来，由于电子学的发展，特别是半导体技术、微电子技术、集成电路技术等领域取得了重大突破，计算机技术得到长足发展。计算机使用的数字技术将诸如声音、图像、文字、色彩等可感的信号，通过二进制编码转换为由0和1组成的数字信号，即计算机语言可以处理的信号。这种信号可以压缩、保存、传输、加工、复制，容易加密。数字技术使信息处理技术获得了革命性的进展，带动计算机产业迅猛发展。计算机的诞生意味着人的大脑这一信息处理中枢也开始了体外化的过程。“电脑”开始执行人脑的部分功能，兼有信息处理、记忆和传输能力，其信息处理速度快、精度高，记忆也比人脑更加可靠。

信息处理技术的高度发展，要求信息传输技术的进步，世界市场需要一条快速、高效的信息通道。基于技术的推力和市场的引力，从20世纪80年代中期开始，网路技术和通信技术又得到长足的发展。

第一是IP技术的成熟。IP技术是网络能够融合的一个支点性元素。IP技术实际上统一了业界的标准，使不同的行业使用同一种技术。由于IP技术的发展，世界电信业才有了发展的可能性，使有线网络和无线网路不断走向融合。第二是光通信技术特别是密集波分复用技术（DWDM）的发展和广泛采用，能够提供充足带宽，高速、低成本、安全可靠地传送各类业务信息。第三是移动通信技术的发展，有了手机等移动的多媒体终端。第四是软件技术的进步，不必改动或过多改动硬件，就能使网络的特性和功能得到改变与升级换代，使现有三大网络都能提供综合业务，为三网提供了技术条件。

随着计算机和互联网的产生和发展，人类进入了一个全新的、前所未有的网络信息化时代。

报刊、广播、电视等传统媒体各有各的表现方式，印刷媒体通过文字和图片，广播通过声音传递信息，电视则通过画面和声音的有机结合而成为最受欢迎的传统媒体。然而在网络媒体中，这一切界限开始被打破。因特网被称为第四媒体，是继报刊、广播、电视之后发展起来的、与传统大众传播媒体并存的新的媒体。

互联网的发展使人类社会进入了网络社会。网络社会论的代表人物之一是美国的社会学者卡斯泰尔。他在《网络社会的崛起》一书中指出，作为一种历史趋势，信息时代的主要功能和方法均是围绕网络构成的，网络构成了我们社会新的形态，是支配和改变我们社会的源泉。在《特色的力量》中，卡斯泰尔对网络社会进行了再思考，他指出，信息技术革命已经催生出一个新的社会模式——网络社会。它的表现特征为经济行为的全球化，网络成为社会的组织形式，工作是灵活而不固定的，劳动是个性化的。网络改变生活、空间和时间的物质基础，来构建一个流动的空间和无限的时间。这种社会的新的组织形式，正渗透全球，遍及整个世界。网站新闻编辑的发展从一个侧面反映了网络社会的到来。2005 年，劳动和社会保障部门公示的第三批十种新行业中，“网络编辑员”名列其中。

如今，数字技术可以分为数字信息处理与生成技术、数字传播技术、数字无线技术、数字信息存储技术、数字终端技术、数字媒体的信息安全与检索技术。数字信息处理与生成技术包括数字音频处理技术、数字图像处理技术、计算机图形与动画技术；数字传播技术包括数字通信网技术、计算机网络技术、下一代网络 NGN 技术、流媒体技术；数字无线技术包括数字移动通信技术、无线互联网技术、卫星通信技术；数字信息存储技术包括磁存储技术、半导体存储技术、光存储技术、存储网络技术；数字终端技术包括个人计算机技术、数字电视终端技术、手持移动数字终端技术；数字媒体的信息安全与检索技术包括数字媒体信息安全技术、数字媒体数据库技术、数字媒体信息检索技术。

四、Web3.0 与 3G

1. 从 Web1.0 到 Web3.0

随着数字技术的发展，互联网从 Web1.0 发展到了 Web3.0。Netflix 创始人里德·哈斯廷斯(Reed Hastings)阐述了定义 Web 术语的简单公式：Web1.0 是拨号上网，50K 平均带宽，Web2.0 是 1M 平均带宽，那 Web3.0 就该是 10M 带宽，全视频的网络，这才感觉像 Web3.0。

事实上，从 Web1.0 发展到了 Web3.0，变化的不仅仅是带宽。Web1.0 的内容提供方式是平移传统媒体的大众传播，以编辑为中心；Web2.0 是互联网特有的可借寄式的互动传播，开始有了以个人为中心的传播方式；Web3.0 是个性化、个人门户型、流媒体互动传播的发展趋势。如今这三种互联网的传播模式并存，发挥着各自的作用。有研究称，Web1.0是“门+户”即门户网站，具有“一对多”的特质，是封闭的阵地化模式，诸如搜狐、新浪和网易等为代表的三大门户网站的新闻栏目以及发展到现在的各大官方媒体的报网合一的电子报网站等，均属于网络中的单向发散的大众媒体，具有较严格的“把关”规则；Web2.0由个人和机构提供资讯，“一对多”与“多对多”并存，由于其互动的特质，是借寄在公共平台上实现信息交互与开放的模式，诸如BBS、QQ、MSN等信息交互平台和谷歌、百度、腾讯“搜吧”等文字信息搜索平台以及以个人日志式的网上表达为主，与网民进行互动交流的博客等，“把关”规则趋于模糊；Web3.0提出一个新概念，叫个人门户网站，使传统门户的概念发生转义和模糊化，并高举“自我为中心”的旗帜，成为个人聚合资讯、个人言论与表达自由、个人音视频多媒体信息采集、制作与播出，并能够与其他网民进行即时互动的信息交流的“草根化”的新传播平台，“把关”规则趋于无为而治。博客等拥有者既成为作者又成为编辑，既是信息的传播者又是接收者，使个体真正成为信息的制作、集成、传播、互动的生产者以及自我精神倾诉的家园，并以此通过网络等新媒体的传播寻找志同道合者。①

Web1.0是随着互联网的产生而产生的，Web1.0是网站到用户的单向行为。2005年中国互联网传播进入Web2.0阶段，以博客大众化及博客中国、亿友交友、联络家等各类Web2.0网站的涌现为标志。2006年，Web2.0传播形态得到更蓬勃的发展。Web2.0以个人为基础，以满足个性化需求为手段，通过鼓励建立人与人之间的关系，形成社区化的生活方式的平台。Web2.0的基本特征可以概括为：网站能够让用户把数据在网站系统内外倒腾；用户在网站系统内拥有自己的数据；完全基于Web，所有功能都能通过浏览器完成。Web2.0则是以加强了网站与用户之间的互动，网站内容基于用户提供，网站的诸多功能也由用户参与建设，实现了网站与用户双向的交流与参与，Web2.0不同于Web1.0的最大之处在于它的交互性。

Web2.0余热未退，关于Web3.0的研究又成为新的热点。Web3.0是针对Web2.0提出的，较有名的首次被提及是在2006年初，杰弗瑞·塞尔达曼(Jeffrey Zeldman)的博客中一篇批评Web2.0的文章中。2007年8月7日，谷歌首席执行官埃里克·施密特(Eric Schmidt)出席首尔数字论坛时被与会者问及

① 蒋宏：《技术驱动下的媒体变革》，《新闻界》2007年第4期，第11页。

Web3.0的定义时，埃里克·施密特首先开玩笑地说，Web2.0只是一个行销术语，而你刚才正好发明了Web3.0这个行销术语。随后他谈了自己对于Web3.0一些主要特征的看法：应用程序相对较小、数据处于Cloud中、应用程序可以在任何设备上运行(PC或者移动电话)、应用程序的速度非常快并能进行很多自定义、此外应用程序像病毒一样地扩散(社交网络、电子邮件等)。研究者认为，真正的Web3.0时代不仅仅是按照用户需求提供综合化服务，创建综合化服务平台，关键是提供基于用户偏好的个性化聚合服务。从这个意义上讲，Web3.0不会成为Web2.0之后又一个短暂的互联网发展阶段，而应该成为今后互联网长期发展的大方向。

如果说Web2.0和web1.0解决了互联网"读"与"写"的物理与逻辑层问题，Web3.0要解决的则是在这两层之上的表象层或语意层的问题。全球用户在Web3.0上可以没有语言障碍地相互沟通，实现互联网的最高境界。美国著名IT评论家和投资人梅兹·布伦布雷(Mezi Bulunbulei)认为，Web3.0就是让个人和机构之间建立一种互为中心而转化的机制，也就是说个人在一定程度上可以转化为机构，机构在一定的环境下也可以像个人一样，拟人化地进行他们的商业行为，而进一步拉近和网民的距离。

无论是Web1.0还是Web2.0，它们都是在窄带互联网这样一个大环境下，基于内容与交互的信息模式，只是Web2.0在表现形式上比Web1.0丰富一些，加强了用户的参与度。然而，随着网络基础设施的建设和信息技术的深入发展，互联网会更深层次地进入到人们的日常生活。Web3.0是以主动性(Lnitiative)、数字最大化(Max-digitalizativc)、多维化(Multi dimension)等为特征的，以服务为内容的第三代互联网系统。Web3.0最明显的特征就是主动性，即强调网站对用户需求的主动提取，并加以分析处理，然后给出用户所需要的资源。这点类似于新浪网推出的智能交互式搜索引擎iask，用户可以将自己的需求通过问题的形式提出，然后借助iask的海量知识库和用户回答两种形式给出答案。但是搜索引擎仅仅是解决了一个问题而已，它无法直接解决用户生活或者工作中所遇到的具体的困难，这就需要更为专业的服务型站点来提供一站式服务。这样，用户不仅通过互联网获取答案，还能直接接受服务以便解决更为复杂的需求。概括起来，Web3.0的基本特征有：网站内的信息可以直接和其他网站相关信息进行交互和倒腾，能通过第三方信息平台同时对多家网站的信息进行整合使用；用户在互联网上拥有自己的数据，并能在不同网站上使用；完全基于Web，用浏览器即可以实现复杂的系统程序才具有的功能；生活娱乐一体化，社区虚拟活动现实化，爱好群体集中化，线上线下互动化，网络用户模式个性化。

3. 从 1G 到 3G

除了互联网，数字技术也载推动移动通讯的发展。就技术角度而言从 1G 到 3G，甚至今后的 4G（第四代移动通信标准：目前国际电信联盟对 4G 的基本要求是，在移动状态下达到速率 100 兆比特/秒，静态和慢移动状态下达到速率 1G 比特/秒。与现在人们使用的通信技术相比，4G 的传输速度可提高 1000 倍）使移动数据传播的带宽从“窄”走向“宽”，甚至“更宽”，而且传播速度越来越快、传播的文本越来越大、符号形式的传播越来越综合，并趋向于大文本量的多媒体、流媒体组合，特别是大文本量的视频内容失真、断帧、停格、跳帧现象大大改善，传播的质量包括清晰度、流畅性、即时性越来越高。就 3G 时代而言，可使语音和数据走向融合，包括 VoIP 等音乐下载、“无线”照片拍照与传输等，终端的融合已经成为趋势；使移动和固网走向融合，而且随着移动通信的价格下降，语音、数据和音视频信息交互移动的应用前景则更加广阔。3G 降临后，手机的设计将发生翻天覆地的变化，新一代手机将被设计成通信和娱乐功能并重，甚至娱乐功能胜于通信功能。据一家英国公司估计，在今后几年内，全球1.25亿人将使用手机看电视。用 3G 技术武装起来的手机等移动终端的多媒体信息自由选择和接收等，各自的优势资源会进一步融合，具有良好视频效果的移动终端发展前景不可估量。在“技术连接和整合”的时代，用电脑可以看电视节目，用手机可以接收实况转播，而用电视可看通过网络下载的电影、动画、戏剧及其他影像作品和资料等，数字视频转移和融合的浪潮已汹涌而来，3G 时代的视觉感知化必将成为发展趋势。[①]

① 蒋宏：《技术驱动下的媒体变革》，《新闻界》2007 年第 4 期，第 11 页。

第四章
新媒体的影响

内容提要：新媒体不仅对传媒生态，而且对政治、经济、文化等诸多领域产生深远而广泛的影响。新媒体打破了传统媒体霸权，使传统媒体在发行量收听收视率、经营收入、受众结构、受众阅读习惯等方面发生了许多重大的变化，传统媒体受到了前所未有的挑战。不过，传统媒体依然有自己独特的优势，传媒生态处于一种动态的平衡。数字技术和新媒体使“全民写作”成为可能，产生了一种崭新的新闻信息生产和传播形态——公民新闻。公民新闻极大地实现了公民的传媒接近权，在一定程度上重构了被再次封建化的公共领域。数字技术和新媒体带来的数字鸿沟引起了世界的普遍关注，不过，新媒体发展的同时也带来了数字机遇。如何充分利用新媒体，化数字鸿沟为数字机遇，推进国家、地区和不同社会阶层的发展，是我们必须认真面对的重大问题。

第一节　新媒体改变媒介生态

一、新媒体打破传统媒体霸权

新媒体的迅速崛起，对传统媒体产生了极大的冲击。在以互联网为代表的新媒体冲击下，传统媒体的生态环境和基本格局正在发生重大变化，网络广告、户外广告、楼宇广告、电梯广告、直投广告等媒体方阵迅猛崛起，瓜分、蚕食着报纸的广告份额。在新的媒体结构中，传统媒体的生存空间受到挤压，传统的强势地位开始动摇。据世界媒体实验室发布的《2007 新媒体产业发展五大趋势》称，新媒体"对传统媒体冲击加强，替代趋势加速"。①

近年来，网站出现了从媒体主导（Web1.0）向个人转换的趋势，如维客（Wiki）、博客（Blog）、牛客（Newsblog）等的出现，意味着平民化传媒时代即草根媒体、个人媒体（Web2.0）时代的到来。它们不仅及时提供了信息，更由于融入了个人的感受和评论，能引起受众更多的共鸣，因此吸引了更多的眼球，而传统媒体还是按照它们的时间和喜好来提供资讯内容。报纸还是每天一份若干个版面，广播电视线性播出，读者无法按照自己的时间和喜好来选择自己想要的资讯。博客、写作社区、电子杂志等新媒体对传统媒体报纸、杂志等替代速度加快。

新媒体铺天盖地的信息，使得人们的注意力成为一种稀缺资源，而以往媒介缺乏而形成的渠道霸权也早已被渠道过剩所取代。新媒体分流了传统媒体的受众，使得报纸的发行量和广播电视的收听收视率开始下降。集视觉、听觉与阅读功能为一身的网络，不仅可听、可视与可读，而且具有无穷无尽的信息，个人对信息可以选择、下载保存，还可提取需要的信息在电脑上编辑。网络正在代替传统媒体让人们在任何空间阅读或收视图像新闻，获得人们需要的各种内容。当手机上网和带宽实时视频化后，网络传播不仅代替报纸，而且提供户

① 世界媒体实验室：《新媒体产业发展五大趋势》，《传媒日报》2007 年 1 月 12 日。

外电视，阅读报纸的人将急剧减少。在网络上观看电视的人也在逐步增加。尼尔森收视率调查机构的数据表明，没有电脑的人比有电脑的人看电视新闻多。这说明电视正面临其他媒体形式的挑战，电视新闻节目已经不再是“皇帝女儿不愁嫁”了。

新媒体业务应用进一步成熟，价值进一步提高。无线通信网络的发展，使新媒体呈现移动化趋势，新媒体分流传统媒体的广告资源和用户资源更加明显，对传统媒体的冲击将继续加大。“营销价值凸显，营销属性加强”，新媒体的营销价值正得到广告主以及广告公司、公关公司等营销机构的认同，新媒体逐渐成为企业整合营销中的重要组成部分。“产业投资价值看好，合作、收购力度加强”，新媒体受到资本市场关注，中国新媒体用户潜力、营销能力等潜在商业价值，受到国际风险投资商和传统媒体机构的青睐，投资、合作、并购力度将进一步加强。“产业创新速度加快，新的产品，新的服务不断涌现”，新媒体产业经历了整合、收购、扩张，发展将逐渐走上正轨，对产品和服务的开发速度将加快，新产品和服务将不断出现。“数字阅读热度持续攀升，移动新媒体初露端倪”，新媒体移动化步入实质性发展。3G 网络的商用提供了可靠稳定的传输通道，同时手机应用功能增强且新服务不断涌现，手机将进一步发挥移动终端的潜能，移动博客、移动搜索、车载电视等运营将更加成熟。①

新媒体的内容已经成为传统媒体重要的信息来源，Web2.0 时代，千万个草根记者的内容在发挥价值，RSS、搜索等技术的发展，让草根的观点获得展示和挥发，如胡戈的《一个馒头引发的血案》；美国麦特·德拉吉的博客流量与传统媒体媲美；托尼·帕金斯、罗勃·马达尔等知名博客的言论和观点更是在相关的领域占有举足轻重的地位。因此，新媒体已经成为传统媒体新闻线索的重要来源地，尤其是传统媒体对新媒体博客领域如技术精英的博客、CEO 的博客的依赖较为明显。

对于 2008 年新媒体的发展，《新媒体周刊》上的一篇文章认为，2008 年中国新媒体的影响力趋于主流，广告业务的收入也将保持快速增长；视频、网游领域在发展中维持激烈竞争态势；而奥运因素将对电子商务、移动营销、数字电视产生积极影响。《新媒体周刊》归纳了新媒体的十大趋势：广告增长性，新媒体广告业务维持高增态势；新媒体的商业模式走向成熟，网站等的商业模式将逐渐步入良性渠道；用户规模激增性，用户规模在 2008 年会有一个更大的提升；出

---

① 参见杨树弘：《新媒体及其发展战略路径》，http://www.chuanboxue.net/list.asp? unid=4216

现收购、兼并态势，市场集中度将进一步提高，会出现更多的收购和兼并案例；市场格局趋于多元，阿里巴巴成功上市、奥运年带来的旅游热使携程等旅游网站面临很好的发展契机、C2C电子商务领域，百度可能对市场格局带来冲击；收入呈现明显增长性，2008年搜索引擎的广告收入将达到50亿元的市场规模；营销方式创新，奥运会广告权等推进移动广告市场迅速发展；手机电视市场被激发，中国手机用户规模已突破5亿户，随着奥运会的举办，这一市场需求可能出现井喷效应；高清电视发展进入新阶段；网络安全被普遍认知。①

二、发行量、收听收视率变化

新媒体能够迅速及时地提供大量信息，大容量、可互动的特点是传统媒体无法企及的，对传统媒体构成内容资源的挑战。

1. 发达国家报纸发行下降

北美是全球报业最发达的地区，进入2005年出现了近十年来发行量大幅下滑的局面。世界著名的新闻传媒集团甘奈特集团，2003年至2005年期间，集团子报的合并发行量由6133万份下滑至5870万份，降幅达4.3%。据全球报纸协会提供的数字，从1995年至2003年，报纸发行量在美国下降了5%，在欧洲和日本分别下降了3%和2%。英国《独立报》1990年发行量超过40万份，从1995年起发行量开始下滑，到2003年9月只剩下20万份。同一时期，英、法、德等国的多数大报(发行30万份以上)每年减少1～2万份的销量。

虽然2005年世界报业发行量总体呈增长态势，可增长主要集中在亚洲、非洲、南美洲，而报业先驱之地如欧洲、北美洲、大洋洲则持续下降。美国发行量审计局2005年5月2日公布的一项统计数字表明，到当年3月31日截止的6个月中，全美最大的前20家报纸的发行量平均下降1.9%。周日版发行量下跌了2.5%。与一年前的发行量相比，《洛杉矶时报》《芝加哥论坛报》和《旧金山纪事报》的发行量都下降了6%左右。老牌报纸《达拉斯晨报》发行量在半年中竟然下跌了12%。在加利福尼亚南部，地方性报纸的日发行量和周日版发行量跌幅分别达到2.2%和3%。《洛杉矶时报》在地方性报纸中跌幅最为惨重，周一到周六版的发行量下降了6.5%，周日版的发行量降幅为7.9%。创近十年来的最大降幅，也可说是史无前例。资料显示，2005年10月1日至2006年3月

① 程天宇:《中国新媒体发展十大趋势》,《新媒体周刊》2008年1月17日。

31日短短6个月间，美国报纸日发行量又下跌了2.5%，周日版发行量则下跌3.1%。①

2. 中国报纸发行增速减缓

中国报纸的绝对发行量一直在增长，但近年来增速减缓，甚至出现了下滑。1995～2004年全国报纸总印张年年增长，其幅度均在15%左右。来自国家新闻出版总署的数据表明，2005年，全国报纸各项主要出版指标的增长幅度均低于2004年的增长水平，其中，报纸总共1931种，比2004年略增0.47%；平均期印数19548.86万份，增长0.14%，增幅下降2.08%；报纸总印数增加14.78亿份，增长3.67%，比2004年增幅降低了1.5%，是近5年来增幅最小的一年；报纸的总印张比2004年增加137.2亿印张，增长8.99%，但增长率远低于2004年的23.55%，这也是2000年以来首次低于2位数的增长。2006增长进一步放慢，全国共出版报纸1938种，同比增长0.36%；平均期印数19703.35万份，同比增长0.79%；总印数424.52亿份，总印数增长2.89%；总印张1658.94亿印张，同比增长2.84%。②

千人日报拥有量是联合国衡量一国社会信息化发展水平的重要指标，也是国际上通用的一国报业发展水平的重要标准。我国日报千人拥有量增长明显放缓，继2003年首次突破70份后，2005年继续上升，达到76.84份，但增长率为近年来最低，较2004年仅增长1%。同时，报纸发行的主要相关数据与国民经济的增长不成正比。与国民经济主要指标对照，报纸出版指标增长率曲线与经济增长率曲线之间，存在着高度的相关性，但我国在增长幅度上差距明显。2005年，社会消费品零售总额、城镇居民人均可支配收入、农民居民人均纯收入等指标均实现10%以上的增长，但报纸平均期印数和千人日报拥有量增幅仅分别达到0.23%和1.24%。2005年，报纸的普及率也有所下降，由2004年的户均0.26份下降至0.25份，恢复到2003年的普及水平。日报普及率下降的主要原因是2005年全国报纸平均期印数增长率低于全国家庭户数增长率。虽然北京、上海、天津三个直辖市日报普及率超过0.5份，但与上年相比都出现负增长。③

---

① 刘建明：《关于报纸消亡的对话》，《新闻界》2006年第1期，第4页。

② 参见《2006年全国新闻出版业基本情况》、《2005年全国新闻出版业基本情况》，http://www.gapp.gov.cn/

③ 林江：《中国报业发展报告2007》，社会科学文献出版社2007年版，第35～39页。

3. 广电收听收视率下降

在新媒体的冲击下，广播电视的铁杆观众越来越少。以美国为例，目前美国有1.1亿电视观众，平均每人每天看电视6小时。99.5%的美国家庭拥有电视，而且不止一台。但2007年的一项民意测验表明，收看新闻节目的忠实观众越来越少，更多的人选择在各个新闻节目之间切换。2007年只有42%的美国人收看固定的电视新闻节目。而1995年有48%的观众收看固定新闻节目，1993年有60%的人收看固定新闻节目。不但铁杆观众在流失，不看电视新闻的人也越来越多。在接受调查的观众中，说自己“昨天看了电视新闻”的人占59%，而在1994年有74%的观众“昨天看了电视新闻”。被调查者中，说自己“不依靠电视渠道获取新闻”的人比1994年多了两倍。观众丢失得最严重的是晚间新闻节目。《华盛顿邮报》报道，跟去年（2006年）相比，四大主要电视新闻节目在下午5点至6点的收视率平均下降了8%，有些节目的观众甚至减少了近20%。10年前，华盛顿的四大电视台每家平均有88万观众晚饭后守在电视机前等着看晚间新闻。但好时光一去不复返，今年真正看晚间新闻的只有56万人。其中晚6点这个时段的收视率下跌了38%。

“新闻电视观众群正在被化整为零”。美国WUSA电视台（下属于CBS电视网）主席艾伦·霍林克说，“今天的观众们有很多选择：有线电视、网络、手机短信……高科技为媒体提供了更多的平台，但同时媒体间的竞争也比10年前激烈得多”。因为有了其他信息渠道，观众对新闻的速度和质量也越来越挑剔了。一项面向全国观众的独立调查表明，跟1993年相比，观众对电视新闻的信任程度明显下降了。每年独立调查机构都会请观众给明星新闻主持人打分，其中很重要的一项就是他们的可信度。不幸的是，几年来不管怎么折腾，名牌主持人们的得分只降不升。对主持人信任程度下跌最严重的是那些老年观众，其次是30至49岁的中年人。青年观众对新闻主持人的态度没什么变化，可能因为他们本来就没抱太大希望，或者根本不怎么看电视新闻。①

在中国，据统计数字表明，受众观看电视的时间已经从2002年的每天每人140分钟降到了2005年的92分钟。而同时网络受众一直保持快速增长，据统计，到2005年底，网民平均每周上网时间达到15.9小时（等于954分钟），上网阅读新闻占67.9%，搜索信息占56.7%，在线音乐视听下载占37.1%，在线影

① 王简：《新媒体来势凶猛　美电视新闻失去铁杆观众》，http://www.zjol.com.cn/05cjr/system/2007/11/20/008987850.shtml

视收看占33.8%,网络游戏占到33.2%。从这些数据可以推算出,网络受众用在在线视频的时间为每天46分钟。从受众的成长速度来看,电视媒体用了几十年,而网络媒体只用了几年便达到了相当的水平。①

三、经营收入变化

广告是媒体主要的收入来源,是媒体景气指数的"晴雨表"。改革开放以来,我国传统媒体一直处于繁荣期,利润率较高,在过去的20年间,中国报纸广告营业额平均每年递增33%,近几年却开始从高位下滑。新媒体分流传统媒体的广告资源和用户资源明显,对传统媒体的冲击将继续加大。

1. 中国传统媒体广告增速下滑

新媒体在交互性和及时性等方面比传统媒体有优势,报业等传统媒体受到新媒体冲击,市场份额下降。有人戏言:新的产业链中,搜索引擎间接雇用门户网站,门户网站又间接雇用纸媒,只有纸媒直接雇用编辑记者采集信息。媒介利润一部分为门户网站获得,一部分给了搜索引擎,纸媒自身的利润日渐微薄。纸媒基本上变成了门户网站和搜索引擎非常分散的内容供应商,并且是可以替换的内容供应商。当纸媒赢利日渐减少之时,新媒体却是另一番景象。互联网业的谷歌公司2005年10月22日市值突破1000亿美元,超过时代华纳(市值为791亿美元)成为全球最大的媒体公司。国内的新型楼宇媒体分众传媒和聚众传媒也在美国证券市场受到投资人追捧。②

2004年我国广告经营额总体增长16%,而四大传统媒体的平均增长仅为5%,这是中国传统媒体的广告经营自1981年以来第一次下降到个位数增长,而报纸广告经营额破天荒地呈现出负增长。2005年报纸广告经营仅比上年增长了6.59%,不但大大低于同期网络、广播、电视、户外广告的增长速度,也低于GDP的增长速度。与此同时,刊登面积下降了1.49%,数目下降了10.51%,扣除价格上涨因素,实际上呈负增长。2005年上半年全国前十大报纸八成业绩出现负增长。一向被业界公认广告收入居国内前列的《北京青年报》,其下属的北青传媒在香港上市,2005年上半年该公司广告收入同比下降36.9%,净利润仅为17万元,较上年同期的6630.9万元大降99.7%。③ 2005年,中国人民大学传

---

① 朱秀亮:《电视布局新媒体前景谁更好?》,《中华新闻报》2006年6月28日。

② 张建军:《报业的危机与转型》,《新闻爱好者》2006年第2期,第4页。

③ 喻国明:《"拐点"的到来意味着什么》,《中国编辑》2006年第1期,第8页。

播媒介管理研究所通过分析中国报业发展的形势，评选出“2005年中国报业十件大事”，其中第一件就是“在国家宏观调控背景下，报纸广告经营态势整体下滑”。

2007年中国报业依然处在转型过程中。低迷的报纸广告市场依然看不到好转的迹象，根据央视市场研究媒介智讯的广告监测数据，2007年1月至10月，报纸广告营业额与上年同期相比下降了0.98%，下滑趋势仍在继续，报业的困境还在延续。

与此形成鲜明对比的是，2007年中国新媒体受到资本市场关注，中国新媒体用户潜力、营销能力等潜在商业价值，受到国际风险投资商和传统媒体机构的青睐，投资、合作、并购力度将进一步加强。2006年，PPLive、千橡等获得风投巨额投资事件，使新媒体产业备受关注；震惊中外的谷歌收购美国第一大视频网站Youtube收购案；传媒机构如央视、凤凰卫视等大举进军新媒体，使新媒体成为关注热点。进入2007年，土豆网等新媒体企业再次受到风险投资商青睐。新媒体的潜力凸显，新媒体产业合作收购力度将进一步加强。

2. 西方报业出现经营困境

不幸的不仅仅是中国报业，种种迹象显示全球报业都遇到了麻烦。2005年11月，台湾地区有18年历史的《中时晚报》由于经营困难宣布停刊。2007年9月3日美国最大的报业连锁集团甘奈特第三季度利润下滑4.3%，这是其连续三个季度利润下滑。道琼斯公司财报显示该公司2005年一季度净利润仅为818万美元，同比下降54%，二季度更是同比下降了97%。《华尔街日报》两大广告收入来源中，IT广告同比减少19%，金融类广告则缩水近20%。①

纽约时报集团宣布将大规模裁员和瘦身以削减成本，应对收入的下滑。2006年7月17日，纽约时报公司宣布，在2008年前裁员1/3，关闭下属一家印刷厂，该报还将从2008年中期开始缩小报纸的版面，报纸每页宽度将从现在的13.5英寸缩小到12英寸(1英寸=2.54厘米)，即宽度缩小了大约4厘米。该报期望由此每年节省开支4200万美元。

《纽约时报》缩小版面的目的在于减少成本。由于互联网的兴起，很多读者不再订阅和购买传统报纸，而只从互联网上获取新闻。读者数量减少，不仅使报纸销售量减少，商家在报纸上登载广告的数量也在减少，这种恶性循环，导致纽约时报公司收入的减少。2006年第二季度，该公司收入虽然有少许增长，但

① 徐会玲:《〈华尔街日报〉小了，是互联网改变了这一切?》，《经济观察报》2005年10月30日。

仍然低于华尔街预期，消息传出，该公司股票价值立即减少2%。缩小版面，不仅减少了购买纸张的费用，对印刷工人的需求也相应减少。根据纽约时报公司的计划，版面的缩小将会节约大约250名印刷工人。当然，《纽约时报》瘦身也是出于满足读者的需求，因为许多读者，特别是年轻读者，喜欢版面小的报纸，便于携带和阅读。①

《纽约时报》不是第一家为了节约成本和吸引读者而决定减小版面的美国报纸，诸如《华盛顿邮报》《今日美国报》和《洛杉矶时报》等美国知名报纸，都早已缩小了版面。《纽约时报》在报界具有风向标的作用，这一动作表明该报已意识到其印刷板块正在丧失活力。换句话说，连《纽约时报》这样的名报也感到在传媒的竞争中，纸质媒体明显吃力了。

2007年11月27日，《华尔街日报》的东家道琼斯集团宣布，正在考虑卖掉旗下Ottaway社区报业集团(下称Ottaway报业)的23家报纸，2006年道琼斯已经卖出该集团旗下6家报纸。

美联社报道称，2006年卖出的6家社区报纸作价2.83亿美元，获得的资金主要用来从路透集团手中购买新闻数据网站Factiva的另一半股份，而本次23家报纸可能会卖出56亿美元。

目前Ottaway报业包括8家日报、15家周报，覆盖7个州，此外还有一些社区新闻网站。其中较为著名的有纽约州的Times Herald-Record，马塞诸塞州的The Cape Cod Times。

据道琼斯网站介绍，目前Ottaway报业的发行量为日报28.1万份，周日版30.3万份，网站上每天的浏览用户有11.9万人。据道琼斯二季度财报显示，Ottaway报业集团收入为6250万美元，同比减少6.2%，同时广告收入下降8%，营业收入则下降20%至1180万美元。同期的《华尔街日报》广告收入亦下降6.8%。

卖掉Ottaway报业也是默多克的打算，美联社称，即将入主道琼斯的新闻集团主席默多克曾公开表示，一旦完成对道琼斯集团的收购，很可能会卖掉所有社区报纸。

"这些报纸与默多克为道琼斯制订的计划不符"，纽约Benchmark Consultants Coltd.的媒体行业分析师爱德华·阿托里奥(Edward Atorino)说，"默多克只想打造《华尔街日报》，然后跟《纽约时报》竞争"。

---

① 《美国报纸日发行量下跌 〈纽约时报〉不得已"瘦身"》，《北京青年报》2006年7月21日。

资本市场上，华尔街对传统报纸前景失去信心，报业股近年全线走低，甘奈特股票价格两年内下降25%。2006年7月，美国第三大报业集团奈特里德公司被股东被迫低价出售，第二大报业集团论坛报公司也面临可能被分拆出售的命运。资本市场无疑向甘奈特发出了这样的信号：如果仍拿不出得力的改革举措，很难说甘奈特不会重蹈奈特里德的覆辙。

另一方面，新媒体的营销价值正在得到广告主以及广告公司、公关公司等营销机构的认同，新媒体逐渐成为企业整合营销中的重要组成部分。三星、宝洁等国际品牌，正逐渐减少对电视广告的投放，对基于互联网、手机新媒体、卖场视频等媒体的投放将增加。新媒体企业短期内难以通过内容获得收入，营销收入成为重点收入来源，因此将促使其注重营销领域的开拓。同时新媒体营销价值的优势，将增强广告主对新媒体的投放力度。

从全球媒体产业最发达的美国市场看，新媒体正在蚕食传统媒体的奶酪。继GE等公司宣布减少传统媒体投入增加网络媒体广告预算之后，全球快餐巨头麦当劳公司也宣布，它将逐渐减少电视广告预算，与此同时，大大增加对数字媒体的广告投放额。麦当劳公司主管营销的副总裁拉玛先生称，麦当劳在电视上一掷千金的日子已经过去了，电视作为影响消费者的主导媒体地位正在发生动摇。面对新媒体对观众注意力的争夺和对广告市场的侵吞，传统电视媒体已被推到了媒体变革的风头浪尖。央视一索福瑞媒介研究(CSM)在全国127个城市市场的收视率调查数据显示，面对近年来不断涌现的各种新媒体的竞争，电视虽然还占据着传媒老大的位置，但从整体趋势上来看，全国电视观众的总量已经稳定，人均每天收看电视的时间趋于饱和。

3. 新媒体广告收入高速增长

与传统媒体广告增长乏力甚至出现负增长形成鲜明对比的是，新技术造就的媒体“新贵”们正经历着爆炸式的增长。在报业广告大幅跳水的同一时段，互联网的广告却迎来了春天。与2004年我国报业广告的负增长形成强烈反差的是，网络广告市场规模较2003年增长75.9%。2005年第二季度是报业广告的一个历史性低谷，而同一时间，新浪、网易、搜狐三大门户网站广告收入增长迅速：网易第二季度广告服务营收比去年同期增长30.8%，比一季度增长18%；新浪第二季度广告营收较去年同期增长31%；搜狐广告收入比去年同期增长27%，比上一季度增长14%。

网络媒体对报纸形成的冲击是世界性的。在美国，1994年报纸广告的支出占全国总广告支出的22.4%，到2004年，这一比例降至17.7%，网络分食了报纸的蛋糕。[①] 中国目前手机用户达3.4亿户，2004年，中国移动、中国联通等运营商的手机短信收入接近600亿元，而我国报纸、广播、电视、杂志等传统媒体发展了28年，广告总收入才达到600亿元左右的规模。[②]

DCCI互联网数据中心调查结果显示，2007年中国网络广告整体市场规模增长至76.8亿元人民币(不含搜索引擎关键字广告)，较2006年增长54.2%，增长的原因在于网民增长的拉动以及品牌广告主对网络营销的重视和拉动。随着网民的快速增长以及更多的传统行业广告主对网络营销的重视程度进一步提高，2008奥运的强势拉动，预计2008年中国网络广告市场规模将增长至约121.7亿元，2008年相对于2007年的增长率预计58.5%，增长势头良好。

报业广告的下滑有国家宏观调控的原因，但不能排除新媒体占领了一部分广告市场的原因。例如2005年，盛大收入18.9亿元，网易收入16.9亿元，腾讯收入14.26亿元，新浪收入8.7亿元……这些收入中，有相当大一部分是来自于网络广告的，尤其像新浪这些依靠网络新闻来获取眼球的网站更是如此。2005年中国网络广告的总额接近27亿元，比2004年增长42.1%。相比之下，中国报业广告收入最多的广州日报报业集团也不过是十几亿元而已。

从1997年3月中国出现第一则商业性网络广告至今，中国的网络广告已成为中国互联网产业的支柱性商业模式。网络广告创下50%的年增长速度，远远超过电视和报纸。随着网络技术和媒体形式的发展，除了品牌图形广告和付费搜索等主要形式，视频广告、富媒体广告、页面关键字广告、社区营销广告、游戏内置广告等各种新形式的网络广告也相继出现。2007年，国际互联网三巨头的巨资收购，更是大大刺激了网络广告的兴奋点：谷歌以31亿美元收购网络广告鼻祖DoubleClick，微软以60亿美元将aQuantive纳入怀中，雅虎则以6.8亿美元收购网络广告公司Right Media 80%的股份。中国最大的网络广告代理商之一好耶则被分众传媒收购。

除了资本加盟，以技术作为基本能力、以受众即时形态为投放依据的网络精准营销，也成为推动网络广告进一步提升的内在驱动，市场也在相应增容，年营收规模直逼100亿。

---

① 吴海民：《中国媒体大变局——报业的未来走势和〈京华时报〉的战略选择》，《今传媒》2005年第12期，第18页。

② 喻国明：《"拐点"的到来意味着什么》，《中国编辑》2006年第1期，第8页。

新媒体不断催生新的营销平台。户外媒体、楼宇视频等新媒体的广告收入也呈现出高速增长的态势。在国内最大的航空电视媒体公司——北京航美传媒2007年11月成功在纳斯达克上市之后，2.25亿美元融资及其后的国际资本市场的优势使得这家已占据国内机场、机上液晶广告接近90%市场份额的航空媒体完成了新一轮规模扩张，并刺激国内户外数字媒体涌起上市热潮。

此外，手机互动广告也悄然叩开精准营销之门。无线营销将放异彩。而网络电台"窄播化"、网络广告"窄告化"的趋势，也无不显示新媒体精准营销的发展趋势。①

四、受众结构变化

以《大趋势》闻名世界的未来学家奈斯比特，在利用11种定见分析未来趋势时，得出了"报纸文化逐渐消亡"的结论。在他看来，报纸文化是欧洲人长久以来形成的以报纸为主要信息源的媒体使用习惯和生活方式。而习惯和方式正在发生改变，人们获得信息的渠道不再以报纸为主，报纸的受众群体正在发生悄然变化。

1. 受众人数和时间减少

这种改变首先表现在读报人数和读报的时间的减少。20世纪60年代，5个美国人中有4人每天阅读一份报纸，现在只有一半人在读报，且仍有减少的趋势。芝加哥大学的一项最新调查发现，18至34岁的美国人中只有不足25%的人每天读报。另据CTR市场研究报告，2005年中国受众平均每天接触报纸的时间为40分钟，比2004年下降3分钟。而受众接触互联网的时间却达到48分钟，第一次超过报纸排在了第二位。②

2000年和2002年，中国人民大学舆论研究所对北京地区居民接触各类传媒的情况进行了调查。调查发现，两年来，报纸读者减少了16.3万人，报纸受众比例占实际受众的比例由64.2%下降至62.3%，下降了1.9%；而上网的人数却增加了162.2万人，上网人数比例占实际受众的比例由11.2%上升至30.1%，增长了18.9%。从时间上来看，网民上网的时长平均每人增加了68分

① 栾轶玫、何美：《2007年中国传媒十大创新报告之网络篇》，《今传媒》2008年第1期，第21页。

② 赵曙光：《传媒变局与报业突破——略论"拐点"期的报业转型与创新》，《新闻战线》2006年第12期，第11页。

钟，与此形成鲜明对照的是，居民每日读报者人群人均读报时长锐减了20.1分钟。[①] 2003年，中国人民大学舆论研究所在对上海报业市场的调查中发现，当地最主要的四份报纸中，读者的平均年龄都高于居民总体的平均年龄（38.5岁），《解放日报》《新民晚报》《文汇报》《新闻晨报》读者的平均年龄分别是42.4、40.9、39.5、39.1岁。

在电视方面，20多年前美国电视新闻观众有5000多万，如今减至2500万，观众丢失得最严重的是晚间新闻节目。《华盛顿邮报》报道，跟上年相比，四大主要电视新闻节目2007年在下午5点至6点的收视率平均下降了8%，有些节目的观众甚至减少了近20%。10年前，华盛顿的四大电视台每家平均有88万观众晚饭后守在电视机前等着看晚间新闻。但好时光一去不复返，今年真正看晚间新闻的只有56万人。其中晚6点这个时段的收视率下跌了38%。[②]

2. 年龄结构老化

报纸读者结构的老龄化趋势已经成为一个不争的事实。2005年中国受众平均年龄比上年增加0.5岁。大量的读者，尤其是年轻读者，正在加速向网络等新媒体转移。一项针对北京市场的调查显示，北京综合性报纸读者的平均年龄超过41岁，报纸读者的老龄化趋势日益严重。到2004年，35岁以下的年轻读者已经有11.6%的人由过去的经常阅读报纸转变为现在的几乎不读报纸——他们已经习惯于从网络上获取新闻及相关信息。[③] 年轻人群的流失是报业在受众方面所面临的最大困境。在当前媒介生态变化中，年轻读者从报纸向网络等媒体的分流速度明显在加快，将会影响媒介市场的发展格局。

2007年7月12日《中国青年报》报道称，美国哈佛大学一项调查结果显示，美国12岁至17岁的中学生有28%不闻天下事，另有多达46%的中学生完全不读报。

这项于2007年7月10日公布结果的调查名为“年轻人与新闻”。调查以大约1800名美国年轻人为对象，受访者分为12岁至17岁、18岁至30岁及31岁以上三组。通过分析调查数据，哈佛大学研究人员发现，在电视、互联网两大媒体冲击下，凭文字和图片出彩的报纸逊色不少。31岁以上组中有35%每天

---

① 喻国明：《变革传媒》，华夏出版社2005年版，第75～78页。

② 王简：《新媒体来势凶猛　美电视新闻失去铁杆观众》，http://www.zjol.com.cn/05cjr/system/2007/11/20/008987850.shtml

③ 吴海民：《中国媒体大变局——报业的未来走势和〈京华时报〉的战略选择》，《今传媒》2005年第12期，第19页。

看报，这一数字在18岁至30岁组为16%，而在12岁至17岁组中，每天看报者仅占9%，凸显了年轻人远离报纸的倾向。此外，各年龄层中均有大约20%的受访者每天通过互联网了解新闻。

在德国，报纸读者的年龄结构变化比较明显。一个专门针对青少年读报情况的调查显示，20年前，有70%多的青少年是报纸读者，而到了2004年，只有51%的青少年愿意看报纸了。20年间，青少年读者流失比例高达20%。我国也是如此态势，从读报频率看，不同的年龄组有很大差异。中年以上的读者群接触报纸的频率最高，每天读报的人数超过了80%，是21岁以下人群的一倍多。

美国电视新闻的主要观众是受过大学以上教育的中年男性。特别是观众年龄的中间值为60岁，年轻人不关心新闻达到严重的程度。在所有年龄段中，30岁以下的年轻观众流失得最厉害，年轻人的时间主要用在娱乐性电视节目和网络上。

3. 网络媒体分流传统媒体受众

网络迅速崛起的背后是网民人数的增长。截至2007年12月，我国网民人数已增至2.1亿人。而2004年这一数字还是0.94亿，短短3年时间，中国网民数就增长了2倍多。虽然我国已经成为“网络大国”，但是目前农村互联网普及率仅为5.1%，而城镇互联网普及率已达21.6%，城乡“数字鸿沟”差距达4倍。截至2006年，农村家庭拥有的电脑数量为每百户2.7台，远低于城镇电脑拥有量每百户47.2台。城乡差别不仅仅在现实世界，在数字世界里也在不断扩大，“知沟”理论被越来越多的案例证明着。

《2007年中国农村互联网调查报告》是我国首次发布关于农村互联网宏观发展状况的调查报告。报告显示，目前我国农村网民规模超过3700万，而这一群体对互联网的应用主要集中在娱乐功能，应用比例和城镇网民持平。随着新农村建设的纵深发展，农村信息化工程将进一步普及，越来越多的农民成为新的一代网民，他们通过网络了解外面的世界与致富信息。无论是经济回报还是政策宣传，农村市场都是互联网不容忽视的一个领域。[1]

最近美国的一项调查，再次印证了人们一直认为的网络媒体会压缩其他传统媒体的观点。于2005年5月10日公布的这项调查显示，近年来人们使用网

① 栾轶玫、何美：《2007年中国传媒十大创新报告之网络篇》，《今传媒》2008年第1期，第22页。

络的时间越来越多，花在其他媒体的时间则不断减少。在针对2600位网络使用者所进行的媒体消费行为调查中，有60.9%的受访者表示他们比起前一年花在网络上的时间更多了，而减少看电视的人有35.5%，减少看杂志的有34.1%，减少听收音机的人有27.1%，减少看报纸的人有30.3%。有意思的是，这种情况并未因年纪有所差异，几乎所有年龄层都增加了上网时间。18岁至24岁的年轻族群中则有高达62.6%的人表示，比前一年花费在网络上的时间又有增加。国内的有关网络的调查，也显示出同样的结果。新浪网最新公布的一个数字也令人震惊：2005年10月12日"神六"发射当天，该网站的页读数达到4.5亿。有哪家报纸或哪几家报纸加在一起，能吸引到如此多的读者。①

智利《信使报》2008年1月26日发表了一篇题为《2030年我们如何生活?》的文章，文章预测，到2030年，互联网将一统传媒天下。② 在未来20年中，大部分传媒将集中到互联网(或网络电视)上，人们将在网上花更多的时间，网络也将成为广告业的主要阵地。

到2030年，互联网将在世界每一个角落触手可及，不过网页的初级内容将经过删减后才会送达用户眼前，也就是说对网络信息提供者将会有更加严格的限制。未来的网络活动将日益增加，用户拥有可与别人分享的个人网上空间这一趋势也将日益明显。由于信息的海量增加，人们对消遣娱乐的要求也日益提高。到2030年，少数几家大型互联网集团将一统传媒天下。

4."重新贴近读者"与"报纸教育工程"

为了吸引更多的人阅读报纸，美国报业采取了两种策略：一是"重新贴近读者"，二是"报纸教育工程"。

"重新贴近读者"的目的是想重新吸引那些日益远离报纸的读者。其策略有三：第一是大量报道本地消息。第二是加强软新闻的报道。有关人际关系、个人理财、健身、保健和隐私技术的文章已经占据了传统的新闻版面，实用新闻已成为美国报纸的宠儿。2005年9月8日，《华尔街日报·美国版》破天荒推出了有更多轻松报道和分类广告的周末版，报社宣称周末版将刊载具有当地特色的新闻内容、经过改良的数据图表，并扩大覆盖个人投资理财、职场和文化娱乐等"生活商业内容"。第三是加强与读者的互动。通过建立报纸的网络版、建立手

① 吴海民：《中国媒体大变局——报业的未来走势和〈京华时报〉的战略选择》，《今传媒》2005年第12期，第19页。

② 《2030年我们如何生活?》，《参考消息》2008年2月13日。

机读者俱乐部，即时与读者互动，并将报纸的一些最新动态第一时间告知读者。

"报纸教育工程"（Newspaper In Education）计划，鼓励教师在课堂上引入报纸教学；报纸腾出专门的版面，有时甚至用整版篇幅来报道那些年轻人感兴趣的校园体育运动等主题。这一做法会扩大未来潜在的读者队伍，并能扩大报纸现实的发行量。《华尔街日报》报纸教育工程在美国有很大影响。该报不仅向大中学生提供半价的报纸及其电子版，同时开设专门部门精心编辑出版每月一期的"课堂版"。报纸内容深入浅出，将身边生活与金融理财等知识有机结合起来，有较强的可读性。《纽约时报》《今日美国》《华盛顿邮报》等报纸参与了这一工程。据美国报纸协会 2002 年统计，2000 年全国有 950 家日报定期开展"报纸教育工程"。这些报社向全国十多万所学校提供报纸，有近 38 万位教师在课堂上使用报纸提供的内容辅导学生，当年学生读者达 1450 万。[①]

在电视方面，美国各大电视台加长电视新闻节目的播放时间来争取观众。MSNBC 推出了 14 小时直播新闻，Fox 把每周 6 天的《Fox 5 台早间新闻》增加至 7 天，WJLA 台（下属于 ABC 电视网）也正在增加节目。之所以各大电台增加新闻节目时间，归根结底还是一个钱字。新闻节目成本低，每天记者采到素材也很多，只需要后期制作一下，所以增加几小时的新闻节目很容易。然而，这种兑水的新闻并不能赢得大量观众。"更多的播放时间并不等于更多的观众。"亚利桑那州立大学新闻广播系的克里格·艾伦教授说，"仅靠增加新闻节目数量是无法赢得忠实观众的，劣质新闻只会让人们拿起遥控器换台"。除了增加新闻节目时间，电视台也想了很多办法来改进节目的包装。比如 NBC 的《日界线》一改传统新闻节目的理念，取消了由固定主持人报道新闻的模式，而是围绕某个新闻事件，挖掘每一个工作人员的潜力，任何参与报道的工作人员都是节目的一部分，由他们轮流来担当记者、主持人和评论员的角色，台前幕后打成一片。《日界线》节目播出也比较灵活，并不只限于每周一期，根据实际情况一周经常可以播出多期，高峰时期一周曾播出过 5 期节目。新闻节目主持人也各显神通。有的模仿娱乐节目，语言幽默，表情夸张，把新闻报道变成了"单口相声"，比如 MSNBC 的凯斯·奥贝尔门。有的主持人走铁面路线，比如 Fox 的明星主持奥瑞利，他身兼记者、辩论手和检察官数个角色，说话毫不留情，常常把嘉宾问得哑口无言。也有走温柔路线的主持人，比如 ABC 的《早安，美国》新闻

① 吴飞：《艰难的探索——论多重危机中的美国报业》，http://academic.mediachina.net/lw_view.jsp?id=830

节目的主持人和嘉宾，各个都是外表秀丽，声音甜美。节目中往往把观众请进演播室里，避免了传统新闻报道的单向性和孤立性，获取观众的反馈，与受众产生双向沟通，无疑也是一种成功的尝试。①

五、阅读习惯变化

科技进步和网络普及使人们的阅读方式和阅读习惯发生着深刻变化，即时在线浏览正在取代传统青灯黄卷式的经典阅读，以快餐式、跳跃性、碎片化为特征的浅阅读正成为阅读新趋势。

1. 从经典阅读到浅阅读

浅阅读趋势是全球化的。英国一项调查表明，25 岁以下人群中超过 30% 阅读电子书。日本年轻读者手机阅读的趋势愈演愈烈，日本手机小说《深爱》销量达到了 250 万册。浅阅读不仅存在于网络阅读之中，传统阅读也有同样趋势。迄今已有 237 年历史的《大不列颠百科全书》，32 册百科全书收录了 8 万个条目，而"维基百科"在短短 4 年间就收录了近 50 万个条目。这个完全开放式的、免费的网上百科全书是电子阅读时代"最大胆的网络实验"。它把人们的注意力从传统阅读吸引到了新的"取阅"方式之中来了。

据 2007 年相关报告显示，我国国民上网率平均每年增长 39.96%，市场上流通的电子书达 30 多万种，绝大多数有阅读能力的人都具备了新媒体阅读终端。2006 年，我国的电子图书、数字网络期刊、手机出版等数字出版整体规模已经达到 200 亿元，而这一数字在 2000 年还仅为 15.9 亿元。传统出版业正面临数字化技术带来的巨大改变。

2. 浅阅读的特征

我们可以从以下方面来把握浅阅读：

(1)浅阅读产生的背景是新媒体的发展和信息量的爆炸。麦克卢汉在 20 世纪 60 年代提出了"地球村"的观点，20 年后《纽约时报》专栏作家弗里德曼在其新书《世界是平的》一书中说，因为世界是平的，他们也能插上插头，连通、合作，整个世界因为一台无所不包的小小电脑而变小变平。电子技术使我们的感官膨胀，仿佛一夜之间全球罩上了一张硕大无朋的宇宙膜。互联网时代的海量

① 王简：《新媒体来势凶猛　美电视新闻失去铁杆观众》，http://www.zjol.com.cn/05cjr/system/2007/11/20/008987850.shtml

资讯每天刷新着人们的记忆。报纸、广播、电影和广告每天都在我们周围卷起资讯的潮流和压力,使读者被放置于时速造就的漩涡中心。信息的海量膨胀,生活节奏的加快,我们接触的事情、需要处理的事情越来越多,而每个人的时间、精力有限,在这种情况下,人们为了有效地把握现实和变化,就需要一种新的方式来掌握这种海量变化的状态及信息。浅阅读由此产生。

(2)浏览式娱乐式阅读成为浅阅读的重要特点。搜索式阅读、标题式阅读、跳跃式阅读成为网络阅读和手机阅读的主要形式。名著通俗本、普及本、精简本、口袋本的盛行,财经、励志类图书以股市语言行文替代学术说理以及各地书店中通俗读物多居排行榜前列的现象,都证明人们"浏览式浅阅读"的特征。一条电视新闻被记忆的时间不会过夜,一个报纸头条能吸引的注意力不会维持超过一天,一期杂志专题被谈论不会超过一周。什么都不会关注过久,什么都不会停留。"快速、快感、快扔"成为浅阅读的重要特征。搜索引擎技术的发展使"定制"成为浅阅读的一种方式。它要求你用"关键词"进行思考和检索,在定制关键词后,你的阅读视界才能被打开。于是,"定制"成为阅读的新法则,在定制的同时,"碎片化"的信息迷宫形成,事物的整体风貌被打破,而细节先于整体出现,通过阅读提取信息之海变成了由点到线再到面的过程。此外,读者的阅读需求已不仅仅包括获取信息、知识、接受教育,同时还要求提供休闲和娱乐。而互联网和手机媒体等新媒体的普及,也在促进多元化阅读方式的形成。

(3)浅阅读的阅读介质从以往的纸质为主转变到电子与纸质并存。电脑和网络成为人们阅读世界的USB接线口,网络阅读走入我们的生活,成为一种新的阅读方式。网上读小说,网上看新闻,网上跟踪畅销书的报道,已是许多人每日的阅读。据有关统计,从1999年至2005年,我们的网络阅读率从3.7%提高至27.8%。高校电子图书的阅读率不断提高。以北京科技大学为例,从2004年11月至2007年7月,学生和老师在线浏览、下载、导航、检索和登录的次数直线上升。2006年中国出版市场在纸质图书、报纸与期刊销售额全面增长的情况下,博客出版、电子图书、数字网络期刊、手机出版等各种数字出版取得突破性进展。数字出版产业整体收入近200亿元,网站推出收费阅读,网络阅读在中国已形成一定规模。手机阅读网已有近1000万手机客户端下载。[①]

(4)浅阅读的过程由以前在阅读过程中的被动接收转变为主动参与。现代科技的发展和都市生活的便捷使得浅阅读时代的阅读者参与到整个信息生产

① 刘声:《"浅时代",你准备好了吗?》,《中国青年报》2007年9月3日。

过程中来，阅读者不仅是信息的消费者同时也是生产者，他们不再是单纯地被动获取外界信息，同时也提供并发布信息，这个过程在网络上表现得最为充分。传统纸质出版物通过章节设置、页码标注等方式规定阅读顺序，读者一般是逐页、逐段地阅读。电子出版物和网络出版物以"非线性的网状结构"和"节点为单位的信息输出"表达其内容。读者在阅读时可以根据自己的需要，迅速找到自己感兴趣的内容和有关信息。更重要的是，网络的发展改变了传统出版业对信息发表的垄断权。在 BBS 上发帖子、在网络媒体上对某条新闻进行评论，通过博客、电子杂志、网络出版等方式，人人都是内容提供者。新技术使读者不仅可以网络阅读，而且可以参与网络出版。阅读从单纯的被动接收到逐渐具有互动的可能性。

3. 浅阅读改变阅读载体

无论我们是赞成还是反对，浅阅读已经成为一种全新的阅读方式和生活方式。它符合大众流行文化与消费文化的基本特质，符合现代社会人们追求休闲与娱乐的需求。快餐化的生存方式、复制型的生产方式以及即兴式的思维方式，直接导致了浅阅读的诞生。但是，浅阅读中的非导向阅读、功利性阅读等现象，对读者特别是青少年的人格成长、精神发育、知识训练乃至价值观、世界观塑造等会产生不良影响，这些也引起了人们的担忧。

浅阅读的出现实际上是现在阅读载体正在发生变化的一种标志，这对报纸的影响显而易见，它必然分流人们对报纸的注意力。不过，浅阅读带来的有压力也有机遇。阅读需求的多元化，为以内容产业为核心的报业开拓了广阔的空间。阅读习惯的视听化和互动化，给报业的内容创新提供了新的手段和平台。阅读新趋势为报业的发展提供了广阔的天地，实现传统与现代的融合至关重要，这包括生产适合手机、网络、计算机、手持阅读器等不同媒介形态的出版物，开展数字报业务，与搜索引擎商进行合作等。任何时代的媒体传播都没有今天新媒体的传播力量这样强大，无论从产业发展的角度还是文化传播的角度，这都将成为报业未来发展的广阔市场和新的产业增长点。

在电视方面，许多电视读书节目先后下马，而网络读书频道却如火如荼。2004 年 9 月，中央电视台科教频道的《读书时间》成为"记忆"，标志着这档存在了 8 年之久的电视读书节目在几经改版后终究难逃谢幕的命运。在此之前，广东电视台的《每周一书》、北京电视台的《东方书苑》、凤凰卫视中文台的《开卷有益》、上海东方卫视的《读家报道》亦先后下马。与遭遇寒流的电视读书节目形成鲜明对照的是，网络读书频道却异军突起，呈现出了前所未有的红火状况，新浪、搜狐、腾讯等各大网站相继推出读书频道，访问量持续攀升。显然在电视读书节目和网络读书频道的第一轮较量中，前者已经明显居于下风。究其原因，专家认为，这一方面与电视和网络这两类媒体的不同目标人群有关，另一方面，以图像和声音为主的电视媒体在传播图书资讯方面的优势显然不及具有交互性和超链接的网络媒体。

六、报纸“消亡论”“寒冬论”与“春天论”

从改革开放的1978年至2003年，我国报业一直以强劲的增长势头领跑传统大众传播媒介，发行量和广告量持续稳步上升。20世纪90年代，人们还欣喜地将报业视为“朝阳产业”，可进入21世纪后，情况逐渐发生了改变。无论是国内还是国外，报业在经历了一个高速增长期后，近年来都出现了增速放缓，甚至下滑的趋势。发行下降，收入下滑，读者老化，读报时间减少。

在这样的背景下，一些学者惊呼，“报业寒冬”来了，甚至出现了“报纸消亡论”。尽管有许多反对报纸“消亡说”和“寒冬论”的观点，但一个不争的事实是，报业正处在一个重大的“拐点”上，报业发展面临转型。

1. 报纸消亡论

伊瑞克·维尔博格(Erik Wilberg)是挪威的媒体顾问，他从报纸发展的生命周期的角度，指出目前的报业正在走向衰落期。像任何产品一样，报纸也有其特定的“生命周期”。这个周期包括5个阶段，即发育期(Development)、成长期(Growth)、震荡期(Shakeout)、成熟期(Maturity)和衰落期(Decline)。欧洲报纸，特别是北欧报纸目前处于这个周期的第四阶段末期和第五阶段初期。与伊瑞克·维尔博格持类似观点的还有英国的罗伯特·皮卡德教授(Robert Picard)，他把西方报纸的生命周期划分为四个阶段：15世纪以前是引入期(Introduction)，15世纪初至19世纪末为迅速增长的成长期(Growth)，20世纪是平稳的成熟期(Maturity)，进入21世纪以后处于缓慢下滑的衰落期(Decline)。[①]

(1)报纸在2043年消失

2005年10月28日，比尔·盖茨在英国伦敦庆祝自己50岁生日时宣布，今后10年纸张将失去原来的意义，大量信息将通过电子途径，而不是以成堆纸页

① 刘建明：《关于报纸消亡的对话》，《新闻界》2006年第1期。

的形式，送达个人信息终端。届时，人类将全天 24 小时接入互联网。①

还有一些学者甚至列出了报纸消亡的时间表。美国北卡莱罗纳州立大学的教授菲利普·迈耶出版了专著《正在消失的报纸：在信息时代拯救记者》，在该书的中译本封面上，赫然印着他对报纸消亡的预测："2043 年春季的某一天，美国一位读者把最后一张报纸扔进了垃圾桶，从此，报纸就消失了。"②

迈耶指出了当代报业所处的不妙境地。新信息技术尤其是因特网及其对公众时间激烈争夺，导致报纸读者的分流时，报业公司却采取"收获市场地位"策略降低报纸质量，这可能导致报纸的消亡。20 世纪初期和中期，美国传统报商曾具有很强的市场地位，他们的垄断报纸是收费处，信息经由此处在地方零售商与其客户之间通过。在 20 世纪的大部分时间里，这个瓶颈几乎处于一种完全绝对的状态。拥有报纸就像是具有征收营业税的权力，能够获得 20%至 40%的利润。但是，20 世纪 20 年代以来，无线电广播、电视、用于直接邮寄广告的高质量印刷术和高度专业化的印刷媒体、因特网等，对报纸的经营模式产生了巨大的冲击。30 多年来，新闻报纸一直以缓慢却稳定的速度流失着读者。如今报纸只可以赚取占收入 6%或 7%的正常零售利润。

虽然报纸在未来非垄断的环境中仍会有生存空间，但是习惯于获得 20%至 40%利润的报业绝不会满足于 6%或 7%的利润。报业在朝哪个方案的发展方向前进呢？迈耶在书中给出了两种方式，一是无力抵抗替代技术的报业，采用进行压榨以保持持续的赢利性，而不考虑长期问题的策略。这种策略被称之为"收获市场地位"，即通过提高价格、降低质量、裁员等来收获一个停滞产业的市场地位，并坚信客户会继续被其品牌所吸引。当然，客户最终会觉醒的。这是一种无法再生、孤注一掷的策略，一旦收获完成，市场地位就不复存在了。然而，为了以适应技术变革带来的期望值下降的问题，报业也可以采取另一个方案：接受新竞争的现实，并投资于产品改进。这种改进不仅能充分发挥印刷出版物的威力，而且能使报业公司成为信息市场的主要角色。与其说把替代物看做是一种威胁，不如将其视为一种机会。进入替代产业也许可以使某公司获得竞争的优势。这样，报业公司将会发展而不是削弱其编辑产品，并在新老技术的相互关系中发现一种新的赢利方式。

---

① 朱夏炎：《让报纸与网络双赢》，《新闻战线》2006 年第 3 期。

② 〔美〕菲利普·迈耶著，张卫平译：《正在消失的报纸：在信息时代拯救记者》，新华出版社 2007 年版。

(2)网络报纸不是报纸

学者刘建明也认为,"在30年后,报纸将无可救药"。[①] 这些预言似乎危言耸听,但不可否认新的一轮报业的调整期已经到来。在刘建明看来,媒介都有发生、发展和消亡的过程,报纸也不例外,它的消亡只是时间问题。支撑这一判断的是传媒发展的"质媒移动灭失规律":附载信息的介质经过移动才能传播信息,这种媒介会在更便捷的媒介出现后逐渐大宗消亡。竹简代替结绳记事,手抄书代替竹简,报纸代替手抄书,都是这一规律在起作用。而且,随着科学技术的加速发展,越是先进的移动质媒存在的时间越短。如今,随着网络的迅猛发展,需要发行投递的移动质媒报纸正在走向消亡的道路。与报纸不同的是,广播电视属于非附载信息又非移动的媒体,它们将会与网络融合而不会绝迹。美国学者托马斯·鲍德温等人所说的媒体"大汇流"正是指网络、广播、电视、电话等电子媒介的汇流,不包括报纸。

网络报纸的出现,难道不是报纸存活的另一种形态吗?刘建明对此持否定态度,他认为网络报纸并不是报纸,把它叫做报纸只是一种习惯称呼。纸媒消失得无影无踪,没有印刷的过程,更没有送报员、发行员的庞大组织和队伍,这意味着报纸彻底改变了形态。网络报纸绝不是报纸,而是网络新闻库,二者在形态上没有任何相同之处。

(3)网络媒体将一统天下

其实,受影响的不只是报业。2007年8月27日,英国《卫报》网站发表题目为《互联网权威预言将出现下载革命》的文章,互联网教父文特·瑟夫预言到时候我们能在数秒内下载整部电视连续剧,甚至还能在火星上进行网上冲浪,电视因此将走向末路。[②]

文特·瑟夫是20世纪70年代创建互联网的元老之一,64岁的他目前是互联网巨擘谷歌公司的副总裁以及互联网监管部门主席。他在《卫报》举办的爱丁堡国家电视节上说,随着"iPod时代"的到来,电视产业会迅速发生改变。正如音乐行业迎来MP3播放器一样,很快电视业也将迎来同样的关键时刻。他说:"我们观看的录像中85%是预先录制的,因此你能设置好系统随时进行下载。我们还需要通过电视直播收看特定节目(例如新闻、体育赛事和突发事件

① 刘建明:《关于报纸消亡的对话》,《新闻界》2006年第1期,第5页。

② 《英〈卫报〉称"互联网教父"预言电视将被取代》,http://news.sohu.com/20070829/n251845858.shtml

等),但我们还是会逐渐像使用 iPod 一样,下载完节目以后再看。”

瑟夫博士预计,我们很快就能通过互联网观看大部分电视节目——这种变革钟情的是新型互动服务,它将宣告传统电视频道末日来临。瑟夫说:“在日本你已经可以在 16 秒内下载一小时的视频节目。我们正开始研究怎样把多种信息相混合……设想一下吧,你可以暂停某电视节目,用鼠标点击屏幕上的各个不同按钮以找到更多相关信息。”

许多主要的互联网服务提供商警告说,互联网上的视频节目增多将最终让网络崩溃。他们担心数以百万计的人同时利用 iPlayer 等服务将摧毁互联网。瑟夫博士批驳了这种说法,他称其为“恐吓战略”。他说:“看到海量信息在网上传播而产生担忧,这是可以理解的。”但他还说,20 年前就有权威人士预言,当人们开始大量使用互联网时,网络就会崩溃。“在 30 年间互联网用户激增了 100 万倍,但互联网的容量远未用尽”。

瑟夫博士还表示,他一直关注互联网的未来发展,使其不仅局限在地球上。他正与同事共同开发新系统,利用互联网与太空飞行器通讯并控制飞行器,其中包括探索火星表面的登陆车。

除了专家学者,两位英国新闻系的年轻毕业生罗宾·斯隆(Robin Sloan)与马特·汤普森(Matt Thompson)也对互联网的发展作出了预测。他们制作了一部 8 分钟的短片《媒体未来的历史:1989～2014 演变中的个人资讯建构》,对媒体 15 年的走向进行了回顾和展望,再次把报纸的生命期大大缩短。网络研究专家闵大洪的文章介绍了该片的内容。① 片中预测部分,预言的标志性事件为:

——2006 年,谷歌整合其全部技术与资源,包括 TiVo、Blogger、Gmail 及搜索技术,建立谷歌 Grid 传播平台,它几乎可以无限制地储存、传递、共用各类媒体资讯,永远连线并可从任何地方取得。任何人都可以把自己的信息,以所需的安全层次储存在谷歌王国,或公开发行给他人阅读。

——2007 年,微软继续与谷歌抗衡,推出新闻储存平台 Newsbotster,整理排列个人化的新闻。

——2008 年,谷歌与亚马逊(Amazon)合并,取名为 Googlezon。谷歌的网络技术加上 Amazon 的商业建构,可以依每一个人的社会关系、兴趣嗜好,提供完全个人化的新闻、资讯与广告。

---

① 吴海民:《中国媒体大变局——报业的未来走势和〈京华时报〉的战略选择》,《今传媒》2005 年第 12 期,第 18 页。

——2010年,网络媒体大战爆发,Googlezon终于战胜微软,因为Googlezon可以从平台撷取资料,重组词句,机动地建构新闻与资讯。

——2011年,《纽约时报》控告Googlezon侵占版权,8月4日最高法院判决后者胜诉,Googlezon更加不可一世。

——2014年3月9日,Googlezon推出一个庞大的网络结构EPIC,过滤、整理、组织全球的资讯。每个人都能是这一庞大网络的资讯供应人,从Blog网志、手机影像、影视片段,乃至深度调查报告,提供资讯的人可依受欢迎的程度,获得报酬。每个人也都是这一庞大网络的使用人,系统自动依各人的消费习惯、社群关系、族群特质、兴趣嗜好来建构资讯。EPIC成为世界资讯的集大成者,深入、宽广,前所未有。而此时印刷版的《纽约时报》将收摊,仅为少数执著与年长者印制简讯。

两位新闻系学生的短片最后加了一句话:"实际上可能不会如此。"事实上也并不可能如此,但这些预测并非没有道理。

2. 报业寒冬论

2005年被很多人看成是中国传统报业的"拐点",报业由此进入冬天。《京华时报》总编辑吴海民是持这种观点的代表人物之一,他认为媒体市场结构由量变到质变,使2005年这个传统报业衰落的信号来得如此强烈,以至于让所有报人猝不及防。具有400年历史的传统报业,作为工业化时代的产物,将在信息化时代一步一步走向深谷。一个时代就要结束了。而网络媒体以灵动而矫健的身姿跃上新时代的舞台。

传统报纸停下了持续多年的上升脚步,进入了一个抛物线般的下滑轨道。与此同时,以网络为代表的新兴媒体经过十来年的指数性增长,已经接近"临界点"。未来两三年,网络媒体还将呈现爆炸式发展。媒体环境和格局将因之发生更大的变化。在这场媒体变局中,传统报纸的强势地位被从根本上动摇,市场蛋糕会越来越小。

报纸为生存而进行的竞争将更加激烈,整合和转型也势在必行。吴海民认为这种整合和转型表现在以下方面:

——全国性报纸从20世纪90年代中期开始衰落,主要表现为全国性大报发行量急剧萎缩。这种情况,恰恰出现在一批门户网站纷纷创办并争夺受众眼球的时候。显然,门户网站的海量信息对全国性报纸的新闻起到了替代作用。

——各类行业报和专业报从20世纪90年代后期走向衰落。这种情况,也恰恰出现在各类服务性网站纷纷创办、门户网站的专业服务信息日益丰富的时候。显然，读者从网络上可以更便捷地得到各种专业服务信息，从而对行业类报纸存在的价值提出了怀疑。体育类报纸的接连倒闭就是一个证明。在网络时代，人们可以方便地查阅到任何体育赛事新闻，从而使全国十余种体育类报纸失去存在价值。《南方体育》的关门既是一种无奈，也是明智的选择。也许，只有《体坛周报》等极少数报纸才有望生存下来，以满足部分体育迷对报纸的特殊需要。

——各地晚报从 20 世纪 90 年代末期开始疲软。大多数晚报改为早上出版。这种情况，不能不说与网络新闻的及时发布及受众阅读新闻的节奏加快有关。在网络面前，任何晚报新闻都显得那么迟滞。

——一大批新锐报纸受挫，叫好而不叫座。如上海的《东方早报》《第一财经日报》，广东的《南方体育》，北京的《现代商报》《新京报》《竞报》等。这些报纸的新闻理念不可谓不先进，质量不可谓不上乘，但生不逢时。恰在这个阶段，网络媒体走出泡沫再度崛起，报纸的受众大量流失，传统报业的市场增量开始减少，市场的存量也开始缩小。

——都市报提前进入冬天。这是现在发生的事情。在中国报业引领风骚的都市报出现大面积亏损。以前，是都市报打败了其他类型的报纸，人们称呼都市报为新兴媒体。但这个新兴媒体转瞬间就成了传统媒体。在以网络为代表的新媒体面前，都市报作为“新兴媒体”的称呼多么不合时宜。

——报纸的市场需求和市场规模逐渐缩小。报业的增长点向中等城市、小城市和城市社区次第转移。中心城市的报纸市场持续萎缩，一批报纸从此寿终正寝，都市报为生存而进行的竞争将更加残酷。从目前的市场情况看，一类城市天津和上海报纸还有一定增长空间，其他大城市，如北京、广州、深圳等地的报业市场已开始萎缩。成都、南京等省会城市的报纸市场完全饱和，报业大战打了多年，报纸市场已经没有缝隙。下一步报业最有希望的增长点，将在地市级小城市和大城市的小社区。

——报纸市场的集中度将大大提高，报纸间的贫富差距会越拉越大。少数强势报纸通过竞争占有更大的市场份额，区域市场一家独大的格局必将形成。经济规律表明，一个增量放大的市场容易出现完全竞争，导致“战国时代”；而一个存量缩小的市场必然出现垄断，演变为“一家独大”。在一个成熟而稳定的市场结构里，“一家独大”意味着市场的“老大”占有绝对强势的市场份额。这是市场供求关系发生变化的结果，是平均利润摊薄之后的结果，是报纸同质化竞争中替代性的结果，也是市场集中度提高的结果。事实上，国内许多城市的报业市场已经出现这种格局。如，《华商报》占有西安市70%左右的广告份额，其他众多报纸只能分食剩下的30%。长沙报业市场的老大《潇湘晨报》占有50%的广告份额。郑州的《大河报》、武汉的《楚天都市报》、南宁的《南国早报》、青岛的《半岛都市报》等，也都把当地一半以上的广告收入怀中。

3. 报业"春天论"

在互联网等新媒体的冲击下，报业真的束手无策吗？回答是否定的。对于报纸"消亡论"和"寒冬论"，也存在一些反对的意见，其中最有代表性的应当是报业"春天论"。

(1)报业困难是暂时的

天津日报报业集团社长张建星2006年1月12日在广州日报报业集团成立10周年"报业集团创新与发展论坛"上发言时说，最近传达出一系列信息，我相信文化事业、文化产业的发展，包括报业发展的春天到来了。早在3年前，曾任北京青年报社长、北京娱乐信报社长的崔恩卿就说："中国报业将迎来春天。"2005年12月12日，在国家新闻出版总署举办的首期全国报纸编辑策划与创新提高班上，针对"中国报业的冬天来到了"这一论断以及所谓中国报业2005年出现了"拐点"和"低潮"的论断，崔恩卿予以批驳。他说，目前中国刚刚进入市场经济，各方面还很不成熟，而中国的报业就更不成熟了，它还远没有达到市场经济对报业的要求和中国百姓对它的需求程度。从近20年的发展来讲，中国报业目前还处于一个转型期。①

南方报业传媒集团原董事长范以锦也反对报业寒冬论。他认为，如果硬要说"寒冬"，也不过是"倒春寒"，是暂时的。2005年，不少报纸的利润降低，广告收入下滑是现实存在的。但报纸利润降低主要有两个方面的原因，一个是由于国家宏观政策的调控和国际经济形势的变化，一些原来的广告重点客户像房地产、汽车的广告投放减少，另一个是纸张涨价带来的报纸成本增加。但是，我国的经济还在发展，经济发展带动广告市场会继续扩大。房地产、汽车的广告投放量减少，但是一些日用品的投放会增加。毕竟国家的经济在增长，与许多国家比，我们的广告比例不算大，广告资源开发的空间还比较大，纸张也不会一直价格上涨。所以，下滑不必大惊小怪，它不会对报业产生爆炸性的冲击。如果

① 黎勇：《中国报业的春天刚刚开始——驳"报业寒冬"论》，《青年记者》2006年第3期，第6页。

有，那就是加速报业之间的整合，强势媒体会在竞争中越来越强，一些小媒体会被吃掉、被兼并。当然，困难也是存在的，如果不积极应对，强者也有可能变成弱者。[①]

(2)报纸依然生机勃勃

反对报业寒冬论的人一般会引用世界报业协会 2006 年和 2007 年的年度报告来说明。报告显示，2005 年，如果将免费报纸和付费报纸的发行量相加，2005 年全球报纸发行量增幅达 1.21%，5 年累计增幅为 7.8%。目前，免费报纸发行量占全球报纸总发行量的 6%，占欧洲报纸总发行量的 17%。2005 年付费报纸广告收入较上年增长 5.7%，近年来的累计增长已达 11.7%。2006 年，全球报纸与去年相比发行量上升 2.3%，每天平均有超过 5.15 亿人买报。如果算上免费报纸，那么全球报纸总发行量则上升了 4.61%。每天超过 5.15 亿人买报，而读报人口估计超过 14 亿。2006 年全球付费报纸广告收入增长 3.77%。

世界报业协会的年度报告数据还显示，中国日报发行量稳居世界第一，2006 年日均发行报纸 9870 万份。2006 年中国报纸发行量增长 2.27%，2002 年至 2006 年 5 年增长 15.53%。在报纸广告收入方面，中国 2006 年增加 16%，2002 年至 2006 年增加 58%。在世界销量最大的 100 家日报中，70 家在亚洲，而中国、日本和印度三国就占了 60 家。中国、印度、日本、美国和德国是世界五大报纸市场，中国日均发行报纸 9870 万份，印度 8890 万份，日本 6910 万份，美国 5230 万份，德国 2110 万份。日本仍然是全世界人均买报最多的国家，每 1000 人购买 630.9 份报纸。

在欧洲，报纸发行量总体有所增长，有 10 个欧盟国家发行量增长，其中罗马尼亚增幅达 25.7%。15 个欧盟国家发行量下降，其中斯洛文尼亚降幅达 18.6%。

2006 年，亚洲报纸销量比上年增长 3.61%，其中印度增长最多，为 12.93%。中国、马来西亚、新加坡、孟加拉国和韩国报纸销量均有上升。在亚洲，报纸发行量增长 3.61%。印度报纸销量增长最多，增幅达 12.93%。马来西亚、新加坡、孟加拉国和韩国的报纸发行量也有所增长，而日本出现了下降。在美国，日报发行量下降 1.9%。在拉丁美洲，巴西报纸销量增加 6.5%，哥伦比亚报纸销量增加 3.2%。

而在读报时间方面，比利时人最长，平均每天花 54 分钟读报。中国人、芬

---

① 范以锦：《我不赞成“报业寒冬论”》，《青年记者》2006 年第 3 期，第 7 页。

兰人和巴西人紧随其后，每天平均花48分钟读报。

第五次国民阅读调查显示，在文字媒体中，报纸以74.5%的阅读率位于首位；杂志阅读率为50.0%，排第二位；互联网阅读率为36.5%，排第三位，比2005年的27.8%提高了8.7%；图书阅读率为34.7%，比2005年的48.7%降低了14%。网络阅读首次超过图书阅读。

“报纸依然生机勃勃，勇于创新，展示了保持作为数亿人首选媒介的巨大活力。与此同时，报纸还利用数字发行渠道提供的全部机会增加读者”。世界报业协会首席执行官蒂莫西·鲍尔丁(Timothy Balding)表示，“在多元媒体竞争的冲击面前，报业表现出不可思议的活力恢复能力。从总体看，报纸和报纸网站的读者数量继续保持增长。通过利用从免费报纸到网络版的广泛的新型发行渠道，报纸到达率正在提高”。

《2005中国报业发展报告》预测2005年是中国报业的调整之年，在经历一个调整期以后，中国报业的第四个增长周期将会到来。第四次周期性增长中，以数量扩张为主要增长方式的中心城市都市报，将难以成为第四增长周期的驱动力量。预计2006年起，深化报纸出版体制改革所引发的竞争活力以及转变增长方式所导致的新的增长空间的大力开发，将成为第四增长周期的两个主要驱动力量。新的增量空间将出现在尚未充分开发的区域次中心城市及一般城市以及尚未深度发掘的、细分的内容服务领域。面向细分读者市场的定位精准的生活服务和其他资讯类周报，将成为中心城市新的报业增长点。晚报都市类报纸的增长空间将转向区域次中心城市及一般城市。

仔细分析报纸的发行和广告数据，我们会发现有很多矛盾的地方。事实上，发行和广告是报社的核心机密，对外宣称的数据并不一定真实可靠，从不同渠道得来的同一个对象的数据就可能不一样。要准确地判断出报纸是处于寒冬甚至消亡，还是处于发展的春天，这确实就像准确知道报纸的发行和广告数据一样困难。

2005年下半年以来关于报纸“消亡论”和报业“寒冬论”的那场争论如今已有所平息。报业受到新媒体的严峻挑战，其发展面临“拐点”和转型已成为不争的事实。报业是迎来春天还是寒冬，关键取决于报业如何应对新媒体的挑战。喻国明教授认为，一方面我国传媒业的进一步发展存在巨大的增量空间和可能；但是，另一方面我国传媒业发展态势的研究表明，如果我们仅仅按照现有的发展框架、发展模式和发展逻辑继续延长的话，这个发展的空间就不能实际地为我们所占有，发展的可能性就很难转变为现实。……很多迹象表明，我国传媒业已经处在一个需要深刻变革的关键点上，根据这个关键点的发展特征我们将它命名为“拐点”。

七、传统媒体与新媒体共生共荣

报业可以理解为“报道业”，也可以理解为“报纸业”。作为报道业，报业是不会消亡的，报业可以和新媒体共生共荣，共同发展。作为“报纸业”，报纸这种载体会不会消失呢？关键是看如何界定报纸，网络上的数字报纸不是纸媒体，这样的报纸还是不是报纸呢？从媒介生态的发展来看，传统媒体与新媒体应当是共生而不是取代的。

1. 生态意味着共生共存

1967年，加拿大学者麦克卢汉在与人合著的《媒介即讯息：效果一览》(*The Media is the Massage*：*An Inventory of Effects*，1967)一书中提出媒介生态(Media Ecology)的概念，以环境作为特定的比喻，来帮助我们理解传播技术和媒介对文化在深度和广度方面所起的生态式的影响。一年后，美国学者波兹曼(Neil Postman)在其演讲中进一步阐述媒介生态，并将媒介生态学定义为“媒介作为环境的研究”(Media ecology is the study of media as environments)①，自那以后，媒介生态作为新闻传播学的一个重要研究领域，受到人们的高度重视。

无论是波兹曼还是麦克卢汉，他们的根本关注点是技术，尤其是媒介技术发展对人类文化的影响和塑造，并由此阐发以技术为核心的媒介环境如何改变了人类的思考方式和组织社会生活的方式。技术、媒介与社会成为媒介生态研究中三个重要的元素。

在麦克卢汉提出的媒介生态概念中，生态意味着让不同的媒介能够共生共存，而不是彼此消亡。他认为一种文化需要限制某种单一媒介的使用，从而促进媒介生态的平衡。在《理解媒介》(1964年)一书中，他认为媒介能够深入到人的潜意识，并且在不被察觉和反抗的情况下改变他们的感知的平衡。② 事实上，媒介生态系统中的能量流动处于“平衡—失衡—平衡”的状态。

早在1879年，德国生物学家德贝里(Antonde Bary)就提出了共生的概念，他认为共生是指不同种属在一定时期内按某种物质联系而生活在一起。共生

① 李晓云：《媒介生态与技术垄断——尼尔·波兹曼的技术垄断批判》，《四川大学学报·哲学社会科学版》2007年第1期，第11页。

② 单波、王冰：《西方媒介生态理论的发展及其理论价值与问题》，《新闻与传播》2006年第3期，第1页。

概念运用于传播领域，表明传统报业与新媒体形成一个共生系统。在共生系统中，各共生单元积极合作，报业集团生产的信息，通过报纸，也通过网络、手机等新渠道发布，实现向数字报业的战略转型。传统报业只要实现了发展模式上的转变，就可以与互联网、手机等新媒体实现共生。

2. 媒介的发展是融合而不是取代

著名的未来学家奈斯比特开始创办城市研究公司时，就是通过大量的报纸来建立最初的数据库的，今日他仍保持着每天阅读数份报纸的习惯。“虽然今天网络上充斥着海量信息，但是这些信息大多数并不是新闻事件本身，而是关于所发生的事件的评论和观点，因此，网络的出现并不能替代报纸”。

事实的确如此。广播没有消灭报纸，电视没有消灭广播和报纸，网络也不可能消灭原有的媒介形态。“互联网平台的包容力很强，不是谁消灭谁，不是简单的新兴的代替旧有的，而是各种媒体形式相互包容、彼此共存在人类的传媒生活圈中，各有各的空间”。[①] 报纸与网络、手机等新兴媒体结合，可以实现“1＋1＝3”的效果。媒体的融合不是简单地消灭现有的各种媒体，而是在继承每一种媒体优势的基础上，去创造能更好地符合信息传播规律、更有生命力的新媒体。在媒体融合的趋势下，新闻传播的整个格局也将得以重塑。

从欧美国家大型传媒集团的发展历史看，大多是在从报纸到电台、从电台到电视、从电视到网络等新媒体的发展进程中，迅速介入、实现新的融合，催生出占据主流市场的新媒体。在互联网显示出媒体的特质后，一些传媒公司迅速介入，抢占网络制高点，实行传统媒体与网络媒体的大融合。

调查数据也显示，报纸和网络的结合对各自的发展都有利。美国皮尤中心在2006年展开的一次调查发现，阅读纸版报纸的人数占38％，但将网络版计算在内的话，人数就上升到43％。其中4％既读纸版报纸也读网络版，9％只读网络版。[②] 从经济收益方面，2007年第一季度，美国报纸的互联网广告营收同比增长22.3％；2006年，美国报纸的互联网广告营收同比增长31.5％。[③]

中马清福是日本知名报人，曾担任朝日新闻社总编兼常务副社长，主要分管《朝日新闻》的编辑工作，现任朝日亚洲新闻联合会会长。2005年7月国内出版了他的专著《报业的活路》一书的中译本，当时正值中国报业的一个转折点，

---

① 喻国明：《重压之下，报业经营如何解困？》，《新闻与传播》2006年第5期，第1页。

② 蒙志献：《美国报纸的网络化生存法则：优胜劣不汰》，《中国报业》2007年第8期。

③ 《美国报纸广告营收连续四个季度下滑》，新浪网2007年9月3日。

许多人发出了报业的寒冬论甚至消亡论。在书中，中马清福说，“报纸其实并不是那么脆弱的东西。人们总是不经意地忘记‘网络’不过只是工具这一点。如果没有人把信息输入进去的话，网络只不过是一个箱子而已”。[①] 如果将中马清福的这话进行延伸，可以得出两点结论：一是网络作为工具，报业同样可以使用；二是在与网站等新媒体的竞争中，报业的核心竞争力在于内容生产。新媒体需要传统媒体的内容支撑，传统媒体需要新媒体作为平台和载体。

有学者指出，网络不可能取代报纸，如果说网络对报纸造成很大的冲击，其根本原因在于报业在媒介融合上步伐滞后，没有适应数字技术和新媒体催生出来的新的商业模式。默多克在分析报纸经营全球性衰退的原因时，认为自己新闻集团旗下的175家报纸，在该如何适应互联网的问题上犯有“不求上进”的错误。

3. 传统媒体的独特优势

(1)原创力和权威性

比起新媒体，报纸等传统媒体有自己独特的优势。概括起来说，传统媒体优势在于内容生产能力、品牌价值和可信度。具体来说：①报纸的深度是其他媒体不能相比的，这也是文字对于图像的优势；②报业、广电新闻原创能力很强，网络媒体的新闻内容基本上是由报纸、广电提供的，传统媒体是新媒体主要的内容提供者；③报业在所有的媒体形式中，最早最广泛地建立了采访网络，与社会有着广泛的联系；④中国媒体的主体是报业集团和广电集团，报业集团基本上是党报集团，具有天然的政治优势，相对于互联网等新媒体具有权威性和公信力。

传统媒体在信息上的条例性和选择性、内容的权威性和公信力以及信息的原创性等方面的优势，是新媒体难以复制和克隆的。在中马清福看来，报纸的品质是它最大的优势。无论什么时代，报纸的生命就是独家新闻。今后，报纸的品质将会比以往接受更严格的考验。他强调，“现场主义”无论在哪个时代都是采访的基础。在报纸、广播、电视、互联网甚至正在发展的移动通讯媒体中，没有哪一种媒体形式会像报纸记者那么专注投入地采访，认真甄别信息，恰当地选择表达形式，慎重地形成自己的报道。从中央大报到省报、市报，都在下级行政区建有自己的记者站，这在所有的媒体形式中是独一无二的。

---

① 〔日〕中马清福著，崔保国、艾勤径、高扬译：《报业的活路》，清华大学出版社2005年版，第85～86页。

传播媒介只是信息的载体或工具，信息本身才是传播活动的主体和灵魂。与互联网站相比，报社具有训练有素的庞大采编队伍，具有长期积累起来的品牌和受众的信任度，传播的新闻信息具有准确性和权威性，每日生产出大量的原创信息。而互联网站基本上没有自己的新闻采写队伍，甚至没有新闻发布权，严重依赖报纸等传统媒体的新闻内容，在内容上靠对报纸等其他传统媒体的信息进行"拿来主义"的汇总或整合。目前在中国，还没有一家非媒体单位主办的综合性门户网站获得新闻采访权，而且短期内还看不到，也不可能有这样的网站获得原创新闻的采集许可。至少在相当长一段时间内，中国网络媒体的新闻内容，仍将来自于以报纸为主的传统媒体。只要网络媒体的大发展离不开新闻内容，那么，中国的网络媒体就必然要依赖于纸质媒体。

(2)劣势有时也是优势

与网络相比，报纸、广电的时效性较差，它的出版和播出有时是一种限制，但同时也是一种优势，是一种保证。正是在这样的投入、专注以及慎重，传统媒体奠定了自己的生存基础。无怪乎在强调独家新闻和"现场主义"时，中马清福说"无论什么时代"，传统报业的及时性和时效性劣势不是绝对的，可以用报纸的仿真版、电子版不断更新来弥补。报纸呈现信息主要通过文字图片等方式，显得比较平面化、单一化，缺乏层次。为此，近来一些报纸在追求作为内容提供商角色的同时，大多采用一种内容多种出口的方式，进行内容经营。对于互动性的劣势，报纸本身通过编读可以实现一部分的互动可能性。

在容量上，报纸也不如网络。不过，任何事物都有两面性。北京青年报社社长张延平认为，网络媒体在信息量上对报纸构成挑战的同时，"给报纸新的发展提供了契机，这要求报纸要适应网络时代人们读报的需求。而网络时代是一个信息量极度膨胀的时代，报纸恰恰是一个有限的载体，有其局限性，但也可以是其优势，要在海量的信息里筛选出最有价值的东西登在报纸上，选择标准和价值观如果与读者的价值观契合的话，这种选择是很容易赢得读者的认同的，而且这种选择本身还包含我们很多观点，这其实也是优势"。[①] 由此看来，海量信息有时并不是一种优势。我们处于信息爆炸时代，在信息的汪洋大海中，我们需要有媒体对这些信息进行选择和加工，这正是纸媒体报业的优势。

除此之外，报纸还有许多其他的优势。比如报纸具有独特的版面语言，作为一个平面具有绘画一样的审美元素。报纸轻便，便于携带。报纸还比较方便

---

① 转引自黎勇：《中国报业的春天刚刚开始——驳"报业寒冬"论》，《青年记者》2006年第3期，第4页。

阅读，阅读时的选择性强等。

在目前的情形下，新媒体也有它的现实局限，表现在以下三个方面：一是概念大于平台。围绕新媒体的探讨多、概念多、说法多，相比较而言，概念远远大于平台，以 IPTV 和手机电视为例，从现实看，只有几家获得了执照资格。二是平台大于内容。有限的平台基本上是传统的内容，适合新媒体的内容还远远没有生产出来，也就是说平台存在，但是内容比较陈旧，并没有完全适应新媒体的要求。三是内容大于需求。有限的内容远远不能满足受众的需求，它并没有引发更广泛的群体对这些内容的强烈需求。①

第二节　公共领域与公民新闻

一、新媒体对公共领域的重构

1. 公共领域的"再封建化"

公共领域(Public Sphere)是在国家这个公共权威的领域与市民社会这个私人领域之间的一个批判领域，在这个领域中，民众有能力对各种公共问题和国家政策进行批判性的思考。公共领域的概念最早是由美籍德裔思想家汉娜·阿伦特提出来的，之后熊彼得、布鲁纳和杜威等人又从不同的角度研究过此问题。哈贝马斯是公共领域理论研究的集大成者。

哈贝马斯是西方马克思主义重要流派法兰克福学派的第二代代表人物，被公认为"当今最有影响力的思想家""当代的黑格尔"。1961 年，他完成了他的教授资格论文《公共领域的结构转型》，在论文中他立足于批判的立场对公共领域的历史起源、结构、功能做了透彻的分析和展望。

哈贝马斯所谓公共领域，指的是介乎于国家与社会(即国家所不能触及的私人或民间活动范围)之间、公民参与公共事务的地方，它凸显了公民在政治过程中的互动。哈贝马斯认为，最早的公共领域起源于古希腊时期的广场集会，建立在自由发表意见和对话基础之上。到了 17 世纪，随着报刊、杂志的发展，

① 胡智锋、周建新：《新媒体语境下电视节目生产的发展空间》，《视听界》2008 年第 5 期，第 16 页。

它逐渐发展为一些贵族和资产阶级上层分子在咖啡馆里的定期沙龙，话题也渐渐从由文学转向政治，这便是现代意义上的公共领域。在这里，公共领域是指一个国家和社会之间的公共空间，它作为介于公共权力领域与私人领域的一部分，立足于不受公共领域管辖的私人领域，却又跨越个人和家庭的藩篱，致力于公共事务。[①] 在哈贝马斯看来，公共领域存在的构成必须具备以下三个条件：(1)由私人组成的公众。他们具有独立人格，能够在理性基础上就普遍利益问题展开辩论；(2)拥有自由交流、充分沟通的媒介。因为媒介是信息的载体，决定着信息的流量。单向的非沟通媒体将导致信息的匮乏和意义的缺失，在此基础上私人的“独立”与“理性”也就失去了意义；(3)能够就普遍利益问题自由辩论、充分交流，进行理性批判达成共识，形成公共舆论。

总的说来，公共领域就是政治权力之外，公民自由讨论公共事务、参与政治的活动空间，它不仅使等级制度阶梯的下层人们获得更多的信息接触，而且通过越来越多的横向共享信息的传播和交流削弱权威，而且它本身表现为一个独立领域，和私人领域相对，其产生的基本前提是国家和社会的分离，一方面是，公共权力介入私人交往领域，另一方面是私人交往运用公共权力，从而加速了国家社会化和社会国家化的进程。[②]

公共领域的实现需要一定的载体。“当公众成为一个国家中的庞大团体，则必然需要以借助某种工具来实现团体内部的信息传递和相互影响。而今天，报纸、杂志、广播、电视则承担了这样的角色，成为公共领域的载体”。哈贝马斯把传媒力量看做是一种新的影响范畴，因为“它既影响了公共领域的结构，又统领了公共领域”，“被传媒力量尤其是大众传媒影响和控制的公共领域，既汇聚着无数的个体，同时又起到了组织社会的作用”。

哈贝马斯并没有就此止步，他在分析大众传媒在构建公共领域重要作用的同时，又十分忧虑媒体公共领域的转型。具有政治功能的公共领域首先是在18世纪初的英国出现的。17世纪末，新闻检查制度的废除标志着公共领域发展到了一个新的阶段，“使得理性批判精神有可能进入报刊，并使报刊变成一种工具，从而把政治决策提交给新的公众论坛”。这种报刊和咖啡馆、沙龙等聚会场所构成了在政治上抗衡宫廷文化的文学公共领域(Literary Public Sphere)，文

---

① 〔德〕尤根·哈贝马斯著，曹卫东等译：《公共领域的结构转型》，学林出版社1999年版，第58页。

② 史娜：《从哈贝马斯的公共领域思想看网络论坛在公共话语构建中的作用》，http://media.people.com.cn/GB/22114/44110/113772/7044131.html

学公共领域又衍生出政治公共领域(Political Public Sphere)。然而,自19世纪的最后20多年以来(以1873年经济大萧条为标志),国家干预主义渐趋强化,资本主义的发展进入了一个新的阶段以后,国家干预社会领域与公共权限向私人组织转移即社会的国家化和国家的社会化同步进行,这一辩证关系逐渐破坏了公共领域的基础——国家和社会的分离。随着国家和社会的渐趋融合所出现的结构转型,报刊从纯粹的新闻报道发展成为文化思想传播,从意识传播到商业赢利,媒体的公共品格逐渐让位于商业广告,媒体的公共话语空间逐渐丧失。媒体假借公共舆论的外衣传播伪公共话语的现象成为常态,理想的公共领域也就全盘瓦解了,哈贝马斯把这种表现称为公共领域的"再封建化"。

哈贝马斯认为,一个重新政治化的社会领域摆脱了"公"与"私"的区别,消解了原本属于私人领域的自由主义公共领域。这种情形与封建社会晚期有类似之处,因此哈贝马斯称之为公共领域的"再封建化"。在传媒领域,广告和公共关系的侵入使文化批判的公众丧失了理性和批判能力,变成了文化消费的公众,因而作为现代化必然结果的理性化进程,在一定程度上倒退了,部分公众重新陷入愚昧状态而不自知。①

2. 新媒体语境下的公共领域重构

报纸、杂志、广播和电视等传统媒体,是哈贝马斯着重分析的媒体类型。有研究者从"公共领域形成的三个条件"入手分析了公共领域在传统媒体中被侵蚀的原因:

(1)传统媒体的"点到面"传播,让"公众"成为"大众"。传统媒体的传播方式是由"点"到"面",这些"点"信息源为少数几个经理人、总编、主持人、记者和专栏作家所把持,"这些媒介所传播的内容,实际上限制了接收者的反应。这些节目将作为听众和观众的公众罗致于自己的魔力之下,而同时,却又剥夺了公众'成熟'所必需的距离,也就是剥夺了言论和反驳的机会,阅读公众的批判逐渐让位于消费者交换彼此的品味与爱好,也成了消费行为本身的一部分"。(哈贝马斯,1999:249)对于形成公共领域的第一个条件——"有独立人格的公众",传统媒体已经逐步失去了对其的塑造能力。大众传媒所塑造的不是理性批判的"公众"(Public),而是文化消费的"大众"(Mass),批判的公共性遭到了操纵的公共性的排挤,它所塑造出来的世界仅仅是具有公共领域的假象,或者说是

① 展江:《警惕传媒的双重"封建化"》,《青年记者》2005年第3期,第3页。

一种"伪公共领域"。

(2)传统媒体的"守门人"规则,否定了"自由交流"初衷。"守门人"规则多是因为传统媒体的立场倾向性带来的。传统媒体通过议程设置筛选公共辩论的主题和程序,选择适合该议程的嘉宾和现场观众。"即便走进演播厅,一旦受众的观点越出了规定的议程,都会在后期编辑甚至现场直播中被掐掉"。[①] 这样就背离了"自由"的初衷,离构建公共领域的第二个条件——"有能自由交流的媒介"越来越远。

(3)传统媒体的商业化浪潮,吞噬了"理性批判"原则。大众传媒越来越受到商业利益的驱动,同时也越来越多地受到某些个人或集团利益,乃至政府的控制。原本具有极强的"批判精神"的传统媒体变成了单纯为了讨好消费者的文化娱乐消费品的提供者,或者成为为利益集团或政府的宣传鼓吹者。[②]

与传统媒体不同的是,新媒体独特的优势在一定程度上实现了对公共领域的重构。根据《连线》杂志给"新媒体"下的定义:它是"由所有人面对所有人进行的传播(Communication for all,by all)"。[③] 在新媒体中,传统媒体的"点对面"被ICQ、BBS、博客等"点对点""多对多"的新传播形式所取代,它使每个人既有"听"的机会,也有"说"的条件。而且,ICQ、BBS、博客等新媒体是一个开放、平等和互动的空间,可以进行"自由的交流"和"理性批判"。"在一定程度上不依赖于他人而独立生存,更重要的是要有一种对公共事务保持热切关注的态度,特别是要有独立思考和批判的能力"。[④] 网络思想家霍华德·莱茵戈德(Howard Rheingold)认为:"任何一台电脑和移动设备,一旦接入互联网,就可以变成一个全球性的印刷、发行和组织的机器。在网络上,你可以接触到成千上万的潜在读者而无需花费多大成本;并且,你不需要说服编辑、出版商或制片人,你的思想值得暴露在光天化日之下。"[⑤]由于网络的匿名性,公众更是敢于质疑权威、论证权威。

道格拉斯·拉什科夫在《媒介病毒》一书中曾引述过一段话:"媒介是一种

---

① Paul Levinson,*DigitalMcluhan:A Guide to the InformationMillennium*,London:Routledge. 2001. p. 124.

② 李蕉:《收复公共失地——兼论公共领域的实现》,《学术界》2007年第3期,第41页。

③ 方兴东、胡泳:《媒体变革的经济学与社会学——论博客与新媒体的逻辑》,《现代传播》2003年第6期,第20页。

④ 石义彬:《单向度、超真实、内爆——批判视野中的当代西方传播思想研究》,武汉大学出版社2003年版,第106页。

⑤ 方兴东、王俊秀:《博客——e时代的盗火者》,中国方正出版社2003年版,第98页。

公司所有物,你没有办法参与到媒介中。让媒介从幕后走出是第一步,第二步是区别公众与受众的不同。受众是被动的,而公众则富于参与性。我们需要一种从公众角度对媒介的定义。"①新媒体恰恰可以把传统媒体的受众转变为公众,在新媒体中,接收者和传播者的地位是可以互换的。正如《数字化生存》的作者尼葛洛庞帝曾说的那样:"从前所说的'大众'媒介正演变为个人化的双向交流,信息不再被'推给'(Push)消费者,相反,人们(或他们的电脑)将所需要的信息'拉出来'(Pull),并参与到创造信息的活动中。"②比如博客的出现,比以往的任何一种形式更鼓励这种公众性的表现。无论你是什么人,都可以建立自己的天地,发表自己的言论。

当今社会的各个地区、各个层级几乎都在互联网上建造了他们的信息传播平台,形成了一个功能丰富、结构多元、规模庞大的传播集群,公民的信息权利得到极大的实现,这种信息权利不仅是公民拥有的了解自身生存环境变化的知情权,而且还应该包括以信息传播手段实现的公共表达、公共监督、公共参与和公共协商等方面的信息权利。

2007 年爆发的"华南虎事件"为公共领域的形成提供了例证。2007 年 10 月,陕西省林业厅公开了一张"野生华南虎"照片。这张照片很快被网友指出存在众多漏洞,网友于是自发展开"调研"行动,通过各种方法对相关照片进行数据分析,包括 AutoCAD 重建拍摄现场,发现拍摄者角度变化以后,老虎的影像毫无变化;又通过色温对比,发现图中老虎身上有喷绘效果。于是展开了一场"华南虎"照片是真是假的争论,争论发展成"挺虎派"与"打虎派"两大阵营的对决。这一事件开辟了网络舆论新空间,真相在一个个网民的追查下逼近。民主开放的对话环境给真相的发现提供了空间与可能,打、压不是出路,对话才是办法。在"华南虎事件"中,网络哄客与看客都表现了相当的理性,他们摆事实、讲道理,不断地拷问真相,这些彼此本不相连的人因为一个共同话题而网聚在一起,并建立起了某种联系。网络公共空间正在形成,在这一空间中人们通过理性、建设性的自由讨论,能将事情真相还原。③

2008 年,在拉萨"3·14"打砸抢烧事件中,论坛公众为弄清事件真相,发表不同方向的事件描述材料,有来源于新华网的报道和照片,有英国广播公司

---

① Paul Levinson, *Digital Mcluhan: A Guide to the InformationMillennium*, London: Routledge. 2001. p. 36.

② 〔英〕尼古拉斯·尼葛洛庞帝著,胡泳、范海燕译:《数字化生存》,海南出版社 1996 年版,第 49 页。

③ 栾轶玫、何美:《2007 年中国传媒十大创新报告之网络篇》,《今传媒》2008 年第 1 期,第 21 页。

(BBC)、《泰晤士报》、美国有限电视新闻网(CNN)、德国《柏林晨报》等西方媒体如何张冠李戴地报道这次事件的图片和报道文字,让公众可以一览无遗西方媒体歪曲事实的拙劣手段,形成了声讨分裂势力的浪潮,公众的共识形成公众舆论,反映了民意民生。

3. 电子乌托邦

根据哈贝马斯的描述,公共领域是随着欧洲公民社会的形成出现的。公民社会是一个介于社会和国家之间,以自治个人组成的社团为主体、志愿参与、由公民自主管理和决定其事务的领域。个人对于公共事务发表自由看法,通过讨论和论辩达成共识是公民社会运转的基本制度之一,换句话说,公共领域既是公民社会的产物,又是其现实基础。①

公共领域、公民社会这对概念是和民主紧密联系在一起的。这种民主的发展是和新的传播技术分不开的,公共领域的形成与传媒技术的发展密不可分,由此产生了"电子乌托邦"的观点。

这种观点对媒介技术的发展寄予无条件的乐观主义期待,认为新的传播技术必将会把人类带入一个高度自由、民主和平等的理想国。"电子乌托邦"思想是建立在对新媒介某些技术特性的期待的基础上的。例如,有的学者认为,网络传播的双向性使每个人既是传播者又是受传者,它将改变传统的大众传播过程受到传播者支配的局面,使传播过程变得更加平等,而这种平等也必然带来社会关系的平等;有的学者认为,新媒介技术将保障每个人自主发表言论的权利和机会,并形成"真正的观点的自由市场"。但是,单纯的技术上的可能性并不能必然保证理想的社会形态的出现,而是需要更加复杂的社会条件。

以公共领域为例,网络等新媒体构建的公共领域只是一种相对的公共话语空间。掌握网络技术的人与没有掌握技术的人之间会形成新的等级,在 BBS 中,参与者分为网管、斑竹、资深网民、普通网民四类,网管和斑竹掌握着帖子的生杀大权,他们根据自己的兴趣、爱好和行为方式,以封杀别人话语权的方式来维护自己的话语权。虽然网络论坛是一个相对开放的空间,资深网友和普通网友的话语权受到网管和斑竹的管理,因此参与讨论的公众要想让别人了解自己的观点,就要按照斑竹的规则处理帖子的内容和形式,这样帖子才更容易存活,但是公共话语空间受到了很大的限制。网络论坛虽然给我们构建了一个公共

① 何晶:《大众传媒、公共领域与公民社会解读》,http://www.chinaelections.org/NewsInfo.asp?NewsID=140233

领域的言论空间，但是从帖子的点击量和回应量之间的悬殊差距可以看见大量的论坛潜水者。在论坛中潜水者有不同的情况，有的没有在论坛中注册，作为"游客"浏览论坛，有的因为自己的意见得不到回应，时间长久之后对发言丧失了兴趣，但是更重要的因素是网络上的发言被视为公开发表观点的行为，这种行为也会受到外界压力和纷争的干扰，有的更畏惧自己的观点遭到别人的攻击，继而演变成群起而攻之的局面和被封杀ID的危险，所以，很多的论坛参与者宁愿"失声"，结果是越来越少的参与者选择发言，网络论坛成为信息乌托邦。[①]

在网络空间中，由于匿名的使用，网民在一定程度上抛弃了显示社会中的组织束缚，但也随之抛弃很多"理性的道德"，这种标榜着"我就是我"的方式可能是混乱的、随意的、不负责任的，虚拟身份的问题在网络上越来越不言自明。

二、公民新闻对传媒接近权的实现

随着互联网等新媒体的崛起，网络和移动传播使公民成为记者变为可能。1998年，德拉吉博客网(drudgereport. com)率先向全世界传播克林顿与莱温斯基的性丑闻内幕。2005年7月7日伦敦的地铁和公共汽车发生爆炸，英国的主流媒体很快收到来自公民的有关爆炸的图片和录像带。2000年，韩国记者吴延浩(Oh Yeon-Ho)创办全球第一家公民新闻网(ohmynews. com)，响亮提出"每个人都是一名记者"。公民新闻的兴起，为公民传媒接近权的实现找到了一条切实可行的新路径。

1. 传媒接近权

传媒接近权(the Right of Access to Mass Media)是公民的一项基本权利。有学者认为传媒接近权是指"一般社会成员利用传播媒介阐述主张、发表言论及开展各种社会和文化活动的权利，同时，这项权利也赋予了传媒应该向受众开放的义务和责任"。[②] 还有学者认为，传媒接近权是指"作为信息接收者、利用者的公民有权接近和利用大众传播媒介发表自己的主张、意见，有权要求大众媒介刊登或播放其意见、广告、声明、反驳等，有权要求大众媒介刊登自己想要传播的有关信息"。[③] 从法学角度看，传媒接近权称为表达渠道权，指的是"公民

---

① 史娜:《从哈贝马斯的公共领域思想看网络论坛在公共话语构建中的作用》，http://media. people. com. cn/GB/22114/44110/113772/7044131. html

② 郭庆光:《传播学教程》，中国人民大学出版社1999年版，第11页。

③ 徐耀魁:《西方新闻理论评析》，新华出版社1998年版，第276页。

或社会组织享有的，有法律规定、认可和保障的，为公开发表、传递自己的意见、主张、观点、情感等内容而使用各种媒介手段与方式，不受任何他人或组织非法干涉、限制或侵犯的权利”。[①]

传媒接近权将受众视作权利的主体，大众传媒具有公共性和公益性，应当向一般民众开放，允许公民自主参与。然而，公民的传媒接近权与资本主义媒介私有制之间存在矛盾，这种矛盾在自由资本主义阶段由于许多中小媒介的存在，表现并不突出，而在资本主义进入垄断阶段后，传媒越来越集中在少数大资本家手中，大众传媒的自由利益与公众的自由利益就会发生冲突。

传媒接近权正是在这种背景下产生的。1967 年，美国学者 J. A. 巴隆在《哈佛大学法学评论》上发表了《接近媒介——一项新的第一修正案权利》一文，首次提出了“传媒接近权”的概念。1973 年，他又出版了《为了谁的出版自由——论媒介接近权》一书，对这一概念进行系统论述。巴隆认为，美国宪法第一修正案规定的“出版自由”所保护的是作为一般社会成员的受众的权利，而不是传媒企业的私有财产权；在传播媒介越来越集中于少数人手中、广大受众越来越被排斥在大众传播媒介之外的今天，已经到了“必须把第一修正案的权利归还给它的真正拥有者——读者、视听众”的时候了。20 世纪 70 年代以来产生的民主参与理论，同样十分注重传媒接近权，认为任何民众个人和弱小社会群体都拥有知晓权、传播权、对媒介的接近和使用权、接受媒介服务的权利。

同时，世界各国出现了寻求传媒接近权的运动。1969 年，美国联邦最高法院在对著名的“红狮”案件的判决中，承认了联邦通讯法的公平原则，命令宾夕法尼亚州的“红狮”广播电台给予受到个人攻击的原告库库实现反论权的机会。“此案的判决，曾标志着传媒接近权运动的最初胜利”。[②] 传媒接近权概念被提出 40 年来，虽然尚未形成法律上的明文规定，但至少在三个方面产生了普遍影响：第一是“反论权”，即社会成员或群众在受到传媒攻击或歪曲性报道之际，有权要求传媒刊登或播出声明。第二是“意见广告”，为了争取受众的好感和信任，目前很多印刷媒介在不同程度上以收费的形式接受读者要求刊登的意见广告。第三体现在多频道有线电视领域，一些国家在发放有线电视系统经营许可

① 李树忠：《表达渠道权与民主政治》，《中国法学》2003 年第 5 期，第 4 页。

② 华汝国：《传媒接近权——民众参与和谐社会建设的前提》，http://media.people.com.cn/GB/22114/44110/113772/6807557.html

证之际，规定必须开设允许受众自主参与的“开放频道”的附加条件。[①]

对于传媒接近权，有赞成和反对两种观点。认为公众不应有接近权的学者认为，并非一个人必须拥有媒介、讲坛才能有言论自由。如果公众有这种权利，就意味着剥夺了媒介编辑自由决定的权利。一部分人认为值得媒介发表的观点，另一部分可能认为是没有价值的。认为公众应当有接近权的学者认为，公众的接近权并不意味着由人民直接掌管媒介，但是新闻媒介拥有的权利而别人没有，对社会也是危险的。如果能够提供公开讨论、发泄不满的场所，以减少当事人的无力感，对社会似乎是有好处的。而建立一种机制鼓励自由表达并非毫无可能，特别是公众在媒介上的更正与答辩权，要得到确认。接近权是要寻求一种让所有人都能够有机会表达或由他们的代表表达的参与性媒介运作机制。[②] 公民传媒接近权的价值主要体现在四个方面：(1)保障该权利是实现公民言论自由的主要手段，(2)保障该权利有利于制止行政、立法和司法的擅权，(3)保障该权利有利于保证民主参政，(4)社会“排气阀”作用。[③]

公民对传媒接近权的实现路径，在网络媒体和手机移动媒体等新媒体产生之前，虽然报纸、广播、电视等大众传媒开设了热线电话、来信来访以及相应的互动栏目，比如波士顿的频道44创办了世界上最早的公众接近节目《Catch44》、BBC的《敞开之门》节目、NHK综合电视开播的《您的演播室》节目等，为公众参与电视节目提供了便利，但就实施过程来看，公众在电视上的言论内容并不能够得到自由展开，编辑大权依然掌握在媒体手中。

然而，在数字技术和新媒体催生下产生的公民新闻，使这种情况得到了极大改观，公民新闻使“人人都可以成为记者”，传媒接近权得到了前所未有的实现。

2. 公民新闻

“公民新闻”(Citizen Journalism)的概念产生于20世纪90年代的美国，至今还没有一个权威的定义。我们可以把它理解为“公民(非专业新闻传播者)通过大众媒体、个人通讯工具，向社会发布自己在特殊时空中得到或掌握的新近发生的特殊的、重要的信息”。或者把它称之为“来自业余新闻工作者的第一手新闻报道”。[④] 还有的学者认为，公民新闻是指公民通过大众媒介和个人摄录、

---

① 李杰：《网络媒介对受众传媒接进权的突破》，传播学论坛，http://www.chuanboxue.net/list.asp?unid=3200

② 陈力丹：《90年代西方新闻理论讨论了哪些话题》，《国际新闻界》2000年第1期，第6页。

③ 李衍玲：《从“佘祥林事件”看公民对媒体的“接近权”》，《当代传播》2006年第1期，第66页。

④ 钟恩洪：《浅谈“公民新闻”的发展》，《新闻窗》2007年第3期，第60页。

通讯工具(诸如移动电话、数码相机、数码摄像机、计算机网络等)为广大受众选择、撰写、分析和传播新闻信息的行为和现象。[①]

公民新闻学的思想可以追溯到20世纪初美国哲学家杜威(John Deway)与记者李普曼(Walter Lippmann)之间的著名辩论。李普曼认为,报刊应该把社会中消息灵通的专家们的最好的意见和思想准确地传播到公民中间,这样才能正确引导舆论。然而,杜威认为,只有公民们自己最清楚什么对他们来说才是最需要的,专家们不论有多么灵通的消息,都不能替公众做最佳的判断,公民有能力和智慧判断对公共事件的正确认知。[②] 杜威的理念奠定了公民新闻学的理论基础。在我国,长期以来十分注重"全党办报、群众办报"。早在1943年,陆定一就在《我们对于新闻学的基本观点》中提出了"非专业记者"的概念。1946年,胡乔木发表了《人人都要学会写新闻》的文章。这些可以看做是公民新闻的思想源流。

然而,真正的公民新闻的兴起却是个人传播技术的进步与普及的结果。20世纪90年代中期以来,以互联网为代表的数字新媒体深刻地改变了新闻传播的生态环境,数码相机(摄像机)、网络博客、移动电话、短信等传播科技进入寻常百姓家,人们可以随时将获取的新闻信息传播出去,打破了新闻专业人员进行新闻信息传播的垄断局面,越来越多的公民以一种积极主动的姿态成为"公民记者"。他们生活在社会的各个阶层,有条件接触到丰富的第一手新闻信息素材,并有机会成为某些突发性事件的现场亲历者或目击者,是"深入第一现场"的最有发言权的"记者",极大地扩展了"记者"的内涵与外延。在美国,公民记者已经发展成熟,并对社会产生积极影响;在新加坡,公民记者群落已成型;在中国台湾地区,政府已对此作出了发展计划。

网络是公民新闻实践的主阵地。从早期的"德拉吉报道"一类凤毛麟角的个人实践,发展到今天诞生了数以万计的"公民新闻"网站。美国的一个鼓励普通人发布新闻的网站"NowPublic",正在成为世界最有影响的通讯社之一;从2000年开始起步、倡导"每个公民都是记者"(Every citizen is a reporter)的韩国网站ohmynews.com被认为是公民新闻网站中做得最成功的典范。公民新闻的概念在2000年后传入中国,但是其核心内涵在网络上的实践,却在更早就产

① 徐天博:《公民新闻学探析》,http://media.people.com.cn/GB/40628/6440269.html

② 宋昭勋:《从海啸报道看市民新闻学的崛起》,《传媒透视》2005年第4期,http://www.chuanboxue.net/list.asp? unid=1392

生了雏形。中国互联网的第一次大发展源自BBS的滥觞，而BBS在中国的价值，更接近公民新闻而非网络人际沟通。今天，越来越多的人倾向于借助网络平台发表自己的见闻，BBS、博客、播客、移动互联网、即时聊天工具等成为其主要载体，这些内容已成为公民新闻的最主要的来源。[①]

3. 公民新闻实现传媒接近权

按照传播学学者段京肃的观点：当代中国，主要的阶层及其对媒介的控制和使用情况可划分为三类——拥有媒介的控制权，拥有主要的话语权，引领媒介发展潮流，决定社会舆论导向的强势阶层；拥有媒介的使用条件与使用能力，具有主动的媒介接近意识，善于利用媒介满足自己需要的中间阶层；被动接近媒介，无条件接收媒介信息，缺乏使用媒介的基本条件和能力，基本被排除在媒介表现内容之外的弱势阶层。公民新闻的勃兴，对于这些中间阶层和弱势阶层来说，有了一条实现传媒接近权的新途径。[②]

首先，公民新闻改变了传统的新闻生产模式，公众从被动的受众地位转变为主动的传播者而成为公民记者，在对传媒的深度参与中实现传媒接近权。

公民新闻的诞生，从根本上改变了受众群体在传播中的被动地位，传播者和受众可以处于平等的地位，受众也可以成为传播者，实现传播主体的位移。建立在双向传播基础上的公民新闻促进了民间话语体系的崛起，颠覆了"舆论一律"的传播格局，是一种民主化的报道形式。

1998年，当传统的主流媒体对克林顿与莱温斯基的性丑闻还保持沉默的时候，德拉吉博客网率先向全世界披露了这一丑闻的内幕。在2001年美国的"9·11"事件中，上百个报道"9·11"事件的个人博客发布了无数照片、录像和现场录音，还有目击者的亲笔描述，提供给受众在传统媒体看不到的、更深度的新闻事件报道。在2004年底的南亚海啸灾难报道中，印度作家彼得·格里芬(Peter Griffin)在海啸数小时后即开办了一家博客网，很快有数百名来自灾区和其他国家的博客加盟其中并上传新闻，组建了"东南亚地震及海啸博客网"，三天内该博客网的点击率高达十万人次。而维基新闻网在海啸当日8点52分就刊登了一篇题为《东南亚发生40年来最强烈地震》的新闻，字数不足200字，但该报道夜以继日地被数以百计的公民新闻爱好者补充、修改，变成了几乎涵盖整个事件方方面面的深度报道。

---

① 杜骏飞：《"华南虎事件"：公民新闻的阐释与评估》，《新闻记者》2008年第1期，第12页。

② 尹冠男、孔祥武：《市民新闻的兴起与媒介接近权的演进》，《青年记者》2007年第10期，第13页。

公民新闻的兴起,促使传统媒体不得不拓宽资源取向,采取各种各样的手段采集新闻,包括鼓励公民提供新闻和向公民购买新闻。"时至今日,传统新闻机构日益受到'公民新闻'的冲击,越来越多的报纸读者或电视观众借助因特网、可拍照手机、摄像机及其他科技工具参与新闻制作,传媒与受众的互动方式发生了重大变化,'公民新闻'为主流媒体增添了声音,而且是不经加工的真实声音"。[①]

2005 年 7 月 7 日,伦敦地铁站发生爆炸案。爆炸发生后的数小时,在博客检索网站 Technorati(跟踪 1300 万个网站和 130 万个链接)上,已经出现了几千条日志。英国广播公司(BBC)网站转帖了目击者拍摄的照片和视频,《卫报》也登出了目击者提交到博客上的现场回忆。在国内,2005 年 8 月 8 日,台风麦莎刚过,家住青岛沙子口附近渔村家的段广珠从他家阳台上拍到了农民工魏青刚三次跳进大海救人的惊心动魄的一幕。这段录像很快送到青岛电视台播出,几乎在一夜之间,这个三进三出急浪中救人的小伙子,成了青岛市家喻户晓的救人英雄,后被中央电视台评为 2005 年度感动中国人物。

一些传统媒体不仅刊登公民新闻,还创办了公民新闻频道和栏目。2006 年 8 月 15 日,CNN 正式推出了公民报道的新栏目"I-Report"。2006 年 11 月,拥有 90 家报纸的甘奈特集团宣布不仅正式合并它的网络和印刷媒体的员工,而且计划利用公民记者为它的出版物提供内容。2006 年 12 月份,雅虎网站与路透社合作推出了一个栏目叫做"You Witness News"(你目击的新闻),可以让新闻目击者上传照片或者视频短片,由路透社负责对公众提交的新闻进行选择、编辑,并提供给其他新闻媒体。以这个事件为标志,网络巨头与老牌传统媒体开始携手涉足"公民新闻"这个全新领域。2007 年 2 月,路透社的非洲网站(Reuters Africa)开设了公民博客的新闻报道。这些举措收到了实效——在 2007 年 4 月弗吉尼亚校园枪击事件中,全球观众看到的唯一一段手机拍摄的有枪声的现场影像就是一名美国人贾马尔·阿尔巴古蒂(Jamal Albarghouti)通过 CNN 的"I-Report"上传的,而 NBC 从 msnbc.com 上得到了大约 500 份观众提供的与受害者有关的故事。2007 年 4 月,作为中国台湾地区唯一的非商业无线电视台,公视创建了台湾公民新闻平台 PeoPo,倡导公民赋权下的新闻自主。在内地,《成都商报》推出了"QQ 记者"。

2006 年 12 月 1 日,《成都商报》在社会新闻版面上打出了"每个公民都是记

---

① 郭涛:《新媒体研究之公民新闻篇》,http://www.chinavalue.net/Article/Archive/2008/11/20/145435.html

者，网友都来发布新闻"的口号，推出"QQ记者"公民报道专栏——"城事e闻"。该专栏有两个新闻来源，一是《成都商报》"城事e闻"QQ群，加入QQ群的成员即成为QQ记者，二是成都全搜索(cdqss.com)龙门阵博客，在网友发言中筛选新闻报道。每天，QQ记者与报社专业记者在QQ上进行交流，两个专职记者兼任QQ群管理员。QQ记者和网友以第一人称的报道方式，报道自己的所见所闻；专职记者对新闻进行筛选，核实新闻的真实性，经审核后在社会新闻版"城事e闻"栏目中刊发，QQ记者的名字也附在正文之后。"城事e闻"专栏是专业记者和业余记者的一种合作型报道，即"专业新闻＋公民新闻"的混合形式。

其次，公民新闻改变了传统的舆论形成模式，打破了传统媒体的话语垄断权，公众在民意表达和舆论监督中实现传媒接近权。

传统媒体是"点"对"面"的传播，传播主动权掌握在媒体手中。而公民新闻主要通过网络传播，特别是博客具有的自主性、开放性、互动性等特点，打破了传统媒体的话语垄断，为政府部门理性看待民意，作出正确决策，提供了有价值的平台。同时，有了大众的参与，主流媒体的报道也会变得更加客观理性。新闻不再是几家媒体的发言，而成为全社会共同的声音，公众的传媒接近权得到极大的保障。2001年广西南丹矿井特大事故、2003年的SARS事件、2004年的阜阳劣质奶粉事件、2005年的吉化爆炸污染松花江事件等，几乎都是公民通过网络媒体发起议论的，先在网民中形成强大社会舆论，而后引起传统媒体的介入，最后在社会上形成强大的舆论压力，使事件得到妥善解决，相关人员得到应有惩处。

这样的事例在国外同样存在。2004年，一群"穿着睡衣的半吊子写手"通过博客终于使美国CBS电视台和CNN的老牌新闻主持丹·拉瑟被迫承认在CBS公映的关于布什总统在德州国民警卫队服役履历的真实性"经不住推敲"。这群"写手"中有律师、海军退役军官、前IBM技术工程师以及其他"民间独立研究人员"。[①]

公民新闻的意见表达和舆论监督对现实进程产生的影响有三：一是打破了传统媒体的舆论引导特权，二是使个人意见获得有力传播，三是社会弱势的意见和声音有了表达空间。

① 仲富兰：《感受博客(5)传媒接近权的延伸》，http://www.blogms.com/StBlogPageMain/Efp_BlogLogSee.aspx?cBlogLog=1000539235

4. 公民新闻的规范

权利和义务是统一的。公民新闻在实现传媒接近权的同时，必须履行相应的义务。公民新闻的载体一般是“草根媒体”，比如博客。这些媒体又被称为“自媒体”“个人媒体”，没有传统媒体那么多的把关人，因而时常良莠不齐。在美国，《华盛顿邮报》网站曾经关闭了其下一个博客的评论功能，因为该博客的某政治性文章引来大量不太合适的评论。在网络上经常出现的博客 PK 事件中，也充斥着各种谩骂、诽谤甚至是虚假信息等。

长期以来，传统主流媒体占据了社会主导权。随着社会的多元化和公民新闻的兴起，传统的新闻传播管理制度受到挑战。要将传统的新闻管理模式与公民新闻传播行为有机结合，需要进行体制机制创新。不过，有学者认为，“根本性的解决途径不是加强规制，而是让网民们明确公民媒体的真正要义，要让网民知道，他们写博客本身也是一种新闻的补充”。① 公民媒体是一种责任媒体，传媒接近权的实现不能妨碍其他公民的权利。在公民新闻刚刚起步的中国，如何培养负责的网络公民(Netizen)，是一个迫切需要解决的问题。

国外公民媒体的成功之道值得效仿。如维基新闻网实行“博客道德规范”，包括真诚公正、最低伤害和承担责任三项原则，规定严禁剽窃、准确展示和避免误导；韩国 ohmynews 网站实行公民记者实名制，公民必须提供身份证件才能成为网站的记者，通过专业编辑和市民记者个人声誉担保来双重把关。

中国的公民新闻实践还有自身的独特性。公民新闻的产生和发展，不能仅仅着眼于 Web2.0 时代的技术语境，而忽视公民新闻在西方产生的历史语境和制度语境。“中国公民新闻的发育缺乏欧美等西方国家的历史根基，中国并不存在公共媒介体制，也没有经过充分发育的另类媒体，因此，缺乏与西方国家类似的精神上和实践上的传统支点。从媒介管理制度上讲，中国的普通网站和个人不能自办新闻，韩国的 ohmynews 模式、美国 wikinews 模式以及德拉吉新闻博客的模式在中国无法复制，而必须在有新闻发布权的传统新闻机构上寻找生存空间，公民新闻的运作方式也不能复制国外公民新闻的现成模式，而注定了将以更为本土化的形式来展开”。②

因此，在中国，要通过公民新闻实现公民的传媒接近权，首先需要激发公民

① 刘晗：《博客时代的“公民新闻”》，《21 世纪经济报道》2006 年 4 月 9 日。

② 张娜、韩鸿：《公民新闻的中国实践——《成都商报》“QQ 记者”模式探析》，《新闻爱好者》2007 年第 9 期，第 7 页。

记者的积极性，不要以某些所谓的专业性扼杀了公民新闻中天然去雕饰的草根性。另外，要建立一种传统媒体和公民记者对话合作的新闻生产与传播方式，以弥补一些公民新闻存在的随意性、片面性、偏激性，缺乏权威性和公信力等缺陷，实现优势互补，形成合力。尤其是在灾难性和遭遇性事件中，公民记者具有巨大作用，主流媒体更应积极与公民记者建立通力合作的平台。公民记者与专业记者并肩作战、共同报道的情景将会成为今后新闻采访报道的新模式和新趋势。

第三节　数字鸿沟与数字机遇

一、什么是数字鸿沟

现代社会数字技术的迅猛发展，并没有给人们带来同样的发展机会。不同的地方、不同的人群接受数字化浪潮的机遇是不同的，即使大众传播将同样的计算机和因特网知识传送到每一个家庭和社会每一个角落，人们在接触和利用的机会上并不存在平等与否的问题，然而它所带来的社会结果却并非如此简单。数字技术和新媒体的发展产生了数字鸿沟。

美国国家远程通信和信息管理局（NTIA）定义：数字鸿沟（Digital Divide）指的是一个在那些拥有信息时代的工具的人以及那些未曾拥有者之间存在的鸿沟。数字鸿沟体现了当代信息技术领域中存在的差距现象。这种差距，既存在于信息技术的开发领域，也存在于信息技术的应用领域，特别是由网络技术产生的差距。数字鸿沟现象存在于国与国、地区与地区、产业与产业、社会阶层与社会阶层之间，已经渗透到人们的经济、政治和社会生活当中，成为在信息时代突现出来的社会问题。

根据联合国经社理事会的文件，“数字鸿沟”指由于信息和通信技术的全球发展和应用，造成或拉大的国与国之间以及国家内部群体之间的差距。它的产生，从世界范围看，就是由于发达国家经济水平及信息化程度与发展中国家之间所形成的信息不对称；从发展中国家看，就是由于地区、行业、所有制以及企业规模等差异，存在着的信息不对称。

“数字鸿沟”又称为信息鸿沟，即“信息富有者和信息贫困者之间的鸿沟”。在英文里面，数字鸿沟大多统称为“Digital Divide”，也有时候叫做“Digital Gap”

或者“Digital Division”，本意是数字差距或者数字分裂。数字鸿沟最先由美国国家远程通信和信息管理局于1999年在名为《在网络中落伍：定义数字鸿沟》的报告中提出。随后，数字鸿沟最早正式出现在美国的官方文件里面——1999年7月份美国官方发布的名为《填平数字鸿沟》的报告。2000年7月，世界经济论坛组织（WEF）向8国集团首脑会议提交专题报告《从全球数字鸿沟到全球数字机遇》。当年召开的亚太经合组织会议上，数字鸿沟成为世界瞩目的焦点问题。

数字鸿沟是我们在致力于世界和平与发展、国家经济持续发展过程中不得不面对的严峻事实。先看南北差距，发达国家平均每千人拥有300台电脑，发展中国家仅为16台。发达国家人口仅占世界总人口的17%，但网络用户却占世界总量的80%。发达国家平均68人有一人为网络用户，而发展中国家平均440人才有一人上网。在因特网作为全球数字化经济的载体正在全面地对社会经济结构、组织结构、商业模式、管理行为和交易方式、管理体制等诸方面产生着深远的影响的今天，全球90%的电子商务额被发达国家垄断，发展中国家只占10%左右的份额；美国、日本等发达国家，与信息产业相关的活动的产值已经超过GDP的50%或接近50%，对GDP的增加值更是远远超过了第一和第二产业。中国的数字鸿沟问题也十分严峻。从国际范围来看，中国信息化水平低。中国国家统计局1999年曾对世界28个主要国家和地区（包括发达国家和发展中国家）的信息能力进行测算，结果发现中国的信息能力指数与美、日、澳等信息发达国家间存在着巨大差距。中国得分仅为6.17，仅为美国的8.6%、日本的8.82%。中国信息化水平较低，将影响中国综合国力的提高，并且不利于中国国际竞争力的提高与加强。①

在同一国家内部也存在着数字鸿沟。发达国家的国内分化表现在：(1)阶层差异。据调查，美国年收入7.5万美元的家庭87%拥有电脑，68%的家庭上网，而年收入低于1.5万美元的家庭中，只有7%有电脑，2%上网。(2)种族差异。美国黑人和西班牙裔的家庭的电脑拥有率和上网率要比白人和亚裔低60%左右，在美国网络高度普及的今天，仍有99.5%的非洲裔、98%的拉美裔不能使用网特网。(3)行业差异。美国信息技术业工人的平均年薪比其他私营部门工人工资高85%，1992年至1998年，信息产业工人与其他行业工人的年平

① 邵培仁、张健康：《关于消除中国数字鸿沟的思考与对策》，http://academic.mediachina.net/article.php? id=4226

均工资差距扩大了1万美元。(4)年龄差异。英国使用因特网的人口中有50%以上属于15～24岁群体而这部分人口仅占全国人口的15%,超过64岁的人口中每25人中只有1人上网。(5)男女性别之间、城乡之间及不同教育背景人群的信息化差距也日益明显。

在中国,研究资料表明,数字鸿沟造成的差别正在成为中国继城乡差别、工农差别、脑体差别"三大差别"之后的"第四大差别",其本身已不仅仅是一个技术问题,而正在成为一个社会问题。网络用户虽然持续增长,但其普及和应用主要发生在城市,网络用户中只有0.3%是农民,城市普及率为农村普及的740倍。尤其值得注意的是,西部城乡之间的差距也大于东部。信息产业部提供的资料显示,到2000年6月底,西部农村固定电话普及率仅为1%。在青海,目前还有21%的乡镇和65%的行政村不通电话。全国最后20%不通电话的行政村,绝大部分都在西部地区。中国互联网用户的地域分布很不平衡,据中国互联网络信息中心(CNNIC)2002年1月发布的《中国互联网络发展状况统计报告》,其分布是华东(36.0%)、华南(24.3%)、华北(17.7%)、西南(9.0%)、东北(8.4%)、西北(4.6%)。排在最前五位的省(直辖市)分别是:广东(10.40%)、北京(9.80%)、上海(9.20%)、江苏(8.00%)、浙江(6.60%)。最后五位是:贵州(0.60%)、海南(0.50%)、宁夏(0.30%)、青海(0.20%)、西藏(0.10%)。[①]

二、数字鸿沟产生的原因

联合国开发计划署的顾问丹尼斯(Dannisi)指出,数字鸿沟实际上表现为一种创造财富能力的差距。美国"全国城市联盟"的技术计划指导凯斯·福尔顿(Keith Fulton)认为,必须落实培训和教育方面的投资,数字鸿沟并不仅仅指是否拥有计算机。历史上发生过"工业革命",但许多国家在工业革命中各行其道,许多国家落在后面。一些学者也认为,所谓的"数字鸿沟"应当被称为"知识鸿沟"或者"教育鸿沟"。在互联网时代,个人计算机的主要用途已经由计算转化为信息搜索、信息交换和信息处理了。所谓"知识鸿沟",就是一方面闲置着大量的劳动力,另一方面,这些劳动力却因为知识储备不足而无法被吸收到最具价值创造潜力的、占国民经济比重高于70%的经济过程中去,从而不得不拥挤在只占国民经济价值总额30%以下的传统农业和工业部门内。

① 陈逸航:《数字鸿沟》,http://www.stcsm.gov.cn/learning/lesson/xinxi/20040721/lesson—1.asp

有专家指出，国际政治经济的不平等、不平衡是造成南北国家间数字鸿沟的根本原因。联合国秘书处公布的资料认为，通过信息技术和知识来创造价值的“新经济”是一种“富国现象”。少数发达国家特别是美国搭上了信息革命的头班车，在“知识权力”集中过程中，通过技术创新、产业重组和全球垄断获取“先行优势”，已经牢牢占据了信息革命和知识经济的制高点。广大发展中国家尚处于工业化阶段，部分国家尚处于农业经济向工业经济转型时期，信息革命和知识经济的到来，使发展中国家肩负双重发展重任，部分国家不堪重负，已经被边缘化。北方国家在不合理的国际政治经济秩序中，继续凭借其强大的经济实力，利用对高科技的封锁，使发展中国家很难找到实现“后发优势”的技术平台，生产出高附加值的产品，从而使发展中国家在进行对外贸易时长期处于不公正的、依附的和被剥削的境地。

一个国家内的不同阶层、不同地区间存在着经济水平之间的差异性是造成一个国家内部数字鸿沟的重要原因。在美国，贫富差距自1973年以来已经达到创纪录的水平，信息化进一步推动财富在信息技术所有者、企业家和金融家中的高速集聚，比尔·盖茨等网络巨子富可敌国，无缘或不能掌握网络技术的公民极易沦为赤贫或堕入社会底层。位于鸿沟的不幸一方，就意味着更少的机会参与以信息为基础的新经济。在这种新经济中，更多的工作与计算机相关。这同时意味着获得较少的机会参与教育、培训、娱乐、购物和交流等可以在线得到的机会。地区间的经济发展不平衡造成了地区间推进信息化经济条件的巨大差异和不同地区居民之间的接触数字新媒体机会的严重不均。所以要消除一国内的数字鸿沟，必须和经济发展联系起来，以消除经济发展的不平衡来缩小国内的数字鸿沟问题。

其他一些社会因素也对数字鸿沟产生了深远的影响。1998年，克林顿政府提出了“Closing Digital Divide”(消除数字鸿沟)的发展目标，试图通过大众媒介和其他手段来普及计算机和因特网知识，改善低收入人群的受教育条件。然而，后来对公众利用电视媒介实际效果的研究却发现，这方面的工作并不成功。因为克林顿政府普及计算机和因特网知识的努力，的确在低收入和文化程度不高的群体产生了传播效果，但是对大众媒介中传播的计算机、因特网知识接触和利用最多的，还是那些相对富裕的和受过高等教育的人群；以缓解受教育不平等为目的的大众传播活动，实际结果却是扩大了两者之间的数字鸿沟。造成数字鸿沟的社会因素包括：(1)传播技能上的差异——获得关于公共事物和科学知识，需要一定程度的阅读能力和理解能力。(2)已有知识储存量的差异——知识储存越多，对新事物、新知识的理解和掌握越快。(3)社交范围的差异——社交范围越广，人际交流越活跃，获得的知识的过程越加速。(4)信息的选择性接触、选择性理解和选择性记忆的因素——生活的水准、层次与媒介的内容越接近，对媒介的接触和利用程度越高。(5)大众传播媒介的性质——传播有一定深度的关于公共事物和科学知识的媒介主要是印刷媒介，其受众主体主要集中在高学历阶层。①

三、化数字鸿沟为数字机遇

数字技术的发展带来的不只是数字鸿沟，也带来发展的数字机遇。

世界经济论坛组织(WEF)2000年报告《从全球数字鸿沟到全球数字机遇》认为，我们应该更好地将注意力集中于"全球数字机遇"上。这将更有利于开展那些发展中国家抓住机遇的行动，因为那是我们今天真正面临的一个前所未有的向全球数字发展的转换的机会。技术进步，政策改革，在信息和通信技术领域的竞争，一起创造了一个所有国家都能从这场信息革命中获得好处的境况。技术、速度、力量和可用性正在以极快的速度增加，而费用却在降低。过去只有大的组织获得的能力现在可以被个人和小组织获得。这为所有的发展中国家提供了前所未有的加快经济发展的机会。例如，因特网和相关的技术与服务能极大地提高包括农业、制造业和服务部门在内的公司的生产力和竞争能力，能创造新的报酬优惠的工作机会等。而事实上，许多发展中国家的人们已经从这当中获得了好处。例如，小地方和个人企业家通过互联网向国内外销售当地的农产品和其他小商品。但是，从实践上来看，除非发展中国家的政府，采取实质性的有力措施，数字机遇不可能完全实现。首先，从教育和财政政策到电信管理、电子商务等，新的国家战略以及财政倾向应该建立起来。同时，国际社会应该承担起支持者的重要角色。在提供技术、资本、商业专家、贸易利润、技术援助以及其他相关方面作出努力。②

经济学家埃瑟·戴森认为，互联网等新媒体所带来的最大改变，是改变了权力的分配。工业革命以来的两个世纪里，人类追求的都是经济规模，比方说，大型工厂、大众媒体。而互联网的出现，开始让世界朝另一个方向发展。互联

① 邵培仁、张健康：《关于消除中国数字鸿沟的思考与对策》，http://academic.mediachina.net/article.php?id=4226

② 陈逸航：《数字鸿沟》，http://www.stcsm.gov.cn/learning/lesson/xinxi/20040721/lesson-1.asp

网是一种让机会均等的新力量。也就是说，未来的差别将在于能不能把握机会。以往没有人或者很少人有机会，但是当人人都有机会时，就很容易看出，哪些人拥有必要的智商与自发的驱动力去善用这些机会。造成差别的不只是智商而已，还有个性和想象力。凡是把握机会采取行动的人，网络可以提供给他们更多的力量。所以，一个人生来有多少财富、来自哪一个国家等，这些因素在未来将越来越不重要，一个人的个性特征，将成为他未来有没有优势的决定因素。

数字鸿沟首先是在发达国家提出的，也得到了发展中国家的认可，这一问题引起了世界的广泛关注，正在采取行动，数字鸿沟的消除其实也是发展的数字机遇。

在2000年西方八国首脑会议上通过的《关于全球信息社会的冲绳宪章》，呼吁消除国际性信息、知识差距；提出为解决发展中国家的需求而促进政策、法规和网络等环境的健全，降低费用，培养人才，鼓励参加世界性电子商务网络等。这些措施和政策对缩小南北间数字鸿沟是具有积极意义的。八国首脑会议结束后，以日本富士通和东芝为首的全球电子商务企业对话协会成员提出要为非洲50万个偏远村镇提供数字接入等。这些公司勇于承担解决数字鸿沟问题的重任其实还是从自身长远利益考虑的，它们确信只有帮助大多数国家成为"网络经济和社会的正式参与者"，才能拓宽公司现有的市场规模。正如思科公司总裁钱伯斯所说，"所有参与因特网革命的公司都有机会去消除这场信息技术革命带来的数字鸿沟，同时它们也会最终享受到消除数字鸿沟后所带来的市场机遇"。当然，我们要清醒地认识到，西方国家树起缩小"数字鸿沟"的旗帜，目的只是在南北经济差距日益拉大的今天，为了转移南方国家民众的视线，缓和发展中国家的不满，发展国际贸易并打开广大发展中国家的信息产品市场。

缩小数字鸿沟，重要的是确保人们能够平等地享用现代通信和网络基础设施，拥有大体平等的教育机会。在这方面，国际社会作出了一些努力。

"软件银行新兴市场"项目。2000年2月，为了缩小全球互联网发展的差距，国际金融组织与日本的软件银行合作，在100多个国家成立互联网公司。该项目通过5个方法来缩小数字经济的差别：(1)覆盖几乎所有的新兴市场——将近100个国家将逐渐参与这个举措。(2)与主要的互联网和网站结构技术公司进行合作。(3)在各个目标市场与当地的公司及创业者进行合作。(4)提供所需的风险资金。(5)使用"商业孵化器"的方式，来推动新公司的快速发展。

联合国经社理事会于2000年7月部长会议文件中，敦促各国政府把因特网和远程通信的费用降至人们能够承受的水平，向当地居民提供更多技术知识、创建更多公共接入点。

2001 年 10 月，上海 APEC 年会的部长级会议通过了《数字 APEC 战略》，明确提出：各成员国要采取具体和联合的行动实施数字战略，并充分利用信息与通信技术革命，缩小数字鸿沟，迎接新经济带来的机遇。

2001 年 11 月，联合国成立了由 30 多人组成的联合国信息和通信技术工作组。工作组的任务是如何在全球推广新的科学技术，确保广大贫困人口能够从中受益，并使信息技术革命的成果能够为实现促进发展这一战略目标服务。

2002 年 3 月 18 日至 27 日，国际电信联盟(ITU)召开第三届世界电信发展大会，制订了一个旨在填平数字鸿沟的战略计划。

美英法等发达国家也采取了行动。2000 年，美政府公布《从数字鸿沟走向数字机遇》的报告，指出美国消除数字鸿沟的重点在于专业技术平民化、技能培训和网络内容实用化。在政府鼓励下美国许多高技术公司大力实施填平数字鸿沟的工程。同一年，英国财政大臣布朗宣布了一项“缩小数字差距”计划。法国政府于 1998 年出台了大力发展网络的计划，向着创造一个人人享有信息的社会大步迈进。

以新媒体和广播电视为核心的信息与传播技术是欧盟整体战略的重要组成部分。进入 21 世纪，欧盟将信息产业列为主导产业加以扶持，制订了以“i2010 战略计划”(The i2010 Strategy)为主的信息化战略。根据“i2010 战略计划”的目标，欧洲信息社会应当能够为每个人提供更多的网上公共服务，应当为所有公民提供服务。在 2006 年 9 月的北约里加峰会上，欧盟成员国就发表了一个宣言，各成员国承诺要在 2010 年以前实现以下具体目标：使互联网鸿沟缩小一半，使所有公共网站可以允许包括残疾人在内的任何人使用，2010 年前使 90％的欧洲人口能够用上宽带。

发展中国家也在认真对待数字鸿沟的风险，积极通过改善信息技术基础设施来使每个人分享信息和通信基础设施革命所带来的机遇。事实上，数字鸿沟已经不仅仅是一个国家内部不同人群对信息、技术占有程度不同造成的社会分化问题；如今它在更大程度上是全球化进程中不同国家因为信息产业、信息经济发展程度不同所造成的信息时代的南北问题。因而以全球化的眼光来审视数字鸿沟问题，积极与国际组织进行合作与交流，无疑会对解决发展中国家数字鸿沟问题产生积极影响。积极响应和参与国际组织为缩小和消除数字鸿沟方面的工作，并为建立国际信息新秩序而斗争。发展中国家如何应对数字鸿沟问题,缩小南北数字鸿沟,不是简单的信息化建设问题,必然涉及缩小南北整体经济差距、扶贫、减债、增加官方发展援助等一系列根本性问题。不解决南方国家的贫困化问题,使之拥有进行电信基础设施建设和信息化教育的基本条件,数字革命只能是空谈。

在中国,党的十五届五中全会明确指出,信息化是我国产业优化升级和实现工业化、现代化的关键环节,要把推进国民经济和社会信息化放在优先位置。大力推进国民经济和社会信息化,是覆盖现代化建设全局的战略举措。要以信息化带动工业化,发挥后发优势,实现社会生产力的跨越式发展。将信息化放在如此高的战略地位,在党中央全会决议中是第一次。如今,我国正在以把握数字机遇的积极姿态迎接以信息化为主要特征的第二次现代化,以信息技术改造传统产业,以"经济全球化、资本自由化、产业信息化、信息网络化"所构成的新四化带动老四化。2003 年,科技部倡议并启动了一项"缩小数字鸿沟——西部行动"的计划。2007 年,我国兴起了网络大国的"下乡"运动。

第五章
新媒体产业

内容提要：传媒不仅具有政治和社会属性，同时具有经济和产业属性。作为文化产业的高端产业，传媒产业无论在西方还是在中国，都已经成为重要的经济产业。与传统媒体产业相比，新媒体产业的规模相对较小，但发展迅猛，前景广阔，而且在一定程度上市场化程度更高。建构起一套切实可行的商业模式或赢利模式，是推进新媒体产业发展的关键。与传统媒体的商业模式相比，新媒体的商业模式更多是建立在长尾理论与微内容生产上的新模式。

第一节　传媒产业

一、西方的传媒产业

市场经济作为一种潮流席卷世界。马克思指出，"正是因为资本强迫社会的相当一部分人从事这种超过他们的直接需要的劳动，所以资本创造文化，执行一定的历史的社会的职能"。① 后现代主义的代表人物詹姆逊肯定了大众文化所具有的商品性质和经济性质，"大众文化产品和消费本身——与全球化和新的信息技术同步——像晚期资本主义的其他生产领域一样具有深刻的经济意义，并且完全与当今普遍的商品体系连成一体"。② 经济文化一体化已成为市场经济的趋势之一，这不仅体现在经济活动和商品的文化含量、文化附加值显著提高，还体现在文化事业中商品意识和经济效益原则的作用日益增强。

文化产业正是在这样的背景下蓬勃发展，成为20世纪文化的基本形态的。它是社会化大生产的运作方式，特别是当代高新技术融入文化生产过程所带来的相应的生产关系和生产方式变革的必然结果，是以文化产品和文化服务为主的产业，包括广播影视、新闻出版、文学艺术、商业体育比赛、文化旅游、广告、集邮、收藏、信息传输、咨询服务、装饰设计、工艺美术制作等。③

传媒业是文化产业的高端产业。西方国家资产阶级革命后进入政党报纸时期，传媒业作为一种产业发展的标志是后来廉价报刊的出现。随着资本主义由自由竞争走向垄断，19世纪末出现了报业集团。20世纪20年代和30年代先后出现了广播和电视，西方大部分国家一开始建立的是广播公营体制，而美国一开始就实行民营体制，广播电视业作为产业在美国迅速发展。从20世纪

① 《马克思恩格斯全集》(第47卷)，人民出版社1979年版，第257页。

② 詹姆逊：《文化转向》，中国社会科学出版社2000年版，第140页。

③ 参见李怀亮：《西方文化产业理论的发展》，http://www.culindustries.com/news/displaynews.asp?id=151

50年代起，广播电视民营化的呼声越来越高，1953年和1961年英国分别开放电视和广播，允许民营，西方其他国家也陆续开放民营广播电视。大约从20世纪60年代起，传媒产业化的进程中出现了混合传媒集团，报业集团大多拥有了一定的广播电视产业，广电集团也拥有不少纸质传媒，综合性的传媒集团成为传媒产业的主要存在形式。1996年，美国修订电信法，新闻传媒产业掀起了与其他相关产业大合并的浪潮。迪斯尼娱乐公司兼并美国广播公司（ABC），将娱乐业、电影制作业与广播电视业融为一个新的集团，该集团成为美国，也是世界第二大媒介集团，年收入接近200亿美元。欧洲同样出现了其他产业与新闻传播业的并购浪潮。一家工业公司经营法国最大的电视一台，一家电器公司接手经营德国最大的卫视一台。

如今，西方国家包括传媒业在内的文化产业的发展速度已经超过其他产业。国际知名的会计和咨询服务公司普华永道公司2000年发表的预测报告说，全球娱乐与传媒在今后五年内，将以每年7.2%的速度增长，到2005年全球娱乐业和传媒业将达到1.2万亿美元的规模。① 美国的文化产业是文化创意、科技手段、市场机制三者的完美结合，早在1998年，美国的电影、电视、录音带、音乐出版的总收入第一次超过农业和飞机制造业，成为第一大出口产品。英国文化产业的平均发展速度是经济增长的2倍，目前城市文化产业年产值接近600亿英镑。20世纪六七十年代，日本奠定了文化立国的方略，如今日本仅娱乐业生产经营的年收入就高达35万亿日元，超过日本汽车工业的年产值。② 亚洲金融风暴之后，韩国也提出了文化立国的战略，先后制定了文化产业发展的五年计划和文化产业推进计划等，明确提出力争在五年之内将韩国在世界文化产业市场上的占有率份额从1%提升至5%，力争在五年内培养出10000个内容创造者，其中有10%的人有外销能力。2004年韩国文化产业在世界市场中占到5%，提前实现目标。③ 在一些发展中国家，自20世纪80年代以来文化产业也逐渐得到重视并在一定程度上取得发展。

二、中国的传媒产业

文化产业在中国并不是没有自己的传统，至少在"十里洋场"的上海，20世

---

① 祁述裕：《国际文化竞争力与中国文化产业的发展》，《国家行政学院学报》2001年第5期。

② 转引自陈立旭：《论文化产业的社会功能》，http://www.culstudies.com/rendanews/displaynews.asp? id=48

③ 刘长乐：《关于中国文化产业的一些思考》，http://www.southcn.com/nfsq/scene/hdzt/gzjt/

纪30年代已有产业化规模的新闻出版、电影和娱乐文化。当代中国文化产业的起步可以追溯到改革开放之初，有学者将中国文化产业的发展分为三个阶段：第一阶段为1985年以前的起步阶段，它以文化的流通领域的发展和规范之外的娱乐业的兴起为标志；第二阶段为1985～1992年，这一时期产业化的浪潮扩展到了文化制造业和文化服务业，还出现了各种形态的文化企业，广告公司大量出现；第三阶段为1992年以后，文化产业化的声浪从多种所有制企业进一步扩展到国有大型骨干文化单位，并且这些文化单位实行了初步的体制改革，与政治、政府的关系有所松动。①

不过，文化产业的快速发展是近年来的事情。党的十五届五中全会通过的《中共中央关于制定国民经济和社会事业发展第十个五年计划的建议》中提出，"要完善文化产业政策，加强文化市场建设和管理，推动有关文化产业的发展"，这是第一次将"文化产业"写入中央文件。2003年中央确定了9个文化体制改革综合试点省市和35个试点单位，成立了中央文化体制改革试点工作领导小组。许多地方结合自身实际制定了文化体制改革和产业发展的政策。

文化体制改革初见成效，据《中国青年报》2004年3月1日报道，有关专家分析，到2005年，我国文化产业产值将达到6000亿元人民币。2005年中国企业500强中有29家是传媒企业。2006年，传媒产业产值达到4236亿元，比2005年增长了32.1%，占GDP的2.1%～2.2%。其中，新媒体产值占传媒产业比重达26.9%。据《传媒蓝皮书2007》的数据显示，2006年我国广告收入已突破千亿大关，达到1099亿元，比2005年增长18.04%。其中，广电产业广告收入为960亿，比2005年增长17.27%，电影业综合效益达57.3亿元，比2005年增长19.4%。②

到2004年底，电影产量大幅度增长，连续三年从2002年的100部、2003年的140部增长到2008年的200部，电影质量明显提高，《我的法兰西岁月》《郑培民》《张思德》《可可西里》等一批坚持"三贴近"，弘扬民族精神和时代主旋律的优秀影片集中涌现，面向群众、面向市场的多类型多样化创作局面正在形成。国产影片的市场份额不断扩大，并连续三年夺得全国市场单片最高票房的桂冠，改变了美国电影连续七年占据祟房榜首的局面。2004年1月，历史悠久的北京儿童艺术剧团正式改制为北京儿童艺术剧院股份有限公司，一个差额拨款文化事业单位，改制成为股份公司。改制后的儿艺制作的大型儿童剧《迷宫》，

① 叶志良：《大众文化》，上海文艺出版社2003年版，第87～88页。

② 杨步国：《把握报业发展的转折点和着力点》，《中国报业》2008年第2期。

公演之后场场爆满，首轮演出票房收入 262 万元。在 2004 年初的全国图书展销会上，上海世纪出版集团出版的文学作品占了全国畅销类文学书籍的 1/3。业内人士说，这显示了体制改革将分散的指头攥成拳头的力量。2003 年 9 月该集团在接纳了市新闻出版局的 7 家出版社后，实行整体转企改制，努力建立最适应市场经济和产业发展要求的企业形态。该集团在改革中，致力于建立起现代出版企业生产创新机制，1500 种的“世纪人文丛书”、38 卷的《大辞海》、100 种的“中国专题史系列”等一批标志性出版工程，已在该集团启动。此外，还有像浙江省广电局、广东新闻出版局、四川新华发行集团、上海文广传媒集团等一批新闻、出版、文化单位，或通过转变职能，政企政事分开、管办分离，或创新体制，转变机制，放手培育多元化产业主体，积极培育市场运营模式，大大地激发和释放了文化生产力。[①]

然而，我国的文化产业还相对落后。一是文化市场的总体规模仍然太小，文化消费在居民消费性支出中的比例还不足 20%，而发达国家的文化消费一般占居民总消费的 30%左右。二是文化产业本身还比较弱小。2003 年年底，我国文化和相关产业实现的增值是 3577 亿元，占 GDP 的 3.1%。美国文化产业的产值已占 GDP 的 18%至 25%，400 家最富有的美国公司中，有 72 家是文化公司。中央电视台 2000 年广告营业收入约 50 亿元人民币，而美国在线(AOL)一年的收入是 400 亿美元。1999 年中国电视出口营业额是 1000 万美元左右，仅相当于美国电影《泰坦尼克》发行收入的 1/200，《坦泰尼克号》在中国拿走了 3.2 亿元，而当年中国的票房总收入只有 14.4 亿元。韩国已经有 40 多家游戏企业打入中国，占据 2000 年中国 10 亿人民币游戏市场 75%的份额。[②] 难怪有人感慨，我们的宝莲灯和老迈年高的孙猴子已经在文化大战中力不从心。

同其他文化产业一样，随着社会主义市场经济机制的建立与完善，我国传媒业走上产业化道路。1978 年底，《人民日报》等 7 家首都报纸经财政部批准实行“行政事业单位企业化经营管理”；1979 年 1 月 28 日，《解放日报》率先恢复广告业务；1985 年，报刊的自办发行问题首次被提出来；1987 年，国家科委编制的我国信息产业投入产出表中，新闻事业和广播电视事业纳入“中国信息商业化产业”中；1992 年 6 月，中共中央、国务院发布的《关于加快发展第三产业的决

① 向兵：《文化体制改革初见成效形势喜人》，《人民日报》2004 年 12 月 17 日第 1 版。

② 数据参见刘长乐：《关于中国文化产业的一些思考》，http://www.southcn.com/nfsq/scene/hdzt/gnjt/，《中国大众传媒行业研究报告》(2005 年版)，http://www.cccic.com/chuanmei.htm

定》，明确把报刊、广播电视划出党政机关之外，归属第三产业的范围；90年代中期，都市报兴起，报业向集团化方向发展。1996年5月29日，中国首家报业集团——广州日报报业集团挂牌成立。2000年12月27日，中国首家省级广播影视集团——湖南广播影视集团挂牌成立。在此之前的1999年3月，湖南电广传媒股份公司的社会公众股已经在深圳交易所上市，成为我国第一家带有传媒概念的上市公司。2004年12月22日，第一家在海外市场公开招股的内地传媒企业——北青传媒股份有限公司在香港交易所挂牌，北青传媒是北京青年报社控股的下属企业。[①] 目前，新闻传媒产业化、市场化、集团化的浪潮已席卷全国，整个传媒市场的规模已超过1000亿元，从1998年起传媒业连续三年保持25%的增长速度，利税总额已超过烟草业，在所有行业中排名第四，出现了一批规模达十几亿、几十亿甚至上百亿的大型传媒集团。从1982年至2000年，广告营业额年均增长幅度为42%，是同期GDP增长幅度的2.6倍。[②]

第二节　我国新媒体产业的发展

新媒体产业的出现，是计算机技术、通信技术、数字广播等技术不断创新和发展的成果。因此新媒体产业不仅仅以一个单一的产业身份发展，它涉及的范围广阔，影响数字家庭产业链、通信产业链、传统媒体产业链等众多产业，并促使这些产业不断创新和发展，使这些产业向融合化和移动化方向发展。新媒体产业的迅速发展带动了基于互联网、无线网络、数字广播电视等网络基础上众多产业的变革、转型和融合，影响软件服务商、设备提供商、电信运营商、印刷出版者等媒体关系网络中重要参与角色的战略规划和发展地位，掀起了一场浩瀚的多产业革命。

一、新媒体产业快速发展

目前，中国上网人数和手机拥有量世界第一。《第22次中国互联网络发展状况统计报告》显示：截至2008年6月30日，中国网民数量达到2.53亿，首次

① 参见徐小立：《传媒市场化与社会公共利益》，http://xuxiaoli.blogchina.com/xuxiaoli/1786793.html

② 张晓群：《我国新闻传媒业的改革与发展》，《开发研究》2004年第2期。

超过了美国,跃居世界第一位。互联网人口达到世界第一的规模,是推动"互联网的创新"和使中国经济"真正受惠于互联网"的前提。不管是雪灾、震灾的救助还是万人齐庆的奥运盛会,不论是"红心闪耀"的"反对藏独事件"、"毒奶粉事件",还是在全球金融危机面前,网民无一例外参与进来,表现出热情而不失理性的行为。"世界第一"的称号不仅仅给网民带来表达热情的机会,还对互联网产业发展有着深远影响。

新媒体已经成为今天众多产业关注和投资的热点,这为新媒体产业的发展提供了良好的环境基础。投资、收购、合并等产业变革更为新媒体的高歌猛进提供了动力。中国在香港地区和境外上市的新媒体企业已经达到16家。未来民营和海外资金将有更多渠道和空间进入中国新媒体产业领域。2005年,博客中国、猫扑、天涯等大型社区网站相继获得千万美元以上的风险投资,PPlive、POCO等网络视频、电子杂志的领军企业也相继获得了大批风险资金。2006年风险投资资金还在不断地流入新媒体产业,如PPLive 2006年又获得了SBCVC(软件银行中国风险投资基金)和BlueRun创投基金共千万美元的投资。同时,新媒体的收购价格再创新高,谷歌以16.5亿美元收购美国第一大视频网站Youtube。新媒体受到了资本市场的密切关注,外国投资方纷纷找寻或创造机会。中国的经济和以IT行业为主的高科技领域已经成为国外投资机构关注焦点,尤其是新兴媒体及互联网行业已经被众多国际投资巨头纳入投资计划中。①

中国传媒研究中心发布的《中国新媒体产业现状及发展趋势》显示,2006年中国新媒体产业市场总值达到1140亿元,占中国传媒产业总值的近1/3。新媒体的两大组成板块移动媒体和网络媒体均实现较快增长。移动媒体总收入达到888亿元,包括手机电视、手机广播、手机短信、手机游戏、移动电视等,同比增长41.3%;网络媒体总收入为252亿元,包括网络游戏、网络广告、网络视频、博客、各种下载业务等,其中网络游戏和网络广告收入增长较快,同比分别增长62.0%和48.2%。按照国际惯例和学者研究结论,人均GDP在1000美元至10000美元时是传媒产业发展最迅猛的时期,中国新媒体产业将有巨大的发展空间。

2007年,互联网市场规模超过了400亿,细分市场网络游戏、B2B、网络教育、搜索引擎是赢利的主流,占了市场的59%。电子商务市场B2B的规模在2007年影响的交易价值的规模将近2万亿,2007年中国的网络广告市场是

① 《中国新媒体研究报告(2006)》,http://www.51cto.com/art/200703/42739.htm

71.45亿,同比增长54%,2006年中国网络市场还是以品牌广告为主流,2007年以百度为首的搜索引擎厂商的市场份额和市场地位快速攀升,百度超过新浪成为网络广告市场收入第一。2007年中国网络游戏市场规模达到113个亿。2007年户外电子屏广告市场达到41.8亿,同比增长91%。新媒体的市场规模未来三年每年都将会以近30%～40%的速度成长,预计到2011年整个市场规模会超过3000亿。①

2008年奥运会对于中国新媒体产业发展有着非比寻常的意义。以新媒体中的互联网络广告为例:据调查,几乎所有乐于在奥运会上投放广告的企业,都将大把的预算放在2007年和2008年。在中央电视台2007年广告招标会上,央视总共获得了8.86亿美元的广告合同,比前一年增长了10%。而对于另外的如户外媒体、博客、3G、电子杂志等新媒体,在2007～2008年,在奥运会举行的前夕,同样得到了长足的发展。2007～2008年,比较成熟的市场运行规则、多元资本的效率竞赛、历经风雨的坚韧心力,都使得新媒体呈现出欣欣向荣的面貌、蓬勃发展的势头:航美于2007年年末上市,分众通过对好耶、艾瑞、玺诚等待收购逐渐构建出户外数字媒体、网络广告、移动媒体相结合的多元业务体系;IPTV、数字电视在2008年取得较大突破;手机电视、移动电视、3G网络的用户群体逐步增长;方正阿帕比等公司积极切入新媒体市场,为传统报业、出版业利用新媒体实现"数字化转型"提供全面的数字出版解决方案……据估算,中国新媒体目前的市值已经超过600亿美元;中国新媒体的最大特征是互联网媒体,目前在世界网站排名中,排名前20位的网站,中国网站占据1/4,与此同时,30岁以下的网民数量已经是世界第一,中国新媒体显示出巨大的市场前景。②

2008年,门户网站掀起SNS热潮——"从服务中寻求价值"的网络时代走来。SNS(Social Networking Services,社会性网络服务)网站前几年已经出现,2008年成为Web2.0最热门的词汇。无数的SNS网站一夜之间声名鹊起,校内、海内、开心、一起、蚂蚁以及无数SNS网站陷入了一场空前争斗当中。当SNS开始在国内互联网迅速走红时,门户网站们开始进军SNS领域,在2008年打响了SNS之战。8月,雅虎中国正式推出其SNS"雅虎关系",这是国内第一家门户网站推出的SNS;同时,新浪推出了SNS网站的应用,将空间升级为

① 符星华:《新媒体产业发展现状和趋势研究报告》,http://www.bupt.edu.cn/news/lou1/view2.asp?id=31912

② 《2008～2010年中国新媒体产业市场调研及发展预测分析报告》,http://www.hdcmr.com/article/yjbg/13/07/22572.html

SNS网站模式，该产品合并了新浪互动事业部门现有的一些Web2.0应用服务，如博客、相册、播客、圈子等；腾讯的全业务布局中的各种业务逐步开始整合，其校友录几经改版后成了翻版的SNS；搜狐旗下ChinaRen校友录新版及时上线，强化SNS功能。腾讯QQ空间继续发挥在SNS上的强势，新浪的SNS应用已经开始，雅虎“关系”咄咄逼人，搜狐不甘示弱，网易及其他门户也相继发力SNS。受众群体极其广泛的门户网站推行SNS，也必然推动SNS的普及，SNS将更多地被网民所熟知和认可。门户网站开展SNS，不是简单将其当做一种独立的普通服务，而是以其为核心构筑一站式服务系统，只有从服务中寻求价值才能在SNS白热化的竞争中分得一杯羹。

阿里巴巴全力打造电子商务生态圈——电子商务掀起真正波澜。继2007年上市后，阿里巴巴集团在2008年为进一步推进“大淘宝”战略，在未来5年继续向淘宝网追加投资，注资总额将达到50亿元人民币，表现出打造电子商务生态圈的决心。2007年9月，淘宝和阿里巴巴合并，淘宝网利用阿里巴巴目前覆盖的30亿巨大优质流量向数百万卖家提供最精准、简单、高效的网络推广服务。阿里巴巴旨在搭建一个庞大的商业生态系统，目前淘宝开放以及完全自由竞争的生态圈正在改变传统企业做生意的方式，也改变着广大消费者的消费行为模式，这些行为已经潜意识地转向网民得到了认可。在2008年，电子商务新的模式、新的思路开始显山露水，以期在未来形成群体性的力量，电子商务生态圈的打造也会给整个电子商务产业发展带来升级。

移动互联网受热捧——开放的移动互联网时代来临。2008年，众多概念科技股在金融危机的拖累下，股价一跌再跌。当互联网泡沫一个个被击碎以后，华尔街开始看淡传统的互联网企业，但移动互联网领域却在全球范围内受到前所未有的热捧。2007年4月1日，中国移动通信集团公司在北京、上海、秦皇岛等8个城市，启动第三代移动通信(3G)“中国标准”TD－SCDMA社会化业务测试和试商用，标志着我国第三代移动通信标准TD的商业化应用正式起航，也意味着视频电话、手机电视、移动邮件、移动GPS、移动办公等应用开始走入普通百姓身边。2007年5月，新一轮电信重组方案公布，中国电信业进入“三国演义”时代，这次重组的目标之一就是发展国产3G技术，这为我国移动互联网时代的正式起航创造了无限可能。2007年10月，信息产业部举办“2008全球高层论坛”，更明确地以“点亮3G，拥抱移动信息化时代”为主题；2007年12月12日，工业和信息化部透露将通过一定的程序在2008年底或2009年初发放3G牌照。其中，对中国移动发放TD－SCDMA牌照，对新组建的中国联通发放 WCDMA 牌照，对中国电信发放 CDMA2000 牌照。2008 年对于中国电信业，将以“3G 元年”之名被铭记。随着 3G 的到来，手机上网技术门槛降低，互联网从 PC 到手机的趋势加速，移动互联网正迎来全面发展的春天。移动互联网应用将从娱乐、生活导航开始，向移动营销、商务应用延伸，一个真正的、开放的移动互联网时代指日可待。①

二、新媒体主流地位逐渐确立

新媒体产业的发展，不仅在经济上取得了成功，而且以互联网为代表的新媒体逐渐获得了主流的社会地位。2008 年 6 月 20 日，胡锦涛主席通过人民网，实现中国最高领导人首次同网民在线交流。2009 年 2 月，温家宝总理在中国政府网同网友在线交流。近年来，各级政府官员也以不同的方式纷纷“触网”，上网直接倾听民意，与网民交流。“草根民意”借网出海，官员们更为自由、深入、真实地了解许多真实的社会情况，这种网络时代的官民沟通方式正在掀开中国互联网政治新篇章。清华大学媒介调查实验室的一次调查问卷显示，在 629 名地方党政县处级以上领导中，25.28%的干部经常上网，41.67%的干部偶尔上网，近 70%的干部有“触网”的经历。地方官员“网上纳谏”也成为一种执政新途径。

2008 年发生的奥运会、汶川大地震等重大公共事件中，为新媒体的主流化提供了机遇。截至 2008 年 6 月底，我国网民的网络新闻使用率高达 81.5%，成为我国互联网的第二大应用。据不完全统计，北京奥运会期间，仅新浪、搜狐、网易、中华和千龙五家网站推出的新闻报道就突破 30 万篇、图片 10 万余张、视频 3 万余段，专题的点击量高达 93.43 亿页次，日均点击量达 5.84 亿页次。2008 年北京奥运会因互联网的广泛参与令人瞩目，并以鲜明的信息化特征载入了奥林匹克史册。汶川地震后的一个小时内，新华网、人民网、中国网以及各大网站纷纷推出四川汶川地震专题，迅速将报道重点转移到抗震救灾方面，将网站首页和新闻频道要闻区的 1/3 用来做抗震救灾报道，抗灾救援、灾情消息、感人事迹和网络互动等板块同时推进，全面跟踪灾情动态，消息迅捷、内容丰富。“5·12”汶川大地震发生当天，新华网有关地震灾区现场动态的新闻一经发布，一分钟之内就被点击近千次。之后搜索引擎网站发出地震图，网友在论坛发布

① 王丽明：《2008 年度中国传媒十大创新报告之网络篇》，《今传媒》2009 年第 1 期，第 21 页。

寻人信息、救助倡议等，在信息极其宝贵的情况下为救灾提供了有利帮助。为此，国务院新闻办公室网络局副局长彭波在2008年新媒体高峰论坛上表示，对汶川地震的报道，标志着网络媒体正成为中国社会的主流媒体。

普通网民政治博客影响起步，开拓了个性化的政治表达平台。10年前美国人德拉吉在自己的博客网站上第一个报道了克林顿和莱温斯基绯闻，其博客被认为是最早成功的政治博客；10年后中国也出现了政治博客影响政治的标志性事件。2008年9月14日，《瞭望东方周刊》记者孙春龙在自己的博客上发表了一封公开信，指出山西娄烦事故中存在的问题。2008年9月17日，高层领导在"有博客刊登举报信反映8月1日山西娄烦县山体滑坡事故瞒报死亡人数"上作出重要批示，案情开始出现转机并最终得以查明。由记者用博客的渠道反映重大安全事件，引起总理的重视，成为中国政治博客影响政治的标志性事件，这使得普通网民政治博客在2008年备受关注。政治博客一般有三种形式：普通网民政治博客、政治领导人博客、群体性政治博客。普通网民政治博客是政治博客最庞大的群体，他们关注政治生活，并在博客上发表自己的政治见解，甚至影响到国家政治发展。博客既是一个私人化的自媒体，也是一个公共性自媒体，它强大的生命力已经显现出网络时代民主化进程的特征。传统政治传播媒介追寻多数人共识表达的满足而忽视了个性化情感与思想的表达。政治博客传播带来的改变，使公民个体的政治个性可以得到自由张扬，满足了人们日益增长的政治表达意愿和自由需求。从长远看，它代表着社会民主化进程和言论自由表达的契机。政治博客的本质是通过博客的方式关注社会公共事件，它是自下而上的网络阳光。这种对社会公共事件关注和沟通的透明化、自由化和互动开拓了一个个性政治表达平台时代。①

三、新媒体的发展前景

对于新媒体的发展前景，有研究认为存在五大趋势：1. 对传统媒体冲击加强，融合替代趋势加速。新媒体分流传统媒体的广告资源和用户资源，对传统媒体的冲击将继续加大。博客、写作社区、电子杂志等新媒体对传统媒体报纸、杂志等替代速度加快；2. 营销价值凸显，营销属性加强。新媒体的营销价值正得到广告主以及广告公司、公关公司等营销机构的认同，新媒体逐渐成为企业

① 王丽明，《2008年度中国传媒十大创新报告之网络篇》，《今传媒》2009年第1期，第21页。

整合营销中的重要组成部分。三星、宝洁等国际品牌，正逐渐减少对电视广告的投放，对基于互联网、手机新媒体、卖场视频等媒体的投放将增加。新媒体企业短期内难以通过内容获得收入，营销收入成为重点收入来源，因此将促使其注重营销领域的开拓。同时新媒体营销价值的优势，将使增强广告主对新媒体的投放力度；3. 产业投资价值看好，合作、收购力度加强。4. 产业创新速度加快，新的产品，新的服务不断涌现。5. 数字阅读热度持续攀升，移动新媒体初露端倪。3G 网络的商用提供了可靠稳定的传输通道，同时手机应用功能增强且新服务不断涌现，手机将进一步发挥移动终端的潜能，移动博客、移动搜索、车载电视等运营将更加成熟。①

还有研究认为，中国新媒体发展呈现十大主流趋势：1. 新媒体广告业务将维持高速增长态势。其中搜索引擎广告市场规模份额将进一步扩大；2. 视频领域的竞争更趋激烈，更多的视频网站将被淘汰，视频网站向寡头市场方向发展。同时，视频网站的商业模式也将逐渐步入良性渠道，某些视频网站在视频营销、广告推广上将有长足进步，有望实现赢利；3. 社交网站将是互联网领域发展的一个热点，互联网用户对社交网站的认同将进一步提高，社交网站用户规模会有更大的提升。百度、腾讯的社区化将更为明显，社交网络的竞争将更趋激烈。社交网站的商业化将是大势所趋；4. 网络游戏市场的集中度将进一步提高，会出现更多的收购和兼并案例。原创国产网络游戏在网游市场上的占有率将进一步提高，代理游戏有被边缘化的危险。有前瞻性和实力的网游公司，开始用增进玩家社区服务、游戏嵌入式广告（IGA）等方式挖掘围绕网游用户的新媒体潜力；5. 电子商务将得到更多的关注与认同，对电子商务网站的发展起到很好的带动作用；6. 搜索引擎将继续快速发展，市场仍将维持高集中度局面，搜索引擎广告会有显著增长；7. 移动广告市场将得到迅速发展，短信广告将是移动广告的重要组成部分；8. 手机电视作为手机的下一个热点应用，有着巨大的消费需求；9. 高清电视的发展进入新的阶段；10. 随着网络的庞大化和复杂化，网络威胁也呈现日益严重化的发展趋势。②

中国传媒研究中心发布的《中国新媒体产业现状及发展趋势》显示，我国新媒体产业正呈现开放速度加快、新旧媒体合作加速以及区域差距缩小三大趋

① 互联网实验室：《新媒体产业发展五大趋势》，http://www.yinxiangcn.com/Chanye/yule/200711/6174.html

② 哥伦比亚媒体集团：《中国新媒体发展十大主流趋势》，http://xk.cn.yahoo.com/articles/080119/1/822v.html

势。中国在香港地区和境外上市的新媒体企业已经达到16家。政府主导推动下的国有广播影视企业股份制改造和上市融资也在有条不紊地进行,目前我国广播影视系统已有5家上市公司,总融资达80多亿元。有了政府推动、市场呼应,中国新媒体产业的资金流动将更加频繁。未来民营和海外资金将有更多渠道和空间进入中国新媒体产业领域。目前,中国的多数传统媒体对于和新媒体的合作还处于隔山观望或者保持距离的态度,但有部分传统媒体已经开始寻求和新媒体合作。如《解放日报》已经开始和新媒体技术公司共同开发电子日报和电子日报阅读器。新媒体的持续发展,必然使传统媒体和新媒体间的合作提速。相对于传统媒体,我国新媒体产业的区域差距更大,不平衡问题严重。一是城市和农村不平衡,二是东部、沿海发达省份和西部及内陆省份间的不平衡。王利明指出,随着我国对西部和农村的重点建设,尤其是国家在实施西部工程中,建立的村村通网络和覆盖分布新疆、西藏等广大西部地区的广播电视信号发射塔,为新媒体的进入打下良好的硬件设施基础,新媒体的区域差距将逐步缩小。①

第三节 新媒体的商业模式

一、传统媒体与新媒体商业模式的差异

对于什么是商业模式,没有一致的定义。简单说,商业模式就是能够为企业带来源源不断的赢利能力的模式,是探求企业利润来源、生成过程、产出方式和管理控制的系统构架和方法。商业模式有时也被称为赢利模式。能够持续赢利的模式具备整体性、结构性的特点,各类企业、各类行业运营环境不同、组织架构不同,商业模式的组成部分也会有很大差异,但这些组成部分之间有高度的关联性。商业模式不是一成不变的,在变动的市场环境中需要作出适应性的变化,进行持续的创新,使一种商业模式有持续的赢利模式。

商业模式的思想是在美国的亚德里安·斯莱沃斯基等几位学者合著的《发

① 中国传媒研究中心:《中国新媒体产业发展呈现三大趋势》,http://www.cnstock.com/newcjzh/06cjdt/2007 03/28/content_1093297.htm

现利润区》(*Profit zone*)中被系统提出来的。作者认为:某个行业的赢利区间是可变动的,在整个产业链向上游走,有时候整个行业可能都存在利润,也可能整个行业都无赢利,如所谓的夕阳行业。发现行业的利润区,关键在于发现行业赢利要素以及要素之间的"匹配度"。匹配度高,体现为高利润区,其他或是平均利润区,或者是低利润区和无利润区。商业模式就是赢利要素之间的匹配组合模式、配方。商业模式还有一个重要的思想来源,也就是美国哈佛企业战略专家迈克尔·波特提出的"价值链"(Value Chain,也可以被称为 Business System)概念。波特把企业的上、中、下游的整体看成一个产生价值的链条,在上下游关联的企业与企业之间存在行业价值链;企业内部各业务单元的联系构成了企业的价值链;企业内部各业务单元之间也存在着运营作业链。但是,这些价值链并非是自然结合起来的,而是建立在独特的企业定位和价值观念上的。

在《发现利润区》一书中,作者总计列出了 22 种赢利模式。按照波特的观点,价值链主要包括在上下游的企业和企业之间、企业各业务单元之间、各业务单元之间的运营作业链。因此,我们可以说企业赢利模式设计主要体现在这三个层面,第一,以"关系"(关注利益相关者)为导向的赢利模式设计;第二,以"竞争"(与对手的差异化、核心竞争力)为导向的赢利模式设计;第三,以"客户"(顾客需求发现和满足)为中心的赢利模式设计。以关系为导向的企业赢利模式设计,是指抛弃了以产品市场份额为中心的经营模式,而代之以顾客关系质量为中心的经营模式。当以关系的建立、维护、提升为根本性指标,在对各类利益相关者关系处理中,也就更能发现新的赢利点、赢利机会。以竞争为导向的赢利模式设计,是指以对公司的核心能力和资源的自我评估为前提,把优势的能力和资源转换成能更好地服务于顾客的产品和服务。这种产品和能力的提供,必然具有与对手鲜明的差异性特点,通过差异化获得较高的收入。以客户为中心的赢利模式设计,是指企业以消费者需求为目标,追问市场上还有哪些未被满足的需求,我企业该采取什么方式才能满足这些需求。[①]

传统媒体的商业模式可以抽象为规模经济和"二次售卖"模式。其所依附的条件,主要包括以下几个方面:一是传统媒体的市场地位来自于其重要的媒介角色,作为主要的内容信息加工和制作者,可以把内容售卖给读者,又把读者的注意力售卖给广告商;二是按照规模经济的理论,发行量越大收视收听率越

① 阎峰:《传媒赢利模式:概念、特点与战略层次》,《新闻界》2006 年第 3 期,第 4 页。

高，受众数量越大，传统媒体的赢利能力越强；三是传统媒体的核心产品，面向的是被假设为具有共同偏好的大众而生产、由媒介机构单向传播的共同产品。

新技术所衍生的新媒介形态和新产业形态对这些产生了冲击甚至是颠覆。第一，互联网、手机等新媒介动摇了传统媒体作为主要的内容信息提供商的地位。对于内容产业的竞争不只是传统媒介机构之间的竞争，业外机构也正在成为竞争者，这些机构往往具有资本、渠道、技术、体制等方面的优势。比如，中国移动和中国联通两家通讯运营商均已推出综合信息服务，移动收购了凤凰卫视19.9%的股份，并在推自主内容的手机报。联通推出的“TIME 计划”，包括Telecom（电信服务）、Information（信息服务）、Media（媒介）、Entertainment（娱乐）等内容整合。第二，传统媒体的受众正向新媒介分流，尤其是年轻读者大量流失。读者流失相应带来广告流失，最显著的是分类广告大量流向互联网等新媒介。第三，传统媒体为获取读者，纷纷采取扩版、分叠，开通新频道等措施以满足不同受众的需求，由此增加的生产成本摊薄了利润；第四，传统媒体往往独立封闭运营，造成了媒介资源的分散化、媒介价值的碎片化、媒介利益的分割化、媒介品牌的孤立化。

在中国，传统媒体市场其实是政府限业的垄断市场，从经济学的角度来说是在垄断的前提下内部寡头之间形成竞争的一种产业形态。这样的市场环境产生的商业模式，更有其特有的劣势：(1)从体制上看，报社、电台、电视台等没有成为真正意义上的市场竞争主体。大多数报社、电台、电视台是事业单位，不是企业法人，没有建立治理结构完善的现代企业制度，还是事业单位或事业单位企业化管理。(2)从经营方式上看，许多报社、广播电台、电视台经营方式粗放，集约化程度不高。目前报业基本上是单一的报纸，各家报社对应于行政区划，地域分割，条块分割，经营模式基本上依赖广告而发行亏损，报纸数量多规模小，同质化严重，许多报纸高投入低产出，人均利润低。(3)从终端服务来看，传统媒体难以满足受众的个性化需求。

与传统媒体相比，新媒体有自身的优势。在体制上，许多新媒体，比如商业网站尤其是门户商业网站，是完全的市场主体，具有完善的公司治理结构和以国际惯例为准则的企业化运作。许多商业网站属于上市公司，能够筹集到大量资金。这些网站的“操盘手”大都是经营高手。传统媒体与商业网站等新媒体的竞争，不仅是技术的竞争，也是体制、资本、人才的竞争。在经营方式上，新媒体对于广告的依赖就比较低。以搜狐和新浪这两大门户网站为例，2002 至 2005 年间，二者广告收入占总收入的比例分别为 36.3%和 50.1%。另一门户网站网易，专注于在线游戏服务市场，广告运营已退居次位。凭借竞价排名博得投资人青睐的百度，2005 年网络营销收入达到 3810 万美元，增幅 187.6%。灵通网、空中网、携程等其他中国概念股，其专业性更强，广告收入占其总收入的比例更低。① 网络媒体没有地域的限制，一出生就是全球化的。在内容上，大量依靠报纸等传统媒体和网民的创作，采编成本低。报纸内容被门户网站、搜索引擎等新兴媒体转发、整合、再开发，报纸在某种程度上沦为身处网络传播链条最低端的分散内容提供商。一张综合性报纸的采编经费一年需要几千万元，但全部新闻信息交给门户网站，得到的报酬不过象征性的区区几万元。在终端服务上，网络传播时代使传播的异质性得到了真正的实现，尼葛洛庞帝在《数字化生存》中认为，大众传媒应该重新定义为“发送和接收个人化信息和娱乐的系统”。

与传统媒体的大众产品和规模经济不同，新媒体产品具有建立在长尾理论和微内容生产基础上的新特点。

二、建立在长尾理论与微内容生产上的新媒体经济模式

1. 长尾理论与微内容

19 世纪以来的工业革命引爆了工业化的大规模生产，以一种整齐划一的商品满足尽可能多的消费者的规模经济是几乎所有厂商的不懈追求，媒介产业自不例外。高发行量和收听收视率成为传统媒体追逐的目标。然而，伴随着数字化、网络化的发展，情况悄然发生了改变。美国《连线》杂志主编安德森敏锐地觉察到了这一变化，他通过对美国新兴数字企业巨人的系统研究，发现这些企业 80%的利润并非来源于 20%的热门产品，而是来源于后面那条巨大的长尾：多种市场难求的产品信息和多重用户评价。据此，他提出了在互联网世界中，长尾是最重要的价值源泉：我们的文化和经济中心正在加速转移，从需求曲线头部的少数大热门（主流产品和市场）转向追求曲线尾部的大量非热门产品和市场。② 简言之，在网络媒体上，需求不旺或销量不佳的产品所共同占据的市场份额可以和那些少数热销产品所占据的市场份额相匹敌，甚至有过之而无不及。互联网以及与其相关的无穷选择正在改变我们的世界。谁能利用这一点，明天的市场就属于谁。这就是获得美国《商业周刊》“2005 年最佳思维”和《GQ》

---

① 参见崔保国、卢金珠、李峰：《转型与创新——2006 中国传媒产业发展总报告》，http://media.people.com.cn/GB/40699/4297428.html

② 〔美〕克里斯·安德森著，乔江涛译：《长尾理论》，中信出版社 2006 年版，第 35 页。

杂志"2006年最重要的创见"的被互联网人士奉为"圣经"的长尾理论。

20%的非热门产品为什么能产生80%的利润呢？安德森认为，这主要源于非热门产品生产和营销成本的飞速降低，这种降低来源于三种力量：第一，个人电脑的普及使生产工具普及，廉价的生产得以实现；第二，互联网使传播工具普及，消费和营销成本显著降低；第三，谷歌等搜索引擎把低成本的产品和少量但可能无限的需求迅速连接起来，推动需求曲线向尾部移动。

这些非热门产品与以往的热门产品相比有什么特点呢？如果说热门产品主要是宏内容（Macrocontent）的话，那么这些非热门产品就是微内容（Microcontent）。

传统媒体的宏内容是由专业人员在专业机构中制作的，并经由专门渠道发布的信息产品，由于成本较高、资源有限（如版面、时段等），其传播必然遵从规模经济的传播模式——以尽可能少的内容服务于尽可能多的消费者，这是典型的大众传播模式。而Web2.0的出现，则彻底改变了这种信息制作模式和游戏规则，微内容生产成为新一代互联网的标志。学者Cmswiki将微内容定义为：最小的独立的内容数据，如一个简单的链接，一篇网志，一张图片，音频，视频，一个关于作者、标题的元数据，E-mail的主题，RSS的内容列表等。也就是说互联网用户所生产的任何数据，都可以被称作微内容。比如博客中的一篇网志，Amzon中的一则读者评价，Wiki中的一个条目的修改，Flickr中的一张照片，Del.icio.us中的每一个收藏的网址，小到一句话，大到几百字，音频文件、视频文件，甚至过客用户的每一次支持或反对的点击，都是微内容。每一个网民都拥有廉价的生产工具，生产成本很低，传播和营销成本也很低，而且没有资源限制（网络空间无限大），因此，微内容在理论上可以无极限生产和无极限传播。这些散落于世界各地的数据和知识聚沙成塔，构成网络媒体的根本力量。

网络决定性的价值在于那些巨量、杂芜、价值意义模糊的"微内容"本身。不理解"微内容"，就无法深刻把握网络的真正价值，而对于"微内容"的有效"聚合——使用"则是网络内容生产的技术关键。在互联网时代之前，微内容就存在，但那时只是作为私内容而存在的。让我们来设想一下：没有维基百科（Wikipedia），人们对于百科全书的修改，只能作为私人藏书中的文字批注；没有博客网，人们每天记下的文字、图片或者音视频内容，只是个人的日记、相册或磁带、光碟，只是尘封于密室中的记忆。让这些私内容真正进入公共话语空间，是互联网所具有的互联互通、海量存储和相关链接等，再加上谷歌、百度等有效的搜索聚合工具，一下子把这种原本微不足道的离散价值聚拢起来，形成一种强大的话语力量和丰富的价值表达。我们可以看到,类似于谷歌这样的搜索聚合工具是将这些微内容化腐朽为神奇的技术关键。试想如果没有谷歌的聚合作用,互联网中海量的微内容将显得多么渺小、琐碎和个人化。而当一种工具出现以后(如它的第一代产品的代表——谷歌),微内容便羽化为蝶,登上社会发展的大舞台,成为创造历史的主角。显然,对于"微内容"的聚合、呈现、利用的有效工具的打造终将成为拯救互联网未来的英雄。①

2005 年以前,中国互联网流量排名始终是新浪、搜狐和网易等门户网站占优,但 2006 年以后,百度和腾讯迅速升至第一、第二名。美国 Alexa 2007 年的统计数据更值得玩味:百度贴吧以 11%的用户流量占比,排在百度所有产品流量的第四名,而百度新闻流量只有 1%;腾讯网个人空间的流量以 19%排在第一;新浪流量已从多年的第一降至第三,尤其具有标志性意义的是,新浪博客以 15%用户占比的流量排在其所有网页的第一位,高于新闻频道 13%的用户流量占比。② 这些变化表明,以大规模工业化生产信息的集中供给的点对面的传播模式在新媒体时代受到了巨大的挑战,互联网迎接着普通网民内容生产的时代。随着新一代网络技术的演进和网络化、信息化程度进一步提高,长尾理论下的微内容生产正在成为新媒体时代的重要生产方式。

2. 长尾理论和微内容在新媒体产业中的运用

长尾现象究竟给新媒体带来了哪些影响呢?第一,互联网为新媒体传播提供了无限的空间市场,任何曾经创造的内容原则上都将在这里得到"永生"。传统媒体在传播过程中,从经济上考虑,销售商不可能去经营太多的处于长尾的小众商品。互联网平台为这些长尾小众商品提供了销售市场。所有非主流的市场累加起来就会形成一个比主流市场还大的市场,这些少量的需求会在需求曲线上面形成一条长长的"尾巴",实现小众的极大数量。在长长的"尾巴"上,曾被大众流行挤压和忽略的"个性化"将被凸显出来。第二,从制作和传播上来说,传统媒体的制作和传播成本是相对高昂的。在互联网上,网民可以不花分文上传网页或撰写博客,还可以免费在网络上传播自己的内容。低成本的制作和传播将会使从事长尾小众商品的生产和传播者获得更好的利益回报,从而繁荣长尾小众商品的供应市场。第三,传统媒体是一种内容打包的服务,一方面众口难调,所以要用各种文章的集合最大化地满足最多的读者,另一方面,内容

① 喻国明:《"U 化战略":纸媒生存的大趋势》,《传媒》2006 年第 12 期,第 11 页。

② 金秋梅:《你和 SNS 一种亢奋的情景》,《第一财经日报》2007 年 4 月 26 日 A5 版。

的传播速度较慢，修改和更新也不方便，读者很难实时地获得某些信息。而互联网时代，读者可以随时用他感兴趣的关键词搜索，看他想看的文章，甚至可以实时获得某些重要信息，而这些文章和信息就可能来自于处于长尾的小众商品。利用RSS技术，人们还可以在互联网上打造一份自己的个性化报纸。于是，互联网就可能用每一篇文章来满足每一个读者的需求。①

在微内容生产上，媒体网站应为用户提供各种生产微内容的可能和服务用户的微内容生产来自三方面：(1)用户创造内容(例如博客/音乐)；(2)用户添加内容(例如网摘/地图)；(3)用户的行为创造或添加内容(点击/选择/评价)。当然，这些微内容生产更多的是用户“为我”的生产，作为企业的媒体网站，需要探索将这种“为我”的生产转变为“为他人”的生产、“为社会”的生产的路径。在技术上，媒体网站应彻底开放各种技术资源，提供能将微内容组织起来和为用户提供交互的技术手段。Wiki 百科全书的“Wiki 新闻”(www. wikinews. org)即在此方面形成了范例，其“以中立的立场来协作报道和汇总所有主题的新闻”为目的，群体协作创作和分类汇总就成为 Wiki 新闻的特点。技术上用简单的格式标记来取代 HTML 的复杂格式标记，以方便用户创作和编辑；直接以关键字名来建立链接(页面、外部链接、图像等)，以扩展新闻内容；Wiki 系统还采用了版本控制系统(RCS)来管理网页的内容，允许用户可以任意创建、修改、删除页面，从而使新闻成为一种动态的社区，改变了传统媒体网站的新闻样态——静态的参照物；另外，在交互性上，Wiki 系统采用对网页设立“讨论页”的办法，让用户发表自己的看法，并在作出重要决定时，采用公开投票的方法让用户自己作出选择。任由业余用户创作和编辑的开放式系统并没有使 Wiki 新闻陷入混乱，相反，用户在混乱中创造出了一种秩序。在用户层次上，无论是微内容生产还是技术开放，都应该朝着用户“我的媒体”的方向发展，为用户打造个性化订制和生产、个性化展示和个性化交往的“个人门户”是激发长尾活力的关键。②

长尾理论中“长尾”的作用是不能忽视的，经营者不应该只关注头部的作用。长尾理论已经成为一种新型的经济增长模式，被成功应用于新媒体经济领域：(1)长尾理论和广告媒体。在广告媒体领域，谷歌有效地利用了长尾策略。谷歌的 Adwords 广告使得无数中小企业都能自如投放网络广告，而传统的网

---

① 黄孝章、张志林、刘双双：《长尾理论促进新媒体经济增长方式的转变》，《集团经济研究》2007 年第 12 期。第 283 页。

② 马锋、陈富明：《长尾理论与微内容开发：Web2.0 时代媒体网站发展的依据和路径》，《新闻传播》2007 年第 6 期，第 4 页。

络广告投放只是大企业才能涉足的领域。对于普通的媒体和广告商而言,小企业提供的那点广告费根本就看不上眼。但是谷歌通过为其提供个性化订制的广告服务,将这些数量众多的群体汇集起来,形成了非常可观的"长尾"广告市场,得到了丰厚的回报。(2)长尾理论和图书出版。图书出版业是"小众产品"行业,市场上流通的图书达300万种。大多数图书很难找到自己的目标读者,只有极少数的图书最终成为畅销书。由于长尾书的印数及销售量少,而出版、印刷、销售及库存成本又较高,因此,长期以来出版商和书店的经营模式多以畅销书为中心,换句话说,把一本书放在书店里,一旦少人光顾,书籍就会很快下架,进而绝版。网络书店和数字出版技术的发展为长尾书销售提供了无限的空间市场。在这个市场里,长尾书的库存成本和销售成本几乎为零,于是,长尾图书开始有价值了。销售成千上万的小众图书,哪怕一次仅卖一两本,其利润累计起来可以相当甚至超过那些动辄销售几百万册的畅销书。如亚马逊副经理史蒂夫·凯塞尔所说:"如果我有10万种书,哪怕每两年只卖掉一本,10年后加起来它们的销售就会超过最新出版的《哈利·波特》。"一位亚马逊员工对长尾经营模式描述如下:"我们现在销售的过去卖不掉的书超过了我们现在销售的过去卖得掉的书。"亚马逊的长尾图书(即销售排行第10万名以后的图书)的销售额占总销售额的25%左右,而我国的当当网、卓越网,其长尾图书的销售额占总销售额已经超过了30%。(3)长尾理论和广播、电视媒体。传统的广播、电视媒体大多为受众提供免费内容。各级电视台、广播电台其收入来源主要是广告。而广告收入又决定于电视频道的收视率。那些收视率低,而社会效益却较好的节目往往就成为"长尾节目"了。广播、电视媒体这种传统的发展模式在很大程度上制约了广播、电视媒体的发展。长尾理论为广播、电视媒体的发展提供了新的经济增长模式,从而极大地加快了广播、电视媒体的发展速度。中央电视台未来几年,除保留传统的免费频道外,将开发许多收费的"长尾频道"。这些"长尾频道"的内容将涉及我们生活的方方面面,如医疗、保险、教育、旅游、就业、体育、饮食等。"长尾频道"的受众数量可能很少,但其传播成本也不高,因此,一年或几年以后,"长尾频道"带来的收益是相当可观的。[①]

2006年10月,原"优客李林"成员李骥在上海创办了一家"就要红"的网站。这个网站打出的口号是"每个人都是明星,每个人都是经纪人"。也就是说,任

① 黄孝章、张志林、刘双双:《长尾理论促进新媒体经济增长方式的转变》,《集团经济研究》2007年第12期,第284页。

何人，只要你想，就可以去那个网站上和别人 PK“网络明星”的称号，李骥再帮助这些人包装成“现实明星”。这个网站有点类似于《超级女生》的网络版本。在这里，每一个“网络明星”都有自己忠实的“粉丝团”，这些“粉丝团”的规模要远远小于李宇春的“粉丝团”，但当这个网络开始推出数以十计的“网络明星”时，这些“粉丝团”的潜在能量仍然不可小视。李骥认为，这个案例是长尾理论的一个典范。这些明星通常拥有的粉丝数量比较小，而且很快就会被新的明星所替代，但当这些网络明星被大规模地制造出来的时候，其价值仍然不可小窥。长尾理论的三个关键要素是大规模的生产、个性化的需求和内容集合器。对于一个新媒体而言，个性化需求是一个客观的市场环境，大规模的生产可以由使用者自己完成（所谓 Web2.0 网站正是如此），因此新媒体要扮演的角色主要是“内容集合器”的作用。通过这个“内容集合器”，可以将这些大规模生产的信息加以过滤和整理，自动生成一个满足读者个性化需求的内容界面。通过这个内容界面就可以大约知道消费者的大体偏好，然后根据他们的特征配制针对性的广告，这个原理和谷歌没有本质的区别。不要去追求规模效应和“眼球经济”，而是能够将现有的规模转化为切切实实的利润来源。而这需要对现有的参与者进行深度挖掘，而且将新媒体的优势和传统经济相结合，这才是新媒体能够实现快速赢利的一个重要途径，也是“长尾理论”在新媒体中的运用。①

三、新媒体的主要赢利模式

1. 广告赢利

广告是传统媒体的主要赢利模式，新媒体对广告的依赖虽然不如传统媒体那样，但广告依然是其重要的赢利模式，新浪网就是典型的用广告来赢利的门户网站。2007 年度的美国广告主调查（AAF Survey）显示，在网络应用上，最有效的方式前四位依次为：搜索、博客、社交联结（Social Networking）及在线录像。

广告赢利是建立在内容吸引力的基础上的。新媒体无论是自己做内容（新华网）、买内容（新浪网）、搜集内容（奇虎网）、用户贡献内容（博客提供商），或者仅仅提供内容索引（百度、谷歌），只要想把内容做全做深，成本都会相当巨大。从降低成本的角度考虑，就不难理解新浪网为什么把博客文章移到首页黄金位

① 《赢利，在新媒体时代》，http://hi.baidu.com/lyq0371/blog/item/012808ef124814ecce1b3ea8.html

置，也很容易解释谷歌自行搭建服务器群组的原因。有研究认为，广告的门槛低、成本高、赢利周期长，具有封闭性，通过广泛聚合内容来换取流量并最终实现广告赢利的模式已经老化，正步入红海区域。怎样优化劣势，提升生命力？一是细分、深化内容，清晰用户特征并吸引与之对应的广告商；二是激励用户贡献内容，降低成本；三是将内容有效转变为相应服务或产品的推荐系统。

1997年3月，中国出现第一则商业性网络广告，网络广告已成为中国互联网产业的支柱性商业模式，创下50%的年增长速度，远远超过电视和报纸。随着网络技术和媒体形式的发展，除了品牌图形广告和付费搜索等主要形式，视频广告、富媒体广告、页面关键字广告、社区营销广告、游戏内置广告等各种新形式的网络广告相继出现。新媒体不断催生新的营销平台。户外媒体、楼宇视频等新媒体的广告收入也呈现出高速增长的态势。此外，手机互动广告、无线营销也悄然兴起。百度、谷歌等专业的搜索引擎，其竞价排名、搜索营销是收入的主要来源，实质是做推广，作用类似于广告。

在Web2.0时代，广告赢利模式最明显的变化就是广告投放的精准化。有研究认为，新媒体的商业模式应该同时具备三个要素——“网络(Network)、分类(Profile)和对标(Target)”。首先，利用细分化的内容吸引具有某些共同特征的消费者，构建一个虚拟的媒体社区；其次，针对这些具有某些共同特征的读者(消费者)进行分类，进行数据挖掘；最后，根据这些读者(消费者)的特征针对性地推出订制化的广告，推广商务。网络电台“窄播化”、网络广告“窄告化”的趋势，也无不显示出新媒体精准营销的发展趋势。

互动式广告也是新媒体广告不同于传统媒体广告的方式。许多案例表明，消费者并不总是乐意被动地接收“强迫性”的广告，更乐于作为“主动参与者”进行媒体体验，越来越多的用户生成内容出现在各类新媒体上。肯德基公司2007年为支持在中国推出的一款新品，在BlogBus(一个总部位于上海的BSP服务商)启动了一个社会网络营销计划，获得了逾200名博客响应，在短期内口碑即达峰值。BlogBus创始人和总裁窦毅称，该博客平台每年为知名品牌提供植入式营销所得收入达1000万元，广告主包括绝对伏特加、通用汽车、吉列、欧莱雅、兰诺和卡尼尔等。“如今越来越多的公司发动用户一起参与到他们产品的市场营销活动中，将广告和娱乐内容有机地融合，并且和社会媒体中的意见领袖们结成伙伴关系，这是一个很有趣的趋势”，窦毅说。“最终而言，好的创意是那些看上去并不像广告的广告”。壁虎公司的詹姆斯·李(James Li)同意以上观点。作为一个IGA(游戏植入广告)的科技公司创始人，他认为“纯广告”在未来数字娱乐时代将逐渐式微。他的公司花了4年研发了一个系统，使游戏出版商能无需改变源代码而嵌入品牌广告。令詹姆斯·李感到特别鼓舞的是中国7000万活跃的网络游戏用户，另有5000万非活跃用户。国际数据集团(IDG)新闻亚洲编辑斯蒂文·施万克(Steven Schwankert)认为，中国拥有全球最多的互联网和手机用户的事实，意味着“即便在低于50%的渗透率的情况下，提供了各种模式创新的试验田”，而这个试验田的规模在任何其他市场将是无法达到的。

电子杂志公司ZCOM的4000万用户目前可以随时浏览超过300种不同的杂志，这些内容看起来像一本本典型的杂志，但有趣的是其在数字世界中独享的互动功能衍生出精准的用户数据，这反过来又创造了一个品牌广告客户直复营销的有利平台。参与ZCOM创新式营销活动的品牌有宝马、英特尔、布劳恩、LG电子、欧莱雅、苹果、西门子、爱普生和许多其他知名品牌。对于视频网站来说，广告无疑是最能实现利润的最佳方式，它占了视频网站收入的大部分。优酷网除了旗帜广告、前后贴片广告、叠片广告、暂停广告等“硬广”模式外，还包括种子营销、创意营销、植入营销、拍客营销、版权营销等五大互动营销。其中，植入营销是根据客户的推广需求，将品牌或产品信息植入原创视频剧情中进行推广。这一举措赢得了惠普的响应。优酷网通过签约拍客，为惠普打印机产品量身定做了一个极具创意、超级搞笑的广告视频，这个视频一放在网上，其点击率便急速飙升。这是病毒式营销的典型做法，当年百度就因为梁冬主导策划的一系列有创意的广告而积聚了大量的人气和口碑。

数字电视也可以进行互动广告。2000年，英国率先推出数字电视互动广告，被称为DAL(Dedicated Advertiser Location)格式。在DAL广告格式中，观众可以在一般电视广告(非互动)播映时间根据画面上的提示，按下遥控器上的红色按钮进入另一个为该广告商品所设的专属互动环境，以获取更进一步的产品信息和其他乐趣。DAL的画面内容编排形式十分多样，例如将电视画面分割成一到多个不等的小屏幕，再加上互动功能菜单，观众可通过遥控器上下左右移动画面上的菜单箭头(或选框)选择所需的内容项目。DAL格式的特性有利于延伸电视观众的品牌经验，尤其是提供额外的商品信息以及时间较长的广告接触机会。和传统30秒电视广告时段的效果和费用相较，DAL可说是极具力量和成本效益的选择。

2. 销售赢利

销售赢利就是利用新媒体自己销售产品或者帮助生产商销售产品，典型的是电子商务。当新媒体具备了消费者行为分析和提供针对性的广告之后，加以物流系统和支付系统，就是电子商务了。越来越多的新媒体具备了电子商务的功能，越来越多的厂家开始开发自己的新媒体为自己的电子商务服务。从本质上看，在线的信息/交易/支付信息中介服务其实是对传统产品和服务销售渠道的电子化和扁平化。因此从理论上说，所有从传统渠道中节省下的交易成本都有可能转移到网上交易环节的服务中来。

根据服务对象的不同，电子商务服务一般分为 B2B〔Business To Business，在英文中 2(two)的发音同 to 一样〕、B2C(Business to Customer)、C2C(Consumer to Consumen)三大类。B2B 是企业对企业的电子商务，B2C 是企业对消费者的电子商务，C2C 是消费者对消费者的电子商务。前程无忧主要提供 B2C 方式的信息中介服务，携程主要提供 B2C 方式的信息中介和交易中介服务，而阿里巴巴则可以提供 B2B、B2C、C2C 三种方式的信息中介、交易中介和支付中介服务。

受到社会信息化意识和网络设施发展水平的限制，目前国内的在线电子商务服务业务整体市场规模还较小，但随着相关条件的改善，这类业务有可能会实现滚雪球式的发展。根据艾瑞的研究，截至 2005 年底，中国进行过网上 B2B 交易行为的企业数量已达 153 万，到 2010 年这一数字将达到约 306 万。此外从 2006 年起，中国 B2B 电子商务市场将会迎来第二个高速的增长期，2010 年中国 B2B 电子商务市场交易额将达 14.47 万亿元。

对于在线支付中介以外的从事电子商务服务的互联网企业来说，真正有意义的数据是在线参与电子商务活动的企业和个人的数量以及他们在线参与电子商务活动的次数，而不是电子商务活动中的交易额。对于按照交易额收取手续费的提供在线支付的互联网企业，交易额的大小将会影响到他们的收入规模。因此相对而言，提供支付中介服务的企业有可能比提供信息和交易中介服务的企业获得更大的增长空间。

新媒体商品销售模式与传统商品销售模式相比具有无可比拟的优势：(1)零库存，(2)便于把握利基市场，(3)可有效获取用户需求反馈，(4)不依赖中间商，(5)可过滤无用信息，(6)能够有效推荐产品等。这些是电子商务迅速发展的重要原因。但是，网络商品销售面临新的问题——网上交易的高风险。这关系到商品能否交易、如何交易。解决之道是诚信体系的建立和支付系统的嫁接。淘宝网在解决网上交易方面做了很多努力。首先，它将商品交易建立在社区之上，借助网络的社会化，帮助买卖双方充分沟通，降低交易风险；其次，它开发了支付宝作为支付工具，同时将支付宝所记录的交易质量与诚信体系捆绑，再加上交易评价的导入，理论上解决了网上交易的风险问题。解决了交易风险，电子商务才可能获得更大的发展空间。而网上交易风险的最优解决方案，还是应由真正的第三方来提供。比如以政府为股东的信用机构，或者是接受公众监督的支付公司。

电子商务企业将“长尾理论”演绎到了极致，老牌的阿里巴巴、新兴的中国网中国供应商等几大电子商务企业将互联网和庞大的中国中小企业联系在一起，为中国数千万中小企业和中小网站提供了切合实际的商业模式和收入模式。正因为长尾精准营销的能力非常巨大，电子商务促推中小企业走出长尾。

2007年11月，阿里巴巴在香港上市，近15亿美元的融资额创下中国互联网公司之最，冻结资金也创下港股之最。随着新型网络支付系统的普及，中国电子商务市场正在崛起。阿里巴巴近年来更是围绕国际化进行了一系列的战略布局，而今200亿美元的市值使阿里巴巴成为仅次于谷歌的全球第二大互联网公司。2007年10月，百度宣布2008年进军C2C市场，抢占奥运商机。业内人士评论，具有搜索社区优势的百度此举将催生中国电子商务的“ESE”(E-commerce Based on Search Engine，基于搜索引擎的电子商务)模式。而随着3G时代的到来，移动电子商务也可望出现强力增长。

沃客是在线工作平台中的知识生产商，通过在线营销获得收益。沃客(Work2.0)是通过网络方式形成创新型服务交易的市场。通过交易的第三方平台，个体工作者出售自己的知识、创意、科研成果。按照被采纳的结果(目前采用任务发布方悬赏方式)获取报酬。沃客是一种新型的网络工作交流方式。这种在线工作平台的诞生，将网络中无数个个体知识生产商与需求者连接起来，实现了“供”与“销”的很好结合。通过8∶2的比例，一次成功的交易，沃客一族将获得整个标的80%的报酬，在线工作平台提供方获得另外的20%。沃客的核心是“智慧交换财富”，网络是实现这种模式最快捷最广泛的方式。目前全国范围有40多家沃客网站，2006年沃客每月增长率超过30%。

线下营销是电子商务的一种主要方式，是指将互联网主要作为沟通的接口，而重点提供一些大范围联网性质的非互联网服务。以汽车垂直网站为例，提供租车、拖车、汽车旅馆、汽车电影、物流、金融保险、市场调查等线下服务。提供此类型专业服务的垂直网站通常是传统的线下服务公司，通过建设互联网网站来优化自身的服务。互联网尤其是Web2.0时代打破了虚拟空间和物理空间的鸿沟，完全可以利用网络进行现实中的交易。利用Web2.0网站上的信息和形成的人气进行线下的商业交易。豆瓣网和大众点评网也是两个比较成功的案例，豆瓣网依靠线下销售图书音像制品赚钱，豆瓣网最重要的收入来源，是和购物网站的合作。在豆瓣网提供的服务中，产品比价是相当重要的部分。每次有用户通过豆瓣网上的链接进入当当、卓越这样的大型网上商城购物，双方就会按照事先约定的比例进行利润分成。大众点评网则针对餐饮行业缺乏渠道推广，为食客和餐饮商家提供一个桥梁，通过线上的评论指导了消费，引导了线下的消费。类似的网站还有八戒网。还有一些网站和企业联合组织会员活动，获得线下收益，如世纪佳缘网站每到情人节、圣诞节等时候会在全国各地，甚至国外举办各种交友、联谊会，收取会费，为网站赢得收益。①

相较国外电子商务发展的成熟度，中国的电子商务基本还处于探索成长阶段，而虚拟货币、电子合同等电子商务新要素的不断涌现，也给经济安全和市场监管带来了挑战。2007年6月，国家发展和改革委员会、国务院信息化工作办公室联合发布《电子商务发展"十一五"规划》。作为我国首部电子商务发展规划，这部电子商务发展的指导性文件将促进电子商务协调发展，演绎新的精彩。

3. 渠道赢利

渠道赢利是通过搭建好通往用户的有效渠道，在这个渠道中销售相应的产品来获得收入。现在流行的SNS社区都是渠道赢利模式，其中最值得一提的是腾讯公司，它依靠QQ这个沟通工具，搭建了与用户之间的强大通道，这个通道的唯一性和排他性将用户牢牢捆起来，无法脱离。这个时候，腾讯想卖什么就卖什么：广告（腾讯网）、产品（拍拍网）、道具、虚拟币、游戏等。

会员费、下载费、收视费是最为简单的渠道赢利方式，计费方式可以是按流量计、包月计或者是二者的双重计费。对于已经习惯了免费的网民、观众来说，收费推广起来并不容易。飞行网的主要收入来源于会员收费，每位会员每月收取20元会员费。还有的企业成为会员的朋友，提供给会员各种优惠服务而获得会员的费用，如会员费、票务折扣、商业折扣等。在美国，有专业的博客网站SIXAPART通过对写博客的人进行收费已经开始赢利，国内有些博客对作者收取VIP会员费，这点类似互联网邮箱的赢利模式，在免费提供小容量存储的同时，在大容量和更多功能提供上向会员收取费用。在国内也有像BlogBus这样的专业做博客的网站开始对一些特殊服务进行收费。但收月租费的模式，在

① 苏林森：《中国Web2.0网络赢利模式探悉》，http://media.people.com.cn/GB/137684/8521609.html

中国除了交友和色情网站，很少能取得大规模的成功。有些网站对下载和观看进行收费，有按流量的收费，也有划一收费（比如收取月租的无限制下载等）。数字电视收视费也将成为渠道赢利的重要方式。数字电视目前的广告收入远远高于收视费用，但摩根斯坦利的分析师认为，"广告收入与收费电视"失衡的情况是暂时的，2006年付费电视的收入增长了60%，在未来的3～4年内，平均每个付费频道的收入将超过平均每个开路频道的广告收入，届时内容制作商将有足够的财力和动力生产高质量的节目来取悦付费电视观众。

在线游戏近年来势头强劲，逐渐形成产业集群。在线游戏的赢利模式，主要靠销售各类游戏卡。在渠道上，主要以网吧为基础，建立了直接面对终端客户的商务系统。不少网站还在全国织就了一张很大的销售网，通过各地游戏专卖店进行销售。同时，开通了招商、工商、民生、建设等银行网上支付功能以及邮局、电汇等途径；在价格上，热门的游戏基本保持在不到1元可购10个点的价位；在时间上，月费卡在规定的期限内可随意上网，点数卡则严格按点消费，每个点大约能玩15分钟，现在的游戏点卡计时功能已精确到秒；在内容上，目前各大网站仍侧重于做国外的游戏代理，国产游戏占不足20%。游戏运营行业的另一个特点是大型游戏经营成功的比例不高。目前在互联网上从事游戏运营的企业数量很多，包括综合门户网站和众多的专业游戏网站，但真正获得成功的企业数量却很有限。造成这种情况的主要原因是因为网络游戏是一种差异性和黏性都很大的产品。一旦一个游戏获得了市场认可和领先地位，其他同类游戏获得成功的可能性就会大大降低。这里所说的网络游戏主要指多人在线角色扮演游戏（MMORPG），休闲游戏有一定黏性，但差异性并不高，相对而言运营难度较低，但预期收益也较低。

2006年中国网络游戏市场规模为65.4亿元人民币。艾瑞《2007年第一季度中国网络游戏研究报告》中称，2007年第一季度中国网络游戏市场规模为28亿元，同比增长逾100%。据统计，全球网络游戏的年产值已经超过100亿美元；美国网络游戏产业已经连续4年超过电影产业，成为最大的娱乐业，第二代网游如《第二人生》（*Second Life*）发展迅猛。网游概念股在近几年逐渐成为全球各大股市青睐的股票品种，中国网游公司在2007年势头强劲，5月美国EA公司入股第九城市，下半年更出现了扎堆上市的局面：后起之秀完美时空"爆冷"上市，成立三年即完成IPO（首次公开发行股票）；史玉柱以反传统手段跃升"第一梯队"的"巨人"网络集团登陆纽约证券交易所；金山以网游商身份登陆香港股市，福建网络游戏运营商网龙在香港上市……中国网游公司迎来第二次上市浪潮，资本市场扩容，版图急速扩张。此外，经过数年市场培育，手机网游也将进入高速增长期。2006年中国手机游戏市场规模为14.8亿元人民币。网游格局洗牌在即。虽然中国网游市场的潜力受到海外资本市场的认可，中国的游戏产业进入了一个新的发展高潮，但仍存在人才严重短缺、缺少自主创新等问题。如《第二人生》这款美国三维虚拟社区型游戏在中国也日渐盛行，本土网游产业正通过培养专业人才、加大自主研发来抵御美国、韩国网游的侵蚀。此外，党中央、国务院八部委共推的网络游戏防沉迷系统在2007年7月正式上线，但并不能完全杜绝青少年沉溺网游导致的"网瘾"等社会问题，人们期待网游产业提高行业自律，同时提升网游文化品位。①

4. 增值服务赢利

新媒体业务发展离不开产业价值链分工合作，内容服务产生了一条新的价值链，其中内容提供商、电信运营商都在发挥着各自的作用。电信运营商提供了内容的增值渠道，在运营商搭建的网络上，内容在内容提供商与消费者之间流通，通常都是由CP(内容提供商)提供给SP(增值服务提供商)。

SP在运营商的网络平台之上提供服务，用户通过SP消费内容产品。运营商提供传输通道和收费渠道，SP提供服务，CP提供内容产品。运营商与增值服务提供商进行分成。其中增值服务提供商所得的部分要再与内容提供商分成。作为运营商来讲，主要提供通信功能的优化和内容信息的整合，作为SP/CP主要是服务新功能的设计，包括用户的开发，提供个性化、定制化、互动化信息。信息产业部的数据显示，中国现在从事增值业务的SP/CP企业数已经达到10000个，拿到全国接入执照的SP/CP已经690多家，能够经营全国性的业务，SP/CP起的作用越来越大。

随着增值业务市场的发展，增值业务已经成为运营商业务收入中非常重要的组成部分。根据艾瑞咨询的数据，2005年中国移动增值市场规模达到520亿元，占移动通信业务收入的20%左右。过去运营商更多的是考虑接入，现在接入与应用已经浑然一体，运营商对内容也越来越重视。随着用户ARPU(每用户平均收入)持续走低，面对数百亿元的增值业务市场，运营商介入内容运营成为利益所趋。从2005年开始，中国移动提出从移动通信专家跃升为移动信息专家的转型计划，而中国联通在2006年初提出要向信息内容服务、传播媒介服

① 栾轶玫、何美：《2007年中国传媒十大创新报告之网络篇》，《今传媒》2008年第1期，第12页。

务和无线娱乐服务转型。对于移动通信替代的威胁,固定运营商也都开始变革,中国电信提出要从传统的基础网络运营商向现代综合信息服务提供商转型,而中国网通则更加直接,将宽带应用加载到转型之中,提出"宽带通信和多媒体服务提供商"的转型策略。信息产业部电信研究院通信政策与管理所所长王育民说,"运营商在转型,从经营网络到网络与信息,网络是传播载体、多媒体信息平台,各种内容替代变成比特流,变成了信号,替代传统传播方式"。

电信运营商不再满足于通道提供,也涉足门户运营,以各种方式改变数字内容的消费模式。中国网通集团于2006年5月29日成立运营宽带内容的宽带在线公司,并由后者推出"CNCMAX宽带我世界"网站,这是中国首家全视频宽带门户网站,并通过网站将各省网通本体特色内容平台一起形成了"接入+内容双收费"的宽带服务商业模式。2006年6月8日,中国移动有限公司(0941.HK)公告,其母公司中国移动(香港)集团有限公司斥资1.64亿美元,从新闻集团星空传媒集团有限公司收购其持有的凤凰卫视(8002.HK)19.9%股权,成为凤凰卫视的第二大股东。中国移动在入股凤凰卫视之后,发布公告称:"通过战略合作协议,本公司可优先与凤凰卫视在以无线方式提供传媒内容方面进行资源共享,并合作开发产品和服务。这为本集团适时推出3G商用服务奠定良好基础。"紧接着,6月20日,中国联通公司与华纳音乐在北京签订合作协议,联通网站称合作"标志着中国联通正在逐渐从传统的电信运营商向综合信息服务提供商转变"。①

新媒体产业链很大程度上是电信运营商主导的,但运营商向综合性业务拓展不能通吃产业链,应该是引领整个产业,对于有能力自己开展的增值业务,运营商可以自己开展,否则应该采取合作外包模式。CP、SP和通信运营商之间博弈的最终结果,就是找到各自在产业链中的合适位置。在介入新媒体业务中,模式的选择主要取决于先期资本投入量的多少以及《网络文化视频经营许可证》(由文化部门发放)、互联网电信增值服务(ICP)、移动网电信增值服务(SP,由通讯管理局发放)三项经营许可证的取得。如不能取得某项许可,也可先与移动SP合作开展内容或技术层面的业务——(1)ICP+SP模式:内容+运营平台。此模式中,公司集内容生产与网络运营平台于一体,可以有效地控制市场前端,使经营有较大的主动性和灵活性。与电信/移动运营商分账通常比例为SP占85%,SP的内容利润比例是非常可观的。(2)CP模式:内容提供。此模

① 吴长伟、陈芳:《新媒体价值链透视》,《中国记者》2006年第10期,第20页。

式中，公司主要生产内容，将内容提供给网络平台及手机平台，或者与 SP 共同开发某些项目，但是，这样的方式，对于内容提供商来说，作为创意型产业显然利润要少许多，由于渠道要依赖于 SP，在经营方面将出现较多的风险。①

中移动与 SP 的分成比例，中国移动目前对 SP 共有三种收费模式：一是中移动提供计费和支付，SP 负责各自业务的推广、售后服务，移动除了收取上网流量费外，从内容收费中分成 15%，SP 分成 85%；二是移动负责售后，三七分成；三是 SP 只提供内容，移动全面负责推广、计费、售后，双方五五分成。但中移动也在部分上调与 SP 的分成比例，在一些省份与 SP 大面积推广新的分成方法。依照新分成方式，中移动与 SP 的分成比例是 50∶50。在广东移动推出的"梦网管理办法 2.0"中，SP 依照客户信誉度被划分为紧密、标准、基本三个合作层次，是否使用 50∶50 分成的分成比例是按照移动对 SP 合作的紧密程度来划分的，合作越紧密，中移动对相关业务投入越大，分成比例越高。为了规范增值业务市场，防止 SP 的违规操作，中国移动对移动增值服务规定作出调整，要求 SP 延长移动增值业务新订用户的试用期并设置两次提醒确认以及向已订购短信、彩信、WAP 业务的客户发送提醒短信，告知其已订购的移动增值业务的种类和资费情况。

---

① 白传之：《新媒体发展模式初探》，http://media.people.com.cn/GB/6188245.html

第六章
媒介融合

内容提要：媒介系统的发展经历了功能分化和多样化的过程，20 世纪 50 年代以来，分散的媒介系统在各自的领域得到了充分发展，20 世纪 90 年代以后，随着数字技术和新媒体的发展，媒介功能开始从分散走向融合。媒介融合概念的提出者 I. 浦尔认为，媒体融合是指各种媒介呈现出多功能一体化发展趋势。媒介融合贯穿于新闻传播全过程，戈登教授将媒体融合分为所有权融合、策略性融合、结构性融合、信息采集融合、新闻表达融合。媒介融合的产生，是技术条件、社会需求和产业政策共同作用的结果。媒介融合呈现出技术化与全能化、集约生产与全民写作、内容融合与渠道融合等多方面的特征。

第一节　媒介功能从分散走向融合

媒介系统的发展经历了功能分化和多样化的过程，20世纪50年代以后，分散的媒介系统在各自的领域得到了充分的发展，功能也越来越强。我们现在所处的时代不再是一个单一的媒介时代，而是混合媒介时代，大众传媒呈现出混合媒体与跨媒体的鲜明特征。

一、不同媒介功能的三项实验

1998年，哈佛大学教授克瓦克(Bill Kovach)和哥伦比亚大学教授罗森斯特(Tom Rosenstiel)在合作的著作《极速》中提出，今天是一个混合媒介时代(the Age of Mixed Media)。的确，我们身处的是个被媒介包围的世界：报纸、广播、电视、因特网，各种媒体同时并存。那么，在传统媒体中，是否有一种传播媒介，不管它传播什么样的信息，在传播这个信息和影响受众方面，比其他媒介更有效？是不是在传播某种信息或者产生某种影响方面有一种媒介是最好的？

一般人的回答可能是电视的传播最好，因为电视是声音和图像的结合，而报纸只作用于人的视觉，广播只作用于人的听觉。然而，三项实验证明情况并不总是如此。

第一项研究是由戴维·塞纳和威廉·麦克尤恩所进行的。他们将挑选的大学生分成三组。第一组看录像(这相当于看电视)，第二组听只出声音的描述(这相当于听广播)，第三组读材料(这相当于读报纸)。当然，三组看到的、听到的和读到的东西是一样的，只是感受的方式不一样。最后，研究者请三组实验对象分别就他们看到、听到和读到的东西进行回忆。结果显示，三组学生回忆出的信息大同小异，并无十分明显的差别。这一实验说明，视听媒介如电视在传播信息方面，并不比单纯的视觉媒介如报纸和听觉媒介如广播更有效力、对受众的影响更大。

第二项研究研究是由卡伦·布朗主持的。他把实验对象分为两组，一组观看一部有关法庭诉讼的纪录片，另一组阅读同一内容的文字材料。事先他已使两组实验对象的文化程度保持在相等水平，并尽量减少阅读材料的难度。当这两组实验对象分别通过视听媒介和视觉媒介感受到相同的信息之后，布朗请他们各自回忆自己所接收到的信息。令人吃惊的是，阅读材料的人比观看影片的人记住的信息更多，也更牢。这表明，报纸要比电视的传播效力大，通过报纸传播的信息要比通过电视传播的信息能给人以更深的印象。

第三项研究被称作“零点方案”(Project Zero)。在这项研究中，研究人员事先准备了一盘录像带和一套小人书。小人书里讲的是三名歹徒结识一位漂亮的孤女之后，幡然悔悟，改邪归正的童话故事，录像带则是根据这个故事拍摄的影片。然后，他们把一群儿童分成两组：一组一边听大人念故事，一边看小人书；另一组则观看同一内容的录像。结果显示，看书的儿童不仅能回忆出较多的故事内容，而且还能准确地引用故事中的不少原话，尤其值得注意的是，他们大都能结合自身的经验来复述故事的详细内容。与此相反，看录像的儿童顶多只能记住故事的大意，复述时既不能引用原话，又不能表现出富于创造性的联想，而只是紧扣原作，不敢越雷池一步。研究人员经过分析后认为，电视虽能提供生动有趣、引人入胜的真实画面与活动场景，但同阅读相比看电视只是被动的体验，人的视觉、听觉以及思维活动得亦步亦趋地紧跟着不断变换的镜头，不能有丝毫的懈怠，更不能有任何的游离，就好像被押解着赶赴目的地一样。既然视听媒介始终使人的精神处于紧张而消极的状态，他的注意力总是被原作的内容所吸引，那么他也就不可能发挥更多的主动性、积极性与创造性。相反，视觉媒介则能为感受信息提供从容的机会、联想的空间与自由的向往。[①]

这些研究的意义主要不在于探明不同媒介的优劣利弊，而在于启发人们对媒介不能简单地用推测来妄加评断。从媒介生态学的角度来看，各种媒介之间存在着一种生态关系，媒介与自然环境一样存在于一个庞大的环境系统中，每一种媒介都经历着一个从诞生、成长、成熟到衰亡的过程。传播符号、传播媒介和传播科技的发展始终呈叠加型状态，一种新的媒介的诞生并不意味着一种旧的媒介的消亡，一种旧的媒介在经过变革后又蜕变出新的媒介，旧媒介以新的方式与新媒介并行发展，各种媒介呈现出整合—替代发展的趋势。“新媒介不是要淘汰以往的媒介，而是要开拓新的需要。如果说，需求个别化、多样化是现化社会的特征之一的话，那么，新媒介正是为了能更加细分化地适应社会的多

① 参见李彬：《传播学引论》(增补版)，新华出版社2003年版，第183～184页。

样化需求而大大丰富人们的选择余地”。①

二、从单一媒介到混合媒介

混合媒介的出现为我们带来了什么？一般人的回答可能是新闻信息量的大量增加。克瓦克和罗森斯特认为并不这么简单。媒体的空前发达并没有相应大幅增加新闻信息量，这使得媒介越来越多地倾向于炒作热点新闻，并且常常在事件尚在进程的时候就妄下断言，这个时代的新闻观是“妄下断言”而不是“探求真实”。

1. 混合媒介时代的“妄下断言”

在《极速》第一章里，克瓦克和罗森斯特讲了一个有趣的故事：1964 年，当时的联邦调查局局长胡佛欣喜地弄到了一批录音带，上面记录了马丁・路德・金婚外恋的证据。胡佛邀请了一批记者去听那批带子，结果所有到会的记者没有一个将此事公之于众——尽管其中不乏和胡佛私交甚好，或讨厌马丁・路德・金的。如果换成现在，作者假设，恐怕大多数记者都会迫不及待地把这件事捅出去。是什么引起了这么大的变化？是混合媒介带来的媒介竞争。

首先，我们假设这些录音带落到网络新闻作者手里，或者以“最快报道世界动态”的 CNN 手里，他们都会尽一切努力抢在对手之前把新闻报道出来。同样，知道有这样的事情发生，广播节目难道不会展开大规模讨论？而与此同时，想要电视不以“脱口秀”的形式来炒作恐怕也是不可能的。在目前白热化竞争的情况下，各媒介都想尽办法争取更多的受众，因为这同时也意味着更多的市场份额和利润。其次，因特网和 24 小时连续播出新闻的广播、电视台需要大量的新闻，尤其是独家新闻。人们希望在任何不同时间接触媒介都会获取不同的新闻，而并不是时时刻刻都有足够多的新闻可以满足人们的需求。这就像市场供求矛盾一样，媒介要么降低新闻选择的标准，编辑、记者们以相对低的成本获取更多的新闻，要么加强新闻炒作的力度，抓住某一新闻事件大做文章。② 换句话说，是受众的需求和利润的诱惑推动着众多的传媒争抢炒作新闻，是各种各样的新闻媒介过多带来的竞争甚至是恶性竞争使然。

---

① 吴信训：《世界大众传播新潮》，四川人民出版社 1994 年版，第 20 页。

② 参见任湘怡：《“急速”时代的媒介文化——美国传播学者评媒介文化新动向》，中国新闻研究中心网，http://www.cddc.net/shownews.asp? newsid=3247

2. 混合媒介文化特征

克瓦克和罗森斯特将混合媒介时代的"混合媒介文化"(the Mixed Media Culture)的特征归纳为五点:

(1)24小时不间断的报道状态使新闻永远处于待续状态。正是这种不间断报道状态才使媒介倾向于提供结论,而不是寻找真相。"新闻报道是个需要大量的证据、数据和观察的活儿。如果记者们不得不疲于奔命去寻找更多的'新闻'来充斥报纸版面、广播电视的时间,他们就没有时间去追踪一个处于萌芽状态的新闻事件,也没有时间为新闻报道添加素材。新闻只好永远处于待续状态"。

(2)新闻源支配新闻界。我们现在抱怨记者不能提供"绿色新闻"是因为他们过多地卷入了"条线",在混合媒介时代,由于新闻的需求大大增加,造成新闻市场的供给和需求失衡,新闻源开始"贩卖"新闻。几家媒体争相报道同一事件,人为造成热点也就很容易理解了。

(3)不再有"守门人"。由于受众的范围扩大,媒体选择新闻的标准也随之扩大。一方面,新闻可以更加丰富,内容可以更加民主、刺激,以便让更多的受众乐于接收;另一方面,出于对市场份额和媒介利润的担心,专业甄别新闻的眼光也就不由得随意一点。在实际操作中,低俗、大众化的新闻总是会代替高雅、严肃的新闻,成为选择的对象。

(4)论断压过报道。论断式的新闻文化总是和求证式的新闻文化不相容的。许多媒介越来越喜欢对信息加以评点,形成报道,而不是和以前那样,把信息搜集起来。评论、聊天、猜测、意见、争论占用了大量的媒介空间。作者认为,MSNBC简直就是一个巨大的聊天机构。

(5)"一鸣惊人"的心态。媒介总是希望通过提供更多有趣的新闻来吸引受众,这就是"一鸣惊人"出现的动因。这样的新闻更多的和名人、丑闻、下台、性有关,就像辛普森、戴安娜、莱温斯基。他们的新闻被炒作的部分原因是因为这类新闻的制作成本较低,还有就是简单,媒介不用煞费苦心地想出各种分类新闻就可以吸引住受众。[①]

① 任湘怡:《"急速"时代的媒介文化——美国传播学者评媒介文化新动向》,http://www.cddc.net/shownews.asp?newsid=3247

三、从跨媒体到媒介融合

如果说混合媒介的概念更多的是说媒体之间的竞争，那么跨媒体则更多的表明媒体之间的合作，这是传媒发展的世界潮流。“电视新闻有视听合一、形象生动的突出优势。报纸新闻却有明显的易读看、好留存的优点。将两者结合起来，使新闻信息得以双重传播，必将产生优势互补、相得益彰的宣传效应。而这种媒体联动，作为电视新闻发展的一种新趋势，正在悄然兴起”。①

1. 跨媒体传播的优势

20 世纪 90 年代以来，国内外新闻传播界日益呈现出两种新的现象：一种是新闻媒体之间的竞争、吞并与厮杀达到白热化地步；另一种现象就是一些新闻媒体逐渐从各自为战、互相封锁的割据状态走出来，与其他媒体握手言欢，积极寻求各种合作、互助与融合的方式。于是，媒体之间的交叉传播与整合互动便应运而生。瑞典的电视四台与法国的新频道北欧台(Canal Plus Nordic)原来是一对争斗多年的“冤家”。前者是瑞典收视率最高的商业电视台，后者是法国主要的付费电视机构。在争斗多年毫无结果的情况下，双方终于握手言和，在 1999 年底签订协议，宣布进行多方合作。根据协议，法国新频道北欧台每周为瑞典电视四台提供六分钟的英超联赛播出权，另外还包括其他重要体育赛事的新闻片。作为回报，瑞典电视四台则提供法国新频道北欧台全国冰球联赛的转播权。②

事实上，在西方发达国家，单一媒体很难抵抗市场的巨大竞争风险，像维亚康姆、新闻集团、时代华纳无一不是集各类媒体业务于一身的传播集团。1996 年 2 月 8 日，美国总统克林顿签署《1996 年电信法》，这一被世界喻为“石破天惊”传播法律的变更，彻底打通电信业、传媒业、娱乐业等行业壁垒，大大放宽媒体经营范围，不仅引发了美国，而且引发了世界范围内的媒体业和其他行业的并购、联合、重组。

有人称媒体之间的交叉传播与整合互动为“跨媒体传播”。所谓跨媒体传播是指信息在不同媒体之间的流布与互动，它至少包含两层含义：其一是指相同信息在不同媒体之间的交叉传播与整合，其二是指媒体之间的合作、共生、互

① 申丽：《电视新闻发展的趋势》，《青年记者》1999 年第 5 期。

② 王晴川：《跨媒体传播：传媒领域的“大同世界”》，《南方电视学刊》2000 年第 6 期。

动与协调。还有学者指出，跨媒体这一概念至少包含三个层面的意义：其一，不同媒体个体之间的合作，如 CCTV 和 TVBS 签订的交互协议，新浪网和《舰船知识》杂志社的合作等；其二，不同媒体公司之间的整合并购，包括产权整合、运营整合、产品整合等多种形式；其三，不同媒体界限的交融互动，构造新的更加适应时代需求的新的交流平台，这是跨媒体发展的最终走向，时代华纳和美国在线的合并就是一例。在国内，新浪网并购阳光卫视，兼具第二和第三点特征。通过合并，阳光卫视从单一电视媒体变为跨媒体概念，增加的是互联网概念，这是作为新媒体所必需的。对新浪而言，它的新闻频道是国内名气最大的网络新闻集散地，学术界也是把互联网当做第四媒体，但碍于国内的新闻政策，新浪一直在规避媒体概念，和阳光卫视的结合，使得新浪的媒体概念变得名正言顺。[①] 2000 年，美国最大的网络公司之一美国在线，与兼并 CNN 不久的时代华纳公司的再合并，合并交易额达 1830 亿美元。现在这个世界传播业巨无霸的名称叫“美国在线一时代华纳”，它将最新的传播技术——计算机网络传播信息平台与传统的印刷媒介、无线广播电视、有线电视和卫星电视集于一身，年收入将超过 400 亿美元。

我国目前有报纸 2160 多种，电视台 2800 多座，广播电台 1320 多座，如果再加上一些企业与部门设立的广电机构，我国实际的广电播出机构接近 7000 座。这些数据不一定准确，但它表明我国传媒机构的庞大，“大而小”是其典型的特征，全国报业广告一年的总量只相当于《纽约时报》一年的广告量。全国现有报业集团 39 家，恐怕比美国的报业集团还多。有专家指出，必须“整合和优化媒介结构”，对电视而言，建立“二级电视、三级报纸、四级广播的新格局”。[②]

跨媒体传播的优势至少有六个方面：一是可以最大限度地扩大受众覆盖面，二是可以大幅度地降低传播成本，三是可以提高信息传播效率，四是可以综合利用媒介资源，五是可以充分满足受众需求，六是可以提高媒体的抗风险能力。[③] 因此，我国的跨媒体之路是必然的选择，这条路才刚刚开始。不过我们的最终目标应该不只是“报业集团”“广电集团”，也不是单纯的“新闻联合体”，应当是跨媒体、跨地区、跨行业的国际性传媒集团。

---

① 陶然：《跨媒体在国内的发展现状和前景》，中国新闻研究中心网，http://www.cddc.net/shownews.asp? newsid=2158

② 李良荣：《二级电视、三级报纸、四级广播》，《传媒·思考·新世纪》，同心出版社出版 2000 年版，第 127 页。

③ 王晴川：《跨媒体传播：传媒领域的“大同世界”》，《南方电视学刊》2000 年第 6 期。

2. 数字技术打破媒体界限

新技术尤其是网络技术的迅速发展为跨媒体传播提供了必要的技术保障。新媒介可以利用多媒体技术，将丰富多样的传播功能融合在一个系统中。多媒体指的是使用数字压缩和网络技术将广播、电视、电话、传真、电子出版、计算机通信等各种信息媒介联成一体，对声音、影像、文字、数据等进行一元化高速处理并提供给用户的双向信息系统。不同媒体之间的交叉与融合、合作与共生将越来越普遍，媒介之间的界限将越来越模糊。最终出现的结果可能是，这个世界上不再有什么单纯的报纸、广播、电视和网络，而只有一个东西：大众传播媒介。跨媒体传播预示着传媒领域可能走向“大同世界”。①

数字技术的发展打破了媒体间的界限，可以在一个平台上汇总展示广播、电视、报纸、杂志等不同媒体的内容。在下一代网络(NGN)传送平台上，任何业务信息对网络来说都是一样的，以三大业务来分割市场和行业的基本技术基础不复存在。新技术会使现有的互联网成为一个整合平台，也会带来一个全新的真正意义上的全媒体。互联网的开放性，使传统媒体在新闻的采集上可以接触到更多的新闻源。传统媒体在网络上可以突破时空限制，扩展报道内容和报道深度。传统媒体在网上还可以突破原先各自的媒体形式向多媒体发展。数字化还会极大地改写现有传媒市场的版图和游戏规则，使旧有的运作架构和赢利模式日渐式微，催生与这一时代发展相适应的新型产业模式。数字化传媒在颠覆传统产业的同时，创造着新的产业和新的商机。

在西方学者的研究视野中，首先受到关注的是各种不同类型的大众媒介，如何从各自独立经营转向多种媒介联合运作，尤其是在新闻信息采集发布上联合行动，以最大限度地减少人力、资金和设备的投入，降低新闻生产成本。因此，媒介融合的研究不仅是报纸如何适应网络传播，出现手机报纸等新媒体，也包括报业通过新办或者并构、合作等方式向其他媒体迈进，出现跨地区、跨媒体的传媒集团，还包括传媒集团内部的资源整合和资源的深度开发。

随着网络承载能力的不断改善，媒体融合将越来越多地付诸实践。当P2P技术、宽带技术、流媒体技术、无线通信等一系列的技术日趋成熟并相互结合时，传统的广播、电视等媒体必将越来越多地借助互联网发布音频、视频内容，媒体之间的界限也将越来越模糊，这又将带动新的信息接收设备的开发。当各

① 王晴川：《跨媒体传播：传媒领域的“大同世界”》，《南方电视学刊》2000年第6期。

种不同形式信息的传播渠道逐渐融合，信息的接收设备更新换代并全面挑战传统的信息接收设备（如目前的收音机、电视机、手机和电脑）时，新的媒介形态就会慢慢显现。

新一代电子报纸、多媒体互动杂志、网络电视等，是目前我们可以看到的媒体融合的具体产品形态，正是这些具体产品的不断实践，推动着各种媒体间业务的交叉、渗透、互动，直至融合，并逐渐发展到媒体平台与市场的交汇、相融。而更高层次的融合，会在电信、IT 业界与传媒业等相关行业的各类机构的大汇流基础上出现。

媒介融合是一个过程，它是被技术的发展所推进的一个趋势。如果再考虑到商业利益等各种因素的影响，媒体融合将是一个漫长而艰难的过程。

第二节　媒介融合的概念与类型

一、媒介融合具有多维视角

媒介融合概念的提出始于 20 世纪 80 年代的美国。顾名思义，媒介融合就是将原先属于不同类型的媒介结合在一起。不过，对媒介融合概念的定义很多，目前还没有一个被广泛认可的定义。美国马塞诸塞州理工大学教授 I. 浦尔认为，媒介融合是指各种媒介呈现出多功能一体化的发展趋势，而美国新闻学会媒介研究中心主任安德鲁·纳齐森（Andrew Nachison）将“融合媒介”定义为：“印刷的、音频的、视频的、互动性数字媒体组织之间的战略的、操作的、文化的联盟。”[①]他强调“融合媒介”最值得关注的并不是集中了各种媒介的操作平台，而是媒介之间的合作模式。

媒介融合首先是传播技术的融合，即两种或多种技术融合后形成某种新传播技术，新传播技术具有多种技术特点又有其独特性，由融合产生的新传播技术和新媒介的功能大于原先各部分之和。但是，媒介融合并不只是技术层面，而更为重要的是传媒组织形式的变化以及由此产生的经营模式和传媒内容的

① Andrew Nachison, *Good business or good journalism? Lessons from the bleeding edge*, *A presentation to the World Editors' Forum*, Hong Kong, June 5, 2001.

变化，即由单一的生产模式向多样化集约化生产模式的转变。

“媒介融合”是一个非常广阔的研究领域，具有多样化的视角，有从技术融合角度展开的研究、从媒介所有权融合角度展开的研究、从媒介文化融合角度展开的研究、从媒介组织结构融合角度展开的研究、从新闻采编技能融合角度展开的研究等。

二、媒介融合的五种类型与模式

陈浩文在《媒介融合的分类——以美国媒体为例》一文中，介绍了美国西北大学教授戈登和美国鲍尔州立大学教授戴默等归纳出的“媒介融合”的类型。①

戈登教授提出了媒介融合的5种类型，前3种是从“媒介组织行为”来划分的，后2种则是以从业人员的角度进行划分的。

1. 所有权融合(Ownership Convergence)，大型的传媒集团拥有不同类型的媒介，因此能够实施这些媒介之间的内容相互推销和资源共享，如美国佛罗里达坦帕市的媒介综合集团(the Media General Company)、美国俄亥俄州的新闻电讯集团(Dispatch Media Group)，都是将各自在同一地区所拥有的报纸、广播电台、电视台和网站进行了融合。

2. 策略性融合(Tactical Convergence)，指所有权不同的媒介之间在内容上共享，如分属不同媒介集团的报社与电视台之间进行合作，相互推介内容与共享一些新闻资源。

3. 结构性融合(Structural Convergence)，这种融合与新闻采集与分配方式有关，如美国《奥兰多哨兵报》决定雇用一个团队做多媒体的新闻产品，使报纸新闻能够加工打包后出售给电视台。在这种合作模式中，报纸的编辑记者可能作为专家到合作方电视台去做节目，对新闻进行深入报道与解析。

4. 信息采集融合(Information-gathering Convergence)，这主要指新闻报道层面上一部分新闻从业者需要以多媒体融合的新闻技能完成新闻信息采集。兼文字、摄影、视频等多项技能于一身的“超级记者”的工作便属此类。

5. 新闻表达融合(Storytelling or Presentation Convergence)，这主要指记者和编辑需要综合运用多媒体的、与公众互动的工具与技能完成对新闻事实的表达。

---

① 参见陈浩文:《媒介融合的分类——以美国媒体为例》，http://www.cjas.com.cn/n2249c27.aspx

与戈登教授划分不同的是，戴默等几位在美国鲍尔州立大学任教的学者按照"新闻融合"的程度进行划分。他们在向美国新闻与大众传播学教育学会提交的题为《融合连续统一体：媒介新闻编辑部合作研究的一种模式》的论文中，提出了"融合连续统一体"这个新概念。他们根据自己所掌握的美国及其他国家的媒介当时的实际情况界定了"融合新闻"的几种模式以及每一种模式的具体含义。

1. 交互推广(Cross-promotion)，指作为合作伙伴的媒介相互利用对方推广自己的内容，如电视介绍报纸的内容。

2. 克隆(Cloning)，指作为合作伙伴的媒介不加改动地刊播对方的内容。

3. 合竞(Coopetition)，指作为合作伙伴的媒介之间既有合作也有竞争，如一家报社的记者编辑在某电视台的节目中对新闻进行解释和评论，某一媒介为自己的合作伙伴提供部分新闻内容等。作者认为合作的媒介之间依然存在着相互戒备，在电视上露面的报纸记者不会愿意透露那些构成报纸独家新闻报道的关键信息。

4. 内容分享(Content Sharing)，指作为合作伙伴的媒介定期相互交换线索和新闻信息，并在一些报道领域中进行合作，如选举报道、调查性报道等，彼此分享信息资源，甚至共同设计报道方案，但各媒介的新闻产品仍然是由各自的采编人员独立制作的。

5. 融合(Convergence)，指作为合作伙伴的媒介在新闻采集与新闻播发两个方面进行全方位的合作，他们的共同目标是利用不同媒介的优势最有效地报道新闻。多个媒介的记者编辑组成一个共同的报道小组，策划新闻报道并完成采编制作，并且决定哪一部分内容最适合在哪个媒介上播发。

"'媒介融合'的分类方法并不是固定的，关键是看其分类的标准。广义的'媒介融合'包括一切媒介及其有关要素的结合、汇聚甚至融合，不仅包括媒介形态的融合，还包括媒介功能、传播手段、所有权、组织结构等要素的融合。媒介融合是一个不断发展的过程，因此应该按照媒介融合的发展过程进行分类"。①

三、媒介融合引起传媒变革

彭兰在《从新一代电子报刊看媒介融合的走向》一文中，从另一个方面对媒介融合在各个层面所带来的传媒业的变革进行了阐述：

① 陈浩文：《媒介融合的分类——以美国媒体为例》，http://www.cjas.com.cn/n2249c27.aspx

1. 业务形态融合:多媒体日益兴起

多媒体化是各种传统的单媒体的内容汇聚到一个平台后的自然结果,是对单媒体业务的继承与革新。多媒体内容是对单媒体技术与资源的一种重组,更是一种创造性的结合。

2. 市场融合:产品相互嵌入多元组合

从市场的角度看,数字化使各种媒体产品有了共同的平台基础,这带来了媒体产品组合的灵活性。各个媒体的内容可以更加方便地实现相互嵌入,这不仅可出现在同类产品(如报纸与报纸、电视与电视)之间,也可出现在不同类产品之间,跨地域的产品组合也将成为可能。市场中的产品将出现更为多样化的版本,以满足更个性化的需求。各种产品汇入一个大的市场,再根据受众需求进行组合与分装。

3. 载体融合:发行渠道的"合"与接收终端的"分"

虽然载体融合是媒介融合的一个重要层面,但这种融合,是否就是各种媒介完全合流且成为一体?这是人们担忧最多,也是疑问最多的一个方面。事实上,电子报纸、电子杂志等多数是"借道"网络,而不是停留在网络上。这给我们的启发是,对于一个产品的生产流程来说,融合也许不是终极目标,而只是一个环节或一个途径。网络不一定要作为各种媒介产品的直接载体,而是可以仅仅作为媒介产品的发行渠道。这种方式,有助于在更大程度上继承传统媒体产品固有形态的优点,适应受众既有的阅读或收听、收视习惯。而网络作为发行渠道,则可以降低发行成本,提高发行速度,拓展发行空间。

从目前来看,媒介融合将带来的是载体的"先合后分"的局面,即各种媒介产品都将汇流到网络中进行传输,而后又分散到各种不同的接收终端中,这样仍然可以保持媒介产品的多样化。

4. 机构融合:更高层次的再分工

从宏观来看,技术的发展将促进网络新闻生产更加细化、专业分工更为明显,同时可能导致在网络新闻发布通道与平台上形成新的力量对比,从而带动多样化的合作模式的形成。以目前的发展情形来看,也许在未来,网络新闻内容的生产与新闻内容的发布这两个环节,会更明显分离,特别是在多媒体内容方面。[①]

---

① 彭兰:《从新一代电子报刊看媒介融合的走向》,http://media.people.com.cn/GB/5300074.html

第三节 媒介融合的条件

一、技术条件

媒介融合产生的先决条件是媒介技术的发展。在人类媒介的发展中，电话是对语言传播和电报传播的整合，广播是对电话和唱机和整合，电视是对广播和电影的整合，网络媒体体现的是对报纸、广播、电视以及更多媒体的整合。随着卫星技术、数字化技术和网络技术的进步，尤其是作为媒介融合核心的计算机技术的突飞猛进以及这些技术在广电、通信领域的全方位渗透与应用，传统媒介的界限渐渐模糊，新媒体形式层出不穷。一直局限于特定业务的媒介组织开始在政策的允许范围内尝试着拓展自己的业务范围。

技术力量改变着媒介的现有特征。传统的单一属性（如平面媒体、音频媒体、视频媒体等）的媒介终端向视听多媒体终端进化。以往只有单一服务的网络（如电话网和有线电视网）可以不同程度地承担其他网络的职责。网络媒体的融合功能不断增强，接收与发布新闻的手段和方法越来越多，新闻信息传播普遍采用多媒体方式，最终在新的终端介质上实现听、读、看、写、说、录等手段的自由选择和组合，新闻传播体现出更加自由、更加人性化和更加方便快捷的特点。

单从媒介的技术形态和物理介质看，人们已经很难划分“第X媒介”了，各种媒介相互渗透、包容、转化和整合，形成了一种“你中有我、我中有你”的媒介生态环境。如果最终发展到将过去在不同媒介中传播的信息，集中到同一终端去反映的时候，再来区分谁是报纸、广播、电视、网络，已经没有什么实际意义。在数字技术与网络传播推动下，各类型媒介通过新介质真正实现汇聚和融合。据英国《自然》杂志报道，一种可折叠的电子纸已经研制成功。像电子纸这类新介质，甚至今天我们还难以想象的更新一代的媒体，能将报纸、收音机、电视机、电脑、手机等信息终端的功能和特点汇聚于一体，通过无线传输，成为未来人们获取新闻信息的接收终端。

二、社会需求

“媒介即信息”，这是麦克卢汉的经典论断。任何一种新的媒介形式的出现，都极大地拓展了信息传播的途径。在今天这样一个信息社会里，人们对信息的需求比以往任何时候都要强烈，而媒介融合可以充分发挥不同媒介的优势，最大限度地满足人们的信息需求。“融合媒介与融合新闻把我们带进了一个‘内容为王’的时代，我们可以更多更方便地根据信息内容传播的需要，来选择和决定使用什么样的媒介，内容产品的生产进一步与传播的载体分离，载体的使用将完全服务和服从于内容”，[①]从而实现内容决定形式的优化传播。

当今社会呈现出“碎片化”的状态，并由此延伸到市场的“碎片化”和受众的“碎片化”，大众时代过渡为分众时代，媒介受众由以往的单向阅听人的角色转变为需要为其量身定制娱乐、资讯服务的用户。在受众时代，媒介消费基本免费，媒介传播只是单向的点对面方式；到了用户时代，媒介消费者则按需缴费，实现点对点的传播，这需要海量的内容做支持。是音频还是视频？是新闻还是综艺？是游戏还是商务？是点播还是广播？……媒介消费者的需求由单一变为多元，由迎合变为选择。

融合媒介可以根据不同受众需要，制成不同类型的产品供他们选择。如同一新闻事件，可以先用最快的速度和最简洁的语言从互联网或无线短信中发出，以满足那部分生活节奏快而只需了解事实梗概的人；然后将载有对新闻事件及相关背景详细介绍的报道见诸报端，这也许是时间较为充裕而对事件的经过有浓厚兴趣的读者的最好选择；而制成生动直观的电视节目向观众娓娓道来，可能是家庭妇女和孩子们的所爱。

另一方面，媒介融合有利于改变媒介组织粗放化的经营模式，实现集约化经营。以互联网为代表的新媒介的异军突起，加速了传媒产业中不同形态和门类在同一操作平台上的渗透和融合，实现了传媒产业的全面升级。传统的传媒企业画地为牢、各自为政，有着相对独立的经营理念、运作模式和细分市场。融合媒介与融合新闻使各媒介从独立经营转向多媒介联合经营，它可以使传媒企业的人、财、物、讯(息)等资源得到合理的配置，从而降低生产成本，增加效益。随着网络技术和多媒体技术的不断发展，传统的媒介之间的技术鸿沟将会进一

---

① 赵志立:《媒介融合的四个优势》，http://www.cjas.com.cn/n2251c27.aspx

步打破，传媒产业之间的界线将会越来越模糊，取而代之的将是统一的“数字内容产业”。①

三、产业政策

媒介融合不仅仅是报纸、广播、电视和网络媒体的融合，而是涉及广播、电视、电影产业、信息通信产业、电子制造产业、出版产业等多个产业，各个产业的规模、组织、市场结构及组织的市场行为都在不同的层面促进或制约着媒介融合的范围和程度。为了推进媒介融合，发展文化产业，西方发达国家出台了相应的法规和政策。

美国颁布的《1996 年电信法》，放宽了对广播电台、电视台所有制的限定，并打破对媒介种类的限制和隔绝，允许电话公司参与有线电视市场的节目竞争。根据该法，在全国性市场上，个人、公司、社团可拥有的无线电视台的数目，其累计收视率上限放宽到全美电视用户的 35%。该法还废除了长期存在的广播电视网对有线电视系统的交叉所有权的限制，废除了电话公司进入有线电视市场的限制。该法还允许传媒集团可以兼营广播、电视业务。2001 年 9 月中旬，联邦传播委员会推出两项对全国广电传媒有深远影响的规定，一是允许媒体公司收购同一地点的报纸与电台电视台，二是取消收购全国有线电视台上限。2003 年 6 月 2 日，联邦传播委员会投票决定，取消禁止同一媒体公司在同一地方市场内同时拥有电子媒体和平面媒体的规定，传媒集团所拥有电视台的全国观众比率限度从 35%放宽至 45%。

欧盟于 1997 年发布《迈向信息社会之路》，规定不同的网络平台都能一同传送电话信息、电视信息和电脑信息和数据，认为网络融合不仅是不同技术的融合，而且是不同业务(包括各种电信、电视、广播和电脑图像及文本数据业务以及交互型多媒体业务)的融合，这种融合可以让用户通过地面广播网、卫星网、电缆网和宽带电话线(如 ADSL)享用各种宽带数字业务。2003 年 7 月，英国议会通过《英国通信法》，设立了由先前的电信管制局、独立电视委员会、广播管制局、BSC 广播标准委员会和无线通信管制局 5 家合并而成的通信管制局 OFCOM，管制方式从分裂变为统一，改变了广播电视行业单向进入电信行业的传统格局。2004 年 4 月，韩国国会通过了新修订的《广播法》，允许卫星数字多

① 赵志立:《媒介融合的四个优势》，http://www.cjas.com.cn/n2251c27.aspx

媒体广播，电信公司韩国 SK 电讯通过开展卫星 DMB 业务进入广播领域。[①]

在这些法规和政策的激励下，西方发达国家的传媒集团几乎都是跨媒体的。随着资本主义由自由竞争走向垄断，出现了最早的传媒集团——报业集团。广播、电视出现后，报业集团纷纷进军广播和电视，广播电视集团也进军报纸和杂志等新闻出版业。近年来，又兴起了传媒业与电信产业、娱乐产业的融合并购，也产生了一些新的媒体形式，比如 IP 电视、电子报纸、手机报纸。

在我国，虽然目前 75 号文件明文禁止广电和电信的互相渗透，但媒介融合的潮流不可阻挡，在 IP 电视、手机电视等业务上，不少企业已经在不抵触政策的前提下，做了一些试验和探索。从目前媒介的融合情况来看，我国需要"三网合一"的政策支持。三网合一是指现有的电信网络、计算机网络以及广播电视网络相互融合，逐渐形成一个统一的信息通信网络系统，由一个全数字化的网络设施来支持包括数据、话音和视像在内的所有业务的通信，即电视、电脑以及手机的融合。

3 月 28 日，国家广电总局副局长张海涛在中国国际广播电视信息网络展览会主题报告会上描述广电新业务的前景时说："这是蜕变与新生。"广电系统自主研发的手机电视在此次展览会上正式亮相，其合作者已经包括 90 多家厂商，其中还包括世界上最大的手持移动终端制造商。

据了解，目前的移动多媒体广播技术已经可以承载 20 多套电视、30 多套广播以及各类信息服务。电信的手机电视能提供个性化服务，而广电系统的则更普遍、更大众。这意味着广电系统以后不只是做广播台、电视台了。广电行业关注的领域还会涉及公路、铁路、内河航运、汽车，以满足更多民众的实际需要。随着互联网和移动网络兵临城下，年轻人不看电视只上网已不是新闻，传统的广电用户正在流失。

面对严峻的竞争，广电网络不得不迅速打开和延伸产业链条。就未来发展而言，广电除了挖掘自身的新技术以外，还要加入到对互联网视频、手机电视市场的争夺，以逐步扩大电视内容的影响范围。在信息化时代，广电业要想走得更稳更远，就要充分利用电信、互联网的优势，实现"三网融合"，整合创新，努力让每一张网上都能跑视频、跑音频，承载综合性业务。

---

① 黄河：《媒介融合：无所不能与无处不在》，http://www.ahtv.com.cn/public/2006-11/02/cms57675article.shtml

第四节 媒介融合的特征

一、技术化与全能化

1. 媒介融合首先是技术的融合

媒介融合首先是技术的融合，媒介融合根本的和直接的诱因是数字技术的成熟，新一代数字技术、广播技术、信息技术的飞速发展成为媒介融合的直接推动力。因此，媒介融合表现出鲜明的技术特征。数字报、手机报、网络电视、IPTV、手机电视、卫星移动电视等新媒体不断崛起，与传统媒体呈现出丰富的融合特征，传统媒介间、行业间的界限被轻而易举地打破。以IPTV为例，随着视频压缩技术和流媒体传输技术的快速发展，传统的电视节目可以通过高速互联网实现直播、点播以及时移播出，最大限度地满足受众的观看需求。由于IPTV可以通过电视机和计算机两种终端观看，我们已经很难将其划归于单一的广电业还是信息业范畴。

技术融合导致不同产业之间技术性进入壁垒逐渐消失，使不同产业形成了共同的技术基础，并使不同产业间的技术边界趋于模糊，最终导致产业融合产生。电信网、广播电视网、计算机网高层次业务应用的三网融合，表现在技术上趋向一致，网络层上可以实现互联互通，业务层上互相渗透和交叉，应用层上使用统一的通信协议，网络资源从而实现最大程度的共享，也使不同的产业进行融合。随着数字化生活的普及和通信技术的不断革新，融合的界限已经从原来的三网融合扩张为语音、数据、视频与移动的四重融合，它为新通信时代的各个不同侧面作出了最好的诠释：通信与IT、移动与固网、电信与广电、家庭网络与消费电子设备……从底层到应用，从网络到终端，再到后台支撑，一切都在趋向统一。

2. 媒介融合整合不同媒介功能

由此可见，每一次传播革命都将人类带入一个新的时代。语言传播不仅使人类可以交流信息，积累知识，它同时也成为社会的凝固剂，使人类由野蛮时代进入文明社会。书写传播不仅可以让人类记录下来自己的经历和自己的思想，也可以让人类超越时间和空间的限制进行传播。印刷传播打破了少数人享有的传播特权，带来了文化和教育的普及，也使人类传播由人际传播时代进入大众传播时代。电讯传播不仅是传播方式上质的改变，同时也将人类由区域内传播时代引入区域间传播时代。互动传播则将人类以往的各自独立的单一传播转变为综合传播，将单功能的媒体发展为多功能的媒体，而且也将人类由工业社会带进了信息社会。在《网络社会的兴起》一书中，卡斯特尔指出，“作为一种历史趋势，信息时代的主要功能和方法均是围绕网络构成的，网络构成了我们社会新的社会形态，是支配和改变我们社会的源泉”。①

在媒介融合的时代，依托于不同媒介的文化形态竞争与融合，表现出多元文化的技术性与全能性。它不像任何一种文化形态那样边界较为清晰地归属某一文化区域，它具有巨大的技术整合力，在文化的任一区域均可兼跨。它不仅体现着大众文化的精神，也兼容并包着精英文化、世俗文化、高雅文化与娱乐文化的精髓，从而呈现出一种全能文化的形态。因此，传媒文化在融合中表现出比以往任何一种单一的媒介文化形态更为巨大的作用，难怪席勒在《思想管理者》一书中担心：“美国的媒介管理者创造、筛选、精炼、主宰着我们的形象与资讯的流通，从而决定我们的信仰、态度——最后，还有我们的行为举止。”②

二、集约生产与全民写作

1. 变单一的内容生产为集约化生产

媒介融合改变了内容的生产模式与传播模式。融合媒介意味着不同类型的媒介从各自独立经营转向多媒介联合经营，以最大限度地降低生产成本，一种新的新闻传播模式“融合新闻”(Multiple-journalism)产生了。融合新闻与传统的单一媒介的新闻传播活动有着巨大差异，其主要特点是将多种媒介的新闻传播活动整合进行，采用多媒体、多渠道的方式传播新闻。在这方面，美国的论坛公司(The Tribune Company)和媒介综合集团(Media General Inc.)作出了有益的探索。这两家公司以自己所拥有的报社、电视台和网站作为基础，构造了不同类型的“融合新闻”的平台。美国媒介综合集团2000年投资4000万美金在佛州坦帕市建造了一座传媒大厦，取名“坦帕新闻中心”(Tampa's News

---

① 崔保国：《网络社会研究的方法与视点》，http://www.cctv.com/tvguide/tvcomment/tyzj/zjwz/8109.shtml

② 转引自陈共德：《政治经济学的说服》，《新闻与传播研究》2000年第2期，第3页。

Center)，将属下的《坦帕论坛报》及其网站 Tampa Bay Online、电视台 WFLA-TV，还有集团网站 tmo. com 的编辑部门集中起来运行。集团设立"多媒体新闻总编辑"，统管三类媒介的新闻报道，使三类媒介在新闻采编方面实现了联动。[①]

凤凰卫视在媒介融合中同样实现了传媒文化生产的集约化。凤凰集团开展媒介融合活动大致有四种类型：

第一，表现在产业层面上。凤凰集团不同的电视频道、凤凰网、《凤凰周刊》等均由附属于集团的全资或非全资但由集团控制的子公司经营。这些子公司按照自己的业务目标开展融合新闻业务，产品形态表现为栏目及其组合、DVD 系列、丛书、短信系列服务等。

第二，表现在个人或团队层面上。一般由某个电视栏目的负责人，周刊栏目的主编、责编，网站部门的负责人来负责指挥或实施融合新闻业务。产品形态表现为某个栏目、某本书、某套 DVD、某个电视节目的宽频文件乃至某个稿件等。例如，一个重大的新闻事件发生后，《凤凰正点播报》《时事直通车》《凤凰早班车》《资讯快递》(凤凰网)等栏目往往追求第一时间的报道，而《时事开讲》《新闻今日谈》《时事辩论会》《凤凰宽频》(凤凰网)等栏目又会在已有新闻信息的基础上开展深度的报道和分析，实现信息的二次利用，对于一些有特别价值的新闻信息则进行第三次挖掘整合，出版书籍或制作成 DVD 等。同样的新闻素材资源在不同的栏目里所被使用的方式往往不一样，在《凤凰正点播报》中是作为消息的构件来使用的，在《新闻今日谈》中则是作为新闻背景资料来使用的，如果被《锵锵三人行》《娱乐串串烧》等栏目使用，那往往只是作为一个话题的引子。

第三，表现为项目的方式。这往往是在由集团组织的重大新闻报道活动或其他活动时采用的方式。例如，2003 年 5 月 1 日该集团组织了《北京一日》"非典"特别报道。集团副总裁钟大年在北京统一协调部署这次报道活动。5 月 1 日上午派出 5 路记者，分赴 5 个地点采访，中午过后摄制组陆续归来，开始制作新闻，并向香港总部传送。在此期间，北京记者还与香港连线，及时通报北京方面的情况。这些新闻当天被《宣战 SARS》《凤凰正点播报》《资讯快递》(凤凰网)等栏目采用。此后一天拍摄的素材又被制作成了一部 90 分钟的特别节目，在 5

① 参见蔡雯：《新闻传播的变化融合了什么？——从美国新闻传播的变化谈起》，《中国记者》2005 年第 9 期，第 36 页。

月 3 日播出。《凤凰周刊》对《北京一日》也做了后续报道。一天内的报道素材被不同栏目、不同媒体使用,有即时报道,有连线,也有深度报道,多重开发和利用,造成了很大声势。这种项目式的融合新闻业务往往是由集团统一协调来完成的,有时还要专门成立项目组来完成,而前面两种方式往往是公司或栏目自发来做的。

第四,表现为资料库服务的方式。随着该集团自制电视节目数量的增加,将可成立自己的高质量、以市场为主导的中文媒体内容的资料库。该集团有计划地把资料库许可给其他电视、互联网及媒体经营商使用,这样,这一资料库又将成为凤凰集团的另一收入来源。①

"把骨头嚼碎了做节目",这是凤凰集团内部的一个流行语,充分表现了他们在媒介融合,进行集约化生产方面作出的努力。而在内地新闻界,经常出现同一个报业集团的不同报纸、同一个电视台的不同频道,甚至同一个报纸的不同部门、电视频道的不同栏目同时前往采访同一新闻事件的情况,但这种情况在凤凰集团不太可能出现。经常的情况是,一个新闻事件,一个报道小组,采回的新闻素材以不同形式、不同角度在不同的栏目被充分利用。

凤凰集团重视媒介融合,与创办时所掌握的资源状况有关。1996 年刚刚成立的凤凰卫视所有员工只有 110 多人,摄影棚只有一个,而且布景是来回转换,公司面积不过 3000 平方米,办公空间狭小紧促。从信息采集网络来分析,凤凰集团没有欧美主要电视媒体 BBC、CNN、FOX 所拥有的强大的全球网络,能够对国际重大事件进行迅速、详尽的第一手报道,也没有中央电视台所拥有的地方台提供的信息来源。这就要求他们必须善用资源。②

在内地,通过媒介融合进行集约化生产的尝试也已经开始。河南报业集团注重报网互动,《河南日报》与河南报业网共同主办《焦点网谈》栏目,每周二四在报纸上刊登两个整版;报社的总编和记者们协助网站开设《总编在线》《记者连线》栏目,网站则为报纸提供征稿园地。浙江日报报业集团与浙江移动、浙江在线合作开通《浙江手机报》,推出全国首家数字报纸,并与北大方正合作开发了"数字报刊与跨媒体出版系统",实现传统报纸、数字报纸、光盘出版以及全文数据库产品一体化生产和多元化出版。四川日报报业集团下属的《四川日报》

① 参见吴海荣:《凤凰卫视媒介融合策略探析》,《西南民族大学学报·人文社科版》2006 年第 9 期,第 30 页。

② 同上。

与四川在线网站合作在《四川日报》每周五"社会视线"专版上的"四川在线一周热点"，对网络上的热点话题进行二次开发。

在媒介融合时代，文化生产与传播的技术更为多样、复杂，习惯于传统媒体生产流程的任何单一机构，难以承载多媒体内容生产的完整架构。产品单一、单独运营的媒介组织很难应付市场变化，在集中和融合的媒介集团中，不同的媒体可以通过生产流程的设计与控制实现资源重整，利用不同类型媒介的介质差异，在文化生产传播上实现资源共享而又产品各异，化竞争为合作，从而做大做强。因此，整个传媒业的机构需要在一个新的层次上进行融合、重组，每一小机构都是作为一个大机构中的一分子，完成自己所擅长的某一个"部件"或某一环节。

2. 变传媒组织的内容生产为全民生产

媒介融合在内容的集约化生产方面，不仅表现在传媒组织的合作，还表现为内容生产的全民写作。

在传统大众媒介垄断新闻传播与文化生产的时代，为新闻媒介提供信息的主要是政府机构、社会团体和企业组织，承担采集与发布新闻信息的主要是职业新闻工作者及作为"准新闻工作者"的新闻通讯员。虽然不少媒介开设了热线电话，或通过来信来访渠道获取来自民间的信息，但这类信源在数量上远不能与前者相比，采用率也较低。新媒介的出现，使普通公民获得了从未有过的参与新闻传播的能力，他们借助手机、博客、播客、BBS等，发布新闻表达观点。在全世界范围内，"草根记者"在重大突发事件现场发布的新闻一次次产生了全球性的轰动效应，从东南亚海啸到英国伦敦地铁爆炸事件，第一时间发出的现场新闻报道都出自普通民众而非职业记者。虽然专业媒介组织在新闻传播中依然占据主导地位，但不能否认的是，新媒介正在改变大众传播的面貌，个人对个人、个人对多人、多人对多人的传播网络已经形成，传者受众一体化将成为新闻传播的主体特征。目前，我国博客已经突破4000万，平均每天有30.5万篇博客文章被上传到网上，①这一巨大的新闻信息源已成为传统媒体开发利用的对象，如杭州的《都市快报》在对哈尔滨停水事件的报道中就连载了东北市民的博客日志。② 手机媒体也同样催生出新的新闻信息源，《北京青年报》等地方报

---

① 参见姚志锋：《博客——互联网的新经济时代》，《中华新闻报》2006年3月29日。

② 参见樊一彪：《站在新媒体的肩膀上——从哈尔滨停水事件看传统媒体的报道创新》，《新闻实践》2006年第1期，第10页。

纸开设了彩信新闻栏目，广泛征集读者用手机拍摄的新闻现场照片。凡此种种，说明新闻传播主体在由职业新闻工作者独家垄断转变为职业人员与社会公众共同分享，新闻信源也随之发生了结构性的变化，博客越来越多地从由个人化媒体走入大众传媒，来自普通民众的新闻和言论在新闻传播中占据越来越大的比重。值得我们注意的是，这种改变也使得新闻传播效果具有越来越大的不确定性，新闻媒介组织对新闻传播的控制也越来越难。①

意识形态和权力斗争是传媒文化的核心概念之一。在媒介融合的时代，文化生产的全民写作打破了少数人对信息传播的垄断，促进了社会的多元化和政治的民主化，受众的选择权和支配权的强化即为明证。“使个人表达自由和言论自由第一次真正地实现了。每个人都可以成为自己的出版商，不受任何政治、意识形态、技术、文字和逻辑能力的审查，经济能力的限制与以往相比可以说是微不足道”。② 一些学者甚至把BBS与传统的自由主义传播理论和哈贝马斯的“公共领域”思想挂钩，认为“意见的自由市场”在传统媒介仅仅是一种理想，而BBS使理想成为现实，借助于BBS，重建“公共领域”的曙光已经出现。

然而，情况并没有这么简单。媒介融合促使垄断性媒体的产生，重新又影响了对信息权力的掌握。同时，当网络的影响力日益提升的时候，政府对网络的控制也日益严格，而且，在信息的生产与传播中，传统媒体依然占据主流地位，网络媒体成为主流媒体尚需时日。从信息本身来看，网络的发展把人群迅速分化为信息富有者和信息穷困者，两种人在获取和支配信息方面的能力不相等，其结果是为数不多的前者将会与后者迅速拉开距离。在信息决定一切的后工业社会，社会分层将完全取决于个人处理信息的能力和熟练程度，信息差距和两极分化，使网络民主事实上变成了少数人的特权；而且，信息差距所造成的个体知识沟的扩大，将导致社会紧张因素的增加。③

尽管如此，媒介融合时代比起单一的媒介时代，内容生产全民写作比起以往的少数人从事内容生产，毕竟是一种进步。在工业社会的单一大众传媒时代，人们追求的是自由、平等和合理，而在信息时代的传媒融合的时代，人们受到后现代主义、后资本主义思潮的冲击，越来越追求福利、享受和精神方面的东西，社会的理念就是服务、消费、沟通、福利。

---

① 蔡雯:《媒介融合发展与新闻资源开发》,《今传媒》2006年第11期。

② 闵大洪:《在理想与现实的冲突中——新闻媒体网站电子论坛刍议》,《新闻与传播研究》1998年第3期。

③ 参见W.赛佛林等:《传播理论:起源、方法与应用》,华夏出版社2000年版,第82页。

三、内容融合与渠道融合

1. 内容融合实现内容增值

媒介融合的途径很多，概括起来可以分为内容融合和渠道融合。内容从物理形态上看，可以分为文字、声音、图片、图像等；从媒介载体上看，可以分为报纸、广播、电视、互联网、手机等媒体上的内容。

在数字技术产生以前，传媒产品报纸主要是文字和图片，广播是音频，电视是视频，这些不同的产品形态是不能直接兼容的。数字技术的产生打破这些内容产品在技术上的壁垒，不同介质的内容产品都可以进行数字化处理和传输，内容生产逐渐走向融合，实现"一次生产、多次加工、多功能服务、多载体(渠道)传播"。

内容融合的目的是实现内容增值。内容增值的实现有两个阶段，一是在内容的生产环节，借助媒介融合进行通用性生产，降低内容生产的成本，极大地释放内容生产力，使内容生产具有更高的效率；二是在内容的使用环节，同一内容或大致相同的内容在多个不同的终端上使用，内容产品的多层次利用提高内容产品的使用效率。

内容的生产和使用环节也是内容的采集和分配环节，集采集和分配两大功能为一体，需要构建媒体的"内容集成平台"，内容集成平台是内容的增值装置。媒介资产管理系统 MAM(Media Asset Management)和数据库是常见的内容集成平台。在这一平台上记者编辑以多媒体手段完成新闻信息的采集、加工与发布。"所谓的媒介资产管理系统指的是节目内容平台的中心，是一个集音频视频数字化、编目、存储管理、检索和发布于一体的综合解决方案。该系统将各种内容素材资料，包括音频素材、文字、图片等纳入统一的管理之下，原本分散的一次性使用的素材，可以得到充分利用，可以存储，可以向不同的媒体发放，这就是一种巨大的生产力，无论在时间上、经营成本上都会战胜那些个人方式的分散的内容生产者"。①

国内一些媒体已经着手建立媒介资产管理系统。广州日报报业集团早在20世纪90年代初就开始逐步实现广告、发行和新闻采编的整合，建立了一体化工作信息服务平台"《广州日报》新闻业务综合管理及公众信息服务平台"。集

① 黄升民:《升民视点——革命尚未成功，同志仍需努力》,《媒介》2006年第5期。

团数据库与各应用系统同步建设，同步完成，主要应用在经营管理、采编生产、数字资产管理、读者客户服务、报刊发行配送管理等方面。

数字技术下的媒介融合所催生出来的内容产业是基于数据库的生产模式。数据库将新闻信息等内容资源进行整合、共享和优化配置，是实现内容资源增值的平台。以报纸为例，一般报纸网站的制作发布，报纸采编系统和信息增值服务都离不开数据库平台。数据库平台包括检索系统、图片系统、历史报纸资料库、编辑稿库、广告资料库等。

内容融合改变了新闻传播的范式，出现了一种新的新闻传播模式——"融合新闻"(Convergence Journalism)。"融合新闻"又称"多样化新闻"(Multiple-journalism)，其特点是将多种媒介的新闻传播活动整合进行，采用多媒体、多渠道的方式传播新闻。① 不同的媒体例如报纸、电台、电视台和网站及手机等，集中在一个信息操作平台上，统一策划、相互协调，取长补短，根据各自媒体和受众特点对信息进行分类加工，发挥各自的传播优势，有针对性地传播给特定受众。② 如某地发生了一个突发性事件，编辑部立刻向现场派出采访小组，小组由有经验的文字记者、摄影记者、电视摄像记者或者熟悉各种技术手段的"多媒体记者"组成。他们将采集的素材迅速传回编辑部门，然后再由精通各类媒介的编辑在图表制作和设计网络交互式传播的专家配合下，制成不同类型的新闻产品。也许他们的第一批产品是用于网站的简讯、图片或是用于广播的口播新闻，紧接着也许是为电视提供的能够比较完整地表现事件现场的电视节目，最后也许才是为报纸提供的既有更多文字信息，又有相关背景资料介绍的深度报道。

通过以上的分析，我们可以得出结论，内容融合绝不只是简单的技术变革，它从根本上改变了以前内容生产上的各自为政，变单一的线性生产为大规模的内容生产融合、内容形态融合和内容应用融合所构成的数字化生产方式，从而引起了内容生产方式和传媒组织结构的变革，在内容融合中提升传媒内容的加工、生产能力和增值服务能力。

2. 渠道融合打造跨媒体、跨地域传媒集团

数字技术打破了各种传媒介质之间的界限，不同的传媒渠道呈现出融合的特征。报业集团和广电集团可以发展成为拥有各种传播介质的跨媒体、跨地域

① 蔡雯：《媒介融合发展与新闻资源开发》，《今传媒》2006 年第 11 期。

② 徐晓敏：《融合新闻：新闻传播业的新转型》，《新闻窗》2007 年第 3 期。

传媒集团。渠道融合贯穿于传媒内容生产的全过程，主要是网络和终端的融合。通过渠道融合，传统媒体进入网络平台和移动平台，并进一步向娱乐产业集团发展。另一方面，传统媒体要对已有的渠道进行有效整合。

对已有渠道的融合，首先要提高已有渠道的利用效率，对现有的渠道进行有效整合。在渠道融合中，新渠道的开拓无疑是十分重要的。国外大的媒体基本上是综合的传媒集团，除了报纸，还有广播、电视，除了传统媒体，还有网络、手机等新媒体。传统媒体渠道的拓展，最为现实的是向以互联网为介质的有线网络终端和以手机、阅读器等为介质的无线移动终端拓展，受众则可以通过多种终端（如计算机、数字电视机、数字收音机、eBook 阅读器、PDA、手机等）进行接收和消费。媒介融合的最终方向是跨媒体、跨地域的传媒集团。西方发达国家的报业集团基本上是跨媒体、跨地域的传媒集团，而中国的报业集团和广电集团基本上是单一的报业和广电业，这既与中国报业、广电业的发展不成熟有关，也与现存的行业壁垒、地域壁垒、资金壁垒等多种因素有关。尽管如此，国内一些传媒集团已在跨媒体、跨地域传媒集团方面进行了尝试。

第七章

传统媒体的数字化转型

内容提要:新媒体在对传统媒体带来挑战的同时,也为传统媒体带来了难得的发展机遇,那就是在媒体融合中实现传统媒体的数字化转型。报纸、广播、电视等传统媒体的数字化转型,并不只是简单的技术和媒体形态的变化,而是传统媒体发展转型的系统工程。从技术形态上看,是用数字技术改造和装备传统媒体,实现传统媒体体制、流程与形态的再造;从发展模式上看,需要进行体制机制创新,建立起适应新媒体挑战和传统媒体发展的新制度,寻找到新的符合数字报业和数字广电运作模式和规律的价值链与商业模式。传统媒体的数字化转型是对传统媒体的发展,不能割断与传统媒体的联系另起炉灶,盲目发展。

第一节　报业的数字化转型

新技术的出现并不意味着旧技术的消亡，新媒体在对报纸提出挑战的同时，也为报纸提供了难得的发展机遇。今天的数字化信息技术正在改变着信息的采集、合成、传播、经营的各个环节的运行方式，把历史上不同媒体形态的独立演进过程统一为一个更加丰富、更加有序的过程。报业等传统媒体在数字技术与网络传播的推动下，将实现与新媒体的共生共荣，相互融合。

媒介融合已经成为媒介发展的现实，为报业的发展带来了前所未有的机遇。那么，报业应对新媒体的挑战，利用数字技术进行媒介融合的突破口在哪里呢？在实施数字报业战略，推进报业的数字化转型。

一、数字报业是报业的战略转型

1. 数字报业的内涵与外延

什么是"数字报业"？目前还没有一个公认的定义。有人认为，数字报业是以信息技术、编码技术、网络技术、通讯技术、视像技术等数字技术的应用为标志的新兴报业；是对传统报业进行技术改造、结构重组、模式创新的现代报业；是建立在数字化、网络化、时空化平台上的全媒报业。"新兴报业""现代报业""全媒报业"体现了数字报业的基本内容、主要特征和本质属性。[①] 还有人认为，数字报业指的是报纸采集的信息经过数字化处理，从单一的报纸出版方式发展到多次多渠道出版和再利用，媒体业务模式从信息编辑加工走向综合信息服务。[②]

数字报业这一概念由"数字"和"报业"两个词语构成。这原本是两个不同的概念，技术的发展使两个概念紧密地结合到了一起。数字技术可以对传统报

① 刘景来：《数字报业的研读与解析》，《中国报业》2007 年第 11 期，第 17 页。

② 黄小蓉：《创新党报合作的思路与机制》，《当代传播》2006 年第 1 期，第 17 页。

业强制浸透和原型改造，传统报业也可以向数字领域积极融合和自我转型。因此，对数字报业的把握不能将数字与报业隔离开来，也不能将数字技术与传统报业简单叠加。我们可以从以下方面来把握数字报业的概念。

(1)从技术形态上看，数字报业是用数字技术改造和装备传统报业，实现传统报业体制、流程与形态的再造。

这些数字改造包括内容数字化、形态数字化、流程数字化和手段数字化。内容数字化是通过编码技术和计算机技术将报业新闻信息转换为用数字技术进行识别和处理的数字形式的内容，是报业数字化的基本前提和重要基础；形态数字化是将报业数字内容表现为与数字技术相对应的数字文本、数字视频、数字语音、数字图片、数字动漫等存在形态，是内容数字化的载体和表现形式；流程数字化是用数字技术处理新闻信息的采集、编辑、排版、传输、发行、交互、阅读、存储、检索等全过程，是数字报业的关键，是内容数字化与形态数字化的技术要求和必然结果；手段数字化是应用网络传输技术、数据存储技术、基础平台技术和移动终端技术等数字工具实现对报业信息的管理，是数字报业的技术标志，是内容、形态、流程数字化的装备支持。[①] 报业的数字化改造不仅是利用数字技术改造本身传统的生产方式，包括印前、印刷、发行、管理等各个环节，更是利用数字技术重塑报纸出版业的行业边界和业务形态，推动多元传播格局下报纸出版方式和报业经营模式的转型，这一方面，即报纸内容通过新的介质(如光盘、电信网、广电网、互联网等)、新的终端传播(如计算机、手机、PDA、阅读器、显示屏等)的传播形态。

(2)从发展模式上看，数字报业需要进行体制机制创新，建立起适应新媒体挑战和报业发展的新制度，寻找到新的符合数字报业运作模式和规律的价值链与商业模式。

技术改造只是数字报业的表象，数字报业的本质是建立起适应数字化生存社会的报业发展新模式，必须对以往传统的报业发展模式加以改造和更新，建立新型的生产力和生产关系。在生产方式和发布方式上，数字报业的生产不再是直线的采写—编辑—印刷—发行—广告的二次销售模式，而是环形的多点互动形态。新闻采编可以通过数字技术实现即时的多媒体传输，新闻信息的呈现终端也不再是单一的平面媒体，新闻纸不再是报业唯一的介质选择，多媒体复合显示手段或者说其他任何新型移动数字介质都可能成为报业的终端。在经

① 刘景来:《数字报业的研读与解析》,《中国报业》2007 年第 11 期,第 17 页。

营方式上，数字报业将改变长期以来报业经营严重依靠广告和发行的模式，转变为多点作战、立体经营，如个性化信息服务、电子商务等，提高产品的附加值。在管理方式上，需要出台报业向其他媒介形态拓展融合的宏观政策，报业的管理部门应当在数字报业宏观战略下调整管理政策，制定适合报业数字化转型的发展政策，促进我国报业向数字报业的成功转型。在报社内部，需要搭建适应数字内容产业运营方式的新型生产关系也就是新的组织架构。不仅仅围绕采访编辑发行广告的生产线进行管理，而是在数字多媒体平台上进行资源整合。

(3)数字报业是对传统报业的发展，不能割断与传统报业的联系另起炉灶，盲目发展。

数字报业是一项系统工程，而非仅仅寻求一种数字化的新介质对新闻纸的替代，数字报业要扎根于传统报业强大的原创内容的沃土。报业的核心竞争力是新闻内容产品的原创能力，数字报业要充分发挥传统报业的这一优势，并不放弃传统主营业务和主营产品。报纸业务目前仍是报业的营收支柱，也是战略转型的基础和条件，仍应全力发展。但是，不放弃并不意味着不对纸质产品进行重大的创新，新技术带来了新的阅读需求，报纸应通过创新努力满足这种需求。

(4)数字报业是一个发展的概念，发展方向是跨媒体、跨地域的传媒集团和娱乐产业集团。

数字报业这一概念在不同的时期有不同的内涵，有人因此认为数字报业是一个过渡性概念。数字报业反映的是传统报业在当前这个特定历史时期的转型目标，它最终的发展方向是数字内容产业及其关联产业。报业应当紧紧抓住数字、网络、多媒体技术快速发展的机遇，由传统报业集团向跨媒体、跨区域的传媒集团和大型娱乐产业集团发展，这是一个必然的趋势。在数字化生存的时代，报业应当由“报纸业”向“报道业”升级，从提供报纸转变为提供数字内容和核心价值以及娱乐产品等。数字报业不是一劳永逸的终极状态，而是永无止境的动态目标，这是由数字技术发展的持久性和报业战略发展的目标性决定的。

2. 数字报业是报业战略转型系统工程

通过以上的分析可以发现，数字报业不是简单的报纸数字化，而是一个系统工程。通过数字技术，报纸融入新媒体发展的浪潮中，产生诸如数字报、手机报等新的报纸形态，这固然是数字报业的内容之一，但这样的报业数字化仅仅是数字报业的一个表象，数字报业涉及报业的生产方式、内容传播模式、经营模式、管理模式等一系列深刻的变革。同时，数字报业又不能同传统报业割裂开来，要同传统报业相互结合和补充，充分发挥传统报业和新媒体的优势，使传统报业迎来新的发展春天。

因此，数字报业是传统报业的战略性转型。它打破了传统报业的思维局限，打破了传播介质和表现形态的束缚，把报业的核心能力拓展到各种数字化的载体上，利用互联网、移动电子终端、移动通信终端等高新技术和现代生产方式，重新塑造报纸出版业的行业边界和表现形态，并建立起新的数字报业价值链和商业模式。

数字技术的出现，不同于当年广播电视出现时给报业带来的补充性和调整性影响，而是具有革命性、颠覆性和替代性的。可以说，谁最先认识和理解数字报业的本质，并依其要求完成自身的再造，谁就将获得未来媒体竞争的主动权。

3. 数字报业与传统报业的区别

数字报业借助数字技术实现了传统媒体与新媒体的融合，传统媒体和新媒体的优势得到了充分发挥。当然，如果处理不当的话，传统媒体和新媒体的劣势都可能得到放大。

数字报业与传统报业的区别主要体现在以下方面：

(1)全天候与全覆盖

数字报纸不同于传统报业的办报节奏，在时间上是全天候的。传统报纸一般分为日报、周报、旬报，这种办报节奏不适应数字时代对时间全天候的要求。数字报纸可以通过手机报、网络数字报等数字终端及时发布更新新闻信息。新闻报道可以做到与新闻事实的发生同步，从根本上改变传统报纸即时性的先天不足。数字报纸扩大了传统报纸新闻信息发布的空间局限，可以改变传统报纸的发行区限。传统报纸的发行一般都是地域性的，即使是全国发行的报纸也存在订阅和投递死角，这与数字报业空间全覆盖的功能差距甚大。数字报业把新闻的全区域性和通讯的无疆界性完美地结合起来，使新闻信息的覆盖面无限延伸。数字报纸不仅能够到达传统报纸所能达到的地域，还能到达有网络(无线、有线)的任何地域，真正实现全球传播。

数字报纸通过多介质的内容向多终端发布，同时分发的渠道由物理渠道向电子渠道转换，比如 Web 和 WAP 同步、支持在线和离线信息下载、即时性的跨区域发行、电子邮局或电子报摊的平台搭建等，都将形成通畅的渠道和网络，这为数字报纸的全天候与全覆盖奠定了坚实的基础。

(2)全媒体与兼容性

与传统报业的纸媒介质不同,数字报业在形态上是全媒体。传统报业以纸张为介质,限制了报业的发展,这种状况被数字报业的全媒体形态打破。数字报业的全功能技术具有颠覆性和替代性,集网络、电视、广播、通讯、手机、报纸于一体。通过现代数字技术将网络的即时性、电视的直观性、广播的覆盖性、通讯的快速性、手机的便携性和报纸的信息性融为一体,形成了全新感觉的数字报业新媒体。数字报业兼有多种功能,但不是这些功能的简单拼加,而是这些功能的组合再造。这就需要兼容性。数字报业通过强制性标准和协议,在统一标准和规范协议框架内各媒体的内容、形态、工具、手段等是兼容通用的,这样形成统一的数字平台,通过这一平台,改造后的网络、电视、广播、通讯、手机、报纸按照标准和协议的要求得到协调和规范,同时为数字报业内容、形态和功能的扩大留下了容纳空间和技术接口。

通过建立数字技术平台和开展多媒体业务,报业作为报道产业,从报纸的平面报道转向全媒体报道,也就是说,报道形式不但是文字、图片和图表,还包括音频、视频、Flash、流媒体图表等;从固定出版、当日报道转向全天候报道,即时传播;从静态报道转向全景式报道,包括全景成像、超媒介、超链接、互动传播等。这就表明,数字报业阶段,报业作为内容信息提供商的角色应着重增强内容生产能力,以此牢固扼守产业链的上游。

(3)互动性与共享性

传统报业是单一的线性传播,缺乏互动性。而在数字报业平台上而已,媒体和受众之间不再是单向的信息流动,媒体成为交互中心。在共享性上,数字报业同样具有优势,任何终端和节点都享有对全部资源使用的权利。比起传统报纸,数字报业的共享成本很低,因为在网络上人们对信息的浏览增加,成本增加很小。而传统报纸的发行需要纸张和物理搬运,成本较大。互动与共享是新媒体吸引读者的重要方面。

网络基于 Web2.0、Web3.0 技术的商业模式的核心,就是互动与共享。网络的用户生成内容表明传统的传受关系被彻底改变,受众也可以成为传播者,参与到新闻信息的制作过程中,并在双向互动传播过程中体现主体性,传播变革已经从媒介主导转向公众分享。甘奈特公司制定的数字报业的愿景是:“满足用户随时、随地、以任何方式从甘奈特获取其所需要的新闻和信息需求。”其中所指的新闻和信息可能来自于公众,不过是整合在甘奈特的数字平台上而已。同时,把读者、受众转化为用户、消费者(Consumer),正是商业模式转变的基点，即把用户资源转化为商业价值。互联网出现以后，不仅满足了读者的阅读需求，还可满足读者的消费需求，读者与消费者合二为一。而报业的传统模式由于缺乏延伸服务，难以适应新的需求，反映在经营上，出现了房地产、汽车、招聘等分类广告被分类网站大量分流的现象，因为后者在这些分类领域具有提供"实时"交易服务的能力。数字报业在满足消费者需求方面具有独特的优势。比如说，把《广州日报》搭建的网络交易平台，与社会上众多交易网站相比，市民更看重《广州日报》的信誉。报业机构介入网上交易过程，不仅可以获得广告服务的收入，而且因为给供需双方提供安全可靠的交易平台，还可获得交付服务的收入。

(4)多元化与集约化

数字报业不能仅仅局限于网站、手机报、多媒体报等内容产品层面的创新，必须着眼于深层次的模式变革。这种变革不仅有宏观体制政策层面，也有微观的机制创新，使传统报业改变以往单一的赢利模式和粗放的管理模式，在经营上实现多元化，在管理上实现集约化。面对数字技术的挑战，传统报业必须积极应对，主动转型。在结构上由纸质媒体向多元媒体转变，创造更多的赢利模式；在形态上由纸媒向全媒转变，形成多种存在形式；在定位上由信息中介向信息中心转变，确立媒体信源地位；在体制上由媒体事业向媒体企业转变，成为真正的市场主体；在知识上由单一专业向复合专业转变，打造专业人才团队。

国外向数字报业转型的报社，它的采编部门已按全新的方式进行布置。而我国传统报业除排版系统外，其他管理工作仍停留在手工阶段，数字技术的介入将使具有采编、发行、广告、经营等功能的全平台管理系统得以建立和应用。数字报业发展的最终目标，将针对受众新的偏好和需求，制定符合分众策略和个性化产品的模式，即不再以单一介质的报纸作为核心产品，而是以多元化、多介质的形式产品、延伸产品与报纸互补。这些产品能集约高效利用报业的内容资源，实现多级多次开发和传播，实现信息增值。与此同时，报业不仅是内容提供商，同时发展为增值服务商。数字报业应融合传统媒介和新媒介平台，融合通讯运营商和技术服务商等，这种融合关系可概括为 TMT 结构，即 Technology(技术)、Media(媒介)、Telecom(通讯)。报业在跨平台跨行业的合作中吸附整合更多外部资源，介入内容提供、增值服务、电子商务、实时交易等诸多环节。报业既要学会和合作者分享利益，也要学会寻找合作者参与利益分配。在数字报业领域，传统报业的传播权力及其所包含的意识形态色彩会更加淡化，企业可选择的媒介平台更加多元和广阔。报业能为广告商所提供的用户/消费者数据更加翔实，所提供的针对用户/消费者的销售和服务更加精准，广告商、用户/消费者、合作商的分布越来越广泛，互惠共赢的方式更加灵活丰富。

4. 数字报业认识误区与发展障碍

数字报业当下已经成为管理层、业界和理论界的热点话题，尽管数字报业的实践已经取得了一定的成绩，但总体而言，还处于刚刚起步的阶段，还有许多制约数字报业发展的认识误区和体制机制障碍。

(1)对发展数字报业的必要性和紧迫性认识不够

近年来，尽管报业受到了新媒体的挑战，但国内报业的主体党报集团的日子从总体上说还是比较好过的，许多报社还缺乏实施数字报业战略的现实紧迫感。同时，数字报业战略是一项费时费钱的事情，不能立竿见影，目前数字报业也没有找到行之有效的商业模式，这也是许多报社不愿实施数字报业战略的原因之一。这里还有传统办报思维的困扰。传统办报思维是“单一纸介(纯报纸)”思维、“区域读者(窄受众)”思维、“文本天下(唯文字)”思维，这种思维把传统报业看成“风雨百年”“江山永固”，认为数字报业“乱”不了天下，因而对数字报业无动于衷。

数字报业是数字时代报业的必然选择，必须用战略性思维规划数字报业，要有长期动态目标，用阶段性任务的不断完成来逐步实现数字报业建设的滚动目标。数字报业建设才刚刚起步，国外也是如此。新媒体的发展尽管十分迅速，但现在还没有从根本上改变报业等传统媒体的强势地位。因此，从实施数字报业战略的最佳时机目前并没有失去。如果对数字报业缺乏足够的认识，畏缩不前，报业就将失去最佳时机，犯下历史性的错误，被数字化浪潮抛弃。谁最先认识和理解数字报业的本质并依其要求完成自身体制、流程和形态的再造，谁就将获得未来媒体竞争的主动权和生存权。

(2)将数字报业等同于报纸简单的数字改造

在一些人看来，数字报业是指利用数字技术改造本身传统的生产方式，包括采编电脑化、印刷数字化、发行网络化等方面。认为数字化就是网络化，把数字报业仅仅理解为办网络版和电子版，以为有了“网上读报”就是数字报业了；认为数字化就是终端化，把数字报业仅仅理解为解决终端阅读问题，以为研制和使用了“阅读器”就是数字报业了；认为数字化就是视频化，把数字报业仅仅理解为将文本转为音视频，以为能够在线直播就是数字报业；认为数字化就是技术化，把数字报业仅仅理解为数字技术的推广和应用，以为使用了数字工具就是数字报业。传统办报把自己定位在“信息中介”和“信息批发”上，没有把自己定位为"信息中心"和"信息基地",对数字报业条件下的"信息集散""信息加工""信息整合""信息开发"缺乏足够的认识。传统办报的运行模式、机构模式、管理模式和评估模式是几十年、上百年形成的,尽管在市场经济条件下有所松动,但仍与数字技术的要求相差甚远。在相当长时间里,传统办报模式将成为数字报业发展的重大障碍。

前几年,报业流行过上网,但往往是简单将原来传统报纸内容搬到网上。仅仅以纸媒体的产品来支配传播平台,实践证明并不成功。数字报业是利用数字技术消除新闻出版业、广播电视业、娱乐业、信息产业、家电制造业的传统行业壁垒,使众多关联产业共同整合在内容产业的旗帜之下,报纸出版业的行业边界和业务形态必将发生改变,出版方式和经营模式也必将在多元传播格局下进行重新定型。以报纸创办网站为例,这些网站虽然是新的数字技术,但内容本身往往只是报纸的网络呈现,并没有实现数字报纸的互动性与即时性。其实,数字报业不仅是专项的而且是系统的,不仅是技术的而且是社会的,不仅是现存的而且是创新的,不仅是有目标的而且是有过程的。简单、狭义、孤立、静止地理解数字报业,都会走枉付巨额学费和贻误宝贵时间的弯路。数字报业是传统报业的数字技术升级,更是一种产业升级,必然涉及生产力、生产关系的不同,从而导致形成新的产业价值链。

(3)对报业的主体挖潜不够

在发展数字报业时没有充分发挥传统报业的优势。数字报业的主体是报业,传统报业现在和将来相当长一段时间内都具有主体地位。新兴媒体与传统媒体的更替交接是历史的必然趋势,但是在未来的一定阶段内,"新兴媒体群雄逐鹿"与"传统媒体魅力犹存"的局面仍将同存一域。因此数字报业的发展是以充分挖掘报业的潜力,充分发挥传统报业的优势为前提和基础的。不能放弃报业的优势,盲目进入自己并不熟悉的一些新媒体领域。否则,可能会出现在新媒体领域没有找到自己的赢利模式,又失去了自己成熟稳定的商业模式和收入来源,得不偿失。报业的优势在于新闻内容的原创能力和已有的品牌优势,其核心能力在于对新闻和一切有价值内容的发现、选择和创造能力,在于内容的聚合、管理和分发能力,在于内容的营销和增值服务能力。在发展新媒体中要充分发挥这些优势。

以数字报纸与商业网站为例。报业是数字内容的原创者,数字报纸是在互联网上最佳的报纸表现形式,把报纸独特的图文美和互联网的优势完美地结合在一起,既传承了报纸阅读的美感,又融合和吸收了互联网本身的各种特点。

一份精美的数字报纸，就是一个完整的内容产品套餐。在线式数字报纸既可以通过精美的版面导航方法，点击版面图的区域来阅读文章、图片和广告，也可以通过标题导航进行阅读；集成了网页浏览的多种丰富功能，如文章内容及图片的放大、缩小，上下篇、上下版、上下期的方便跳转，还提供了日历跳转、指定日期查看、全文检索、语音朗读等。这样的阅读体验是一般商业性网站所无法媲美的，这一点从几家数字报纸的 Alexa 访问统计中能得到验证，《浙江日报》数字报纸的访问量从原来的5%上升至16%，在“浙江在线”的所有频道和子站点中排名第一；《广州日报》数字报纸的访问量更是达到40%以上，在大洋网的所有频道中遥遥领先。数字报纸的竞争优势还体现在传统报纸既有的品牌优势和公信力，体现在传统报纸既有的相对稳定的读者群上。利用与传统报纸的互动，同一般商业网站相比，数字报纸更有能力把“网民”变成“读者”，更有能力形成一个稳固的阅读群体，毫无疑问，“读者”比“网民”对广告商而言更有吸引力。对报社而言，要有“大发行、大订户、大读者”的概念，未来报社的“大订户”构成中，就是“纸张报纸订户＋数字报纸订户＋手机报纸订户＋……”这样才能为读者提供适合不同信息获取方式的最佳组合，为广告商提供灵活的投放策略和价格组合，形成内容消费和广告经营的“组合产品”。

(4)技术、行业、资金壁垒阻碍数字报业深入发展

传统报业在转向数字报业的过程中，由于受行业体制分割和自身先天缺陷的影响，妨碍了数字报业的深入发展。在技术上，网络技术和移动通讯技术等属于其他的行业，不同的行业之间存在很多壁垒。就是在报业与广电之间，也存在着行业壁垒，这就是中国目前还没有大型的跨媒体传媒集团的原因。资金也是一个问题。作为数字报业强大支撑的设备资金、软件资金、维护资金等，许多报业媒体无法承担。

为此，在政策层面上，需要国家出台相关的规定支持数字报业的建设和发展，逐渐打破行业壁垒和地域限制，使报业向跨媒体跨地域的传媒集团迈进。要用数字化标准判定数字报业，相关部门应制定数字报业的产业和行业标准，以此来判定数字报业的性质、规模、外延、归属、目标等，并为出台数字报业的国家法律和产业政策提供依据。按照数字化规律对机构、流程、人员、物力、资金、市场等对传统报业重新进行资源重组。在广泛应用现代技术基础上进行体制转型和机制创新，用数字纽带连接起来的整个报业应当成为市场竞争的行业主体。数字报业的投入是巨大的，其先期研制费用不是某一家报业媒体所能承担的，可以由牵头机构出面组织若干家媒体合作攻关。

5. 数字报业的商业模式

数字报纸能否真正帮助传统报业走出困境，关键取决于它能否带来利润，然而目前国内各大报社推出的数字报纸到目前还没有找到有效的商业模式。

(1)商业模式是数字报业的关键

如果说传统报业最终走向衰败，是由于商业模式的落后与衰败，那么，用数字报业去代替传统报业，成败与否同样在于商业模式。发展数字报业，除了运用先进科技去占领舆论阵地、牢牢把握舆论的主导权之外，就是增强竞争能力，牢牢把握市场的主导权。数字报业的商业模式选择，并非等同于在维持传统报业的经营格局之外，简单增加网络、手机、电子纸、数据库等新媒介的经营部分，而是在统一的数字平台上，实现全新的经营方式的对接和互动分销与促销，并把价值链延伸到相关产业。

传统纸介报纸出版社经历 400 多年的发展，形成了比较成熟的商业模式，无论是西方发达国家的报业，还是我国的报业，之所以能在媒体市场竞争中长期保持有利的竞争局面，是与拥有成熟的商业模式分不开的。当前传统报业面临发展挑战，主要原因也在于传统的商业模式不适应传媒市场的变革，所以确定了数字报业的发展战略，就必须积极探索数字传播时代新型商业模式。在数字报业商业模式的探索当中，需要报业、广告业、IT 业、通信业等多个方面的配合，在广泛的合作中谋求共赢。

(2)数字报业商业模式创新

孙正一、柳婷婷在《2007：中国新闻业回望》一文中，总结了 2007 年国内关于数字报业发展中存在问题的思考。2007 年第 7 期《中国报业》报道，“全国报纸出版业‘十一五’发展纲要”规划项目——数字报业实验室公布第一批 9 类 45 个项目。同期喻国明等人对首批申报项目计划书分析透露申报最多的 3 种项目是报纸网站、手机报、多媒体数字报刊，并认为，“从技术和产业进步的角度看，数字报业不是传统报业的替代形式，而是后者在新技术条件下的价值提升和结构再造”。“迄今为止，中国的数字报业仍然处于实验阶段，还没有实质性赢利的成功范例”。存在的问题是：利用资源、整合资源的方向尚显单一；商业运营模式多为原有运营模式的延伸，缺乏创新；管理人才不被重视，适用人才严重匮乏；对数字化所带来的战略转型认识不清，未能构建组合赢利模式。都市报业数字化开发形式大同小异，对目标用户市场缺乏深入研究与调查分析，盲目开发，甚至将报纸同质化现象带入报网竞争。2007 年第 7 期《传媒》刊登对新闻出版总署报刊司副司长林江专访认为，数字时代多元传播格局下的报业竞争，是报纸和一切媒体形态间的竞争，同时也是体制内媒体与体制外媒体间的竞争。“我国报业存在的体制机制弊端对发展数字报业的不利影响，更甚于传统报业”。“市场主体的缺位无疑是导致报业在数字内容产业中缺乏竞争力的重要原因。事业单位的体制同样也制约了报纸出版单位借助资本市场获取发展资金扩大再生产的能力，无力开拓新媒体市场，难以吸引和留住优秀的创新型人才，方方面面的问题，归根结底，都与体制弊端有关”。“推动数字报业发展与深化报业体制机制改革，是报业必须做好的同一篇大文章”。9月，《青年记者》上刊出《浙江日报》章宏法的文章认为数字化时代报业竞争存在诸多问题：缺乏对新技术、新媒体运用风险的评估和对新的赢利模式的把握能力。在电子报纸阅读器技术尚未成熟时就争先恐后地推出电子报，在通过手机屏幕观看视频报纸的阅读方式尚待验证时就大张旗鼓地应用二维码技术。有些报业集团和报社片面地认为数字化是报业转型发展迫在眉睫的头等大事，是报业驾驭媒体环境、把握竞争主动权、推动报业持续发展的唯一路径，忽视了传统平面媒体的竞争优势，忽视了报业自身存在的问题。并提出数字报业受到科学技术、客观条件等因素的制约，在推进数字报业的过程中，要克服急功近利的思想。①

数字报业的商业模式创新不是要逐步消灭或取代纸媒体报纸，也不是仅仅将报纸内容搬到互联网上占领舆论阵地，而是在继续发挥报纸优势的基础上，改变不适应新媒体发展的读者需求的商业模式，积极探索在新的媒介生态环境下的新的赢利模式。

第一，从单点赢利到多点赢利。

传统报业的呈现方式是单一的报纸，赢利模式严重依赖广告和发行。许多报纸的发行还是亏本的，目前报业集团仍主要靠传统平面媒体的广告来实现主要收益，新媒体的赢利能力还非常有限。数字报业的核心专长仍是内容信息生产，但其传播手段、产品模式、对象用户、收入结构等都已经多样化了，不再靠单一介质的报纸的发行量和广告量最大化来体现效益。通过实现技术融合和平台融合，即传播技术、显示技术、介质技术的融合，数字平台、网络平台、移动平台的融合，打造多终端多媒体。报社生产的产品通过多种媒介和渠道（纸质媒介、光盘、互联网、广电网、无线电信网）传播和销售出去，而受众则可以通过多种终端（计算机、手机、数字电视机、数字收音机、ebook 阅读器、PDA）进行选择

① 孙正一、柳婷婷：《2007：中国新闻业回望》，《新闻记者》2008年第1期，第2页。

和消费。报纸提供的新闻信息,完全可以用声音、文字、图形、影像等复合形式在相应的终端呈现,并能实现跨媒体、跨时空传播,受众可以随时通过相应的终端在电子信息覆盖的地方接收地球上任何一个角落的信息。这样,产品结构得到优化,平面的、在线的、移动的等多形态多样化的媒介产品能全面、交叉覆盖消费群体,形成众多赢利点。

数字报业所售卖的不仅是内容信息和受众资源,还包括无线增值服务、在线服务、信息管理、策划活动等,要向数据库营销、会展业、创意产业等业态延伸,拉长价值链,走传媒产业向信息产业迈进的转型之路。以网站平台为例,其收入结构包括:网络广告、互动短信收入、在线游戏收入、电子商务收入、搜索引擎收入等。数字报业要充分利用新介质特点,在实现平面广告、网络广告、无线广告有机结合的同时,寻求新的利润增长点,开辟多种赢利模式。

数字报业通过实现资源整合共享和多级多次发布,摊低新闻信息生产成本,通过电子发行、在线发行,降低印刷和发行成本。再次或多次利用报业特有的新闻信息开辟其他新的数字化赢利模式和赢利渠道,为报业创造更好的经济效益。让一次采访获得的新闻内容通过多种形式的数字化服务获得多次销售机会,使传统报纸内容的两次销售(报纸发行销售和广告销售)变为多次销售或N次销售。

数据库营销是数字报业的优势。数据库包括把报业的历史信息资源集成数据库,形成数字资产进行管理和开发利用,也包括建设在线数据库。数据库是未来极具竞争力的新媒体,能提供新的信息产品,左右人们的信息方式。《日本经济新闻》设有庞大的日本经济研究中心,全面监控分析日本经济运行数据,发布日经指数。英国路透社约有40多万个终端和5万多个客户,在中国提供财经资讯系统、交易平台、外汇交易管理系统、市场数据库、自动交易系统等5类产品。数据库成为路透集团最主要的赢利模式。上海文广传媒也建立了数据库,发布第一财经指数。报业集团完全有可能在所在区域市场实现数据库的增值利用,获得新的赢利能力。然而,国内绝大多数报社都没有进行数据库营销。

手机是一个移动终端平台,近年来手机报发展迅速。2004年7月,《中国妇女报》率先推出全国第一家手机报,报纸内容经过重新编辑成为适合手机媒体的新闻形式,通过彩信形式发送到读者手机上。这是国内第一次以全新的形式进行数字化转型与商业模式创新的有益尝试。其后,有《浙江手机报》《南方手机报》《华西手机报·声讯版》《江西手机报》《辽宁手机报》《上海手机报》等出现。这些手机报大都以彩信和 WAP 两种版本的形式为手机客户服务。2006 年 2 月 24 日,《人民日报》所属人民网推出全国首家以手机为终端的无线新闻网——"两会"无线新闻网。该网开通后,收到了意想不到的效果,有 300 多万用户访问了该无线新闻网,注册用户超过 10 万,总页面访问量超过 1500 万,强国论坛信息接收量超过 15 万条。2006 年 6 月,解放日报报业集团开展试用电子报 i-paper 的实验,该产品具有无线、互动、能存储、内容即时更新、仿真阅读、电子纸显示的特点,可读性与传统报纸相似,利用环境光阅读,阅读时不需要电池。i-paper 定位为高端公务及商务人群,赢利模式为向高端人群定向发送广告,整合其他报刊内容资源,收取通路费用。从现有的投入产出来看,它已经开始赢利。日本是手机媒体起步最早的国家,同时也是手机媒体应用最发达的国家。日本手机用户主要采用 I-mode 的方式上线浏览,只要开机就在线上,在线浏览按数据流量计费,费用十分低廉。I-mode 技术使手机成为网络阅读终端,成为新闻、广告、无线增值服务的载体。日本各大报社纷纷通过手机媒体传送新闻。为客户量身定做的、丰富的服务内容和良性循环的经营模式(移动通信公司与报社利润分成),使日本报业的数字化商业模式创新获得了初步成功。

网上收费报纸是一种新的赢利模式。《纽约时报》的网络版就有收费服务。在《纽约时报》的网络版上,除了可以阅读母报的全部内容外,还可以看到每 10 分钟刷新一次的"即时新闻"。另外,《纽约时报》的博客和 RSS(简易信息聚合系统)也为报社带来新的商机,目前,已有 5%的美国网民通过 RSS 阅读在线新闻。《华尔街日报》网络版由于在深度开发和增值服务上下足了工夫,吸引了大批网民付费在线阅读。据 2004 年第四季度的统计数据,《华尔街日报》网络版在全球已拥有超过 73 万名付费订阅户,是全球付费用户最多的网上收费报纸。另据美国尼尔森网络评估公司调查,2006 年浏览美国报纸网站的网民几乎比一年前增加了 30%。2006 年上半年,浏览美国报纸网站的网民平均每月超过 5550 万人。而 2005 年同期,这一数字约为 4240 万人。

报业还可以积极进入特色资讯服务领域。特色资讯服务是在创设信息受用客户数据反馈平台,开发传播领域的差异化市场的基础上,依据客户类型量身定做的资讯服务类型。这种类型的服务可以通过手机或网络作为传输平台,依据客户类型对报纸新闻进行深度挖掘,形成具有鲜明特色的服务形式,为特定类型的客户提供服务。新加坡英文报集团 2007 年推出的英文数字新产品 SPOMP 取得了初步成功。SPOMP 是一种以互动新平台为规划理念的新媒体,主要把平面媒体的影响力而不是平面媒体的内容扩大到互联网上,靠声像文字的互动，拉近年轻读者与报纸的距离。SPOMP 与传统数字电子报最大的不同，是积极引入“公民记者”的直接互动和参与，对传统编辑部运作形态进行改造。这些“公民记者”是数码一族的年轻人，他们的进入加强了新闻的来源速度和广度。

分类广告服务一直是传统报纸的强项，可以将这一优势延伸到网络平台上。创设信息受用客户数据反馈平台，依据客户类型推出特色广告服务，其特点在于通过手机、网络发布到客户面前的广告都是与客户身份、职业、年龄密切相关的广告，而不像目前随意滥发的广告。由于其具有较强的针对性，因此能被相当比例的客户接受。例如日本的 I-mode 手机邮件广告就曾达到24.3%的高点击率。

第二，从以读者为中心到以消费者为中心。

传统报纸习惯称呼受众为读者，把读者作为信息的被动接收者。在数字新媒体中，读者的互动和参与大大增强，表现在商业模式上，就是将读者视为消费者，以消费者为中心。以消费者为中心，这是一个重要的服务思想转变。要加大对消费者数据系统的投入，全面掌握消费者信息，建立与本地消费者的紧密联系，让消费者充分了解报纸的竞争优势。对于本地消费者的认知水平是非常重要的，也非常具有价值，因为报纸可以在这样的认知过程中，不断调整跨媒体平台，使报纸为广告客户订制产品，精确有效的服务，积极建立与读者、社区更加紧密的联系，促进对报纸品牌的认同。

与“读者为中心”相对应的是“以产品为中心”，这是传统的营销模式。与“消费者为中心”相对应的是“以用户为中心”，关注用户的需求和欲望，关注用户的支付成本和购买的便利性，与用户建立品牌关系，为其提供个性化、精细化的服务和整合营销。从传统营销到整合营销，强调建立与消费者的紧密联系，以用户为中心，全面整合资源。建立全面丰富的消费者数据信息系统，让广告客户能选择其所需要的合适的媒体平台，选择跨媒体的组合“套餐”服务，并为广告主提供精确考量广告效果的数据支持，提高广告投放效率，验证广告主的投入回报。

在数字化时代，报纸的主要角色就是数字内容生产者和提供者，其生产的是新闻信息内容，同时，在数字化时代，报业还可以实现交流互动，让消费者也参与到新闻的生产与制作中来。报业可以从仅仅提供信息和信息发布平台，向同时介入交易过程、提供交易平台转变，提高服务的附加值。消费者不仅介入信息发布的过程，而且介入交易过程。报业也需要介入交易过程，产生新的赢利模式。要对用户资源进行动态管理、科学分析和高效开发。在用户和广告商之间建立平坦化的交易流程，提高交易效率。建立在线付费、手机付费等多种准确科学的计费模式，发挥数字报业的渠道优势、平台优势。

以互联网为平台，重新构建分类广告模式。互联网和社区媒体已成为分类广告最主要的投放平台，分类广告网具有存储量大、搜索便捷、发布及时和可在线交易等优势，对于广告客户和消费者双方都能降低交易成本、提高交易效率。

第三，从粗放管理到精细管理。

我国报社还不是真正意义上的市场主体，许多报社还是事业单位，在管理上还没有完全建立起与现代传媒企业相适应的管理模式，管理方式粗放。数字报业战略的实施，是对传统报业的全面提升，粗放的管理模式显然不能适应新的需要。

在传统报业向数字报业的转变中，如何最大程度地减轻新体系对旧体系的振荡是一个现实问题。这就需要找到适应组织架构和业务流程再造的资源配置策略，实现报纸与新媒体在组织架构和业务流程上的一体化。在探索数字报业的商业模式中，如何减轻对当前正常运营的传统主营业务的影响，对当前我国报业探索数字报业商业模式十分重要。而这就需要加强报业的管理方式变革。从建立全时空、全媒体的数字技术平台入手，确定数字报业的基本框架和运营模式，建立起新的商业模式，实现利润中心的平移。

在传统模式中，发行量的计量有一套方法，在新媒体还没有充分发展时，广告客户还没有能力精确评估报纸的广告回报，但是现在精确的测量工具越来越多，广告客户也从以前的粗放式投放到注重投资回报，进行有效投放。为此，报社需要加强管理，提高证实报纸广告效用的评估方法的可信度和有效性，并与广告客户一道解决利用报纸增加广告客户的整个投放组合的回报率。

由于2005年报业广告大幅下滑敲响了警钟，报纸的精准营销将会逐渐为各家报社的经营者所重视。过去那种依靠增加报纸版数、扩大发行量来获得广告收入的粗放型经营模式将渐渐远去，取而代之的是报社更加关注读者对于报纸本身的反应，更加关注发行效果，更加关注自身核心读者群的情况，更加在意广告的市场效果。随之而来的将是以市场调研信息为基础的，以效果为中心，依托市场信息深度分析来决定报纸经营方向的立体化经营模式。

从传统报业转变到数字报业，企业文化也要相应地进行转向。当前报社在内部企业文化的建设上越来越重视，一些著名的报业机构形成了富有特色的企业文化。但是，当我们进入数字报业时代，在探索新型商业模式的过程中，存在着既有的文化价值观和数字世界的价值观能否对接的问题。

数字报业需要大量不同于传统报业的管理人才和技术人才，这些人才现在十分缺乏。另外，数字报业的发展需要一些新的法律和制度的保障，比如，内容付费模式所需的法制保障、技术标准和运营策略。这些都对传统的管理模式提出了挑战。

二、数字报业实现路径

互联网等新媒体在对报业造成冲击的同时，也为报业的发展带来机遇——媒介融合。媒介融合是报业发展的新支点，在融合中创新自己的商业模式，变革组织方式、运作流程、运作模式等，利用时代产生出来的新媒体发挥报业的强项，使传统报业转变成数字报业。

1. 渠道拓展实现数字化生存

在数字时代，单一的平面媒体形态早已被打破，媒体边界模糊化。平面媒体、广电媒体、音像、电信网络、互联网等产业互相渗透、交叉和重组，带来了产业结构的变化。一个汇集了新闻出版、广播影视、文化教育、游戏娱乐、软件硬件等众多行业的“数字内容产业”方兴未艾。传统报业只有积极进入数字市场，尽早实现对“印刷的、音频的、视频的、互动性数字媒体组织之间的、战略的、操作的、文化的联盟”的媒介融合，才能够尽早找到一片属于自己的广阔“蓝海”。为此，数字报业的产业模式应当从传统的“平面媒体产业”转向“数字内容产业”，突破平面媒体的限制，拓展媒介渠道，建立起数字信息综合开发处理平台、数字信息发布平台、数字产品营销平台和数字产品客户服务平台，以平台为纽带创新业务组合，实现数字化生存。

报业数字化的关键，是要创新传统媒体的经营理念，整合网络媒体、手机媒体等数字媒体，把内容作为一种可重复利用的资源进行跨媒体、立体化的经营。报纸数字化平台的打造，首先需要创建自己的网络平台，利用网络平台开创新的读者市场，在新市场上占有自己的份额；其次，建立包括管理方式、工作方式的网络化、数字化平台，实现媒体经营的数字化，形成报业的数字媒体与纸质媒体之间的良性互动和联动；最后，在此基础上，根据自己的实力和优势，对数字媒体进行多元化整合，通过手机报、电子报（借助电子阅读器进行阅读的报纸形态）等多种报纸数字化形式，进行跨媒体的经营，并尝试通过网络等数字化平台寻找适合自己的跨行业经营类型，建立一个跨行业、跨媒体的整合移动平台。

数字报业的方向是多媒体集团。报业不再是报纸品种的单一组合，只有通过多种媒体，报纸的内容资源才能得到复合型使用而不断增值，实现效益最大化。如果报业集团不主动向其他媒体渗透，必然会被动地接受其他新兴媒体对报纸的渗透。这种渗透一开始表现为对报纸内容资源的廉价使用，往后，还可能演变为网络、电视等媒体对报纸的规模性购并。这种情况在西方发达国家已经出现。

建设自己的网站，在网站上推出数字报，实现报网互动，是目前数字报业最常见的形式。多版互动网站是数字报业的运作平台，数字报业的一切业务流程都是通过这个平台实现的。“多版”是指音频视频版、图形动漫版、中外文本版、终端互动版等为一体，未来可能还会有新的版本补充。美国纽约时报公司等传统媒体公司纷纷收购网站，意在将传统媒体的内容优势转化成新媒体的市场利润，推进媒介融合。《华尔街日报》在改版后，版面上将涵盖众多电子网络版的链接以及读者导读的内容，在网站上不间断地对重大突发新闻进行更新，在次日的报纸上刊载较长的相关分析文章。在由于截稿压力来不及在报纸上刊载完整的新闻故事时，登载新闻标题并引导读者登录网站阅读，同时网站预告报纸即将刊载的主要内容。《亚洲华尔街日报》为新报纸给出了“结合网络版，内容更好看”的广告词。在国内，许多报社开始在新媒体领域有所动作。南方报业集团已经改名为南方报业传媒集团，并开始着手进军网络，推出网络杂志《物志》。《中国青年报》《南方日报》等均已与中国移动、中国联通等移动电话运营商合作推出手机报。北青报全面接管千龙网。

手机报、E-News、IP 电视等，也是数字报业的表现方式。手机报让报纸文字进入移动终端。河南日报报业集团的《河南手机报》已经有 120 万用户。浙江日报报业集团与浙江移动、浙江在线合作开通了《浙江手机报》，推出了首家数字报纸。被称为电子书的 E-Book 已经亮相多年，其价格逐渐接近平民阶层。利用该技术和形式，把 E-Book 改造为 E-News 是轻而易举的事。所不同的是把 E-Book 从网络上下载电子书，变为直接由 3G 数字传输的即时的报纸版面，即将报纸以电子书的终端形式，利用无线网络发给用户，用户利用 E-News 可随时随地阅读、浏览任何版面，放大任何一篇新闻。当然，在传输报纸的同时，一样可以和应该增添影视频道，插播娱乐影视和视频广告。IP 电视是基于网络的可以互动的网络电视。各报业集团都有自己的网站，那么利用 IP 电视传输报纸版面和报纸内容应该是顺理成章的事。《湖北日报》就在自己的网站上推出了 IP 电视。

数字报业的目标之一是跨媒体、跨地域的传媒集团，其含义有三：一是跨媒体，包含有报刊、出版、广播、电视、网络、流媒体等；二是跨地域，不局限在行政区划，形成全国性的市场，并逐步迈向跨国传媒集团；三是充分运用先进的管理手段和信息技术，搭建数字化平台。世界上最早出现的传媒集团是19世纪末在美国出现的报业集团，随着广播、电视和互联网的出现，这些报业集团纷纷迈向跨媒体的传媒集团。美国《1996年电信法》的颁布，掀起了传媒业与电信业、娱乐业的融合。传媒集团扩张的基本手段是大规模并购，美国的甘奈特集团，横跨欧美的新闻集团的扩张都是如此。以报业为主业的美国传媒集团，都在开辟跨媒体经营。毕竟电视是强势媒体，网络等新技术又给传统媒体带来宽广的发展空间。年收入60亿美元的甘奈特公司在美国拥有近400家、在英国有近300家报纸，同时还有22家电视台。年收入42亿美元的赫斯特集团，其印刷媒体在总收入中的比例仅有40%～45%。国际媒介市场上，新闻集团、贝塔斯曼集团、迪斯尼集团等传媒集团均已通过收购、合并而实现“跨媒体”发展。我国由于政策因素的限制，报业集团还无法经营电视媒体，跨媒体经营的模式还很难建立。当前，对于报业来说，应当尽可能在政策允许的范围内，根据市场发展的需要和产业规律的要求，组建媒介集团，涉足杂志、新闻网站、新媒体等领域，取得一定范围的跨媒体发展，以图将来进一步扩张。中国传媒并购的时代终将会到来。如果报业集团不主动向其他媒体渗透，必然会被动地接受其他新兴媒体对报纸的渗透。

在残酷的竞争中报纸的运营成本高昂而利润下降，解决的办法就是实行集约化经营。未来的竞争，不是报纸与报纸的单打独斗，而是集团与集团的实力抗衡。《新京报》的创刊，在这方面给我们提供了一个鲜活的实例。《新京报》是南方报业传媒集团与光明日报报业集团合作的产物，其优势明显：新闻资源上实现南北共享，大大节约了采写和编辑成本；物质资源上实现统一调拨，大大缓冲了纸张印刷的成本压力，人力资源上统一调配，短时间内搭建了一个有战斗力的工作班子；广告资源上统一开发，以《南方都市报》原有客户为基础，使品牌类广告得以较早启动。此外，还有两家集团的政治资源、品牌资源。在这种集团化的行动中，各种资源得到充分利用和发挥，抵御风险的能力也因此大大增强。华商报系的发展也是一个例证。如果不是背后有一个颇具实力的华商报业支撑，作为华商报系的《重庆时报》恐怕难以应对重庆报业的复杂局面，《华商晨报》恐怕也很难在沈阳坚持到今天。

集团化带来了博弈模式的突破，从非合作博弈到合作博弈，从单纯的竞争到合竞(合作与竞争)。以往的报业竞争,价格战、发行战、广告战等在一些城市不断上演,其结果往往是两败俱伤。这种方式也越来越受到业界的唾弃,在产业融合和传媒竞争全球化的推动下,合作与双赢显得越来越重要。在充满不确定性的传媒市场与产业融合形成的新市场中,媒体之间从竞争走向合作的机会不断加大,合作的范围越来越广泛。

近年来,报界结盟频频出现。2005年,《新民晚报》等17家报社正式签署"世界第6城市群主流大报发展联合体"合作意向;《大河报》《燕赵都市报》等7家报社成立"中国中部强势媒体联盟";哈尔滨、长春、沈阳、大连四个城市党报集团成立"东北副省级城市党报集团联盟";新浪网汽车频道联合《北京青年报》等15家媒体在上海结成"中国汽车媒体大联盟"等。① 今后,随着文化体制改革的深入和政策的放开,这种结盟合作还会不断扩大,甚至延伸到传媒界之外的其他行业。从报业集团化的一个重要的市场条件看,目前报纸的大并购时代即将来到。在国外,无论是美国的甘奈特集团,还是横跨欧美的新闻集团,其集团扩张的基本手段是大规模并购。而这种并购,总是经难以从市场的增量中获得效益,只能靠降低成本来保证利润。默多克以52亿美元收购拥有《华尔街日报》的道琼斯公司,路透社被汤姆森公司并购,NBC公司宣布以6亿美元现金收购一家女性网,《纽约时报》收购一家网络公司及网站,《华盛顿邮报》宣布同美国最流行的标签网站合作。这些都是竞合的实例。

2. 内容拓展提升创意核心竞争力

传媒业作为文化创意产业,内容生产显得尤为重要。以传统和信用为基础竭尽全力收集的信息是报纸最大的财富。但是,单一的报业内容生产造成大量的浪费和生产成本的居高不下。只有通过多种媒体,报纸的内容资源才能在复合型使用中不断增值。我们经常看到一个新闻事件发生后,报业集团内的多家报纸甚至一家报纸的不同部门同时采访一个新闻事件的情况,新闻资源整合乏力。而西方许多大的传媒集团设有超越各个媒体的统一的新闻采编部。比如,拥有《芝加哥论坛报》、多家电台、电视台和新闻网站的美国论坛公司,组建了多媒体新闻编辑部门,把不同媒介的内容产品的生产拿到一个技术平台上去策划、组织和生产,然后再由下属不同的媒介去传播。

报纸具有地域性,网络具有全球性,报纸和网络的融合,可以实现本土新闻

① 赵曙光:《传媒变局与报业突破——略论"拐点"期的报业转型与创新》,《新闻战线》2006年第12期,第11页。

的国际化，提升报纸的影响力。同时，可以借助网络平台，发现新闻线索，让报纸直接而迅速地捕捉民意。过去，我们是以民意调查、开座谈会、读者来信、热线电话等方式进行编读互动，现在，手机短信、网络论坛、博客等新媒体、新技术为引进民意提供了新的接口。传统媒体用自己的公信力、权威性、职业操守和专业技术，正好弥补博客等网络传播的匿名性、不确定性的弱点，提高对新闻的发现力和控制力，也就是增加了新闻"首发"的几率。

融合媒介产生了融合新闻，可以根据不同受众对新闻内容和形式的偏好，制成不同类型的产品供他们选择。如同一新闻事件，可以先用最快的速度和最简洁的语言从互联网或无线短信中发出，以满足生活节奏快而只需了解事实梗概的年轻人和上班族；然后将载有对新闻事件及相关背景详细介绍的报道见诸报端，这也许是时间较为充裕而对事件的经过有浓厚兴趣的中老年读者的最好选择；而制成生动直观的电视节目向观众娓娓道来，可能是家庭妇女和孩子们的所爱。

"数字内容产业"的核心是"内容"，而内容生产是报业的长项，尤其是在新闻信息的采集和制作上具有优势，报社完全有条件成为上游的"数字内容提供商"，并向生产、经营、服务、消费领域全面拓展，通过技术装备的现代化、出版载体的现代化、出版内容的数字化，不断推动产业升级，增强在多元传播格局中的影响力和竞争力。美国 Media News 的负责人迪安·辛格尔顿认为，在未来报纸与新兴媒体结盟将显得比以前更为重要。只要找出更好的办法，报纸在数字时代的发展机会还是巨大的，报纸与网络、手机等新兴媒体结合，可以实现"1＋1＝3"的效果。发挥自己信息采编的优势，在数字化时代为用户提供信息、观点、服务，这是报业真正的核心竞争力和未来的发展方向。通过互联网、手机、报纸、杂志等形式将信息传递到用户的手中。

数字报业需要对新闻信息进行深度开发。报纸可以通过向新闻网站、手机报纸、商业网站等新媒体拓展和合作，进行新闻信息的立体传播、深度开发和多次利用，在此基础上开展数据库服务、咨询服务、会展服务、商务代理服务、内容产品订制服务等，实现信息增值。

传播视角的多元化同样可以提升报业的内容生产力。报纸的新闻传播通常是以新闻事实唱主角的，记者、编辑往往没有"戏份儿"。而通过互联网举办报纸博客，让记者、编辑作为主角来讲述新闻采编过程中的幕后故事、所感所想，充分展示新闻中不为人知的一面。这种多元化的传播视角，可以多层面、多角度地展示报纸的形象，拉近报纸与受众的距离。

3. 经营拓展延长产业链

媒介融合的过程同时也是延长产业链条，进行经营拓展的过程，传统的单一经营模式将被立体经营所取代，形成“上游开发、中游拓展、下游延伸”的产业链条。例如，报纸可以充分引进更多的数字化手段，通过分类查询和读者查询过程中的交互性，改进报纸广告投放在网络上的二次推送精准度。瑞士有一款软件通过设立关键词推送广告，平面广告投放商续增15%的平面广告投放款即可获得企业广告在报纸网络版上需求者查询时的定向推送，从而将自己的采编特长发挥得更加充分，并增加自身的二次广告开发投入。

多元化经营是企业在多个相关或不相关的产业领域同时经营多项不同业务的战略。在长期的经营中，许多报纸已具备了多元化经营的条件。与单一化经营相比，多元化经营能充分利用内部资源优势，有效分散并降低企业经营风险，快速扩张规模，因此已成为当今媒介集团普遍采用的战略。我国已经组建39家报业集团，已初步形成了一定的经营规模和扩张能力，开展多元化经营已具备资本和人才的条件。为此，我国的报业集团应当掌握时机，合理开展多元化经营，优化产业结构，提高赢利和抗风险的能力。

多元化经营或立体经营的模式可以分为水平型跨媒介经营和垂直型跨媒介经营，也就是将报业的产业链进行横向和纵向延伸。横向延伸就是从报纸向其他媒体形态延伸，还可以涉足金融、房地产、旅游等其他领域，做大规模经济。纵向延伸就是将原材料供应、销售渠道、资本运营等价值行为整合成一条完整的产业链，降低交易成本。传媒行业的产品成本结构中，内容制作是成本结构中最大的一项成本之一，其物质生产的变动成本随着规模的增加而急剧下降。

内容资源是传媒产业竞争新的制高点，而娱乐与传媒的结合则是发展方向。在传媒内容产业中，20%的产值在新闻，80%的产值在娱乐，相对于娱乐传媒业，全世界的新闻业在整体上惨淡经营。新闻集团的收入40%来自新闻业，60%来自娱乐业，其中新闻部分主要来自大众报纸，新闻的娱乐化倾向严重。报业在媒介融合中进军娱乐业是我国报业未来发展的理性选择。

当今是一个品牌传播的时代，报业的经营更是要高度重视品牌的塑造。国际传媒巨头无一不是品牌运作的高手，像迪斯尼、贝塔斯曼等都在媒体的品牌运营、扩张以及衍生产业上形成了一套成熟战略。在中国，比较成功的是南方日报报业集团的“多品牌战略”。首先是培育出品牌报纸，以品牌报纸为龙头打造报系，已经形成了《南方周末》《南方都市报》、21世纪三个大的报系。然后采取“龙生龙，凤生凤”的媒体多品牌滚动发展模式，用优质品牌为龙头的报系孵化新的子报。河北日报报业集团在品牌经营上也作出有意义的探索。首先是确立了“做强做优媒体”的战略，在内容创新上不断深化，形成了以《河北日报》《燕赵都市报》为核心，细分市场、各占优势份额的集团报刊强势品牌群。《河北日报》的主流政经大报地位不断增强，《燕赵都市报》跻身世界日报发行量第60位和全国晚报都市报第12强。二是整合集团优势资源，利用《燕赵都市报》的品牌强势，创办《都市时讯》和冀东版两个地方版，形成独特的“哑铃型”报业结构，牢牢把握在河北报业市场的主动权。三是利用媒体品牌进行产业扩张，成功介入了房地产、旅行社、信息服务等经营领域。

在品牌塑造中，要实现传统传媒与数字产品等的多元品牌延伸，占领和拓展新的市场。一是挖掘资源特质，延续传统媒体的生命，进一步“养活”对传统媒体情有独钟的受众，拓展的产品应当有：以深度的解释性报道为主的报刊，以生活服务为主的社区类报刊，以提供资讯和广告服务为主的免费报刊。二是生产数字化产品，促进报刊等传统媒体在生产方式上的彻底转型。从目前国内外的探索看，已经成熟的数字化产品主要有：在线新闻，即通过网络进行即时新闻发布；网络报刊，即把编辑成型的报刊省去印刷环节直接通过网络传播；手机报刊，即把报刊内容直接传送到读者的移动终端上。三是多品牌延伸，使传统传媒利用自身的品牌优势，开辟更大的活动空间和更多的经济增长点。品牌延伸的方向包括：通过网络开展音频视频业务；介入更多的文化活动，包括图书、期刊及电子期刊、电子图书，向电子商务延伸，向其他领域，如会展经济、中介服务等延伸。①

品牌传播的时代也是传播对象分众化的时代。以往的大众传播是从一点到多点，而新媒体改变了这一切，受众在接收信息时具有主动性、参与性和互动性，社会开始进入分众传播、窄众传播的个人媒体时代，信息由多点到多点传递，每个人都可能成为接收信息与制造信息的载体，信息渠道不再被垄断。在媒体和信息过剩的情况下，媒体的品牌成为吸引人眼球的极其重要的资源。因此，我们首先要从思维模式上进行转变，这是一个从大众传播到分众传播的时代。报纸必须深入研究数字化、网络化时代读者阅读体验、阅读偏好的深刻变迁。正如著名整合营销传播大师唐·舒尔茨在《整合营销传播的演进特性》中认为的那样，“传播权力不再由营销人员或信息传播人员所控制，而是为顾客控制。21世

① 潘政：《传统媒体数字化生存的路径选择》，《今传媒》2007年第4期，第23页。

纪的顾客不再是传播的目标，而是与营销人员或信息传播人员处于同等地位；21世纪市场的消费者也不再是我们说服的对象，而是我们聆听和响应的对象”。[①]

分众传播使报业经营呈现出“碎片化”的特点，即由目前的百货商场式的“厚报”模式，向内容定位更加精确、更加细分的“专卖店”模式过渡。报纸将借助各种手段向目标社区或目标人群提供更为细分的、适应窄众人群需要的“综合新闻＋订制化资讯”的内容服务，以此吸引广告投放。并且随着中心城市机会的饱和，报业下一轮竞争的重点将转移到区域次中心城市及一般地市，在地域上呈现出更多的“碎片化”趋势。

三、数字报业战略与实验计划

数字报业是一个理论问题，更是实践问题。从2004年开始，国家新闻出版总署报刊司就着手对数字、网络、多媒体技术对我国报业的影响进行调研和评估。2005年8月，报刊司在《中国报业发展报告(2005)》中第一次提出大力发展数字报业的主张。报告提出了未来10年中国报业的八大发展趋势，其中之一是“数字报业”战略将改变传统报业形态。2006年8月，报刊司发布了《全国报纸出版业“十一五”发展纲要(2006～2010)》，同时启动了传统报业向数字报业转型的“数字报业实验室计划”。这标志着传统报业的“数字化转型”已经从业界、学界的探讨上升为报业管理部门的指导性政策，成为我国报业进一步发展的战略方向。

1. 数字报业战略已成为报业管理的指导性政策

《中国报业年度发展报告(2005)》基于当前我国报业的改革形势和发展态势，基于信息技术革命给人类传播环境带来的深刻影响，提出未来10年中国报业的八大发展趋势。趋势之六是“数字报业”战略将改变传统报业形态：以互联网为代表的新型传播技术将重塑报纸出版业形态。数字时代将消除新闻出版业、广播电视业、娱乐业、信息产业、家电制造业的传统行业壁垒，使众多关联产业共同整合在内容产业的旗帜之下。未来三五年内，加快战略转型、向“数字报业”发展将在报纸出版业达成共识。报纸出版单位将将顺应发展潮流，树立“数字报业”战略，加快向数字内容提供商转型，发挥新闻和原创内容优势，占据新兴的内容产业的制高点。

---

① 王方：《纸媒要确立新的传播观》，《青年记者》2006年第9期，第1页。

(1)报纸出版业“十一五”发展《纲要》

2006年8月在北京召开的第三届中国报业竞争力年会，成为中国数字报业全面走向突围之路的标志。在这次年会上，国家新闻出版总署再次提出了数字报业战略，并将其列入《全国报纸出版业“十一五”发展纲要(2006～2010)》。纲要指出，要积极应对传播技术变革的挑战，重塑报业出版业的行业边界和行业状态，推动多元传播下报纸出版方式和报业经营模式的转型，实现报业核心竞争力与信息网络传播技术的深度融合，牢牢把握数字化、网络化条件下舆论宣传和市场竞争主导权。由此可见，中国报业应当朝着什么方向发展，怎样去发展？发展纲要指出了明确方向。大多数报社开始从对数字报业的战略意识阶段，进入到形成统一认识的阶段。

纲要认为，“十一五”是我国全面建设小康社会的关键时期，也是报纸出版业深化改革、加快发展的关键时期。纲要提出发展数字报业，数字内容生产、传播和增值服务能力普遍提高，数字内容产品和信息增值服务收入显著增加；形成一批在多元传播格局中取得竞争优势的品牌报业机构；报纸出版机构的信息网络传播权得到有效保护。

纲要确立了数字报业发展战略：

——“十一五”期间，信息技术革命将导致报业市场多元化传播格局加快形成；数字报业将得到大发展，数字内容生产、传播和增值服务能力普遍提高，数字内容产品和信息增值服务收入显著增加；要提高报业集约化经营水平。

——积极应对传播技术变革挑战，重塑报纸出版业的行业边界和业务形态，推动多元传播格局下报纸出版方式和报业经营模式的转型，实现报业核心竞争能力与信息网络传播技术的深度融合，牢牢把握数字化、网络化条件下舆论宣传和市场竞争主导权。

——积极探索先进适用技术。积极探索适应数字报业发展需要的新型内容显示技术和传播技术，实现传统纸介质出版向数字网络出版的平滑过度。广泛利用各种数字内容显示终端和传播技术，发展“网络报”“手机报”“电子报纸”等多种数字网络出版形式。实施“数字报业实验室”计划，探索数字化、网络化的新型报纸出版形态、运营环境和监管方式。

——创新主营业务架构。积极探索数字报业的主营业务模式，形成多种媒介形态内容产品的生产和销售能力。为广告客户和消费者提供高度订制化的网络广告产品、灵活的广告投放策略和价格组合。满足供需双方即时在线交易需求，实现报业运营对价值链的全面整合。实施中小城市综合信息门户发展计划，充分发挥中小城市试点报纸的本地资源优势，形成当地领先的数字内容和增值服务提供机构。

——推进信息化建设与数字报业战略架构的全面整合，实现信息网络系统由辅助性管理手段向核心经营平台的转变，由信息技术投资向报业经营战略投资的转变。

纲要还对转变报业发展模式和深入推进体制改革进行了阐述。在转变报业增长方式上，质量型、效益型、集约型的报业发展模式基本确立。报业经营模式由一元化报纸经营向多元化内容产品经营和信息增值服务的转变普遍实现，报业收入结构明显改善。跨地区、跨媒体经营取得重要突破，形成若干具有较强辐射能力的报纸出版产业集聚地区，培育一批文化领域的战略投资者。提高质量效益，促使报纸出版业由数量型、粗放型增长向质量型、效益型增长转变。优化报业结构，促使报纸出版业由分散、弱小、低水平建设的传统格局向规模化、集约化的现代报纸出版体系转变。提高资源利用效率，促使报业经济增长由主要依靠增加资源投入带动向主要依靠提高资源利用效率带动转变。协调城乡区域发展，促进东中西部报纸出版业协调发展，促使报业发展成果由主要惠及中心城市居民向普遍惠及广大城乡居民转变。完善市场体系，促使报业市场由条块分割、地区封锁、城乡分离的市场格局向统一、开放、竞争、有序的现代报业市场体系转变。转变经营模式，促使报业市场竞争由同质化竞争向差异化竞争转变，由价格竞争向高质量的内容竞争和服务竞争转变，由单一收入来源向多元收入结构转变。增强创新能力，促使报业经济增长由主要依靠资金和物质要素投入带动向主要依靠科技进步和人力资本带动转变。

在推进体制改革上，重塑报业市场主体。加快推进国有经营性报纸出版事业单位的转企改制。转制为企业的报纸出版单位，要合理界定产权归属，坚持国有独资或国有绝对控股，实行报纸出版许可证管理。现有报纸出版单位所属的发行、广告、印刷等经营企业以及转企改制后运行正常的报纸出版企业，要加快推进公司制改造，完善法人治理结构。加快产权制度改革，在确保国有资本的主导地位的前提下，推动股份制改造，实行投资主体多元化。贯彻“增加投入、转换机制、增强活力、改善服务”的原则，加快保留事业单位性质的公益性报纸出版单位的改革。党报及时政性报纸出版单位实行事业体制，由国家重点扶持。保留为事业单位性质的报纸出版单位，可将其广告、印刷、发行、传输网络等经营性资产和业务从事业体制中剥离出来，转制为企业。继续深化报业集团改革，推进报业集团化建设新阶段。在报业集团经营领域加快组建报业(传媒)

集团投资控股公司或经营公司，实行国有资产授权经营，建立母子公司体制，完善法人治理结构。

在提高集约化专业化水平上，重点培育发展一批实力雄厚、具有较强影响力和竞争力的国有大型综合性报业（传媒）集团，使之成为报业市场的主导力量和文化传媒领域的战略投资者。实施综合性传媒集团发展计划，在现有39家试点报业集团基础上，横向发展一批跨地区、跨媒体、立足传媒业、面向大文化产业的多元混业经营的国有大型综合性传媒集团。

大力提高报业专业化水平，积极发展专业性报业（传媒）企业集团。实施专业性传媒企业集团发展计划，在现有具备良好发展基础的重点行业或重要细分市场的行业、专业报基础上，纵向发展一批在重点行业和重要细分市场最具影响力的大型专业性传媒企业集团。

支持中小型报纸出版单位向专、精、特、新方向发展，形成富有活力的优势产业群，提高产品差别化程度，形成报业市场的差异化竞争。

在完善报业市场体系上，加快建设统一、开放、竞争、有序的现代市场体系。打破条块分割、地区封锁的市场格局，发挥大中城市报业中心市场的主导和辐射作用，大力开拓中小城市和农村报业市场。加强资本、产权、人才、信息、技术等报纸出版生产要素市场建设，重点推进报业资本市场和人力资源市场建设。支持报业集团和大型报纸出版机构跨地区、跨行业、跨媒体经营。鼓励报纸出版单位在广告、发行市场采取多种形式的联合。加快报业市场诚信体系建设，加强行政监管和行业自律，制止报业市场恶性竞争。

在《新闻出版科技工作贯彻落实〈新闻出版业“十一五”发展规划〉实施意见》中，提出了实现出版资源数字化，要求传统书报刊出版单位要向数字出版业转变，逐步实现内容采集、编辑、分类、存储、交易等的数字化。实施数字出版战略，要求建立集内容采编、信息加工、网络传输与销售等于一体的数字出版综合业务管理平台。实现新闻出版业全流程数字化，扶持和促进新兴数字媒体产业的创新和发展，包括新兴介质形态、移动终端、数字内容产业等，鼓励自主创新。

2006年颁布的《国家“十一五”时期文化发展规划纲要》同样提出了“发展新兴传播载体”：充分发挥国家主流媒体在信息、人才等方面的资源优势，发展手机网站、手机报刊、IP电视、移动数字电视、网络广播、网络电视等新兴传播载体，丰富内容，创立品牌，不断提高市场占有率。

（2）《报业“十一五”信息化发展的几点建议》

中国报协电子技术工作委员会在《报业“十一五”信息化发展的几点建议》

中，也对数字报业的发展提出了意见。《建议》认为，目前中国报业技术领域整体上以采编为核心的建设已经发展到一定阶段。今后发展的重心将逐步转移到整合报社主营业务，以编辑部为核心的采编系统应以知识管理为突破口，经营管理系统应以效率为核心，以现代管理思想为基础，借助计算机和网络技术，对内外部资源进行全面监控和管理。要树立内容资源中心观，建构和整合发展有价值的内容增值服务，其中包括：数据库服务、咨询服务、商务服务、定题内容服务等；要建立“数字报业”战略，改变传统报业形态。以互联网为代表的新型传播技术将重塑报纸出版形态，要进一步发挥新闻和原创内容优势；要关注报社与读者之间互动渠道的建设与发展趋势，发展现代移动技术与报业的关联。

《建议》认为，信息技术已成为支持报业各项业务的基础性平台，按照“建设—应用—提高—再应用—再提高”，和“需求为导向，技术为驱动”的报业信息化发展的一般规律，在“十一五”期间，报业信息化发展的总体思路是：由简单地模拟现有的工作流程和工作方式，向由技术驱动的数字化跨媒体方向转变，重塑业务流程，促进报业转型为数字化报业；建立以内容为核心的知识库管理平台，实现为社会提供信息服务的目标；建立以效率和效益为核心的经营管理平台，通过信息化使报业的生产和管理水平发生质的飞跃，提升报业的经营管理水平，增强市场竞争力；加强和推进报业新闻信息交换与共享的标准化进程，更好地为社会提供信息服务；高度重视信息系统的安全，进一步提高安全意识，随需应变，建立健全信息安全体系；以人为本，加强技术队伍建设，推动报业技术进步。

为了达到“十一五”报业整体信息化的建设目标，各个报社必须根据自身的实际情况，包括已有的技术基础、即将发展的业务需求、系统整合的最佳方案以及人力、物力、财力的支持，作出自己的发展规划，要因社制宜，要因地制宜，要因不同系统制宜。从全国的整体情况出发，《建议》提出一个建设方案框架：建设好“一套体系，两座平台，三个应用系统”。“一套体系”就是网络安全策略和新闻信息标准化体系；“两座平台”就是报社内部网络平台和互联网平台；“三个应用系统”就是以“数字资产整合”为核心的采编应用系统，以“市场导向”为核心的报业经营管理应用系统和既为媒体自身服务又为社会服务的原创内容的多媒体新闻数据库系统。

2. 数字报业试验室计划

(1)数字报业实验室计划确定的实验方向

数字报业战略最早是在2005年提出来的，到2006年8月，《全国报纸出版业"十一五"发展纲要》明确提出数字报业实验室计划,并在第三届报业竞争力年会上启动这个报业实验室。现在已经有21家成员单位,作为首批成员开始实验室计划。2006年11月召开的"香山会议"上,成立了实验计划的第一届理事会,制定了章程,整合传统报业的自身力量和关联产业共同探讨数字报业的产品形态、运营形态以及它的赢利模式。

实验室开通了"中国数字报业"官方网站,创办了一份电子杂志《中国数字报业》,还主办了"中国数字报业国际论坛",推出了数十个数字报业创新型项目。第一批"中国数字报业创新项目"45个,包括"数字报刊广告与发行管理系统""城市多媒体报纸联播"以及"中国电力新闻网"等项目。还公布了2007年数字报业九大实验方向:传媒数字化平台、传媒网站、电子商务、电子阅读器、多媒体数字报刊、户外数字媒体、手机报、手机二维码、移动采编系统。

(2)数字报业面临的十大问题

"数字报业实验室计划"的宗旨是大力发展数字报业,广泛利用各种数字内容显示终端和传播技术,发展"网络报""手机报"等多种数字网络出版形式,促进报纸与互联网站互利互惠、融合发展,形成以传统纸介质报纸为基础,数字化、网络化内容产品和信息增值服务产品齐头并进的内容产品发展格局。

中国数字报业实验室总结了数字报业进一步发展所面临的十大问题,这十大问题实际上也是数字报业战略实施中必须解决的问题。

第一,数字报业产品的行业技术标准问题。

中国数字报业实验室把数字报业相关产品做了九大实验方向的分类,但是在各实验方向下的相关产品却缺乏统一的行业技术标准,如果能解决这个问题,那么中国数字报业的发展将更加规范化,并在良好的环境中健康发展,这也是接下来政府行业主管部门与业界之间需要共同探讨的话题。

第二,数字报业的版权保护问题。

数字报业的发展催生了众多新媒体传播技术的研究与开发,但是由于新技术的不断涌现与进步,同时又给数字出版物的版权保护带来了难题。在大力发展数字报业的同时,可能版权保护的问题相对被人们所忽视,要想健全数字报业的整体发展,数字版权保护问题将是下一阶段需要克服的重点难题之一。

第三,报业跨媒体发展的政策界限。

数字报业战略的实施让传统报业与新的适应技术相结合,衍生了一些新的媒体形式,这就将不同媒体之间的界限打破,而从政策监管的角度而言,这种界限的模糊会带来相应管理上的困难。像手机报、数字报纸、户外多媒体报刊等数字报业项目已经冲出了传统平面媒体的范畴。行业主管部门之间、跨媒体行业之间的协调与合作将是解决这个问题的必要之举。

第四,发展数字报业的认识和观念转变问题。

尽管发展数字报业战略的观念已经普遍得到了政府行业主管机关与国内各报纸出版单位的认同,但仍有一些地区的报纸出版单位,或是因为认识不够,或是因为信息渠道不畅通,还未在发展数字报业方面有所动作。所以,让“中国数字报业实验室计划”在全国范围内普及,并且真正做到让全报业的同仁在数字新媒体环境下,改变固有的认识与思路发展数字报业仍是今后一项艰巨任务。

第五,人力资源储备问题。

报纸网站、多媒体数字报刊、手机报,这些新兴媒体必然需要熟悉数字技术的人才来进行管理与生产。而现状是熟悉传统媒体业务的员工了解新传播技术的很少,而对于开发生产新的适应技术的员工而言,对传统媒体的业务流程又不熟悉。所以,数字报业时代,如何培养既掌握传统媒体业务能力又熟悉新兴媒体技术的双向型技术人才是国内各大新闻传播院校与业界需要共同努力的一个新课题。

第六,传统出版组织架构的改造问题。

新技术、新媒体的不断介入,给传统出版带来了强大的冲击与挑战。在这种背景条件下,传统出版业应该主动出击,不仅是在发展数字化技术方面有所进展,同时,组织架构的改造也是同样重要的工作,这将对传统出版业整体的战略转型起着至关重要的作用。

第七,受众形态的研究匮乏问题。

在对传统报纸的各项研究中,受众形态的研究是一个很重要的课题,这项研究可以帮助新闻媒体及时根据受众的需求与特点调整战略,从而为受众提供更优质的服务。而在当今数字化盛行的新环境下,对新媒体的这项研究还很有限。中国数字报业实验室日前启动了移动新媒体的受众形态专项课题研究,这仅仅是一个开始,今后对各种新媒体的研究将会及时跟上,相对会对数字新媒体的发展推波助澜。

第八,商业模式的探索问题。

在一些发展数字报业的传统报纸出版单位的声音中,我们不难听到大呼数字报业商业模式匮乏的谈论。其实,商业模式的开发与数字报业整体发展的进程与其普及程度都高度相关,要发现更多的数字报业商业模式,还需业界各方的不断实践与探索。创新应该来自不断的实践与摸索。

第九，数字报业的资本合作问题。

吸纳数字报业发展所需要的资金，资源合作、项目合作、资本合作等多种方式必不可少。目前，很多报纸出版单位在项目推进及技术开发上，都感到资金的匮乏。而一部分单位正在用自我积累的方式，在进行着各种创新项目的投入，应该说是风险很大，所以在这个领域要以多种形式去吸纳各种资金，来协助我们共同开展数字报业项目的创新。

第十，关联产业与报业之间的合作共赢、理性合作问题。

数字报业既包含传统报业的创新与发展，同时也离不开关联产业的技术支持。当今是一个协同合作的和谐时代，无论是传统报业还是关联产业，都应该从发展数字报业的战略大局出发，寻求理性合作，同时达到共赢的目的。

3. 数字报业战略的基本共识

数字报业实验室计划和其他的实践使数字报业战略得到了实施。在长期的沟通、交流和共同的探索、合作中，主管部门、报业以及关联行业就数字报业的发展战略达成了一些基本共识。之前，在 2006 年 8 月的第三届中国报业竞争力年会上，首批加入中国数字报业实验室计划的报业集团和主要报社以及关联产业的领先企业，联合发表了《关于共同推进数字报业的宣言》，初步达成了五项共识。

对于数字报业发展战略的基本共识主要有这样几个方面：①

共识一，始终坚持正确的舆论导向。

数字报业是传统报业的延伸和发展，而非报业的割裂。在大力发展数字报业的过程中，必须坚持的终极目标是进一步巩固和加强党的宣传舆论阵地，牢牢把握数字化、网络化条件下舆论宣传和传媒市场的主导权，不断满足人民群众的精神文化需求，特别是不断涌现的新型阅读休验和内容消费需求。数字报业肩负着重大的政治责任、社会责任和文明责任。

共识二，科学把握报业的核心能力。

报业的核心能力在于对新闻和一切有价值内容的发现、选择和创造能力，在于内容的聚合、管理和分发能力，在于内容的营销和增值服务能力。内容是报业核心能力的本质，一切有利于展现和增进报业核心能力的介质技术、显示技术和传播技术，无论是纸张、印刷、发行网络，还是数字内容终端、互联网，都

① 林江：《中国数字报业发展战略的基本共识》，http://media.people.com.cn/GB/5053825.html

是报纸实现核心价值的手段。

共识三，推动报业的战略转型。

数字报业是传统报业的战略转型，而非对传统报业的策略调整。报纸出版业的内涵和外延正在发生深刻的变化。在不断巩固和发展传统报纸业务的同时，积极采用数字、网络、多媒体等高新技术和现代生产方式，重塑报纸出版业的行业边界和业务形态，是中国报业面向未来的重大战略选择。

共识四，创新报业机构的运营机制。

数字报业是全方位的行业变革，而非传统意义上的报纸数字化。推进数字报业发展战略，必须转变传统报业观念，努力探索新兴数字产业的内在规律。大力创新内容出版形式，改造传统报业的内容生产和传播模式，调整报业运营组织、业务流程、经营方式和人才机构。充分满足并积极引导受众的新型阅读体验和消费体验，为广告客户和其他关系利益者提供更具有价值的营销和推广平台。

共识五，积极探索先进适用技术。

数字报业是全新的模式探索，而非成熟模式的复制。对新技术、新模式的艰难探索是发展数字报业的必经阶段，是成就报业未来发展必须付出的成本。推进数字报业发展战略必须充分发挥报纸出版单位的首创精神，加大实验性投入，引进创新型人才，积极探索数字报业的各种适用技术、应用模式和发展途径。数字报业领域的创新和探索必须按照循序渐进的原则，积极稳妥，立足于战略性投资，开展合作型实验，避免风险。

共识六，努力建构新型产业链。

数字报业是新型报业产业链的建构，而非简单的重组。发展数字报业必须破除传统行业壁垒，在战略共识基础上，广泛联合通信产业、电子制造业、软件业、广告业、教育研究机构等各方面力量，协调市场，合作共赢，整合资源，集成创新，共同致力于数字报业新搞业态的培育和发展，共同致力于新型产业链和价值的探索和构建。

共识七，巩固行业转型的战略基础。

数字报业是立足于坚实的传统报业基础之上的产业升级，而非虚无缥缈的空中楼阁。传统报纸出版业的业已形成和不断增强的公信力、影响力和经济实力，是顺利推进数字报业发展战略的前提和条件。必须进一步夯实传统报业出版业的发展基础，充分挖掘纸介质内容产品的市场潜力。

共识八，依法保护信息网络传播权。

发展数字报业必须依法保护报纸出版单位的信息网络传播权。鼓励报纸出版单位依法采取信息网络传播权保护集体行动，建立集体协商机制、集体谈判机制和集体诉讼机制，主动维护报纸出版机构的合法权益和内容创新能力。

严格进行新闻信息的知识产权保护。目前我国报纸网络平台发展不好的一个重要原因在于各报社不注重对自身知识产权的保护，以极低的价格将新闻信息售卖给新浪、搜狐等门户网站，门户网站借助廉价的新闻信息积聚了大量的网民，造成传统报纸读者资源和广告资源的流失。在迈向数字报业的过程中，“内容”作为传统报纸的立身之本，知识产权的保护极为重要。因为只有通过内容才能吸纳、保持自己的读者人群，根据他们的网络使用习惯完善综合信息服务平台的服务。

2005年10月在南京召开的中国都市报研究会总编辑年会签署的《南京宣言》以及新闻出版总署计划在国务院《信息网络传播权保护条例》的框架下，推动报纸出版单位进行自愿的内容联盟、保护自身知识产权的行动都是我国迈向数字报业过程中的必要举措。

第二节 广电的数字化转型

一、新媒体与传统广电的差异

建立在数字技术基础上的新媒体的发展，对传统的模拟电视造成了很大的冲击和挑战。新媒体与传统电视的不同，在收视终端上可以是个人电脑或手机，在传输载体上可以是互联网或无线网，在收看形式上可以是移动接收而不是传统的居家收视。

目前对传统电视产生直接影响的新媒体有：数字电视，包括有线的、地面的、卫星的；IPTV，狭义上指基于TV终端的；手机电视，包括广播网络模式和蜂窝网络模式；网络电视，主要指网络视频。它们的出现使得传播渠道日渐增多，电视机不再是接收电视节目的唯一载体，观众将更加分散，电视市场将长期呈现出日益细分的趋势。不仅如此，新媒体还将对传统电视产业产生重大影响，迎来新媒体浪潮下的电视产业时代，技术革命从传媒生产制作过程渗透到内容和终端消费领域，打破传统的IT业、电信业、广播电视业、新闻出版业之间森严的壁垒，颠覆了传统传媒业的传播方式和赢利模式。

有研究将新媒体对传统广电的影响概括为：从“你播我看”到“我点我看”，从纯节目形态到全节目形态，从单纯依赖广告到多元化赢利模式。①

1. 从“你播我看”到“我点我看”

新技术激发的能量一经释放而固化为新的生活习惯和方式，广播电视传统的“我播你看”的播出形态将被彻底打破，广播电视媒体以播出机构为主体的传播观将会真正向以受众为主体的传播观改变。作为播出机构包括如下意义：制作节目、制定节目播出计划、控制节目播出全过程。对于受众而言，这样的播出机构永远规定了他们能看什么和什么时候看，基本处在被动接收的位置上。

数字录像技术的普及应用，初步实现了电视节目的“时间转移”。很多有线电视频道提供的DVR功能使观众得以掌控电视节目的播放时间，并在节目播放过程中暂停、快速跳过广告或录下节目在其他时间收看。观众可以随时收看自己喜欢的节目。DVR也正作为像录像机一样的媒体播放设备走进家庭。据有关的市场调查数据估计，DVR将会在2010年前到达全美41%的家庭。

DVR最新的功能是实现节目内容的“空间转移”。手提电脑、手持游戏机及手机都可以成为电视节目播放设备。DVR技术的先行者，第一台家庭DVR机的推广者Ti-Vo，在该公司网站上提供TiVo-to-Go服务。该服务通过专门的电脑软件使观众可以下载事前录好的电视节目到电脑上。同时，媒介公司也正试图把电视搬到汽车里。拥有500万车载用户的卫星广播经营公司，正千方百计地使车载电视成为可能。美国卫星电视的主要经营商DirecTV通过同凯迪拉克汽车的合作，将使自己的用户得以在汽车上收看卫星电视节目。据估计，到2011年，美国将会有300万汽车装备卫星电视功能，3600万辆汽车具备其他影像接收功能。

在美国，手机服务提供商除了专门为手机制作的内容外，开始向用户提供实时电视节目。如Sprint为其用户提供福克斯有线新闻频道的节目。Verizon的最新VCast服务，多花15美元的月租就可以在手机上看音乐录像、《芝麻街》及ESPN、CNN新闻等节目。Crown Castle International公司在匹兹堡测试手持数字图像广播(DVB-U)的新系统。该公司将在2009年年底向全美大部分地区发送信号。这套系统至少可以容纳8个电视频道、12个广播频道。与目前移动手机服务不同，该公司的这套系统采用和电视台一样的地面传输技术，可以

① 参见高子华：《数字化变革中的广电渠道整合》，《中国记者》2007年第1期，第44页。

向不同的地方市场提供不同的节目内容。

把电视节目搬到手持游戏机是商家的努力方向。索尼公司最新推出的手持游戏机(PSP)可以用来播放电影及音乐,上市的前两天,就已在北美售出50万台。同时,Heavy.com,一家网络内容提供商,为游戏机用户提供可以免费下载的短电影及动画片等影像内容。该公司希望通过在用户下载节目的过程前后插入广告或制作宣传性娱乐节目等方式赢利,目前联合利华已经成为该项服务的第一个广告商,ABC新闻部门也开始为该游戏机专门制作有关网络安全及节能汽车等内容的新闻节目。

DVR技术的缺点是使用者必须在事前设定节目录制功能。这对于已经错过的电视节目来说于事无补,但视频点播(VOD)技术却可以弥补这一缺憾。例如,HBO的用户可以使用这一功能随时收看自己感兴趣的节目。美国主要有线电视系统运营商Comcast正在大力发展并推广视频点播服务。尽管目前大多数点播节目都是免费的,但业界人士认为捆绑在点播节目中的广告会带来赢利。同数字录像服务相比较,视频点播服务的另一个优点是用户无需存储节目内容的硬盘空间。①

遵守特定网络协议的流媒体技术,彻底改变了传统互联网以文字内容为主导的传播模式,网络电视由此兴起。

流媒体简单来说就是应用流技术在网络上传输的多媒体文件,而流技术就是把连续的影像和声音信息经过压缩处理后放上网站服务器,让用户一边下载一边观看、收听,而不需要等整个压缩文件下载到自己机器后才可以观看的网络传输技术。该技术先在使用者端的电脑上创造一个缓冲区,于播放前预先下载一段资料作为缓冲,于网路实际连线速度小于播放所耗用资料的速度时,播放程序就会取用这一小段缓冲区内的资料,避免播放的中断,也使得播放品质得以维持。流媒体技术使网络由单纯对于静态的文字、图片的传播,发展为对动态的音频、视频的传播,传统电视媒体播出渠道的垄断优势正在消解,多样化的渠道选择赋予了受众更多的权利,视频内容市场受到各种新入渠道的瓜分。②

2005年3月,NBC尝试在MySpace.com网站提前一个星期首映黄金时间情景喜剧。这是美国电视网在互联网上首播电视节目的初次尝试,其目的是在

① 苑京燕:《未来电视的走向:随时、随地、随意》,《视听界》2005年第5期,第34页。

② 谢耘耕、倪握瑜:《重蹈覆辙还是自我突破——新媒体时代电视媒体的选择》,《新闻界》2007年第3期,第1页。

MySpace. com 的年轻用户中引起对该节目的注意。MySpace 的用户可以通过聊天、博客等形式交换对节目的意见。2005 年 4 月,美国 Open Media Network(简称 OMN)创建了公共电视的非营利性的网络频道。OMN 节目内容包括公共电视及广播节目、美联社的日常新闻、电影以及业余爱好者制作的图像博客与录音节目。通过该网站,任何人都可以上传发布自制影像,也可以免费下载收看,该网站还提供专门的软件帮助搜索节目。网络电视的突出优势,是通过网络向主动选择该内容的观众传播比通过无线电视向大众传播更为经济实惠。这将会使很多的小众节目得到生存空间,同时传统的节目会得到更多的播出渠道。网络电视最大的挑战,是如何吸引高质量的节目并将其传递给感兴趣的观众。谷歌和雅虎等互联网服务公司正积极扮演着网络影像内容及用户之间的桥梁角色,它们推出了影像搜索引擎。而传统无线电视台及电话公司开发各自的系统通过互联网传输电视节目。MTV 创建的 MTV Overdrive 网络频道提供 2 至 15 分钟长的音乐短片。

2. 从纯节目形态到全节目形态

窄播和互动将直接挑战传统的电视节目形态,现有电视媒体的节目编排方式和节目形态将受到颠覆性冲击。在模拟时代,传统电视媒体只能提供线性的电视节目编排格式,而数字技术不仅可以提供原有的各种节目类型,还可以提供即时点播式的电子政务、股票、天气预报和交通信息等各种信息服务,提供在线点播、在线游戏和短信互动等娱乐服务,实现多种业务的融合,为受众提供大量个性化、专业化和多样化的节目内容,使电视机等接收终端成为多媒体信息终端。数字化将使现有单一媒体播出平台的纯节目形态向未来多元化交互式播出终端的全节目形态转化。[①]

借助数字技术,传统的广播电台和电视台就能够从单纯的新闻和娱乐报道转变为综合的资讯平台。所谓资讯平台是指借助数字技术的支持,以受众的工作,生活等日常需求为核心,为其设置和提供各类生活信息服务,如政务、股票、饮食、交通等,从而使电视机成为用户家庭生活的重要信息平台。这主要包括:分类广告——提供与生活息息相关的服务信息,如餐饮和景点介绍等;远程服务——如银联结算、电子交易等,这在国内都已有实现;资讯内容经营——运营商通过对所掌握丰富资讯的加工整理,做成信息产品创造价值,如路透社在全

① 高子华:《数字化变革中的广电渠道整合》,《中国记者》2007 年第 1 期,第 44 页。

球有 100 多个信息中心，其收入已经成为主要经济支柱；数据库经营——数字电视每一个用户的信息都在运营商的掌握之中，这样就形成了一个庞大的用户数据库，随着用户数量的增加，其经济价值也将日益显现。①

与传统电视不一样，网络和移动媒体有大量的微视频。“微视频”是视频短片，短则几秒，长则数分钟，内容广泛，形态多样，涵盖小电影、纪录短片、DV 短片、视频剪辑、广告片段等，可通过 PC、手机、摄像头、DV、DC、MP4 等多种视频终端摄录或播放。短快精、大众参与性、随时随地随意性是微视频的最大特点。德勤发布的《科技、传媒和电信行业 2007 年流行趋势预测》显示，在 2007 年全部的国际互联网流量中，超过 1/3 的流量预计会以点对点的视频形式出现。虽然目前国内视频网站的生存状态并不乐观，但随着其他渠道的发展，结合微视频突出的平民化特征，未来它可能像博客、网络聊天一样，成为流行文化和大众应用，从而成为主要的媒体内容之一。②

在网络电视与数字电视时代，决定内容设置的关键参照依据已经从受众调查变成用户研究。新媒体的传播内容应当根据新媒体的特点进行安排，有一定比例的为用户量身定做的节目。如果一种新媒体只是将部分电视频道“平移”到自身的播出平台，所提供的节目内容与传统电视没有本质区别，却要求用户支付更为高昂的收视费用，将缺少足够的说服力使受众转变已有的收视习惯，从传统电视或其他更为低廉的媒体服务转向费用较高的新媒体。在这方面，英国天空电视台(SKY)通过高价购买英超独家转播权拯救自己的经验可以借鉴。天空电视台是英国和爱尔兰的一家卫星直播电视台，起初叫做天空频道，1989 年，新闻集团整体收购了天空频道，并更名为天空电视台。但天空电视台在英国运营始终处于亏损状态。其老板默多克认为人们愿意自掏腰包看三类电视节目：好莱坞新片、色情节目和体育比赛直播。英国政府严禁电视台播放色情节目，默多克从美国购买了大量的好莱坞电影，但从 SKY 订购收看的人却寥寥无几。原来英国人对录像情有独钟，几乎每家都有一台录像机，一旦有好莱坞新片上市，他们更愿意去租录像带看。为了挽救濒临破产的 SKY，默多克只有求助于体育赛事直播。英超是全球市场化程度最高的赛事。1991 年 4 月，英超正式成立，天空电视台以 5 个赛季共 1.91 亿英镑的价格击败竞标对手 ITV，拿到了英超前五年的独家转播权。英超拯救了 SKY。当时订购收看英超比赛的

---

① 娄二鹏：《传统电视的新媒体发展策略》，《广告大观》2007 年第 11 期。

② 同上。

客户多如牛毛，每天都有一麻袋一麻袋的支票运进SKY的办公室。仅过了一年，SKY就从一个每年亏损4700万英镑的烂摊子一跃成为赢利6700万英镑的电视帝国。

当然，并不是新媒体电视所有播出内容都得全新制作，那样一方面成本太高，二来也没有必要。传统电视中有很多内容经过改编、后期处理等精加工后都很适合新媒体电视播放的。另外，利用新媒体的技术优势，丰富服务内容，开发更多的增值点。在新媒体平台中开办各类专业性频道，如财经、科技、购物等，以小众化播出的模式，直接针对目标受众，以付费方式实现赢利，避免了同类频道在传统平台中低收视的尴尬境地，转而依靠收视费支撑频道，解除广告压力，有效地到达目标群体，以多元化的赢利模式取代单一的赢利方式。①

3. 从单纯依赖广告到多元化赢利模式

数字化极大地提升了有线电视网络的科技含量，不但带来了广播电视频道频率资源的扩展和服务范围的扩大，而且为广播电视的赢利模式解构和营业收入转移提供了多种可能性。传统的电视传媒所制作的节目只不过是数字传播渠道的一个节目库，原来想当然的传媒老大在市场上拥有的份额将被重新分配，电子广告也要考虑如何进入人们的视线。因此，要探索通过打造产业链以获得增值效应，推动以广告为主的赢利模式向多元化的产业增值赢利模式转化，以产业化推进数字化，以数字化带动产业化。②

从传统广电到新媒体，盈收策略从以广告主付费为基础转变为以用户付费为赢利基点。因为新媒体浪潮下的电视产业的赢利模式已经发生深刻变化。新媒体的赢利模式＝广告收入＋收视费＋其他服务收入。在这个模式中，盈收从单一的广告经营模式走向多元化的经营模式，并且用户是数字媒体时代的赢利基点。用户是服务购买者是收视费的来源；用户和广告主一样是营销的核心。③

北京卡酷动画卫视是最早制作动画片的电视台之一，也是目前动画片生产量最大的电视台之一，拥有丰富的动画节目资源。国产原创节目策划开发强劲，库存动画节目达到15万分钟，拥有《福娃奥运漫游记》《快乐东西》《秦时明月》《十分开心》《闪天下》等　系列精品节目和知名栏目，不仅先后赢得了亚洲

---

① 谢耘耕、倪握瑜：《重蹈覆辙还是自我突破——新媒体时代电视媒体的选择》，《新闻界》2007年第3期，第2页。

② 高子华：《数字化变革中的广电渠道整合》，《中国记者》2007年第1期。

③ 陈新：《新媒体浪潮下中国电视产业发展之路》，http://www.ckgsb.com/Article/Detail.aspx?ColumnId=408&ArticleId=3626

电视奖、星光奖、金鹰奖和华表奖等众多国际级和国家级专业奖项，而且通过积极的版权交易，把动画节目发行到全国各地。

购买动画片—播出动画—获取广告收益，这种国内一般动画频道的普遍赢利模式，在北京卡酷动画卫视公司，仅成为其递进式产业链条当中的一个环节。卡酷通过动画投资与制作，首先获得了投资收益；制作又为播出提供了内容，而好的内容会带动广告，并产生品牌价值；利用品牌价值，经营动漫图书、音像、玩具等动漫衍生品获得收益。但卡酷并未就此满足，通过渠道扩充，开拓连锁经营以及建设大型儿童动漫 Shopping mall，卡酷将自己的空中优势转化为衍生品的落地经营，动漫产业链的外延被大大延伸。同时，还把动漫衍生产品的开发销售，与卫视播出的宣传推广平台优势结合，从而形成产、供、销一体的市场优势。

通过多元化的运作机制，卡酷动画卫视将自己与受众市场、投资制作市场、儿童玩具销售市场接轨，与受众更近，与市场更近，有利于拓展经营，聚拢资金，实现频道收益的稳步增长和自身的不断发展。2008 年，卡酷卫视的年收入超过 1 亿元，2010 年，有望达到 4～5 亿元，从而实现动漫电视产业的跨越式发展。①

二、广电布局新媒体

视频新媒体近年来发展势头迅猛，《无极》的馒头版与虐猫事件等视频在网上的传播以及 2006 年的春晚网上直播、现在竞争激烈的世界杯网络播出版权与各种网络报道方案的精心运作，都昭示了新媒体力量的迅速壮大。面对新媒体的挑战，广电媒体动利用自己的优势积极布局新媒体，主动与新媒体进行合作。合作的基础在于独立的视频网站希望得到适合网上传播的电视内容的版权容许，拥有内容资源的电视台缺乏网络运营经验，对新媒体运营非常陌生。

1. 国际集团布局新媒体

先来看一看全球的媒体集团。巨头实施新媒体战略的正是罗斯·莱文森任总裁的新闻集团旗下的福克斯互动媒体部门，这个部门在 2005 年展开了一系列并购行动。在 2005 年初，默多克召集多位高管共同制定新闻集团的互联网发展战略。随后，新闻集团 5.8 亿美元收购了 Intermix Media，它拥有 30 多个娱乐、游戏及社交网站，其中的 MySpace.com 已经成为互联网世界中的一张王牌。之后，新闻集团又先后收购了游戏网络公司 IGN 娱乐以及网络体育公司

① 陈栋：《2008 年中国传媒十大创新报告之广电篇》，《今传媒》2009 年第 1 期。

Scout Media。此外，新闻集团还持有英国卫星广播公司 BSkyB 37%的股份。高价收购新的数字和媒体平台，是新闻集团布局新媒体的第一手段，甚至涉足社区为主要特征的 Web2.0 网站，以迅速跟上网络前进的方向，并显示了其运作网络媒体的能力。MySpace.com 在收购时用户不到 2500 万，而现在已经超过 7000 万用户了。涉足宽带业务是默多克的另一个计划。他曾对《华尔街日报》说："我们对美国不了解，我们有可能与合作伙伴组建一家公司，在美国开展宽带业务。"据了解，新闻集团掌控着美国卫星电视服务的 DirecTV 集团，只是目前并未提供高速互联网业务。新闻集团的业绩已经说明，布局新媒体的正确性。2005 年 8 月，新闻集团公布了第四季财报，利润达到 7.17 亿美元，涨幅为 67%。默多克在新闻发布会上表示，未来几个月，新闻集团将收购更多的互联网在线业务，因为后者已经成为该公司发展战略中的一个重要组成部分。当时的分析也指出，从默多克的收购行动来看，他对以传统媒体模式运作的网络媒体毫无兴趣，真正令他感兴趣的是互联网最有魅力的用户参与及个性化部分。还有业内人士指出，默多克的目标是创建一个网络，通过整合多种平台，使资源得到最优化配置，做有竞争力的内容服务，以一种无处不在的方式向全世界散播。

相当活跃的媒体集团还有美国媒体集团维亚康姆（Viacom）。2004 年，维亚康姆就以 1.6 亿美元收购了一个游戏网站 Neopets，还用 5000 万美元收购了视频点播网站 iFilm。在新闻集团频频收购新媒体的同时，维亚康姆也表达了自己对新媒体的看重。在国际媒体市场上，其他传统媒体也开始寻找自己和新兴媒体的对接点。2004 年底，道琼斯新闻社以 5.19 亿美元的价格收购财经新闻网站 CBS MarketWatch 的母公司 Market Watch Inc。2005 年，《纽约时报》集团花费 4.1 亿美元，买下了消费者信息服务网站 About.com。令这些媒体巨头们频繁出手新媒体的理由很简单，那就是以网络技术推动的新媒体已经吸引了未来受众的主体人群。在 16 至 24 岁的人群中，有 1/4 表示他们不看 BBC 的电视，大多数年轻人现在看电视的时间较少，花在上网和打游戏上的时间较多。①

2. 国内广电布局新媒体

进入 21 世纪以来，中国广电迈开了数字化和产业化的发展进程。2003 年，

① 朱秀亮:《电视布局新媒体前景谁更好?》,《中华新闻报》2006 年 6 月 28 日。

全国开始进行数字电视商业广播试验，从有线电视入手启动数字电视市场。数字电视业务在全国进入实质性开展阶段。2004年是中国广电行业的“数字化发展年”和“产业化发展年”，数字电视的整体转换和产业化进程加快，数字电视成为中国广电乃至整个社会关注的焦点。2005年，高清技术及设备兴起，高清在机顶盒、终端显示器中的应用发展可喜，出现了三网融合的新概念机顶盒。2006年，广电继续向数字化、网络化、高清化的发展方向。目前，我国广播电影电视行业正全面进行从模拟向数字的转换。截至2006年底，有线数字电视用户已超过1200万，地面数字电视及直播卫星正在积极准备、探索之中，DAB、移动多媒体广播也已经开始启动或积极筹备。2007上年，数字电视、高清技术及设备、车载户外电视、手机电视、IPTV、机顶盒技术及设备的发展，促进了电信、电视、计算机三网的融合。

2008年6月21日，由中国广播电视协会、中国传媒大学和中央民族大学三家权威机构联合推出的《中国电视网络影响力报告(2008)》发布，该报告为评价中国电视的影响力提出了“网络影响力”这一新的评价指标，打破了原来拿“收视率”当标准的陈规。网络影响力主要包括:知名度、关注度和网络收视度指标。网络影响力指标的诞生在一定程度解决了电视“唯收视率论”所带来的表面性和片面性等各种问题，为当前中国电视评价体系的尴尬现状找到了出口，也从一个侧面反映了电视与新媒体的互动融合。

在国际大佬们以雄厚的资金在新媒体市场上出手收购，重新实施产业布局的时候，国内的电视媒体集团也开始自己的新媒体战略。

2003年，上海文广开始实施新媒体战略，是国内最早布局新媒体的广电媒体集团，也是第一个拿到IPTV牌照的。如今，上海文广的新媒体布局已初具规模，旗下已有包括经营网上视听业务的东方宽频、经营数字电视与高清电视的文广互动、经营IPTV的百视通及经营手机电视的东方龙4大块新媒体业务。“东方宽频”已覆盖全国7000多万宽带用户，发展注册用户650万，收费用户30万。

上海文广作为媒体集团既有自己的有线网络资源，又有自己的节目内容和固定的优势收视人群。数据显示，到2005年底，文广互动已通过上海有线电视网络提供30套付费节目;通过全国数字付费电视平台提供16套节目，节目信号覆盖了全国54个城市有线网络的130万用户，成绩远远超出央视，居全国第一。2006年1月1日，上海文广互动的“新视觉”高清频道与央视“高清影视”同时开播，成了全球华语电视中最早的高清电视频道。

中央电视台是国内最大的广电媒体。2006年4月28日，央视国际网络有限公司成立，整合了以前“央视国际”(CCTV. COM)和中视网络发展有限公司负责运营的“央视网络电视”(ICCTV. CN)，负责中央电视台网络宣传业务，又承担中央电视台网络资源的整合和新媒体增值业务。新媒体战略是2006年央视三大战略之一。中央电视台希望央视国际既要体现互联网络的特色，也要体现电视的特色。“台网联动”既是央视新媒体战略的目标，也是手段。央视国际2006年全面改版，央视12套节目实现网上同步视频直播，近400个电视栏目的主要内容实现网上传播。

就在央视国际成立的前一天，广电总局批准央视开办信息网络传播视听新业务，发下了第二张IPTV(交互式网络电视)牌照，此前只有上海文广一家拥有IPTV牌照。按照广电总局的批准，目前央视国际可以办的业务包括，以计算机为接收终端的自办点播节目业务、自办频道业务、集成运营业务；以电视机为接收终端的自办点播节目业务、自办频道业务、集成运营业务；以手机为接收终端的自办点播节目业务、自办频道业务、集成运营业务。如此，IPTV、数字电视、手机移动业务等新媒体模式都被央视收入囊中。

中央电视台明确提出要像打造电视品牌一样打造网络品牌。央视国际的核心广告语也表达了这样的愿望：CCTV. COM，打造央视网络新品牌。背靠着中央电视台，央视国际的优势是得天独厚的。一是有中央电视台的品牌资源；二是中央电视台的明星资源，包括明星主持、明星的编导、明星记者；三是中央电视台巨大的节目资源。央视有全国最完善最丰富的节目储备，内容质量也是其他省级电视台无法比拟的。但是，央视并没有自己的有线运营网络，这是它布局新媒体的最大困难。

2006年8月末，南广传媒集团开始潜入新媒体，他们获得广电总局发放的第三张IPTV全国运营牌照，成为继上海文广、央视之后，又一家有权在全国范围内经营IPTV业务的电视台，开始在新媒体业务中崭露头角。

除了电视，广电媒体也积极进军新媒体。中央人民广播电台主办的“中国广播网”是目前国内最大的音频网站；中国国际广播电台主办的“国际在线”在线播出43种语言的广播节目，同时开播了普通话、英语、德语和日语的网络电台。2006年10月，中国国际广播电台获得了全国第四张IPTV运营牌照。

手机电视业务发展步伐进一步加快，手机电视业务逐步升温。广东电视台宣布旗下的“天声”手机电视计划在2006年完成对珠三角地区的初步覆盖，并将广州、深圳、珠海、佛山、中山、东莞等6个城市作为业务发展重点区域；2006年11月上海文广集团开始整合旗下从事手机电视业务的“东方龙”和从事手机增值业务的"文广新媒体"两家公司;12 月 11 日,中国移动、中国联通也分别与央视联手,推出基于移动通信网络的流媒体手机电视业务。

媒体之间的合作也在加快。2006 年 10 月,全国电视台"网络视频联盟"成立。"网络视频联盟"以 CCTV.COM 为平台,集成全国电视台及其他机构优质视频节目资源,发挥母体优势,采用国际上最先进的内容与广告营销方式,在全方位提升各电视台影响力和各传统媒体子网站访问量,以期占领新兴传播阵地。2006 年 11 月 15 日,东方卫视与新浪网联合召开新闻发布会,正式宣布双方达成战略合作伙伴关系,这家上海文广重拳打造的传媒旗舰在扬帆远行时,将伙伴锁定在新浪这家在全球范围内拥有超过 2.3 亿注册用户的网络媒体身上。新浪还与凤凰网合作,新浪宽频整合发布凤凰卫视的视频。

2008 北京奥运会报道,电视媒体和网络媒体进行了合作。搜狐,百年奥运史上第一个互联网内容服务赞助商,先与 15 家报社共同组成"奥运媒体报道联盟",又与央视国际结为战略合作伙伴关系。TOM 在线先与湖南卫视结成战略合作伙伴,随后与 28 家平面媒体、16 家电台携手启动"28+1 奥运报道联盟"。新浪、腾讯和网易宣布成立 2008 奥运报道联盟合作。腾讯网与 11 家都市报组建"捷报奥运媒体联盟"。

广电和新媒体的合作还表现在重大节目的策划和营运上。2006 年,久游网和东方卫视共同推动的《久游网——舞林大会》在全国热播,不仅使久游网旗下的"劲舞团"和"超级舞者"成为热门的休闲网络游戏,更是使其 1.43 亿的网络游戏用户通过各种形式参与到《舞林大会》中,其在上海地区 17%的收视率直逼央视春节晚会。《舞林大会》节目的运作,充分运用了传统电视、IPTV、网站、手机电视和短信的方式:由东方卫视和本地频道进行现场直播,覆盖数亿受众;在宽频网络上建立《舞林大会》官方网站,集成在线直播、节目点播、幕后花絮、选手博客、投票、论坛等方式;在使用手机进行同步短信投票、节目信息订制的同时,利用手机流媒体实现在线直播、视频点播、独家花絮等内容。节目的营销过程中,除了开启网络投票、博客互动、手机投票等互动方式以外,还利用新兴的 IPTV 的双向传播功能,将观众手中的遥控器变成了投票器,用户可以用遥控器一次为选手投上 50 票,这种方式比短信更方便、更直接、更刺激,使得《舞林大会》在第四期时达到了一个高潮。在《舞林大会》品牌的统领下,多媒体渠道建立立体播出平台,整合在一个活动方案中共同赢利,这种方式已经成为上海文广整合营销的通用规则。《舞林大会》通过这种多元化媒介的多通道互动模式,满足了现代受众对电视节目的深度参与需求。

《超级女声》的成功也是传统电视和新媒体结合的成功范例。该节目的受众以青少年居多,这些人也是新媒体的热衷者。网络、手机不仅是他们传递信息的窗口,还是交流的平台,新浪、搜狐、百度贴吧、天涯社区的BBS和Blog站点都设置了《超级女声》专题,一时间各类热点讨论、网友观点、聊天室访谈层出不穷,再结合节目本身设置的网络投票、手机短信投票等方式,媒体可以灵活地根据这些观点进行节目的设置和调整,受众的个性化需求在互动交流中得到满足。上海天娱公司在《超级女声》的营销过程中,并没有将目光局限于比赛过程中产生的一次性收益,而是将营销的重点放在了品牌所延伸出来的产业链的开发上,不仅获得了节目冠名、广告、图书和音像等衍生品的销售利润,还将电视的影响力平移到互联网、手机等媒介,在这些新平台上创造出二轮、三轮的价值,从而释放出整个产业价值链的系统协同效应。据保守估计,《超级女声》娱乐产业价值链近3年内带动的产值超过10亿元。①

中国的电视媒体布局新媒体绕不开的是网络的选择,而电视的缺憾就在于没有自己的宽带网络。IPTV和手机电视没有运营商和信产部的支持与合作,根本就发展不起来。即使拿到了IPTV的牌照最后也只是个空牌照。中国移动等一直在尝试通过收购和结盟内容提供商等形式跳出"渠道提供商"的角色,2006年先后与MTV、NBA、唱片公司等直接签约合作,并实现了对凤凰卫视股权的收购。

广电与电信、电视台与电信运营商的合作势在必行,电信网、计算机网和有线电视网的三网合作成为大势所趋。

二、广电与电信的融合

1. 三网融合

"三网融合"即原先独立设计运营的传统电信网、计算机互联网和有线电视网将趋于相互渗透和相互融合。相应的,三类不同的业务、市场和产业也将相互渗透和相互融合,以三大业务来分割三大市场和行业的界限逐步变得模糊,逐渐形成一个统一的网络系统,并以全数字化的网络设施来支持包括数据、话音和影像在内的所有业务的通信。

三网融合表现为技术上趋向一致,网络层上可以实现互联互通,形成无缝

① 王虎:《媒介融合背景下传统电视与新媒体的整合营销策略》,《视听界》2009年第1期,第26页。

覆盖，业务层上互相渗透和交叉，应用层上趋向使用统一的 IP 协议，在经营上互相竞争、互相合作，朝着向人类提供多样化、多媒体化、个性化服务的同一目标逐渐交汇在一起，行业管制和政策方面也逐渐趋向统一。三大网络通过技术改造，能够提供包括语音、数据、图像等综合多媒体的通信业务。三网融合，在概念上从不同角度和层次上分析，可以涉及技术融合、业务融合、行业融合、终端融合及网络融合。

如今，三网融合在技术上已经是完全可行的。数字技术的迅速发展和全面采用，使电话、数据和图像信号都可以通过统一的编码进行传输和交换，所有业务在网络中都将成为统一的"0"或"1"的比特流。光通信技术的发展，为综合传送各种业务信息提供了必要的带宽和传输高质量，成为三网业务的理想平台。软件技术的发展使得三大网络及其终端都通过软件变更，最终支持各种用户所需的特性、功能和业务。最重要的是统一的 TCP/IP 协议的普遍采用，将使得各种以 IP 为基础的业务都能在不同的网上实现互通。

三网融合可减少重复建设、节约社会资源。据专家介绍，目前中国近 90%的光纤光缆资源处于闲置状态，如果实行三网融合就可充分激活这些闲置资源，仅此一项即可减少重复建设近千亿元，总共将减少国资重复建设约 2000 亿元。如果互联网信号用有线电视网传输，其速度将是用普通电话线传输的数百倍甚至上千倍。而且可以实现网上视频点播，网上医疗等宽带服务，这已在一些智能化小区进行了试点。另一个诱人的前景是，电信网融入有线网后，手机上网也能低成本实现宽带服务。

在西方发达国家，三网融合进展顺利。历史上，美国对电话、有线电视、互联网实行条块分割。1996 年，美国颁布了《1996 年电信法》，打破传统禁令，奠定了三网融合的法律地位。电话、有线电视、互联网公司可以跨行业经营，互相渗透，在同一市场展开竞争。法国的电信和广播电视彼此是对称开放的，三网融合发展是主旋律。在市场准入方面，法国电信业和广播电视业并不互相排斥。但目前的实际情况是，广电进入电信的不多，主要的问题在于资金方面——法国广播电视运营商需要投入大量的资金建设新网络、开发新业务，无暇进入电信领域。相对而言，电信进入广电的动作则大一些，尤其是在数字电视方面。加拿大建立了融合的管制机构 CRTC，对融合业务进行管理。总体上来说，加拿大不存在政策壁垒和隔阂，电信和电视业务互相融合、互相渗透。

在我国，三网融合还有很长的路要走。1998 年展开了三网融合的第一次大讨论。1999 年，国务院办公厅下发第 82 号文，明确规定"电信部门不得从事广播电视业务，广播电视部门不得从事通信业务”。后来，随着 IPTV 等新技术、新概念的兴起以及国家宏观调控对减少资源重复建设的要求，三网融合重新提上日程。在“十五”规划中，政府表示要“促进电信、电视、计算机三网融合”。经过五年的发展，在“十一五”规划中变为“加强宽带通信网、数字电视和下一代互联网等信息基础设施建设，推进三网融合”。“规划”中对在五年内推进三网从技术方面整合基础设施资源做了明确的行政指示。由“促进”到“推进”，透露出行业变革的重要信息：政府决心发力打破横亘三大产业中的体制壁垒。

2007 年底，国家广播电影电视总局与信息产业部联合发布了《互联网视听节目服务管理规定》。这是两部委第一次携手共同发文。其中可以看出的是，信息产业部出让了一部分自己原先对于网络监管的特权，电信方面一直力推的 IPTV 也将借此摆脱受制于广电牌照的尴尬，有一个更加合理的身份去发展。2008 年初，国务院办公厅 2008 年 1 号文件转发了由发改委、科技部、财政部、信息产业部、税务总局和广电总局联合制定的《关于鼓励数字电视产业发展的若干政策》，“三网融合”在《政策》中得到进一步重视和提倡，特别是对广电网和电信网的融合以及相互渗透首次进行了明确。

2. 数字家庭

数字家庭是指以计算机技术和网络技术为基础，各种家电通过不同的互连方式进行通信及数据交换，实现家用电器之间的“互联互通”，使人们足不出户就可以更加方便快捷地获取信息，从而极大提高人类居住的舒适性和娱乐性。其包括四大功能：信息、通信、娱乐和生活，计算机、电视、手机实现三屏合一，三个屏幕内容充分共享。互联网数据中心（IDC）将数字家庭定义为，可以实现家庭内部所有设施控制并可得到反馈信息；声音、文字、图像信息可以在不同家用设备上共享，并随时随地实现这些控制与信息共享。

交互式网络电视（IPTV）、有线数字电视、机顶盒、电脑娱乐中心、网络电话、网络家电、信息家电以及智能家居等，都是数字家庭的体现。

“数字家庭计划”是英特尔 20 年前提出的概念，意即通过数字技术，将电脑、电视等数字设备在家庭局域网内自由互联。1999 年 3 月，比尔·盖茨到中国推广“维纳斯计划”，即专门为中国市场量身打造的“机顶盒”产品计划，是用现有电视作为显示器，利用电话线作为通道接入国际互联网。此计划催生了中国的数字家庭概念，数字家庭概念从此在中国扎下了根。在先后经历了彩电、PC、手机三大电子产品普及浪潮之后，信息家电成为消费类产品升级的典型代表，将会爆发出巨大的购买力。以计算机、通信和消费电子互联互通为标志的“3C 融合”市场一直受到国内外企业普遍关注。3C 的最大诱惑在于其融合后所构造出来的数字家庭，不但给消费者带来高质量的生活，还将创造电子消费市场空前的发展机遇，促成消费电子和家电领域的升级。数字家庭”就是 3C 融合从概念转化为应用，同时满足用户多种数字化需求的现实方案。英特尔和微软一向是数字家庭领域两大推动者。“数字家庭计划”的核心依然是芯片产品。在新的应用领域，英特尔等处理器产品供应商将继续作为产业链核心统治市场。此外，软件产品的价值也将再次突出。微软已经正式推出针对数字家庭市场的软件平台 MCE，并继续捆绑英特尔双核处理器平台，图谋在数字家庭市场延续其在 PC 领域的所向披靡的 Wintel 产业联盟。①

2007 年初，品尼高(Pinnacle)公司推出了一款号称可以让普通的电脑变成高品质高性能的“家庭媒体中心”的“黄金组合”。这个中心除了可以在电脑上观看清晰的电视外，还可以通过电脑接收电视节目，定时自动录制喜爱的电视节目，可以在电脑上观看，也可以刻录成 VCD、DVD。该计划更多地倾向于使电脑电视化，而不是使得电脑电视手机等媒体终端获得平等的、可转换的使用优势。在 2007 年美国国际消费类电子产品展览会上，惠普(HP)推出了“数字家庭媒体中心”，其由四个部分组成：高清晰液晶显示器、带有蓝光功能的刻录机、大容量的蓝光光盘以及无线鼠标。

四、数字电视

数字电视是一个从节目摄制、编辑、发射、传输，到信号接收、处理显示完全数字化的电视系统。与传统的模拟电视相比，数字电视具有收视效果好，可以实现与受众的互动等多种优势，成为世界各国电视发展的方向。

1. 西方数字电视的发展

美国计划在 2009 年全部关闭模拟电视；法国计划 2011 年 11 月前关闭模拟电视；英国计划 2012 年完成电视的数字化；日本于 2006 年基本实现数字电视全国覆盖，计划 2011 年关闭模拟电视。据统计，欧洲、非洲和亚洲共有 101 个国家计划最迟在 2015 年关闭模拟电视。值得一提的是，早在 2006 年 12 月，

① 白丽.《数字家庭》,《赣南日报》2006 年 3 月 14 日。

荷兰就已经停播了地面模拟电视，成为世界上首个实现电视数字化的国家。①

数字电视技术最先出现在欧洲。从 20 世纪 80 年代开始，欧洲几个电视技术较先进的国家，如德国、法国、英国，都开始研究数字电视技术，并且诞生了 MAC1、MAC2、MAC3（模拟分量时复用传输技术）等三代数字卫星电视节目广播，当时数字技术已经很先进，它能够同时传播一路标准清晰度电视节目和多路伴音广播。与此同时，日本的数字电视技术也达到了很高的水平，日本是世界上第一个用 MUSE（多重压缩编码）技术进行高清电视节目广播的国家，但试播不到两年，由于新的数字技术不断出现，MUSE 技术相对已落后，日本不得不放弃自己的 MUSE 技术标准。

1982 年，新一代数字式电视机由美国的数字电视公司首先研制成功，这种电视机的结构主要由 5 块超大规模集成电路组成，元部件比模拟式电视机减少一半以上，因而使生产工艺大大简化，生产成本降低。1983 年，该电视机开始正式生产并投放市场。从 20 世纪 90 年代开始，数字电视技术在世界范围内飞速发展，除了欧洲之外，美国、日本等技术先进的国家也都认识到数字电视技术对本国经济发展的重要性，因此也加入到数字电视技术的研究行列，并制定了现代数字视频压缩技术的一系列主要标准 MPEG－X。1993 年 12 月，美国休斯电子公司率先发射一颗数字直播卫星（DBS），并在此基础上组建了采用数字压缩技术的商用电视直播卫星系统。卫星直播电视的发展客观上促进世界范围内的信息流通，给全球受众更多的信息选择权，促进了国际传播的发展。

1995 年 9 月 15 日，美国正式通过 ATSC（Advanced Television Systems Committee，美国高级电视业务顾问委员会）数字电视国家标准。ATSC 制信源编码采用 MPEG－2 视频压缩和 AC－3 音频压缩；信道编码采用 VSB 调制，提供了两种模式：地面广播模式（8VSB）和高数据率模式（16VSB）。随着多媒体传输业务的不断发展，为了适应移动接收的需要，近来又计划增加 2VSB 的移动接收模式。1998 年，美国开始数字电视广播，10 月 28 日，由一家名叫 HARRISCORP 的公司出资，大约 24 家电视台让美国观众在选定的地点观看了数字化高清晰度和高保真环绕声的约翰·格伦历史性的重返太空之旅的电视现场转播。这是美国数字化高清晰度电视成果的一次重要展示。11 月 1 日全美国 38 家开路电视台同时开播数字电视节目，到当月底增加至 44 家电视台，分布在 23 个广播电视市场，其覆盖范围占全美国家庭的 37.4%，即 3700 万，其中 28

① 杨继红：《新媒体融合与数字电视》，清华大学出版社 2008 年版，第 3～4 页。

家电视台在纽约、洛杉矶、费城、旧金山、波士顿、达拉斯、华盛顿、底特律等10个最大的广播电视市场。美国家用电器制造商协会(CEMA)主席夏培罗(Gary Shapiro)用"这回是我们的人登上了月球"来概括这场由日本自20世纪70年代开始、美国在80年代接手的电视传输走向高清晰度和数字化的30年历程。

1996年4月,法国第一个开始了数字电视商业广播,全世界的数字电视广播迅猛发展,其中尤以DVB－S广播技术的应用发展最为普及和迅猛,DVB－S标准甚至被美国这样数字技术超级发达的国家采用。随DVB－S之后,DVB－C也在逐渐普及,特别是在我国,DVB－C或其变种技术必将是数字电视广播技术的主体。DVB—T技术在DVB－S和DVB－C之后,也被欧洲、亚太甚至美国等地区的不少国家用于商业广播。①

2. 中国数字电视的发展

中国电视消费市场巨大,也积极加入到数字电视技术的竞赛行列,准备在MPEG的基础上制定出自己的数字电视标准。1999年9月,我国的数字电视广播HDTV－T在中央电视塔上广播试验成功。2002年7月,我国开始研制具有自主知识产权的AVS(Audio Video Standard)音视频压缩标准,以此取代MPEG－2图像压缩标准,并于2003年7月宣布基本取得成功。新的AVS音视频压缩标准技术性能比MPEG－2更优越,活动图像更清晰,图像压缩比更大,是MPEG－2图像压缩比的2.4倍,它与MPEG－4正在升级的版本JVT(Joint Video Team)处同一技术水平,且互相兼容。2003年11月18日,我国又宣布EVD(Enhanced Video Disk)技术标准制定成功,EVD光盘图像信息量是现在DVD的3倍。EVD技术标准综合了目前国际上最先进的VP5、VP6技术优点,使我国的数字电视技术又向国际先进国家行列跨进了一大步,并把目前的DVD技术远远地抛到了后面。2003年12月30日,负责我国数字电视标准研究的单位之一,清华大学信息技术研究院数字电视技术研究中心,在深圳现场演示数字多媒体地面广播传输标准单频网技术获得成功,这表明中国数字电视地面传输标准与技术走在了世界前列。

在电视机的发展上,也出现了几次技术革命。2000年9月,国内某电视厂商将电视从50Hz升级至100Hz。由于采用了先进的逐行扫描技术和100HZ技术,有效地解决了电视画面闪烁的现象。数字引擎技术得到发展,在此基础

① 宋忠慎:《数字电视技术的发展与标准》,《广播电视信息》2005年第3期。

上，促使了很多新技术诞生，六基色图像处理技术便是其中之一。它创造性地将电视的三原色提升到六色精确处理，有效解决了画面层次差、对比度不足等问题，为平板时代的来临立下汗马功劳。2006 年世界杯前夕，市面上出现一种可录液晶电视，可录液晶基于 Linux 操作系统的嵌入，只需 U 盘或者移动硬盘，既可以保存任何喜欢的节目，还可以提供预约、即时录等便捷功能。随着技术进一步发展，目前已经发展到时移可录阶段，即电视机可以将当前播放的节目暂停、回放，掌握精彩轻松自如。可录电视的诞生，使人们进入可以掌控电视节目的时代。液晶电视是从电脑液晶显示器发展起来的，而电脑显示器本身存在了很多不足，例如响应时间长，拖尾现象，运动画面抖动，画质模糊等问题。一些专业的厂家花很大力气投入研发新技术，企图通过芯片处理，解决液晶电视存在的不足。这个时代，最具代表性的是屏变技术和屏稳技术。这两个技术（简称双屏技术）是以超级数字引擎为基础，屏变技术通过控制液晶背光源亮度及芯片的补偿处理提升画质，有效解决液晶电视眩光刺眼的问题；屏稳则采用自适应视频编码算法，通过运动估算和运动补偿，进行场内插帧提升画质，解决了运动画面抖动模糊等缺陷。双屏液晶电视引领数字电视进入画质至上的时代。如果液晶电视采用 FULL HD1080P 的高清屏体的同时，更关注软件提升技术的实现，其画质效果才能有质的提升，真正实现高清晰数字时代的享受。3G－USB 的应用，使彩电进入多媒体娱乐阶段。3G－USB 是“高清、高速、高兼容”端口的简称，可以支持高达 480Mbps 速率传输，可以实现稳定流畅的海量音乐赏析、超大图片浏览、高清电影播放和无缝接驳彩印等多种娱乐功能，同时还具有文本阅读和文件复制等实用 PC 功能。在 3G－USB 基础上，一种在现有功能基础上新增观看网络电影、听歌、唱卡拉 OK 的多媒体娱乐电视诞生了。①

我国广电系统制定了数字电视广播的“三步走”“四大平台”和“整体转换”三个核心战略。所谓“三步走”，就是针对数字电视的三种传输形态，采取有线先行、再卫星、再地面无线的过程。所谓“四大平台”是对数字电视产业链中的主要力量的角色定位，指节目平台、传输平台、服务平台和监管平台。这四大平台构建起了数字电视的产业链。所谓“整体转换”就是将模拟电视整体转换为数字电视，模拟电视终将被数字电视所取代。

2000 年，国家广电总局制定了《广播影视科技“十五”计划和 2010 年远景规

---

① 《中国电视机发展的几次历史性技术革命》，http://www.ce.cn/cysc/zgjd/kx/200709/14/t20070914_12902455.shtml

划》,并明确提出"2010年全面实现数字广播电视,2015年停止模拟广播电视的播出"。2003年5月,国家广电总局制定了《我国有线电视向数字化过渡时间表》,计划2005年数字电视用户要超过3000万,但到2005年底数字电视用户仅为535万户,到2007年底达到2500万户。目标没有实现的原因是数字电视发展的瓶颈没有得到解决,表面看是资金短缺、技术标准不统一等,实际上是认识不到位、政策不到位。

2006年12月,广电总局又在《"十一五"时期广播影视科技发展规划》中特别强调,模拟技术体制已经成为制约中国广播电视发展的瓶颈,数字化是广播影视发展的必然选择。要全面加快中国广播影视的数字化进程,建设集有线、地面、卫星传输于一体的数字电视网络,推动广播影视系统升级换代和结构优化。2006年9月,中国制定了地面数字电视国家标准,最终确定为清华方案(DMB－T)和上海交大方案(ADTB－T)两大方案的融合体——DMB－TH标准,加上此前已经确定的有线数字电视DVB－C标准和卫星电视DVB－S标准,三种标准的确定,为中国广播电视的全面数字化奠定了基础。

广电总局发展研究中心发布的《2008年广电蓝皮书》透露,北京、上海、广州等特大城市的有线电视数字化转换终于获得突破。其中,北京市完成了101万数字化整体转换工作,天津市有线电视数字化整体转换突破100万户,广州市有线电视数字化整体转换完成90万户。

2007年底国家六部委制定的《关于鼓励数字电视产业发展的若干政策》规定,从2008年2月1日起,六部委将联手推进我国数字电视产业的发展。《政策》再次强调了我国数字电视产业发展的目标:2008年,通过数字高清晰度电视向世界播出北京奥运会节目;2010年,东部和中部地区县级以上城市、西部地区大部分县级以上城市的有线电视基本实现数字化;2015年,基本停止播出模拟信号电视节目。

为了实现上述目标,发改委、信产部和广电总局将负责组织实施数字电视专项工程,同时,数字电视相关企业的上市等相关融资方式也得到积极支持,增加对数字电视的投入。在税收方面,符合条件的数字电视领域投资项目,在投资总额内进口的自用设备和按照合同随设备进口的技术(含软件)及配套件、备件都将免征关税和进口环节增值税。2010年年底前,广播电视运营服务企业收取的有线数字电视基本收视维护费,经省级人民政府同意并报财政部、税务总局批准,免征最长三年的营业税。未来进一步鼓励在数字电视领域的自主研发,《政策》规定,从2008年起,有线数字电视运营机构应按照机卡分离的技术体制开展数字电视业务,在境内销售的具备地面数字电视信号接收功能的数字电视机应符合国家标准要求。

根据国家战略,数字电视产业的发展目标是,要实现由电视生产大国向数字电视产业强国的转变。《政策》显示,2010年,数字电视机及相关产品年销售额将达2500亿元,出口额将达100亿美元;2015年,力争使我国数字电视产业规模和技术水平位居世界前列,成为全球最大的数字电视整机和关键件开发和生产基地。

2008年5月1日,备受关注的央视高清综合频道正式开播。央视高清综合频道通过中星6B卫星覆盖全国,可通过三种方式落地入户,即地面数字电视广播、有线数字电视和直播卫星。首批开播地面数字电视的北京、天津、上海、沈阳、青岛、秦皇岛、广州、深圳等八个城市,用户只需使用地面接收天线、高清机顶盒或数字电视一体机(注:只有符合地面数字电视国家标准的数字电视一体机才能收看高清晰度电视节目),就可在家中欣赏高清综合频道节目。已完成有线数字化改造的地区,有线网络公司可以从中星6B卫星接收信号,并在本地网络里传输,用户只需买一个有线高清机顶盒和高清电视机(或高清数字电视一体机),就可以免费接收到高清综合频道节目。2008年下半年,中国广播电视直播卫星将发射升空并开始服务。届时,广大用户只需使用卫星天线加高清机顶盒或高清数字电视一体机,就可以接收高清综合频道节目。目前,国家广电总局已经部署在全国37个城市建设地面数字电视传输与发射系统,包括奥运城市、直辖市、省会城市、计划单列市,现已做好了这37个城市的频率规划。之后争取用几年时间尽快在全国推开,届时全国90%以上的人都能通过无线数字电视的方式收看到高清晰度电视节目。

高清数字电视是世界数字电视产业发展的趋势,相比传统的模拟电视及标清数字电视节目具有诸多优势,其具有16∶9的宽屏幕,分辨率高达1920×1080,可以实现5.1路环绕声,更具逼真感和震撼力。此前,中央电视台于2008年1月1日在首都北京试播高清综合频道,信号覆盖到北京市区及各郊县,一些北京地区观众通过购买的高清机顶盒或高清数字电视一体机,充分享受到与标清电视完全不同的视听感受。央视高清综合频道的正式开播,意味着中国高清数字电视时代的全面来临。此次高清综合频道无线传输采用了拥有自主知识产权的地面数字电视国家传输系统标准,因此也成为我国广播电视发展过程中的重要历史事件。

国家广电总局科技委原总工程师章之俭认为,到2006年,我国广播电台、电视台的台内节目制作和播出基本实现数字化，完成了向数字化的过渡，很多电视台已向数字电视下一代的高清晰度电视过渡。同时已基本实现了广播电视节目传送的数字化。卫星传送都已采用数字信号传送方式，广播、电视都是数字信号传送，正在建设的我国广播电视直播卫星系统将采用我国自主研发的卫星数字电视传送制式（ABS－S）。地面传送系统基本实现了以光纤（SDH）和密集波为主、数字波为辅的数字化传输系统。在节目信号分配系统方面，当前在我国主要有两种向用户的分配方式：一种是有线电视分配方式。经过几年的试点工作，已有25个城市实现了城区有线电视数字化。但从全国来讲，总的进度按照我们原来的目标还不够理想，现在全国城乡有线电视用户已发展至1.4亿户，但家庭数字用户仅是1200万，还不到1/10，所以今后的任务还很艰巨，但发展前景良好。另一种是地面无线传送方式。2006年8月18日，我国颁布了具有我国自主知识产权的地面数字电视传输标准。在用户接收方面，它是全系统数字化的最后一个环节，影响也是最大的，由于涉及我国千家万户现有广播电视接收设备的更新换代，必须坚持群众自愿的原则，因此完成这一环节的数字化过渡需要较长的时间，一般约需8～10年，甚至更长时期。

我国到2015年要求全面实现数字化，从目前的进展情况看，基本上按这个进度实施，但任务十分艰巨，特别是对在广大居民中推广数字广播电视接收还存在一定难度。为此，章之俭提出了广播电视数字化今后的六点任务：第一，城市有线电视数字化由点到面全面推开，争取在2010年前大部分地区有线电视能够达到城乡同步发展的目标。第二，进一步扩大广播电视人口覆盖，目前广播和电视的人口覆盖率在全国分别是95%、96%左右，覆盖目标应该是达到99%～99.5%。第三，加速推进地面数字电视广播。第四，充分发挥广播电视数字化的优势，实现数字高清晰度电视和环绕立体声广播。第五，面对三网融合，广电网还存在以下不足，需要加紧改进：一是全面实现数字化转换还未完成，要三网融合，首先要达到数字化；二是网络双向改造仅在少数城市实现，大部分城市网络还是单向运营；三是有线电视网络仍处于地域分割现状，还不具备全程网的互联互通条件；四是大部分有线电视网还缺乏业务管理监管系统。第六，数字化带来了一个新媒体的发展机遇，即移动多媒体广播方式，要充分发挥广播方式的优点，抓紧研究符合我国国情的具有自主知识产权的移动多媒体广播标准。①

---

① 章之俭：《广播电视数字化过渡仍需8～10年》，《中国电子报》2007年4月24日。

第八章

新媒体的失范与管理

内容提要：新媒体推动了社会的发展，但同时也存在很多失范的地方，比如艳照门、网络暴力和不当的人肉搜索、恶搞等泛滥，使新媒体表现出“很黄很暴力”的特征。百度事件、垃圾短信、病毒经济、网络推手等，使人们对新媒体的客观性产生了质疑：究竟谁在统治网民？比起传统媒体，新媒体上的知识产权保护难度更大，侵权行为时有发生。如何通过法制建设和强化制度建设，对新媒体进行规范和管理，促进新媒体的健康发展，是各国面临的一个共同的重大问题，在中国尤其如此。

第一节 很黄很暴力

一、人肉搜索

1. 什么是人肉搜索

人肉搜索是与机器搜索相对而言的另一种搜索信息方式。在机器搜索中，信息的搜集是通过机器完成的，比如经常用的百度、谷歌之类的搜索引擎，其搜索过程是由机器即电脑来完成的。而人肉搜索是通过其他人来搜索自己搜不到的东西，与知识搜索的概念差不多，只是更强调搜索过程的互动而已。在人肉搜索中，传统的网络信息搜索变为人找人，人问人的关系型网络社区活动，这种搜索活动一般是网友在网络社区上提出一个问题，通过广聚五湖四海的网友力量，由人工参与解答而非搜索引擎通过机器自动算法获得结果的搜索机制。

在人肉搜索中，每个遇到困难的人提出问题，而有这方面知识或者线索的人就对其解答、分析，是一种问答式搜索。在人肉搜索引擎上充分体现了“团结就是力量”，能在短短数天找到虐猫事件中残忍的网络美女嫌疑人，追查功夫少女事件的幕后黑手……一场场由网民发动起来的搜索让人惊叹。利用现代信息科技，枯燥乏味的查询过程变为一人提问、八方回应，一石激起千层浪，一声呼唤惊醒万颗真心的人性化搜索体验。

人肉搜索一词早在 2007 年 6 月出于流氓兔(网络)集团公司旗下网趣，后来在猫扑论坛上，人肉搜索人气兴旺，人肉搜索引擎的概念由此产生。从技术上来讲，人肉搜索是一种让朦胧变清晰，让清晰变透明的显影技术，它的特点是对参与者的学历、性别、能力均无特别要求，男女老少皆可参与，只要你有一双注意观察的锐利眼神即可，不锐利也不要紧，有一张大嘴巴也行。

然而，人肉搜索也被称为最恐怖的社会搜索。“网络通缉令”也有发错的时候，不幸者会被网友误当做被通缉者，手机和家庭住址等私人信息会被公布在网络上，对受害者造成巨大的伤害。2008 年底，央视《新闻联播》播放了一则关于净化网络环境的消息，北京某张姓女孩因在采访时说："上次我查资料，突然蹦出一个窗口，很黄很暴力，我赶快给关了。"消息一出，张某被人肉搜索，其出生年月、就读学校、家庭地址等信息都一一被公布出来，其照片被恶搞，其本人也被唾骂。

2. 人肉搜索走向暴力三部曲[①]

自 2006 年全国网友自发大规模联合搜索"虐猫事件"主角后，网络惊人的力量一发不可收拾。随后，"铜须门""史上最毒后妈""很黄很暴力事件"等接踵而至，更让本为了"助弱小、平民愤"而聚集到一起的这股力量，逐渐走向一个"暴力"的极端，并被越来越多的人所厌恶和唾骂。然而，参与到这股力量中来的网民规模还在逐渐扩大，"网络暴力"不仅在网络上声势浩大，更对现实生活形成冲击。

(1)起源：虐猫事件，"人肉搜索"威力初次展现

2006 年 2 月 28 日，网民"碎玻璃渣子"在网上公布了一组虐猫视频截图：一名时髦女子用漂亮的高跟鞋踩踏一只小猫，直至将其脑袋踩爆。此图片迅速引起网友愤怒，并在网络上被广为转发。

随后，愤怒的网民自发调查虐猫地点及虐猫女子的身份，并根据虐猫视频上的网站标志查找到杭州一网络公司，但该公司称自己只是网站域名注册公司，并不知道虐猫视频事件。为了缉拿凶手，有网民高价悬赏 5000 元。接着，有网友提供了新线索，称虐猫视频拍摄地点是黑龙江省萝北县名山镇名山岛公园，虐猫女子是该县人民医院的护士王某，拍摄者是该县广播电视局的工作者李某。3 月 8 日，黑龙江省萝北县有关部门确认虐猫视频拍摄地点是该县名山镇名山岛公园，并称已对该事件参与者王某、李某展开调查。3 月 9 日，虐猫事件参与者李某在网上公布检讨书。

据悉，为了此次虐猫事件，萝北县人民政府还专门召开了紧急专题会议，萝北县纪检、宣传、检察、法制、监察、公安、文化、林业、科信等部门参加了这个会议，各部门对虐猫事件调查处理情况做了汇报。

虐猫事件是网络力量的初次展现，通过网友们的力量，让"网络正义"得到了实现，不过，接着发生的事件，却向大众展示了网络力量的负面影响。

---

① 刘敬、张志超：《"网络暴力"，想说恨你不容易》，http://news.xinhuanet.com/internet/2008-09/18/content_10071761.htm

(2)畸变:“铜须门”事件,网民力量开始走向“暴力”

2006年4月,热门网游WOW《魔兽世界》中的一位玩家“锋刃透骨寒”在网上发帖称其结婚6年的妻子,由于玩《魔兽世界》并加入了“刀锋透骨寒”所在公会,和公会会长“铜须”在虚拟世界里长期相处产生感情,并且发生一夜情的出轨行为,由此引发了震动网游界的“铜须门”事件。

事件中,除了《魔兽世界》的玩家在虚拟世界里以静坐、游行、谩骂、自杀等形式集体声讨公会会长“铜须”外,人肉搜索引擎更把“铜须”的真实姓名、家庭电话等在网络上公布;除此之外,“铜须”所在的高校的校长都受到牵连,网友直接质问学校:“学校出垃圾,不是校长的错,但是出了垃圾,校长却不整治,那就是校长垃圾了。”

事件的男主角“铜须”后来通过视频澄清并无此事,而“锋刃透骨寒”最后也发帖声明称“关于‘丑闻’一篇文章及QQ聊天内容等多为杜撰”。

反观“铜须门”事件,网络舆论几乎全部是一边倒的诅咒,“害怕了吧,颤抖了吧,偷情者!让你死无葬身之地”。对事件的主角,网民恨不得“杀而后快”。而网络黑客们更是掘地三尺,誓要挖出虚拟世界里玩家的真实身份,个人的隐私权被露骨地践踏,网络力量的“暴力”倾向表露无遗。

(3)失控:“最毒后妈”事件,不了解真相的网络很伤人

2007年7月中旬,国内多个论坛上流传着一组照片,照片中年仅6岁的女童全身多处淤伤,并且口吐鲜血。据了解,该小孩名叫丁香小慧,帖中还讲述了该女孩是遭到后妈的毒打而受重伤,于是,愤怒的网友则纷纷指责“这样的后妈简直禽兽不如”。

网络上铺天盖地的骂声引起了社会和媒体的关注,各大论坛“狼烟四起”,对于孩子后妈的声讨咒骂之声,一浪高过一浪,还有网友发出网络通缉令要通缉恶毒后妈。由于网络特有的开放模式和速度,一起平常的伤害事件迅速转化为社会事件。

7月20日,此前一直未有露面的小慧“后妈”跪求媒体洗冤,称从未虐打过小慧,而孩子的父亲也称小慧后妈并没有虐打小慧。另外,小慧的主治医生也说,小慧吐血和身上出现淤青是由于她有血友病的缘故。7月24日,公安机关调查后没发现任何虐童证据,医院会诊没有外力致伤,鄱阳县公安局称,网帖夸大了事实。

事情真相到最后很清楚,后妈陈彩诗没有虐待丁香小慧的行为,只是由于不知道真相的网友错误地传播使事件一度失控,对当事人造成精神上的伤害。更有网友在后来指出,网络力量在这次事件中被利用了。

3. 人肉搜索的是与非

人肉搜索是在网上提供或公开他人或单位信息的行为，而这些信息往往涉及个人隐私，给当事人造成伤害，因而人肉搜索备受争议。有专家认为，通过众多网友的共同参与来获得某人信息的人肉搜索成了网络暴力行为的典型代表之一。人肉搜索被滥用的情况越来越多，越来越多的人肉搜索事件正在向私刑的性质发展，带有网络暴力的倾向，迫切需要法律对其进行规范，“人人都可以做道德评价，但是不能人人都来当警察”。

在大量“人肉搜索”事件当中，“网络侦探”们已经超越了法律与道德的底线，侵犯当事人隐私权，而“人肉搜索”的衍生产品往往是威胁、中伤、暴露隐私等对当事人造成严重精神伤害的违法行为。

2008年12月18日，北京市朝阳法院一审宣判了被称为“人肉搜索第一案”的王菲诉三网案。2007年底，女白领姜岩写完死亡博客后自杀，其生前好友张乐奕发出网文声讨姜岩的出轨丈夫王菲，并刊登了后者的真实信息。汹涌的网络情绪，很快在现实中落地——一些不知名的网友来到王菲家，在其家门口写下“血债血还”的字样，更多的网友则拨打王菲公司的办公电话，要求单位开除王菲。

本案的一审判决认定：“北飞的候鸟”、大旗网披露王菲婚外情等个人信息，导致网民进行“人肉搜索”，并实际影响了王菲的生活和社会评价。这一行为侵犯了王菲的隐私权和名誉权，应赔礼道歉，并分别赔偿王菲5000元、3000元精神抚慰金。而天涯公司在王菲起诉前将涉案帖子及相应回复删除，因已履行了监管义务而未被认定侵权。朝阳法院还向工业和信息部发出了司法建议函，建议后者保持对“人肉搜索”等互联网新生事物的关注，加强引导，以净化网络环境。

王菲的胜诉，让一些网友大惑不解，一些“人肉搜索”王菲的网友甚至愤愤不平，他们认为，他们将王菲的信息公之于众，唾骂王菲，威胁王菲，将王菲污名化，是替天行道，起码是为死者姜岩出气，特别是张乐奕——作为姜岩的大学同学，他认为姜岩的死是王菲一手造成的，王菲应该负责，于是建立一个名为“北飞的候鸟”的网站，并在一些网站上披露了王菲的个人信息，一时使得王菲千夫所指。

另一种舆论认为，这些举动是伪正义，是盗用正义的名义，做违法的事——侵犯了王菲的公民权利。例如，将王菲的一些私密性信息公之于众，到处传播，这就侵犯了王菲的隐私权；无中生有，造谣诽谤，破口大骂，甚至贴一些侮辱性的大字报，这就侵犯了王菲的名誉权。婚外情当然不道德，于情于理，王菲都应该遭受谴责，但网友没有权力动用“私刑”，将王菲放在道德的烤架上炙烤，也不能出口不逊，更不能把自己装扮成正义的使者，去践踏一个公民的基本权利。法律归法律，道德归道德，网友不能代表法律去对王菲惩罚，也不能把自己虚拟成正义之神，居高临下地审判王菲。

一些地方在规范人肉搜索上迈出了实质性的步伐。《徐州市计算机信息系统安全保护条例》经江苏省十一届人大常委会第七次会议通过，将于2009年6月1日起生效。该条例对计算机安全等级管理、保护措施、禁止性的行为、法律责任等，作出了详尽规定，特别是对近来社会广泛关注的"人肉搜索"，该条例明确"说不"：不得公开他人信息资料，不得攻击他人系统，网吧实行实名登记……

根据这一条例，未经允许，擅自散布他人隐私，或在网上提供或公开他人的信息资料，对发布者、传播者等违法行为人，最多可罚款5000元；情节严重的，半年内禁止计算机上网或停机；一些违法的单位，还可能面临吊销经营许可证或取消联网资格的处罚。

条例还规定，向公众提供上网服务的网吧、宾馆等场所，应当安装国家规定的安全系统，对上网人员实行实名登记，并记录有关的上网信息，登记内容和记录备份保存时间不得少于60日，保存期间不得删除或更改。一旦违反，将由公安机关给予警告，可以并处1000元以上10000元以下罚款，情节严重的可以吊销经营许可证。

江苏省人大法工委有关负责人说，根据国家民法、行政法、刑法的规定，个人隐私受法律保护。这里，个人隐私就是关于个人的有关信息，包括个人尤其是女性的年龄，个人或家庭财产及构成，收入状况，住所，任职单位的待遇等。特别是人际交往，在当下往往成为人肉搜索的目标。"散布这些就是违法的"。

然而，对于规范人肉搜索将给互联网带来的种种好处的看法，不少网友却似乎有着不同的意见。在腾讯网展开的调查中，3000多位参与的网民，有58.67%的人投票反对将"人肉搜索"引入刑法，更有超过80%的网友认为不应简单地将人肉搜索和网络暴力等同起来。比起专家所提到的人肉搜索和网络暴力的种种害处，网民更担心的是一旦通过法律来规范人肉搜索行为，广大网民的网络言论自由很可能因此而受到极大的侵害。"当不公平的事情在现实生活中得不到解决的时候，就要用这样的办法！所谓的专家请不要以什么人性的理由来制止人们唯一的求生希望，这是对没人性没良心行为的最大的放行！请专家不要断了我们弱小群体的说话权利"。部分网友认为，"人肉搜索"算是一种新型的舆论监督，并且对传统舆论监督起了很好的补充作用。"任何人任何事都要接受舆论的监督，人肉搜索就是一种舆论监督，不能说因为被人肉搜索曝光了，受不了舆论的谴责而自杀或怎么的就否认舆论的正面作用，不能否认人肉搜索的监督作用。传统的舆论作用已经起不到更好的作用，我们应该提倡人肉搜索，用新舆论方式对社会的阴暗面进行审视，进行纠正！"对于滥用人肉搜索而产生的一些恶果，大多网友都认为，虽然必须承认的是并非每个发起或参与人肉搜索的人都是怀有好意的，也并非每一次正义的人肉搜索都能最终带来正面的效果，但这些都不足以成为用法律去规范，甚至禁止人肉搜索的理由。不少网友表示相对规范和禁止，有关部门更应引导更多的人去"支持正义的'人肉'"。更有网友认为，就如"不做亏心事，不怕鬼敲门"一样，不做亏心事，也同样不怕"人肉"！"如果不做那些违背常理的事情，你会被搜索吗？如果不做那些缺德的事情，你会被搜索吗？"①

二、艳照门

2008年1月28日，香港高登讨论区(HKgolden.com)惊现两张疑似影视明星钟欣桐(阿娇)、陈文媛与陈冠希之间的不雅照片。随后几日，不断有更为不雅的裸照上传，而且涉及的明星多达20余人，包括人气很旺的"清纯明星"张柏芝。香港警方在第一时间介入调查，并陆续拘捕多名嫌犯。经初步调查认定，事件的起因是陈冠希将笔记本电脑送到香港中环一家电脑店维修时，被店员取出逾千张照片制作成光碟，发放给朋友及其他人士观赏。

但随后不久，神秘人又在大年夜贴出逾200张新一批相关的不雅照片，淫亵程度更甚，2月9日，一名自称为"奇拿"(Kira)的神秘发照人再发200多张照片，此后，发照人移师北美，利用美国及其他国家的服务器继续发布不雅照片，使得警方一时束手无策。

艳照门事件有三个性质完全不同的阶段。第一个阶段是那台电脑所记录的不雅照片，它引发了如此多的注意力，然而究其本质，这只是一个个人的道德取向问题。第二个阶段是犯罪嫌疑人盗窃计算机数据，触犯了刑法，其传播艳照的行为侵犯了当事人的隐私权。香港警方对涉案人员的果断处理方式及结果都是可以预期的。但是，很不幸，事件很快演进到了第三个阶段。第三个阶段是为数相当巨大的网民群体，哄传、下载、传播不雅照片，其性质可以理解为是一次有伤风化的社会失范行为，或者说是一次不良信息传播失控事件。在香

---

① 刘敬、张志超：《"网络暴力"，想说恨你不容易》，http://news.xinhuanet.com/internet/2008－09/18/content_10071761.htm

港警方初步控制了事态之后，1 月 31 日后，事件却在内地愈闹愈烈，内地网络管理在艳照传播领域令人“意外的”疏松及其导致的后果，引起了海外媒体的高度关注。观察家很容易形成这样一种疑问：中国的网络传播法规前后颁布了 46 种之多，一向给人以治理严谨之感，但是遇到艳照门这类突发事件，在法理和治理措施上却依然显得局促、迟缓和困顿，这是什么缘故？

艳照门事件近些年来频频发生。比如在 2007 年 8 月间，伊莱克斯（中国）电器有限公司总经理助理石某的裸照在互联网上流传。有传闻称该事件的女主角石靖已因此事向伊莱克斯中国公司提出了辞职。2008 年 12 月，网络上出现了“武汉二中李红梅艳照”事件。2008 年 12 月 19 日，武汉二中校长表示，该校根本就没有“李红梅”这个学生。而这些艳照在几个月前曾以安徽某中学学生裸照的名义出现在网上。东航李敏艳照门等事件也在网上闹得沸沸扬扬。

网络哄客对艳照的辗转相传，实际上除了影响道德风化外，也对当事人造成了极大的伤害，同样是一种网络暴力，甚至在一定程度上是犯罪行为。尽管对“再传播”和“自由下载”不良信息行为的法律界定目前还有争议，但由于大规模的艳照传播涉及未成年人保护，因此，艳照在网民中的无限制传播无疑亦属涉法事件。

网络传播的内容监管向来是一个在国际上普遍存在的难题，原因何在？简言之，是因为这里面有多个变量要考虑。这里，我们姑且以艳照门的内容传播为解析的对象：首先，传播内容如何定级？我们现在还没有定级的专门条例，内地的诸多网站、网民打着“热图”的名号传播的色情图片的性质常常是暧昧不明的。其次，受众如何区别对待？在任何传播业的管理中，对成人的管理都是相对宽松的，而对青少年的保护则很严格。没有对受众和观众进行定级，导致了相当多的法律空白。最后，网络监控应达到什么样的控制程度？最低的程度，是先从站方着手进行信息控制，然后是对网民进行制裁，最后是从虚拟控制转为现实控制，责任追溯到现实人物。那么，我们究竟要控制到哪一级呢？另外，通过艳照门事件，形成了对网络社会教化活动和网络文明建设的新认识。举例来说，由于香港政府在事件的中期对传播行为属性的界定非常清楚：公开的大众传播犯法，朋友之间传播不犯法，因此从 2 月 5 日之后，很多网民就不通过 BBS，而是通过 MSN 进行小群体传播，其威力也并不亚于大众传播。因此，结论是，要从根本上控制这种不良的网络传播行为，必须加强对公众网络道德观的引导。[①]

---

① 杜骏飞：《艳照门事件折射出网络社会管理迷局》，http://www.jcrb.com/zhuanti/fzzt/xwshjfljd/yzhm/sk/200812/t20081231_120803.html

三、恶搞

有人认为,恶搞一词来自日语的"Kuso",是一种经典的网络亚文化,由日本的游戏界传入中国台湾地区,成为台湾地区 BBS 网络上一种特殊的文化。这种新文化然后再经由网络传到香港,接着是内地。事实上,恶搞的这种行为方式,早在"Kuso"出现之前在世界各国就已存在,只是对古已有之的某种滑稽幽默的行为的另一种说法。每个年代的人都有自己"恶搞"的方式。现在对恶搞的一般理解是:用滑稽、搞笑、整蛊等方式表达出自己心里对某些事物的看法。

2005 年末,胡戈的《一个馒头引发的血案》恶搞陈凯歌的电影《无极》,把中国互联网视频恶搞带入了鼎盛时期,大半年下来恶搞之风愈刮愈烈,五花八门的恶搞视频铺天盖地而来。后舍男孩假唱流行歌曲,独特夸张、古灵精怪的表演手法,成为年轻人的无厘头典范。《春运帝国》以春运为题材,幽默诙谐地表现了普通百姓在春运期间的沉重经历。它所使用的电影素材以《黑客帝国》系列科幻电影和周星驰主演的系列电影为主。《分家在十月》以电影《列宁在十月》为背景,虚拟了一个关于央视内部权力争斗的故事。《闪闪的红星之潘冬子参赛记》对老电影《闪闪的红星》和青年歌手大赛"恶搞"了一把,而且相比《一个馒头引发的血案》有过之而无不及。大师级的卓别林系列无声电影硬是被配上了方言。闻名世界的《摩登时代》《淘金记》等黑白影片,居然也有了四川话版本。《狙神传说》是国内游戏历史上第一部高清晰恶搞影片,配音部分下足了工夫,情节上更是出人意料,引人入胜,带有大片的气势,让每一个 CS 玩家都得到强烈共鸣。《鸟笼山剿匪记》是胡戈继《一个馒头引发的血案》之后耗十余万元"巨资"拍摄而成的。《芙蓉姐姐传奇的一生》借凤凰卫视《文涛拍案》的节目形式讲述芙蓉传奇,芙蓉姐姐本来就是一个"传奇",而关于她的恶搞视频就成了"传奇"的平方了。总之,从方言配音到电影剪辑,从影视作品里的人物到现实生活中的名人,恶搞的枪口甚至瞄准了红色经典、英雄人物。

除了视频,还有图片恶搞、声音恶搞、软件恶搞等。图片恶搞以"小胖系列"的 PS 真人照片为典型,随后衍生出"PS 影视海报""PS 世界名画""名人相貌嫁接""非常真人漫画"等几大分支。"曾经有一分真挚的爱情放在我面前,我没有珍惜,等我失去的时候……"就是这句《大话西游》的经典台词,曾经被"翻译"成了各个地方的方言,传遍了大江南北。前不久,"黄健翔解说"的各地方言版也再度红遍网络,随后更是演化出各种音乐版本,诸如摇滚、Rap、古乐等。这些成为声音恶搞的代表。在软件恶搞上，一款叫“人品计算器”的软件在网络上流行起来。输入一个人的名字后就能算出一个对应的“人品分数”。如果把“雷锋”输入计算器，得到的分数却是2分。

恶搞不仅在网上，网友在线下也能随时随地“享受”恶搞。在现实生活中出现了不少各种各样的恶搞之人，“性别反串”“行为艺术”等恶搞行为随处可见。更有甚者，长沙一饭店竟恶搞油画《开国大典》，该宣传画除了颜色与原作有差别外，另一不同之处就是画的右上方加上了几个黑色的大字“同志们大饭锅成立了！”①

由此可见，“恶搞”是当前网络上流行的，以文字、图片和动画为手段表达个人思想的一种方式，完全以颠覆的、滑稽的、莫名其妙的无厘头表达来解构所谓“正常”。“恶搞”作品正在成为一种流行的“文化时尚”，应当引起人们的高度警惕。从视频到文本，从网络到电视，从流行歌曲、热门节目到古典名著、标志性图像、主旋律影片、英雄人物等，都难逃被“恶搞”的命运。

恶搞是要有底线的，这个底线是道德和法律，比如不能进行人身攻击、不能扰乱政治秩序，一旦恶搞成了真正意义上的“恶”，那就会失去了恶搞本来的市场，造成是非不明、荣辱颠倒，颠覆主流意识形态和价值观念，甚至给人造成精神上的伤害。

四、网络暴力

网络暴力是指网民在网络上的暴力行为，是社会暴力在网络上的延伸。其表现形式有：网民对未经证实或已经证实的网络事件，在网上发表具有攻击性、煽动性和侮辱性的失实言论，造成当事人名誉损害；在网上公开当事人现实生活中的个人隐私，侵犯其隐私权；对当事人及其亲友的正常生活进行行动和言论侵扰，致使其人身权利受损等。

人民网针对“哪些行为在人们的心目中最容易和网络暴力联系起来”展开了调查。网友的投票显示，在“论坛、聊天室侮辱、谩骂”“‘黑客’恶意攻击、骚扰”“捕风捉影、故弄玄虚、恶意炒作小道消息”“炒作色情、暴力、怪异等低俗内容吸引网民”等多种网络不文明行为中，网民在论坛和聊天室中对他人的攻击和辱骂最容易令网友联想起网络暴力，在800多名参与调查的网民中，将近

① 吴毅、李鑫：《中国网络恶搞视频终极排行榜》，http://tech.163.com/special/000915RB/egao.html

25%的人选择了此项。其次,“炒作色情、暴力、怪异等低俗内容吸引网民”和“窥探、传播他人隐私”分别位列第二和第三位。

近年来网络上发生的“杨振宁结婚事件”“王朔爆名人私生子事件”“卖身救母事件”“北大女状元被诬裸捐事件”“瑞鹰女事件”等网络事件,在网络上都曾引起轩然大波,而且都伴随着不堪入耳的辱骂。有的甚至以非法手段窃取当事人的资料、对当事人及家人进行威胁,对当事人进行诽谤、诬陷等人身攻击;用图像丑化当事人的形象,侵犯当事人的名誉权和肖像权等。这些带有暴力性质的网上攻击行为,除没有遵守网络礼仪之外,还越过了法律的边界,给受害者造成了巨大的精神伤害。“网络暴力”的发生,往往是当事人“输理”或疑似“输理”在先,因此参与者往往会认为自己的行为是“行侠仗义”“替天行道”,是在维护社会道德的尊严。他们以大无畏的“痛打落水狗”精神气概挥膊上阵,以键盘为武器,对当事人发起一轮又一轮的匿名攻击,以达到“让唾沫淹死你”的目的。

这也是网络暴力为什么时常发生的原因之一。一些网民总是以维护正义的名义,实质上对他人实行了暴力。由于网络信息难辨真假,有时一群人在骂了半天之后,忽然发现骂错了对象,冤枉了好人。也许有人会说:凡冤枉的都会沉冤得雪,真相迟早都会大白于天下。此话诚然不假,但“网络暴力”持续的时间越长,给受害者造成的心灵创伤就越大。因此,看似具有一定“正当性”的“网络暴力”,带给当事人的内心伤害,也许是一辈子都不会彻底消除的。

另外,我们的社会仍处于一个相对复杂的转型期。经济上的贫富悬殊、社会各阶层的利益失调,文化上的“众神狂欢”,加上社会上的腐败现象时有发生以及全球化带来的剧烈震荡,都使得观念碰撞、舆论多元成为当代社会的一种必然趋势。在这种社会环境下,网络这个匿名的、开放的、管制相对宽松的虚拟空间,不免成为网民发泄情绪的最好管道。与现实生活中的暴力事件不同,“网络暴力”主要是“符号暴力”(包括语言、图像等)而非肢体暴力,因此一般人认为无关紧要;就连公安部门接案时,也往往由于“损失不好界定”而不予立案。由于网络世界的虚拟性以及目前网络法律的“断桥”,“网络暴力”不可能像现实生活中的暴力事件一样,一发生就可以及时制止。“网络暴力”的参与者,一般来说也不会负法律责任。这也是“网络暴力”屡禁不绝的原因之一。①

① 媒介批评网评论员.《走出“网络暴力”的认识误区》,http://www.douban.com/group/topic/3238137/

第二节 谁在统治网民

一、百度事件

“有问题，找百度”，当搜索引擎成为人们重要信息来源时，头顶“全球最大中文搜索引擎”光环的百度因搜索结果的客观公正性，不断遭到用户和网站的质疑，身陷官司。某医药网更是以涉嫌滥用市场支配地位为由，向国务院反垄断委员会和国家工商行政管理总局提请对百度进行反垄断调查，同时要求向百度处以 1.74 亿元的罚款，这也被称为中国互联网业界反垄断诉讼第一案。

2008 年 11 月 15 日、16 日两天，央视《新闻 30 分》栏目以《记者调查：虚假信息借网传播　百度竞价排名遭质疑》《记者调查：搜索引擎竞价排名能否让人公平获取信息》为题先后对百度搜索引擎模式进行了报道。央视新闻称，由于愿意出较高价格购买关键字，例如“癌症”“性病”等，一些非法医疗网站在百度搜索结果中的排名，位于合法网站前，而一些正规网站由于没有资金购买关键字，而遭到了百度屏蔽。

“针对央视报道的医药行业的问题也已整改完成”，百度 CEO 李彦宏在 12 月 1 日接受记者专访时表示，此前百度“矫枉过正”，停掉了整个医药行业的广告服务，在核实多数广告主属于“误杀”后，现已重新恢复相关服务。随后，在 11 月 19 日百度召开的分析师电话会议上，李彦宏表示，百度已经下撤了 1000 家没有执照的关键词客户公司。李彦宏说，在百度上市之初，医药行业的广告收入占百度总收入的 8%左右，后来比例逐渐增大。在增长的过程中，一些不合法的网站也就进来了。“医药行业暴露出来的问题，是我们运营上的问题。”李彦宏说，在过去的一年多时间里，百度没有 COO，没有 CFO，没有 CTO。“公司几乎所有重要的职位都没有人，运营上出问题不是偶然，某种程度上是必然的。”李彦宏坦言，百度最近几年发展非常快，新员工都是负责销售和客服的，这方面的确存在漏洞。[1]

① 明叔亮、张伯玲：《李彦宏悔思竞价事件：百度运营出现真空》，http://www.timesk.com/? action-viewnews-itemid-3060

在三鹿毒奶粉事件中，有传言说百度搜索屏蔽三鹿毒奶粉的报道。有网友用统计记录证明百度存在"屏蔽三鹿负面信息"的可能。发现"百度上所有的三鹿负面新闻，都是在 9 月 12 日后开始出现的。用网上广为流传的热帖标题'三鹿，在小朋友的生命健康面前请不要表演'作为关键词搜索，9 月 12 日下午，谷歌显示 11400 条，而百度仅能显示 11 条。9 月 13 日上午，谷歌显示 11800 条，百度却'激增'到 54 条"。还有网友尝试用一个最简单的动作证明三鹿公关信的真伪：在百度和谷歌分别输入"肾结石"，你会发现百度的首页竟然看不到任何相关的负面新闻，谷歌搜索的第一条就是三鹿的负面新闻。从对比数据来看，百度对相关事件的搜索结果的确有过这种显著而不仅仅是微妙的变化。百度曾就"为什么搜索结果比谷歌少"的指责，辩说是模糊匹配和精确匹配的差别问题。[①]

根据艾瑞咨询发布的 2008 年第三季度搜索引擎市场调查报告显示，百度在 2008 年第三季度网页搜索请求市场份额高达 73.2%，领先第二名的谷歌超过 50 个百分点。而与此同时，业界对百度人工干预搜索结果，迫使用户参与其竞价排名的指责却不断传出，甚至出现了"反百度联盟"，不少中小网站经营者都有共同的经历，一旦拒绝参与竞价排名，重则被"封杀"，轻则其链接只能出现在十页以后，让以流量为生的网站遭到沉重打击。

百度面临的争议最本质的问题是，我们究竟该如何看待搜索引擎，是单纯的数据库，还是纯粹的商业机构，或是需要担负一定社会责任的新媒体。如果把搜索引擎单纯当做网络营销工具，使用人工干预的竞价排名再正常不过，但随着人们越来越依赖互联网信息，搜索引擎的功能在悄然发生变化的同时，也正深刻地影响和改变人类认识世界的方式。无论他们自己愿不愿意，搜索引擎无疑已成为或者正在演变成为新媒体，因此，其"客观、公正"就显得非常重要了，也正因为如此人们才会不断诟病百度的商业行为。在金钱的诱惑前，仅仅依靠商业道德来约束企业，往往是苍白无力的。搜索引擎之困，实质上反映的是我们在互联网管理和立法上的滞后，比如广告法和反不正当竞争法如何适用于网络环境下？搜索引擎运营商在用户没有购买竞价排名的情况下，不收录用户的网站究竟该如何定性？是否属于强制交易行为？[②]

① 杜骏飞：《"百度屏蔽门事件"：网络社会的敌人》，《传媒》2008 年第 10 期，第 7 页。
② 李迩：《百度惹来官司　中国互联网反垄断诉讼第一案》，《深圳商报》2008 年 11 月 12 日。

二、垃圾短信

2008年，中央电视台在“3·15”晚会上曝光了分众无线的垃圾短信制造，国内大众对分众无线的谴责声此起彼伏。3月18日，分众和CEO江南春个人针对“垃圾短信”事件分别向媒体和投资者发布了声明，江南春表示，分众个别业务部门及其收购的一些下属公司在去年承接了大量的商业广告，投放给了未经订制或许可的用户，造成了对消费者打扰，分众表示歉意。

2009年，央视“3·15”再次将视线投向垃圾短信。央视记者在暗访中发现，济南移动的垃圾短信业务为800元10000条，平均每条8分钱。德州移动公司发送垃圾短信广告，每条6分钱，每10分钟发送15000条垃圾短信。山东移动公司人员称，移动公司的垃圾短信发送成功率100%。据悉，移动公司可以对用户的手机进行定位，或按照相关规则对用户进行分类，并依照这些分了类的用户资料，向用户发送各种各样的推销短信。工作人员介绍，只要手机处于开通状态，就可以收到短信。

为了能够提高短信发送速度，有些移动公司还采用了小区短信的发送方式。除了发送速度快之外，小区短信在发送广告短信时还有一个更大的优势，就是针对性很强。在这份小区短信业务信息发布明细表上，写着发送条数、内容等信息。经过客户经理和主管经理层层签字后，广告就批准发送了。

记者暗访发现，尽管政府相关部门非常重视垃圾短信治理工作，并屡次出重手打击垃圾短信，但山东的几家移动分公司之所以敢明目张胆地发送这些垃圾短信，原来他们有一套非常成熟的规避风险的办法。“市政府这一块是不发的”，移动公司一位李主任说。

据悉，移动公司利用技术手段，将一些“重要人物”的手机号进行屏蔽，以免其像普通用户一样收到垃圾短信。除了对发送的地域进行限制之外，他们还对一些特殊的用户进行了一些特殊的处理。一位刘经理向记者透露，为了避免垃圾短信发送到一些高层领导的手机，我们这边有黑名单会直接过滤，一般是禁发的。

记者在暗访中还了解到，在不断改进发送方式的同时，山东的几家移动公司还制定出了明确的收入指标。收入指标从一个月几万或者几十万不等。有的移动公司客户经理为了完成指标，连违规违法的一些信息照样也敢发送。

记者来到德州移动公司的营业厅，一位马主任热情地为记者提供的写有“外企公司代开增值税发票等内容”的信息发送牵线搭桥。马主任在电话请示中询问“金融行业的这种信息，办理各种汇票，代开增值税发票这种可以做吗?”“可以”。电话中传来如此回复。经过对方同意后，马主任将记者领到了一栋大楼里。还是那张写着外企公司代开增值税发票的短信内容，德州移动公司的人员看完后并没有提出任何异议。

不仅移动公司在发送垃圾短信，有一些与他们合作的广告公司也能发送垃圾短信。经过这位客户经理的介绍，记者找到了位于济南的某传媒广告公司，果然这家公司在经营着垃圾短信的业务。这家公司使用的用户资料竟然来自移动公司。据山东移动公司的合作广告公司操作显示，其可以从山东移动数据库中调用出全部山东的移动用户，并精准地发送垃圾短信。该公司还称，其可以把全国各地的移动用户号码调用出来。

另据“3·15”调查组在海南移动的调查显示，用户的漫游信息也被移动公司卖给了当地的旅行社等机构发送垃圾短信。这些公司除了可以给本地号码发送短信外，还可以向漫游到三亚的手机用户发送短信。[①]

垃圾短信盛行的背后，是商业利益的驱使，更有甚者发展到了病毒经济。

三、病毒经济

2006年底，我国互联网上大规模爆发“熊猫烧香”病毒及其变种，该病毒通过多种方式进行传播，并将感染的所有程序文件改成熊猫举着三根香的模样，使受感染电脑出现蓝屏、频繁重启等状况，同时该病毒还具有盗取用户游戏账号、QQ账号等功能。各大杀毒软件将其列为十大病毒之首，在《2006年度中国内地地区电脑病毒疫情和互联网安全报告》的十大病毒排行中一举成为“毒王”。

2006年11月至2007年3月，通过国家计算机病毒应急处理中心监测及反病毒应急小组成员上报，数百万台电脑被病毒破坏。“熊猫烧香”病毒制造者和传播者李俊、雷磊等4人从该病毒销售中获利20余万元。2007年9月24日，李俊等4人被湖北省仙桃市人民法院一审以破坏计算机信息系统罪分别处一年至四年有期徒刑。

无独有偶，随着远程控制软件“灰鸽子2007 Beta2”的发布，一种木马黑客程序“灰鸽子”(Win32. hack. huigezi)病毒也大规模地集中爆发。“灰鸽子”是国内一款著名的后门病毒，连续3年成为年度十大病毒，被反病毒专家称为最危

---

① 央视:《揭开垃圾短信发送内幕》,《文摘周报》2008年3月17日。

险后门程序。与“熊猫烧香”不同的是,灰鸽子相当低调,就像一个隐形的贼,潜伏在用户的计算机中,监视着用户的一举一动。据金山反病毒工程师李铁军透露:“2007年1月1日至3月9日,中国内地计算机感染灰鸽子木马的次数已经高达170多万次,如果把其他防杀病毒中心的数据一并统计,结果会更加惊人。”

本身并不具备传播性的灰鸽子大面积传播,其背后隐藏的是一个“黑色产业链条”,这链条最底层的计算机被称为“肉鸡”,而贩卖“肉鸡”正是灰鸽子的利益之源。“肉鸡”在网上公开出售,每只按照地域的不同,价格从5角至5元不等。如果按照一个操控者一个月抓10万台“肉鸡”计算,每月就能轻松赚取至少10000元。另外存储在“肉鸡”上的QQ、MSN、游戏账号、银行账号等也能用来交易;还有人远程操纵“肉鸡”,访问一些收费网站,从中提成;更有甚者,复制了被攻击用户的照片、信件等用来勒索。灰鸽子的危害远远超过“熊猫烧香”,成为2007年度新的“毒王”。

2007年3月21日,处于舆论漩涡中的灰鸽子工作室发表声明,全面停止对灰鸽子远程管理软件的开发、更新和注册,同时发布灰鸽子服务端卸载程序。然而,隐藏于“熊猫烧香”“灰鸽子”等病毒或木马程序软件背后的“病毒经济”产业链条并未因此而瓦解。

据中国国家计算机网络应急处理中心估计,目前木马黑色产业链的年产值已超过2.38亿元人民币,造成的损失则超过76亿元。这个产业链条中的从业者有大学生、高级知识分子、电脑爱好者……随着计算机技术的普及与制作工具的增多,入行者的年龄已呈现低龄化趋势,而作案的数额也越来越高。目前所有的反病毒厂商都在不断提出反木马的举措,但是从技术上看,目前蠕虫、恶意软件、木马程序以及网络钓鱼等各种互联网威胁已经开始融合,单凭技术手段很难做到万无一失。①

“病毒经济”是网络经济时代孵化出来的畸形儿,高额利益的驱动,使得以经济利益为目标诉求的病毒制造与传播活动持续存在,并且不断兴盛。然而,少数人在获得非法利益的同时,社会要为病毒经济所带来的巨大社会成本埋单。消除病毒经济的危害,应该用经济手段去解决,至少可以通过完善的法律法规,让整个病毒产业链条中的病毒制造者无利可图;而对于病毒传播者,则可以考虑建立“黑名单”机制,将其彻底地剔除出网络。②

---

① 邬江、赵书力:《斩断互联网病毒经济的利益链》,《网络传播》2007年第11期,第38页。

② 林火灿:《谁在培育“病毒经济”》,《计算机世界报》2007年3月26日。

四、网络推手[①]

网络大大降低了权力的门槛，一些网民通过互联网获得了原来不可企及的权力。然而，广大网民的背后站着更多、更强大的统治者。这就是网络权力。

“60000 多个 ID，2000 多个博客，保证每天都给你发帖。”当记者以客户的名义致电一家名为“星空推手团队”的网络推手公司时，接线员如此承诺。

“我想上首页就上首页。”著名网络推手“浪兄”，毫不讳言自己在网络上炒作话题的“能量”。云南“躲猫猫”事件由于年轻官员伍皓公开征集网友参与真相调查，使得网络“战事”获得了更大的推力。人们渐渐发现，在看似充分反映“民意”的网络舆论背后，原来还有一群特殊的“推手”。

和“浪兄”一起推出“天仙 MM”的另一网络推手“立二拆四”，是最早想到利用网络舆论赚钱的人之一。他认为，自己最为成功的案例是为某饮料品牌量身定做的“封杀×××（该饮料名称）”。2008 年 5 月 18 日晚，中央电视台的赈灾晚会上，一家不为人知的企业捐款一亿，是当时国内最大的单笔捐款之一，而上述饮料正是该企业名下的知名品牌。

第二天晚上，在天涯、猫扑、西祠胡同等国内知名论坛上，几乎同时出现了一篇主题为“×××太狠了，封杀它！”的帖子。帖子发出不久，点击率、网友回复暴涨，各大网站论坛疯狂转载。但点开帖子后发现，发帖者不过是声称“×××太感人了，号召网友去买光超市的×××”，“上一罐买一罐”。“立二拆四”称，当时这家企业的公关公司找到他的团队，要求借势“炒一把”。经过近一天的苦思冥想，“立二拆四”提出了“封杀×××”这一正话反说的点子。

在中国传媒大学商务品牌战略研究所所长助理郑苏晖的眼里，这是一次成功的“网络营销”，“促使企业更加重视网络互动营销的作用，也让网络推手的规模愈见壮大”。

另一知名网络推手“阿任”称，他公司旗下的专兼职推手团队达几千人。这些人每天的任务就是根据“阿任”的要求，在各种论坛上通过不同的注册 ID 号就某一帖子进行点击、评论或是故意争吵，营造出某话题受到成千上万网民关注的假象。

“关键还是靠创意。”“浪兄”称，要善于分析当前的网民心态，同时要懂得去

---

① 周范才、吴钩等：《谁在统治网民》，《文摘周报》2009 年 3 月 17 日。

积极迎合网民的趣味。“浪兄”甚至透露，某地一官员曾私下找到他，想请他在网络上“搞臭”官场上的竞争对手。“不管是炒作政治话题还是炒作商业话题，手段是一模一样的。”“浪兄”认为，要在网络上刻意去诋毁一个人，比帮助企业推出一个产品更为容易。“阿任”也认为，善于结合时下的新闻热点和网民情绪进行“借势”和“造势”，这非常重要。

炒作过“芙蓉姐姐”“流氓燕”“Ayawawa”等网络红人的著名推手陈墨称，不少门户网站通过销售、广告配送的方式获得的发帖收益，可以达到上千万甚至上亿元。“帖子凭什么给你置顶？必须花钱买。”“阿任”也透露，这在网络推手业内是某种“常识”。

实际上，就算“调性”再高的企业，在危机公关时也越来越看重网站的力量。“立二拆四”称自己的团队开发出了一种舆论监控软件，每三分钟刷新一次，检测企业在网络上出现的负面消息。

“阿任”称，在2008年三鹿奶粉事件曝光后，另一奶制品企业找到他们，希望帮助进行网络公关，尽快摆脱阴影，为此，他策划了新闻报道、论坛发帖、QQ群群发消息等三块公关内容。在“阿任”展示的该份策划案中，记者看到了一个那段时间曾广为流传的段子：“我都是在牛奶里加三聚氰胺，三鹿竟然在三聚氰胺里加牛奶。”

中国传媒大学网络口碑研究所副所长杨飞认为，炒作网络舆论正在成为“社会动员的新手段”。对此，中央党校学者辛鸣认为，互联网没有准入制，任何人都可以使用，也就意味着任何问题都可能出现，网络舆论一边倒的时候，可能恰恰是偏离正义和公平轨道最远的时候。

对于目前互联网上活跃着多少网络推手，杨飞表示很难界定和统计。据他介绍，很多网络事件，无论是企业还是推手都讳莫如深，这也使得一些网络推手把有名的案例纷纷往自己身上揽。这个处于灰色地带的行业非常混乱，不仅没有监管，也缺乏统一的规则。

不容忽视的是，开放的网络空间让顾及不了“品牌调性”的网络推手炒作手段难脱低俗。据杨飞分析，从曝光的网络热门话题来看，相当多都是以脏话、谩骂为关键词，主角也多是穿着暴露的美女。

中央党校学者辛鸣认为，网络能成为社会发展的推动力量，也完全可能产生巨大的杀伤力。显然，这给主管部门提出了更大的挑战，但这不是约束网络发展的理由，相反，“应该更加重视网络舆论的力量”。

第三节 知识产权,谁动了我的奶酪

一、传统媒体维护知识产权

由于版权保护意识的缺失,报纸等传统媒体为商业网站无偿内容提供商,为他人作嫁衣。在网络较弱小时,报纸甚至以其内容被网络转载而“自豪”,但在网络媒体高歌猛进,在线广告成为强劲对手的形势下,报业表现出空前的敏感与忧虑。传统媒体的采编成本每年以千万元计,而网络媒体获得新闻信息时,只需要付出几万元低价甚至“零成本”。网络媒体通过报纸提供的内容吸引海量受众,形成“渠道为王”的优势,反过来不仅影响报纸发行,而且对报纸广告形成合围之势,使得报纸“内容为王”的优势大为褪色。

对于网络媒体廉价甚至无偿使用自己的内容产品,报社正逐渐觉醒,开始联合起来维护自身的利益。世界报业协会的玛莎·斯通女士指出,报纸在提供新闻内容给数字媒体后,如何取得应享有的收入,这个问题非常重要。现在,网络搜寻引擎和其他新闻网页不受控制地摘取报纸新闻,已威胁到报纸的可持续发展。Media24 的地区经理丹尼尔·尼斯林针对这一现象指出,全球媒体有必要制定公约,而且,报纸和新兴媒体还必须找出其他的解决方案,让各方真正受益。辛格尔顿概括新媒体时代的报纸发展方向,就是要有“我们做我们的事,它们(指网络新兴媒体)做它们的事,但双方都能得到好处”的心态。

《纽约时报》在雅虎逐渐壮大时,及时发现危机,拒绝向其提供新闻转载,专心经营自己的报纸网站,从而保护了内容产品的专有性。在经营模式上,《纽约时报》将网络业务与报纸业务完全分开,网站实行独立运作,不仅依靠母公司提供新闻源和网站内容,还有单独的采编队伍,进行独立核算、独立经营,并根据网络媒体的特质,为纽约时报网站制定了相应的发展策略。注重新闻信息的实时更新,消除了印刷周期所造成的信息滞后。对报纸内容与网站内容实行差异化,开发出一些收费服务,如数据库查询、相关服务功能搜索等,一方面有利于不同媒体维护各自的受众群,另一方面也为网站增加了赢利点。

还有一些内容提供商甚至对新媒体提起了诉讼。2005 年,法新社对谷歌提起诉讼,后者被指控在一直免费抓取并未经许可擅自在其谷歌 News 上引用法新社新闻标题、摘要以及照片,被要求赔偿至少 1750 万美元,其后美联社和东京时事社也提起类似诉讼，这些指控迫使谷歌把数以千计的照片和新闻报道从新闻频道中删除。

在我国，2005 年 10 月，在南京召开的中国都市报研究会总编辑年会，发出了“坚决维护报纸的新闻知识产权……改变新闻产品被商业网站无偿或廉价使用的现状”的《南京宣言》；2006 年初，解放日报报业集团向全国 39 家报业集团发出了旨在“共同制定向网络媒体提供新闻内容的定价规范，提高网络转载的门槛，捍卫自己的知识产权，让新闻内容回归应有的价值”的《全国报业内容联盟倡议书》，联合成立“报业内容联盟”。从实际情况来看，报业内容联盟在一定程度上提升了报纸内容的使用价值，但这一举措并未影响网络火速发展的势头。

另一方面，随着网络媒体的发展，有关方面加大了对网络媒体的监管。网络媒体在新闻采集发布和转载方面的监管会逐渐规范。今后，网络媒体的内容刊载环境将越来越接近报纸的办报环境。网络廉价甚至无偿使用报纸的原创内容产品的时代会渐行渐远，报社提出的“提高新闻内容转载的定价”的要求最终会实现，报社因此将成为内容提供商，这样不仅为报社开辟了一条新的创收渠道，延长了报业的产业链，而且借助网络扩大了影响力。

在这方面，已经取得了一些成果。在美国，门户网站雅虎与代表美国 264 家日报的 12 个媒体企业结盟，《今日美国》《纽约时报》与雅虎、AOL 均有这样互换链接的协议，这种链接充分保持了媒体原创的本来面貌，并没有伤害传统媒体本身的知识产权。在未来通路发展良好后，双方可以再签订新的利益分配协议。美国西北大学媒体管理中心主任迈克·史密斯表示，报纸获益是因为利用媒体新科技而扩大读者群、增加新的广告平台，而雅虎也因与报业结盟而增加了曝光度与可信度。

在中国，2006 年 3 月，百度公司酝酿已久的“泛媒体联盟”问世，引起业界对新兴媒体与传统媒体融合问题以及相应的知识产权保护问题的热烈讨论。所谓“泛媒体联盟”是指传统媒体的网站与百度签署“互联网新闻开发协议”，加入到百度新闻搜索的搜索引擎新闻源收录标准中，从而使传统媒体网站上的新闻通过百度被读者搜索到。百度宣称此举在于保护互联网环境中传统媒体的知识产权，引起业界、学界的极大关注。目前广州日报报业集团下的大洋网、《江西日报》下的大江网、南方报业传媒集团主办的奥一网、《电脑报》的天极网 4 家传统媒体的网站已经加入了“泛媒体联盟”，大多数传统报纸的网站还保持观望。

国外知名度较高的新闻网站都是由传统媒介创办的，并不存在像新浪一样成功和有影响力的商业新闻网站。如美国的纽约时报网站、华尔街日报网站、英国的经济学家网站、德国的镜报网站、法国的世界报网站等，它们在纸媒领域已经获得了很高声望，自己办的网站也同样出色。究其原因，一方面报纸网站依托了纸质媒体的资源优势，而更重要的是选择了适合新闻网站的运营模式，注重网络媒体的特点，在信息提供方面重视数量、及时性和即时性，并提供大量的相关服务，满足用户需求，培养独特优势与其他网络媒体相区别，也与自身的纸质媒体相区分。资源上整合，体制上相独立，是这些报纸网站与纸媒的关系写照。

而中国传统媒体尽管有内容优势，也创办了大量的网站，但这些网站大多数都缺乏影响力。究其原因，除了商业模式的差异外，传统媒体的内容被商业网站无偿甚至廉价使用也是其中的原因。在网络诞生初期，报纸和商业网站存在合作关系，报纸为商业网站提供内容，商业网站为传统报纸扩大影响力。但是随着网络的发展，报纸与互联网之间的"互补性"逐渐为"替代性"所取代。网络占据了越来越多的市场份额，免费新闻将大量的报纸读者拉向网络。在新的媒体结构中，报纸的生存空间受到严重挤压。商业门户网站可以无偿转载报纸及其网站的新闻内容，保证了网站的信息量与内容覆盖范围。受众出于成本和便利性考虑，当然选择能够提供最多内容的免费网站。

2006 年 5 月 10 日，《信息网络传播权保护条例》被国务院第 135 次常务会议通过，并予公布，自 2006 年 7 月 1 日起施行。《信息网络传播权保护条例》明确规定，信息网络传播权，是指以有线或者无线方式向公众提供作品、表演或者录音录像制品，使公众可以在其个人选定的时间和地点获得作品、表演或者录音录像制品的权利。除法律、行政法规另有规定的外，任何组织或者个人将他人的作品、表演、录音录像制品通过信息网络向公众提供，应当取得权利人许可，并支付报酬。不过，在互联网著作权保护方面，面临的最大问题还是侵权成本与风险太低而维权成本过高，许多人可能赢得了版权官司却面临更大的经济损失。一种可行的思路是在保护知识产权及合理利益分配的前提下对媒体进行产业链分工，在网络及通信渠道内，由传统媒体提供原创内容，由新媒体提供通路，受众的阅读或收看仅仅是通过新媒体的通路而寻找到传统媒体的原始资讯，这有助于传统媒体实现原创价值，进而增大网络和通信时代的影响力。

二、新媒体空间中的著作权

知识产权的问题不只是在传统媒体和新媒体之间存在。新媒体与新媒体、媒体与受众、受众与受众之间都存在知识产权的问题。新媒体的出现和发展开辟了作品新的传播和使用方式，著作权人对其在新媒体上传播的作品难以控制，擅自下载、传输、复制其作品的行为十分普遍。

以网络视频为例，从制作者角度划分，国内的网络视频内容大致有三种：专业影视机构所生产的内容，用户或非专业工作室所创制的 UGC 以及流传经年、版权不明的内容。

就第一类内容而言，最大的问题仍然是版权。对电影、电视内容的侵权使用，“已经给内容提供商和服务提供商之间的版权交易，都普遍蒙上了灰色的阴影，使得产业链条的各个环节都遭受了损害”。其后果的具体表现之一，便是导致了网络版权市场自身的混乱，难以形成可供借鉴的市场价格体系，使得内容提供商倾向于“持宝观望”，或者因担心后续盗版问题而将片子束之高阁。

2006 年 10 月 30 日，国家版权局、商务部、信息产业部等部门联合开展了打击网络侵权盗版专项行动。此次行动未再细分各种情况，凡是提供非法下载活动的网站一律属于清理整顿的范围。而它对于“非法所得”的扩展界定，则直接指向了视频网站。根据规定，网站非法提供免费下载侵权内容，以吸引眼球获得广告收益以及利用非法免费提供的无版权内容，提高网站点击率把网站卖给他人获利，都将成为招致重罚的原因。

对于第二类的 UGC 而言，由于用户在使用编辑材料上不会过多考虑有无使用权，因而所创制出的内容，其版权更是难以界定。网络视频业的至高榜样 YouTube 正是以 UGC 起家的，而这使它总处在侵权的巨大风险之中。网络法律评论人士张樊认为，YouTube 巨大的流量是由这些“非法”的视频所带来的。而当版权人主张其权利的时候，YouTube 的这些“最受欢迎的内容”就有可能会被撤下，剩下一些“非常无趣的”内容，网站因而失去竞争力。因此，如今的 YouTube 已经开始与影视音内容产业的诸多巨头合作，以得到有价值且“干净”的视频。然而，对于国内的众多中小视频网站而言，它们与财大气粗的“谷歌＋YouTube”不可同日而语，在网络版权环境更为宽松的情况下，将更难以去“洁身自好”。

对于国内的 UGC 而言，版权并不是存在的唯一问题。对于普通网民而言，网络视频的最亮关键词非“恶搞”莫属。如今的“恶搞”已经从胡戈《一个馒头引发的血案》朝着多方向前进，比如“石榴哥哥”“猴子妹妹”等新一代“芙蓉姐姐”的“自我恶搞”，比如《吉祥三宝》小偷版、馒头版的借题发挥，比如《闪闪的红星之潘冬子参赛记》的“恶搞”红色经典。恶搞之外，视频网站在 2006 年岁末向网民推出了“张钰性事件”成为最大“卖点”，而这些借以吸引眼球的内容，没一个中规中矩，都那么“不落俗套”。历史在这里似乎又再重演，当年正是木子美、芙蓉姐姐这样的“边缘人物”担起了普及博客的大任，如今视频网站也想把人们的某些心理及嗜好转化成关注力乃至现金流。这些具有“黑色文化”“灰色文化”性质的视频内容，无疑会对人们的思想产生不良的影响，也成为滋生网络侵权的温床，著作权、肖像权、隐私权无一幸免。①

更经典是的维客中国与维基百科的“PK”。2005 年 10 月 19 日，维客中国(wikicn. tom)通过机器复制将大量维基百科(zh. wikipedia. org)的文章放在自己站点上，并且大力宣传自己为第一中文百科，遭到维基百科编者(即维客，下同)的反对，维客中国一时出现了 1 人编辑 10 人破坏的壮观场面。10 月 24 日 16 点左右，在维客中国和维基百科编者之间的战争升级，维客中国服务器数据库被几位据称是维客的人侵入，并被篡改主页，删除侵权数据。10 月 30 日，维客中国永远关闭，维客中国从建立到关闭不到 10 天。这场创作者和盗用者之间的战争，使得平日默默无闻的维基百科和维客浮出水面。②

数字技术的发展无疑使著作权的发展面临严重挑战。一些著作权保护主义者将电脑空间看成是“更广泛的信息盗版源”，主张强化信息网络空间的著作权保护。在新媒体空间中，新的著作权问题很多，如在计算机存储中的临时复制是否侵犯著作权，对复制保护技术应当授予多大程度的保护，对演绎作品授予专有权应当有多大，合理使用原则对于影印复制和减少复制传播成本的其他手段等。各国立法机关也开始对传统著作权法在新媒体等网络空间的适用加以规范，如对数字环境中合理使用问题进行立法。

对作者创作的激励和公众接近作品之间精妙平衡的传统平衡机制在数字环境下同样遇到了挑战。由于著作权人可以通过一定的技术手段便捷地与作品使用人进行作品使用许可，一些学者认为网络空间著作权授权使用的交易成本将大大减少，根据合理使用的交易成本方法分析的原理，这必然会要求缩小合理使用的范围。在数字环境下，作品的用户复制和分享作品变得更加容易。作为用户意义上的公众对于著作权作品同样具有阅读、浏览以及其他形式使用著作权作品的权利。调查发现，随着信息网络技术的普及，大学和其他教育机构、图书馆等对这一适用表示了充分的认同。如英国在电子环境下关于合理使

---

① 张帅：《网络视频迷局》，http://media. people. com. cn/GB/40641/5372059. html

② 崔政、李丽：《维基百科：开放版权与社群写作》，《河北大学学报》2006 年第 1 期，第 49 页。

用的共同信息制度委员会和出版者联合工作组的报告将对印刷物的限制适用到数字环境中。国际上也对数字环境中的“合理使用”给予了充分考虑。如WCT第10条允许成员国在它们自己的、根据《伯尔尼公约》可以被接受的法律中将限制与例外适用到数字环境中。这些规定应理解为允许成员国设计出适合于电子环境中新的例外与限制。①

第四节　新媒体的管理

随着数字化和互联网的兴起，手机报纸、网络电视、网络广播、个人博客、车载电视、楼宇电视等新媒体迅速崛起，并逐渐呈现主流化趋势。新媒体给普通民众提供了从未有过的获取和发出信息的权利，但也可能导致一种严重的无政府状态。人人都可以参与传播，但并非人人都具有职业道德，他们所传递的信息很难说是真正的新闻还是无知之见，非理性、情绪化的言论得到传播的机会就会大大增多，这让信息传播难以监控。

一、国外新媒体的管理

国外新媒体的管理是以传统媒介管理模式为基础的。西方发达国家沿袭自由主义的媒介传播观念，推行经济自由下的“小政府”规制理念，因而倾向于将新媒体的服务和内容纳入已有的广播电视内容规制的范畴内。欧盟作出规定，手机电视和网络电视与传统电视一样适用相同监管规则。美国、澳大利亚、新加坡等国都采用这种归类方法。在美国，传统电子传播领域，包括广电、电信等，全部隶属于联邦通信委员会FCC管理，网络产生之后，也归属于FCC管理之下。在法国，CST（LeConseil Superieur de la Telematique）通过检索终端——Minitel系统管理网络舆论，确保网络舆论与法国电信签订的合同内容相符。澳大利亚广播局ABA（the Australian Broadcasting Authority）负责调查与制定网络舆论管理的各种规定，并在1999年针对网络舆论管理出台《澳大利亚广播服务修正案》。新加坡的网络舆论管理采用多元管理的方法，主要由广播局SBA（the Singapore Broadcasting Authority）管理网络舆论的内容，加上执

① 冯晓青：《网络环境下的著作权保护、限制及其利益平衡》，《社会科学》2006年第11期。

照分类制度,内容事后审查等。

对于政府是否应该干预网络舆论,有两种基本对立的观点。一些人认为网络舆论不应该管理,理由是:从技术上来讲,网络舆论的内容本身难以控制谁发布信息,谁接收信息,落实到具体对象上十分模糊,无法管理;从网络发展来说,管理等于控制,网络正处于蓬勃发展的阶段,控制等于限制网络的正常发展,因此不能管理;从网络舆论控制技术来看,一些基本的内容分级、过滤等手段完全可以解决网络舆论管理问题,政府管理显得多余;从法律的角度来看,网络舆论的控制触犯了现实社会各国宪法对公民言论自由权的保护,有违宪之嫌等。英国独立规制机构 OFCOM 的官员罗宾·福斯特(Robin Foster)甚至认为,如果对网络新媒体进行内容监管的话有可能适得其反,扼杀了宽带世界里新思想的发展。因此,欧洲一些国家的规制理念转变为"媒介中立"的规制系统。如何实现内容的"庄重性"并无普遍"解药",以英国为例,一方面它试图严格限制Extasi TV 的收视,这是一个从西班牙传送色情节目的意大利所有的卫星频道;另一方面,新规则规定付费电视将可以在任何时间播放 15 岁以上观众适合收看的电影,以前这些内容只能在晚上 9 点后播放。

但是,政府方出于保护儿童网络安全、阻止恐怖活动、控制种族仇视、限制商业不正当竞争等多种理由,将对网络舆论控制与管理视为自己义不容辞的责任与义务。政府方面最流行的做法是:纷纷修改原有的法规以囊括网络舆论的管理,或者干脆出台新的网络法规。最富戏剧色彩的是,美国在 1996 年出台新的《电信法》(*Communication Decency Act*,简称 CDA),该法案要求网络信息提供者要确保色情信息不被儿童所接收,违者判处 25 万元至 50 万美元的罚金和 2 年以内的监禁,结果遭到"美国公民自由协会"(American Civil Liberties Union)的违宪起诉。最终法院以违宪定案而使新的网络法规失效。两年之后,美国又出台《儿童在线保护法案》(*Child Online Protection Act*,简称 COPA),也遭到了与 CDA 同样的命运。

政府到底是否应该干预网络舆论,这一问题在理论界一直因国情的不同而各有理解,但在实践中没有哪个国家的政府真正放弃了对网络舆论的管理,不同的只是在管理方式上,或是更直接的管理,或者更间接的管理。

国外对网络等新媒体的管理主要分为经济性管理和社会性管理。经济性管理主要侧重于对各种经济关系的协调,如企业与企业之间、企业与消费者之间;社会性管理则侧重于对社会效益的控制,如经济行为带来怎样的社会影响等。在具体操作中偏向于哪一种管理类型则依具体情况而定。发达国家市场运行机制趋于成熟，更多的通过市场调节与行业自律来对网络舆论的内容进行管理。如加拿大政府授权对网络舆论信息实行“自我规制”，将负面的网络舆论信息分为两类：非法信息与攻击性信息。前者以法律为依据，按法律来制裁；后者则依赖用户与行业的自律来解决。同时辅以自律性道德规范与网络知识教育，并取得了较好的管理效果。[①] 在美国，网络舆论的管理，除违法内容依法惩处外，其他也主要是依行业自律与市场调节来进行管理，并以法律的手段来确保自我调节的有效性。如美国在1998年出台《网络免税法》，对自律较好的网络商给予两年免征新税的待遇。2000年，美国联邦调查局(FBI)与国家白领犯罪中心(the National White Collar Crime Center)设立网络欺骗控告中心(The Intemet Fraud Complaint Center)，提供广泛的社会监督。英国在西方国家中是传统色彩较浓的一个国家，其网络舆论管理是实行立法与自律并举的方式进行。1996年，英国颁布《3R互联网安全规则》，对网络舆论中的非法信息，特别是色情淫秽内容进行管理，其管理是以网络服务商与网络用户的自律为基础，只是在有人举报时，政府才介入调查、处理。[②] 一些亚洲国家与欠发达国家对网络舆论内容的管理具有较多的限制。如韩国是第一个有专门的网络审查法规的国家，早在1995年就出台了《电子传播商务法》，其信息传播伦理部门(Information&Communication Ethics Office)对“引起国家主权丧失”或“有害信息”等网络舆论内容进行审查。信息部(Ministerof Communication)可以根据需要命令信息提供者删除或限制某些网络舆论的内容。在越南，内务部有权监控网络舆论内容，包括电子邮件以及网络用户在网络传输的任何信息。在新加坡，SBA监控网络有害信息，包括色情的、政治的、宗教的、种族的，内容提供商被要求用代理服务器对某些网络舆论信息来源进行过滤。[③]

在国外，目前主要的有代表性的网络舆论管理模式有4种：政府立法管理，技术手段控制，网络行业、用户等自律，市场规律的自行调节。一般来说，法律控制是最有效的管理手段。但法律在有力地保护各种关系的同时，其硬性的规定也在一定程度上妨碍了各方的自主权，这也是西方媒体大喊自律，唯恐政府插手管理的主要原因之一。网络舆论控制最常见的技术手段是对网络舆论进行分级与过滤。分级制度是将内容分成不同的级别，浏览器按分类系统所设定

---

① 宋华琳：《互联网信息政府管制制度的初步研究》，《网络传播与社会发展论文集》，北京广播学院出版社2001年版。

② 朱家贤、苏号朋：《E法治网——网上纠纷、立法、司法》，中国经济出版2000年版。

③ lzumi Aizu：social，*Legal and Policy lssues around Intemet in Asia*，http//www.anr.org.

的类目进行限制。最常见的是设置过滤词,通过过滤词的设置阻挡有关内容的进入。目前网络舆论管理中喊得最响的就是各方自律。在网络出现之初,国外一些计算机协会与网络自律组织相继成立并制定一些行为自律规范,如美国计算机伦理协会的10条戒律、南加利福尼亚大学的网络伦理申明等。[①]

二、我国新媒体的管理

我国各项新媒体业务尚未完全纳入宣传管理体制,监管缺位带来隐患,加上多元社会资金的大量投入,新媒体的趋利性色彩较浓,暴露出不少问题。国家广电总局社会管理司的一份调查报告显示,我国现有的管理法规、制度不完善,新媒体业务处于管理依据弱或无管理依据状态。例如,我国目前对移动电视、楼宇电视尚无专门的管理规定,尽管我国的楼宇电视已经覆盖了35个城市的两万余幢大楼,而其业务的开办还处于自由状态。有单位甚至利用IP电视、手机电视转播境外电视频道。

数字媒体内容管理体系建设,是当前政府与传媒业所面临的一个重大问题。数字媒体内容管理,其目的不是限制而是促进其健康有序的发展。数字媒体内容管理体系的建设,需要考虑三个原则:一是整合性管理原则,二是层次化管理原则,三是兼容性管理原则。[②] 有研究认为,我国应该完善、健全信息内容市场监管体制:一是建立健全统一协调、权责均衡的监管体制;二是推行市场化改革和政府信息公开,促进公平竞争;三是规范许可制度,简化审批程序,完善登记备案制度,提高行政效率;四是确立事后监督的监管原则与机制;五是完善保护信息内容生产者、经营者和消费者合法权益的法律、法规,落实侵权救济措施。[③]

近年来,我国已相继出台了《互联网信息服务管理办法》《中国互联网行业自律公约》《互联网站禁止传播淫秽、色情等不良信息自律规范》《文明上网自律公约》等法规条文,这些法规条文对互联网上的信息传播均起到了约束作用,体现了政府对网络等新媒体"把关人"的约束和引导。

2000年4月,国务院新闻办成立网络新闻宣传管理局,并在各地设立网络新闻宣传管理处对网络舆论进行管理。涉嫌违法的网络舆论则交由公安部门

---

① 燕道成:《国外网络舆论管理及启示》,《当代传播》2007年第2期,第25页。

② 彭兰:《关于数字媒体内容管理体系建立原则的思考》,《国际新闻界》2007年第11期,第5页。

③ 陈新欣:《网络时代的传媒管理制度》,《国际新闻界》2005年第5期,第12页。

的公共信息网络安全处处理。在具体操作上主要是在政策导向的前提下,通过人工把关与技术控制相结合来进行。目前网络舆论管理的重点主要集中在5个方面:对网络信源的控制、对网络链接的管理、对网络安全的重视、对网络交互的关注、对行业人员素质的培训。

自2007年3月底开始,国家广电总局陆续发放了"信息网络传播视听节目许可证"(俗称互联网视频牌照)。较早获得视频牌照的激动网、PPLive、悠视网等视频网站。2008年随着视频牌照的发放和政府监管的加强,网络视频行业表现出"主流、正规和集中"的特点,网络视频行业渐趋成熟,逐步进入主流应用。2007年7月5日,北京工商局正式下发电子商务监管意见:从2007年8月1日起,赢利性的网店必须先取得营业执照后才能经营,电子商务经营者要对外公示"身份信息"。购物平台网站上的"北京卖家"都将在网上公开企业注册真实信息,淘宝、易趣等平台的北京卖家也将纳入管理之列,不仅规范B2C商家也包括C2C平台中的小卖家。对网店的规范初现端倪,虚拟的交易行为将纳入现实的商业运行轨道。

在网络舆论的导向上,对传统媒体的管理,上级主管部门经常会有一些指导性的政策及指示传达下来,在这一些主导精神的指导下,下级部门各司其职,分工管理。网络舆论的管理也可以借鉴这种方式;在网络资源控制上,国家广电总局对网络宽频的审批权进行严格的行政控制:非媒体网站发布网络舆论信息同样要经各级政府新闻办公室进行资格审查,以此来限制非媒体网站进入可能造成的舆论信息混乱,从而达到舆论统一的目的;在技术控制上,进行多层次的网络舆论监管,如各地网络新闻宣传管理处设置一个内存庞大的搜索引擎终端,重点对其管辖区的网络舆论进行全面的监控。各网站又备有专门的网络管理人员对其网站的舆论内容进行全天候的监控,及时发现问题及时通报与处理。同时使用关键词过滤,并对有问题的IP地址与不良信源进行封堵,从而多渠道、多角度地控制了有害网络舆论信息的进入;为了更好地管理,近年来各网站对用户推行实名登记制,即用真实的身份进行上网登记。国家曾于2000年颁布有关条例要求网吧上网实行实名制登记。但实名制在实际推广中收效甚微,原因是没有一个有效的技术手段来保证其可靠性。[①]

网络实名制备受争议,双方争论的焦点在于:实名制管理是否会破坏互联网平等开放的基本精神?实名制是否会摧毁中国网站,乃至整个网络业?实名

① 燕道成:《国外网络舆论管理及启示》,《当代传播》2007年第2期,第25页。

制是否会侵犯网民隐私权？实施实名制的社会总成本有多高？监管网络需要什么样的手段和机制等。支持方认为实名制将有利于互联网的发展；而反对方认为实名制将损害其发展；折中者认为实名制不失为一种好的管理模式，但是要慎重施行。这种争论是现有网络利益格局在现实中的反映和折射。有研究者认为，伴随 Web2.0 新技术、新应用带来的新变化，政府面临着“如何管理”的难题，网站面临着“如何赢利”的压力，网民面临着“如何表达”的选择。总之，三者间的关系必然随着互联网的新发展而进一步调适。除了网络实名制，还存在手机、小灵通等信息传播平台和终端工具实行实名制的问题。

在美国，网上博客可以用真名，也可以用假身份，美国的法律保护个人发表意见的自由，所以目前没有专门的法律限制博客用假身份发表意见。在韩国，政府则通过网络实名制对博客进行管理，使之规范有序地发展。同时要求服务商严格保护个人信息安全。但是在韩国也曾经因为实行实名制而造成大量用户信息失密事件。韩国政府 2007 年 12 月宣布，政府将要求各个网站在用户发帖前，确定他们的真实身份，一旦发现有人借寄他人网址发布不良信息，须对被借寄者实施连带的法律责任，以此从源头就开始保障网民的利益。

参考文献

杨继红:《谁是新媒体》,清华大学出版社 2008 年版。
杨继红:《新媒体与数字电视》,清华大学出版社 2008 年版。
杨继红:《新媒体生存》,清华大学出版社 2008 年版。
蒋宏、徐剑:《新媒体导论》,上海交通大学出版社 2006 年版。
闵大洪:《数字传媒概要》,复旦大学出版社 2003 年版。
宫承波:《新媒体概论》,中国广播电视出版社 2007 年版。
田智辉:《新媒体传播——基于用户制作内容的研究》,中国传媒大学出版社 2008 年版。
张国良:《全球化背景下的新媒体传播》,上海人民出版社 2008 年版。
杜国清:《新媒体激变》,中信出版社 2008 年版。
陆小华:《新媒体观——信息化生存时代的思维方式》,清华大学出版社 2008 年版。
黄升民等:《中国数字新媒体发展战略研究》,中国广播电视出版社 2008 年版。
吴信训:《新媒体与传媒经济》,上海三联书店 2008 年版。
冯广超:《数字媒体概论》,中国人民大学出版社 2004 年版。
熊澄宇:《新媒体与创新思维》,清华大学出版社 2001 年版。
赵子忠:《内容产业论——数字新媒体的核心》,中国传媒大学出版社 2005 年版。
张海鹰、滕谦:《网络传播概论》,复旦大学出版社 2001 年版。
匡文波:《手机媒体概论》,中国人民大学出版社 2006 年版。
王菲:《媒介大融合——数字新媒体时代下的媒介融合论》,南方日报出版社 2007 年版。
彭兰:《中国网络媒体的第一个十年》,清华大学出版社 2005 年版。
崔保国:《信息社会的理论与模式》,高等教育出版社 1999 年版。
陈筠泉、殷登祥:《科技革命与当代社会》,人民出版社 2001 年版。
汪丁丁:《记住未来》,社会科学出版社 2001 年版。

周振华:《信息化与产业融合》,上海三联书店、上海人民出版社 2003 年版。
殷晓蓉:《网络传播文化:历史与未来》,清华大学出版社 2005 年版。
新浪网编:《总编理念和传媒精神》,线装书局 2003 年版。
林润辉:《网络组织与企业高成长》,南开大学出版社 2004 年版。
李维安:《网络组织:组织发展新趋势》,经济科学出版社 2003 年版。
刘戒骄:《垄断产业改革——基于网络视角的分析》,经济管理出版社 2005 年版。
刘玉珠、金一伟主编:《WTO 与中国文化产业》,文化艺术出版社 2001 年版。
初广志:《加入 WTO 对中国新闻传播业的影响及对策》,陕西人民教育出版社 2001 年版。
喻国明、张小争:《传媒竞争力——产业价值链案例与模式》,华夏出版社 2005 年版。
喻国明:《解析传媒变局:来自中国传媒第一现场的报告》,南方日报出版社 2002 年版。
喻国明:《变革传媒:解析中国传媒转型问题》,华夏出版社 2005 年版。
喻国明:《传媒影响力》,南方日报出版社 2003 年版。
蔡骐:《媒介竞争论》,岳麓书社 2002 年版。
丁和根:《传媒竞争力——中国媒体发展核心方略》,复旦大学出版社 2005 年版。
傅平:《传媒变革——中国传媒集团组织转型与重塑》,上海文化出版社 2005 年版。
李希光:《畸变的媒体》,复旦大学出版社 2003 年版。
李希光:《转型中的新闻学》,南方日报出版社 2005 年版。
林晖:《未完成的历史:中国新闻改革前沿》,复旦大学出版社 2004 年版。
陆小华:《整合传媒:传媒竞争趋势与对策》,中信出版社 2002 年版。
陆小华:《激活传媒:传媒竞争力发掘与执行策略》,中信出版社 2004 年版。
曹鹏:《中国报业集团发展研究》,新华出版社 1999 年版。
辜晓进:《走进美国大报》,南方日报出版社 2002 年版。
张高鹏、方金根:《新华社信息系统理论研究》,新华出版社 1996 年版。
唐润华:《解密国际传媒集团》,南方日报出版社 2003 年版。
王朝晖:《决胜媒体市场——新闻信息资源开发战略》,新华出版社 2003 年版。
钟大年、于文华:《凤凰考:建构一个新传媒》,北京师范大学出版社 2004 年版。

唐绪军:《报业经济与报业经营》,新华出版社 1999 年版。
吴飞:《大众传媒经济学》,浙江大学出版社 2003 年版。
吴信训、金冠军:《中国传媒经济研究 1949～2004》,复旦大学出版社 2004 年版。
郑保卫主编:《论媒介经济与媒介集团化发展》,中国人民大学出版社 2003 年版。
金冠军、郑涵主编:《竞争力经济学》,广东经济出版社 2003 年版。
邵培仁、陈兵:《媒介经营管理》,复旦大学出版社 2003 年版。
高洪深、杨宏志编著:《知识经济学教程》,中国人民大学出版社 2002 年版。
李宝山主编:《管理经济学》,中国人民大学出版社 2002 年版。
高闯等编著:《管理学前沿理论》,辽宁大学出版社 2002 年版。
罗珉:《管理理论新发展》,西南财经大学出版社 2003 年版。
王凤彬:《集团公司与企业集团组织》,中国人民大学出版社 2003 年版。
苏东水:《产业经济学》,高教出版社 1999 年版。
柯武刚、史漫飞:《新制度经济学》,上海三联书店 1986 年版。
王俊豪:《英国政府管制体制改革研究》,上海三联书店 1998 年版。
黄升民:《中国广电集团化研究》,中国物价出版社 2001 年版。
吴克宇:《电视媒介经济学》,华夏出版社 2004 年版。
鲍海波:《新闻传播的文化批评》,中国社会科学出版社 2002 年版。
扈海鹏:《解读大众文化——在社会学的视野中》,上海人民出版社 2003 年版。
蒋原伦:《媒体文化与消费时代》,中央编译出版社 2004 年版。
陆扬、王毅:《大众文化与传媒》,上海三联书店 2000 年版。
罗钢、王中忱主编:《消费文化读本》,中国社会科学出版社 2003 年版。
孟繁华:《传媒与文化领导权——当代中国的文化生产与文化认同》,山东教育出版社 2003 年版。
潘知常、林玮:《传媒批判理论》,新华出版社 2002 年版。
陶东风:《文化研究:西方与东方》,北京师范大学出版社 2002 年版。
王君超:《媒介批评——起源·标准·方法》,北京广播学院出版社 2001 年版。
王岳川:《媒介哲学》,河南大学出版社 2004 年版。
萧俊明:《文化转向的由来》,社会科学文献出版社 2004 年版。
许正林:《欧洲传播思想史》,上海三联书店 2005 年版。
尹鸿、李彬主编:《全球化与大众传媒》,清华大学出版社 2002 年版。
于德山:《当代媒介文化》,新华出版社 2005 年版。

张国良:《20 世纪传播学经典文本》,复旦大学出版社 2003 年版。
张昆:《大众媒介的政治社会化功能》,武汉大学出版社 2003 年版。
周毅:《传播文化的革命》,浙江人民出版社 2001 年版。
朱效梅:《大众文化研究——一个文化与经济互动发展的视角》,北京清华大学出版社 2003 年版。
庄晓东:《文化传播:历史、理论与现实》,人民出版社 2004 年版。
〔美〕尼古拉·尼葛洛庞帝:《数字化生存》,海南出版社 1997 年版。
〔美〕戴维·希尔曼:《数字媒体:技术与应用》,清华大学出版社 2002 年版。
〔美〕托马斯·鲍德温等:《大汇流——整合媒介信息与传播》,华夏出版社 2000 年版。
〔美〕罗杰·菲德勒:《媒介形态变化——认识新媒介》,华夏出版社 2000 年版。
〔日〕中马清福著,崔保国、艾勤径、高扬译:《报业的活路》,清华大学出版社 2005 年版。
〔美〕G·多西等:《技术进步与经济理论》,经济科学出版社 1992 年版。
〔美〕拉罗斯·斯特劳巴斯:《今日媒介:信息时代的传播媒介》,清华大学出版社 2002 年版。
〔美〕约翰·帕夫利克:《新媒体技术——文化和商业前景》,清华大学出版社 2005 年版。
〔日〕石阪悦男、桂敬一、杉田光信:《媒介信息化现状》,日本评论社 1993 年版。
〔美〕卡尔·夏皮罗、哈尔·瓦里安:《信息规则:网络经济的策略指导》,中国人民大学出版社 2000 年版。
〔美〕阿尔温·托夫勒:《第三次浪潮》,三联书店 1983 年版。
〔美〕约翰·奈斯比特:《大趋势——改变我们生活的十个新方向》,中国社会科学出版社 1984 年版。
〔美〕比尔·盖茨:《未来之路》,北京大学出版社 1996 年版。
〔法〕F·贝尔等:《技术帝国》,生活·读书·新知三联书店 1999 年版。
〔斯〕阿莱斯·艾尔雅维茨:《图像时代》,吉林人民出版社 2003 年版。
〔美〕约书亚·梅罗维茨:《消失的地域:电子媒介对社会行为的影响》,北京清华大学出版社 2002 年版。
〔美〕迈克尔·波特:《竞争战略——分析产业和竞争者的技巧》,华夏出版社 1997 年版。

〔美〕迈克尔·辛格尔特里:《大众传播研究现代方法与应用》,华夏出版社 2000 年版。
〔美〕卡欣:《传媒经济学》,中信出版社 2003 年版。
〔新〕袁舟:《媒体集团的经营与管理》,汕头大学出版社 2003 年版。
〔英〕威廉·肖克罗斯:《媒体巨人——默多克传奇》,华夏出版社 2001 年版。
〔英〕朱迪·丽丝:《自然资源、分配、经济学与政策》,商务印书馆 2002 年版。
〔美〕斯蒂芬·P. 罗宾斯:《管理学》,中国人民大学出版社 2004 年版。
〔美〕道格拉斯·凯尔纳、斯蒂文·贝斯特:《后现代理论》,中央编译出版社 2004 年版。
〔美〕道格拉斯·凯尔纳:《媒体文化——介于现代与后现代之间的文化研究、认同性与政治》,商务印书馆 2004 年版。
〔英〕弗兰克·莫特:《消费文化》,南京大学出版社 2001 年版。
〔英〕尼克·史蒂文森著,王文斌译:《认识媒介文化》,商务印书馆 2001 年版。
〔美〕尼尔·波兹曼:《娱乐至死》,广西师范大学出版社 2004 年版。
〔美〕威廉·麦克高希:《世界文明史——观察世界的新视角》,新华出版社 2003 年版。

图书在版编目(CIP)数据

新媒体概论/石磊著.—北京:中国传媒大学出版社,2009.7(2019.4 重印)
ISBN 978-7-81127-675-6

Ⅰ.新… Ⅱ.石… Ⅲ.传播媒介—概论 Ⅳ.G206.2

中国版本图书馆 CIP 数据核字（2009）第 099570 号

新媒体概论
XINMEITI GAILUN

著　　者	石　磊
责任编辑	董媛婷
课件制作	吴治刚
责任印制	刘　莎
出版发行	中国传媒大学出版社
社　　址	北京市朝阳区定福庄东街 1 号　邮编:100024
电　　话	86-10-65450528　65450532　传真:65779405
网　　址	http://www.cucp.com.cn
经　　销	全国新华书店
印　　刷	三河市东方印刷有限公司
开　　本	730mm×988mm　1/16
印　　张	18.75
字　　数	310 千字
版　　次	2009 年 10 月第 1 版
印　　次	2019 年 4 月第 10 次印刷
书　　号	ISBN 978-7-81127-675-6/G·675　定　价　38.00 元